民革前辈
与上海解放

民革上海市委会 编

团结出版社

图书在版编目（CIP）数据

民革前辈与上海解放 / 民革上海市委会编 . 一 北京：团结出版社，2019.9（2023.11 重印）

ISBN 978-7-5126-7314-4

Ⅰ.①民… Ⅱ.①民… Ⅲ.①中国国民党革命委员会－党员－先进事迹②新民主主义革命－革命史－上海 Ⅳ.① D665.1 ② K295.1

中国版本图书馆 CIP 数据核字 (2019) 第 181909 号

出　版：	团结出版社
	（北京市东城区东皇城根南街 84 号　邮编：100006）
电　话：	（010）65228880　65244790
网　址：	http://www.tjpress.com
E-mail：	zb65244790@vip.163.com
经　销：	全国新华书店
印　装：	天津盛辉印刷有限公司
开　本：	170mm×240mm　16 开
印　张：	26
字　数：	367 千字
版　次：	2019 年 9 月　第 1 版
印　次：	2023 年 11 月　第 2 次印刷
书　号：	978-7-5126-7314-4
定　价：	68.00 元

（版权所属，盗版必究）

主　　编：高小玫
副主编：陈　静
统　　编：吉朋晓　黄　玮

责任编辑：韩　旭
美　　编：阳洪燕

序

眼前的这本小书,篇幅并不长,但分量厚重,极为珍贵。它由民革前辈亲历者或亲历者后裔的叙述,或自民革史研究者的笔下,呈现了70年前在重大历史关头,上海民革前辈们的抉择与奋斗。

1948年1月1日,民革在香港成立后,民革中央不断密派同志在国统区建立地下组织、沟通联络,对国民党反动派内部进行瓦解分化。到1949年前后,在中共领导下,民革地下组织和党员已在上海政治、军事、经济、文化等领域,以及工务、邮政、警察、金融等行业广施影响,积聚起坚定的正义力量。上海解放时,民革前辈们坚定政治立场,紧跟中国共产党,不屈不挠、英勇奋斗,部分先辈甚至为国家和人民献出了生命。

丹心碧血,永志难忘。本书的编撰初衷,正是要让广大民革党员、社会大众,从这些史料和事迹中感悟民革前辈与中国共产党同心同德、风雨同舟的政治初心,以及他们为国家和人民,不怕牺牲、忘我拼搏的赤子情怀。

本书共收录稿件50余篇,分"晨星破晓""光刃黎明""初现曙光""风雨同歌"四个部分,介绍了1949年前后包括"民联""临工会"等在内的上海民革五个地下组织所做的工作,讲述了民革前辈的丰功伟绩。他们利用各种社会关系和人脉,为迎接国家新生奔走呼号;他们配合中共秘密策划和组织武装暴动,给国民党政权以致命之击;有人孤身深入敌人心脏,为上海解放提供了重要情报;而各行各业的精英要员,在危急时刻各尽其能、保卫上海,协助中国共产党完成接管。点滴记忆,饱含着前辈们在黎明前的黑暗中对光明的执着向往,展现出前辈们为上海的胜利解放所作的巨大贡献。

前事不忘，后事之师。今年是中华人民共和国成立70周年、上海解放70周年，也是上海民革组织的"思想政治建设年"。这本《民革前辈与上海解放》，正是上海民革组织开展"不忘合作初心，继续携手前进"主题教育活动的一本教材。今天的民革党员当以此历史学习、重温民革的政治初心、爱国信念，以更饱满的热情，坚定不移地沿着中国特色社会主义道路，投身于民族复兴的伟大事业。

同时，希望这本书也能让社会各界更多地了解民主党派与中国共产党同心同德、风雨同舟的光荣历史，了解老一辈民主党派成员爱国、奋斗的高尚情操，从而更深刻地体会中国共产党领导的多党合作和政治协商制度的优越性。

民革中央副主席、上海市委会主委
上海市人大常委会副主任

目 录

晨星破晓

黎明前的民革上海临时分会 …………………………………陆印泉（2）

民革特别小组与《工商新报》 ………………………………翟林椿（10）

民革纠察总队迎接解放军经过 ……………乐 均 卢公诚 龚一飞（12）

从民革上海市分部筹备委员会到民革上海市委员会正式成立
……………………………………………………民革上海市委会（16）

周恩来、邓颖超力邀宋庆龄北上参加新政协始末 ……………朱玖琳（22）

一张老照片背后的故事
——朱学范与"中国劳协" ……………………………胡宝芳（34）

民联领导人陈铭枢在上海解放前后 ……………………………何 真（41）

回忆上海解放前后我的亲身经历 ………………………………赵祖康（47）

国民党部分立法委员起义经过 ……………武和轩 张汇文 洪瑞钊（61）

此身何惜付乘除
——记1949年外祖父陈仪的和平起义抉择 ……………项斯文（72）

吴艺五与民联地下组织 …………………………………………梁 凤（78）

吴绍澍的弃暗投明路 ……………………………………………马 赛（84）

国民党闸北区长起义记 ……………………………李启新 徐 菲（90）

光韧黎明

舅公李济深的"北归"之路 ······ 赵 明（100）

"京沪暴动案"亲历记 ······ 梁佐华 刘海亭 许卜五（107）

刘昌义率部起义经过 ······ 刘定远 万乐刚（117）

从毛森回忆看张治中规劝汤恩伯休兵停战 ······ 马铭德（132）

1949年嘉兴起义始末 ······ 贾亦斌（137）

我所了解的上海解放战役中国民党军队的部署和溃败 ······ 王之师（151）

策反起义 迎接黎明 ······ 戴国庆（155）

李泽龙从台湾回大陆策反起义 ······ 梁佐华（159）

一谍卧底弄乾坤 两军胜败已先分
　　——记策划郭汝瑰起义 ······ 钟克君（165）

一位战斗在敌人心脏的战士 ······ 吴 峥 黄 玮（171）

少将情报官在黎明前归来 ······ 缪新亚（177）

宋公园的一曲悲歌
　　——陈尔晋、王曼霞伉俪在黎明前就义 ······ 陈冠宁（184）

解放上海"最后的堡垒"如何攻克？
　　——蒋子英子嗣蒋任刚先生访谈录
　　 ······ 蒋任刚 翁敏华（193）

初现曙光

在探索新生活的道路上前进 ······ 徐以枋（198）

赵祖康在上海解放前后的市政建设工作……………张爱平（202）

警政大权回到人民手中……………………………陆大公（208）

叔祖父丁贵堂先生的爱国情怀……………………丁淑华（225）

上海解放前夕我去香港及返沪经过与感受………徐国懋（232）

邮政大楼及其财产保护记

  ——王裕光保护上海邮局财产斗争的经过………钟克君（240）

我在招商局迎接上海解放的经过…………………胡时渊（245）

我要留下来等待天亮

  ——记上海市卫生局原副局长李穆生……………郭佛宜（255）

戴立庵与"金圆券风波"……………………………张黎琼（258）

李济深邀陈光甫归来………………………………王昌范（263）

回望解放前后上海的两场金融战争

  ——金圆券发行前的一段旧事和那场"银圆之战"………金　鑫（270）

在中纺公司迎接上海解放和接管…………………顾毓琼（278）

风雨同歌

披肝沥胆　以文报国

  ——方秋苇在迎接上海解放的日子里……………杜海云（288）

共产党给了我新生…………………………………黄启汉（294）

六百将官哭陵纪实…………………………………崔恒敏（303）

曹立瀛在国民政府资源委员会的日子……………任　晋（307）

光明与黑暗搏杀中的抉择

  ——薛笃弼在上海解放的日子里…………………缪新亚（312）

先父江庸新中国成立前后二三事 …………………… 江　靖（319）

上海解放前夕的"市长"嬗替 …………………………… 马铭德（323）

柳亚子在上海解放初的两件小事 ……………………… 张　杰（332）

1949年葛敬恩亲历的三个事件 ………………………… 戚涵钧（335）

在迎接上海解放的日子里 ……………………………… 刘文林（344）

解放嵊泗列岛亲历记 …………………………………… 杨小佛（351）

忆解放战争后期父祖辈在沪地下活动片断 …………… 李仁地（357）

忆王孝和烈士的三封遗书 ……………………………… 吕振德（365）

我的父亲参加了嘉兴起义 ……………………………… 杨　寅（370）

上海民革大事记（1948-2022） …………………………………（374）
后　记 ………………………………………………………………（405）

晨星破晓

黎明前的民革上海临时分会

陆印泉

中国国民党革命委员会,是1948年元旦在三民主义同志联合会和中国国民党民主促进会等组织的基础上建立起来的。民革上海市地方组织在新中国成立前就有五个独立组织:三民主义同志联合会,由国民党民主促进会演变而来的民革上海分会,民革上海临时工作委员会,民革上海临时分会以及民革上海特别小组。今天的民革上海市委员会系由这五个独立组织合并而成。我所参加的是民革上海临时分会。现根据档案、本人亲身经历和几位当事人提供的资料,写成本文。

机构的酝酿和建立

1948年上半年,李济深的秘书叶尚文(原名叶敲)在上海赋闲,听说李在香港成立了中国国民党革命委员会,就想在上海建立一个地方组织,特邀约李的旧部邓本殷和《申报》主笔方秋苇等人在西藏中路一品香旅社集会,商谈筹组上海市民革组织问题,当场确定由叶尚文先赴港请示。

在香港,李济深接见了叶尚文,对于建立上海市地下组织表示同意,并写了手谕:"派叶尚文、廖尚果、邓本殷、方秋苇为民革上海分会筹备委员。"指定由民革京沪杭区特派员吴惟平就近领导。手谕写在一枚小小的黄绢上,以便携带。叶尚文把手谕和几张空白的派令缝在棉袄里,由香港带回上海。此时已是12月初了。叶尚文回沪后,开始筹备工作,在家中召开过几次会议,推定叶尚文为常务委员,邓本殷为行动委员,方秋苇为宣传委员,秦光焯为联络委员,正式成立组织，定名为民革上海临时分会。因为民革京沪杭区特派员吴惟平（新中国成立后，任民革浙江省委员会委员）住在杭州，叶特意前往，向他作了汇报，并取得了他的同意。

在香港时，李济深曾指示叶尚文，要他在上海工商界物色一名进步人士前往香港，准备将来作为上海中小企业代表参加中国共产党召开的新政治协商会议。方秋苇向叶尚文介绍了邵永生和姜豪两人，他们都是国民党上海市参议员。最后协商决定派邵永生前往。同年12月，邵搭飞机赴港，然不幸因气候原因，在九龙坠机而殒命。

不久，邓本殷、廖尚果先后离沪他去；方秋苇、秦光焯和姜豪等人也因找寻中共的关系，无形中脱离了民革。至此，在委员和干部中，只剩叶尚文一人，于是叶在成员中物色人选，再度组织领导和工作班子。1949年2月，上海民革组织在江宁路凯歌归饭店楼内，以吃饭为名举行秘密会议，推定乐均（又名凤麟）为行动委员会主任委员，陆一远为组织委员会副主任委员，赵康民为政治委员会副主任委员。我原在南京国民政府工作，南京政府迁往广州时，因不愿随往，便留在上海，寓居于广元路云裳村肖作霖家中，后经方秋苇介绍，加入了民革，因而被推为宣传委员会副主任委员。各委员会主任委员一职，除乐均外，其余一律暂缺，等候李济深另行指派。这些委员会统归叶尚文领导，会址设于新闸路60号楼下叶尚文住所。为了保密，大家称叶尚文为叶先生。

4月间，解放军逐渐逼近上海郊区，国民党的白色恐怖越来越严重。据国民党淞沪警备司令部的友人说，我们中有好几个已被列入反动派的黑名单，于是将会址迁至武定西路1371弄69支弄周宝书家中。经常在那里办公的有叶尚文、乐均、赵康民、陆一远、周宝书、杜耕（又名煜咸）、梁志申和我。为了防止特务侦查，有些会议在江苏路大同戏院老板家中举行。

开展宣传　扩大影响

民革上海临时分会成立后，从宣传、组织、行动各方面展开工作。1948年

12月，淮海战役正在激烈进行，上海市参议会议长潘公展、黄色工会头目陆京士等，为了支持蒋介石反革命战争，发动喽啰组织"上海各界自救救国协会"，并在报上大肆宣传。民革临时分会和他们针锋相对，及时发表了题为《为粉碎上海各界自救救国协会阴谋告市民书》的宣言，揭穿潘公展等人的阴谋，并明确提出我们的见解：赞成召开新政协，拥护中共"打倒蒋介石，解放全中国"的政治主张。这个宣言后来在民革中央所办的《会讯》上发表过。

淮海战役胜利结束后，国民党政府垮台已成定局，蒋介石于1949年元旦宣布下野，由李宗仁代理总统职务，并发表求和声明。临时分会响应李济深在香港发出的号召，发表宣言，指出："革命必须贯彻到底，绝没有中途妥协调和的可能，蒋介石的谋和是虚伪的，必须粉碎他虚伪的和平攻势。"

为了开展宣传工作，临时分会决定自己办一个机关刊物，推定我任主编。但按照国民党政府规定，办刊物必须先提出申请，领得登记证后才能出版。这时有个刊物名叫《自由导报》，办过登记手续，暂时停刊，我们决定利用该刊的名义出版，并编就了一期，其中有《新民主主义与新三民主义》《中共土地政策的演变》《共军活跃在华南》等文。但各印刷厂以内容"左倾"为由不敢承印，只得在干部之间传阅了一番。同时传阅的，还有毛主席著作《新民主主义论》，那是赵康民设法从解放区弄来的。

不久，民革成员吴大风接办了《自由论坛报》，社址设于北四川路。经过协商，就以该报作为民革临时分会的机关报，大量刊登人民解放军作战胜利的消息，揭露国民党政府腐败黑暗的内幕。上海解放后，《自由论坛报》曾搬至南京路西藏路口继续出版，后因经费无着宣告停刊。

发展成员　壮大组织

对民革吸收成员的标准，中共中央当时未有明确规定。我们认为，凡是拥护共产党，赞成民革组织和反对蒋介石的人，都可以参加。但这个提法太抽象，执行时不易掌握，因而具体规定了九种人不许参加：（1）战争罪犯；（2）"CC"

分子；（3）军统人员；（4）官僚豪门；（5）汉奸；（6）民社党和青年党的党员；（7）有贪污行为或其他劣迹的人；（8）有反动行为的人；（9）封建帮会习气太深的人。

说来可笑，当时我们不知道还有民主建国会、民主促进会、农工民主党等民主党派，只知道民主同盟这个党派。大家认为共产党以工人为吸收对象，民主同盟以大学教师为吸收对象，而民革就应该在其他方面发展。于是规定以工商业者、中小学教员和自由知识分子为发展对象，确定工商业者应占成员总数的40%，中小学教员和自由知识分子占60%。但实际在发展工作中，并没有照这个规定去做，只要介绍人保证被介绍的对象能保守机密，不出卖组织即可发展。所以发展的结果是各方面人士都有。

上海解放前，上海行政区划分为30个区，除了浦东的高桥、洋泾、杨思三区和沪北的吴淞、江湾、市中心、真如等7区外，其余20个区，即静安、江宁、法曹、普陀、新成、黄浦、蓬莱、邑庙、嵩山、卢湾、常熟、龙漕、徐汇、北站、新泾、大场、闸北、虹口等区，都有民革小组或成员，其中成员最多的为静安区。1949年4月4日，静安区小组在百乐门饭店举行大会，叶尚文出席指导，决定由小组扩展为静安区会，推举乐均为区会常务委员。

地下组织期间，民革上海临时分会到底有多少成员？当时各主要干部之间虽常有接触，但对成员则采取单线联系，彼此间没有横向联络，所以无法作出精确统计。根据1949年7月初编制的名册共有165人。当然，这个名册是不完备的。

纠察总队的始末

民革上海临时分会行动委员会的任务，在于组织地方武装，维持社会秩序。我们见到南京、杭州等地，解放前后都有一段真空时期存在。在此期间，散兵游勇到处骚扰，人民深受其害，因此感到，须组织一支队伍，对维持治安极有必要。起初，我们想与上海市其他党派和社会贤达合作，建立一个全市性的维持治安的统一机构。但国民党警察局局长毛森到处布置特务，大批逮捕进步人士，据说上海解放前夕共杀害了进步人士一千多人。在这恐怖的局势下，要建立庞大的地下机构是不可能的。于是，决定由民革临时分会单独组织一支维持真空期间治安的队伍，作为外围组织。这支队伍叫什么名称？有人主张称为"自卫队"，臂章上加盖"中国国民党革命委员会上海临时分会"钤记，因为国民党政府也有自卫队组织，名称相同，可以鱼目混珠，不易暴露，而且已经印刷了一部分臂章。最后，为了表示与国民党地方武装有所区别，采用了"纠察总队"这一名称。总队长由常务委员叶尚文兼任，副总队长由行动委员会主任委员乐均兼任。

关于队员的来源，决定从下列三种人员中吸收：（1）民革青年成员；（2）地方进步青年；（3）国民党保甲人员、义务警察和自卫队队员。因为国民党义务警察和自卫队队员都是工商界职工，而且有武器，民革纠察总队本身没有一枪一弹，为维持治安，暂时借用一下，也有方便之处。

组织纠察总队，需要臂章、布告和宣言。叶尚文叫乐均设计臂章，叫我草拟《纠察总队布告》和《告全市同胞书》。布告内容根据中国人民解放军布告的"约法八章"草拟，而"约法八章"来源于解放区电台广播和上海《大公报》上的消息。这些印刷品交由江苏路的一家小印刷所印制。当时，曾发生过一场虚惊。一天深夜，工人们正在用圆板机印刷臂章，机声隆隆作响，被路上站岗的警察发觉，入内搜查。工人们听见脚步声，就机智地把印好的自卫队臂章放在上面，警察搜查时，工人们故作镇定地说："是区公所交印的自卫队臂章。"警察翻了翻印好的臂章，上面果然有"自卫队"三个大字，就不声不响地走了。

5月初，我也经历了一场虚惊。一天早晨，我带着《告全市同胞书》从家中出发，准备到武定西路办公地点去。走到衡山路，突然遇到国民党的"飞行堡垒"（大型警备车）、骑兵和大批警察、特务的搜查，并见几个行人已被拉上警备车。我进退两难，只得硬着头皮走过去。幸而我身穿警官便服，胸前别有"内政部警察总署"的徽章，没有被搜查就放行了。所有臂章和宣传品秘密印好后，于5月中旬分别运往东、南、西、北四个区的指挥部，待命使用。

5月25日凌晨，上海西区首先解放。事实与我们原先所想象的不同，上海没有出现真空期间。但纠察总队多半已经组成，所以仍然出动，徒手服务，因为国民党军队溃退时，已将义务警察和自卫队缴械解散，他们已经没有武器了。我们设总队于江苏路工业试验所第二试验馆内。

因为没有出现真空期间，所以纠察总队的任务略有更改，除了宣传工作以外，主要做了向导和联络工作，如：

一、5月24日晚间，由卢公诚等率领纠察总队队员分三路出发，为解放大军先头部队第二十七军做向导，从虹桥路、延安西路、愚园路进入市中心区。

二、25日清晨，静安区钱家巷博爱新村窜入国民党残军数十人，一时秩序大乱，人心恐慌。纠察总队静安区队派员前往，劝告他们投诚，并将所获枪械全部交由上海市军事管制委员会点收。

三、同日晨，迪化北路发现有国民党军队工兵营在骚动，纠察总队派员前往劝告投诚。

四、26日下午，纠察总队接到队员报告，说有国民党残军500余人，占据北京路国华大楼、景云大楼和通易大楼，尚未放下武器，当地居民深感不安。于是，由乐均到威海卫路解放军军部报告，该部即派员前往迫降。

纠察总队原来为上海真空期间维持地方治安而设立，现在既无真空期间，自无继续成立的必要，所以只工作了三天，就于5月28日结束，所有队员全部解散。

做好准备　迎接解放

1949年4月间，国共两党代表在北平谈判，南京国民党政府拒绝接受和平协定，这意味着国民党反动派决心将反革命战争进行到底。毛泽东主席和朱德总司令于4月21日发布《向全国进军的命令》，百万雄师横渡长江，势如破竹，南京、镇江、无锡等城市相继解放，解放战争很快逼近上海郊区。

民革临时上海分会为了迎接上海解放,除筹组纠察总队以外,还草拟了《民革上海临时分会致国民党各警察局》的信件,油印 30 多份,分别投入邮筒,寄给警察总局和各分局,劝他们保护武器和档案,严守岗位,迎接解放。同时,草拟并铅印《告本市同胞书》,内容要点为:(1)热烈欢迎中国人民解放军解放上海;(2)歌颂新民主主义社会是人人有工做、人人有饭吃的美好社会;(3)全市同胞要协助解放军彻底消灭国民党在上海的残余部队;(4)在中国共产党的领导下,支援解放军解放全中国。这个文件曾由《解放日报》《申报》《时事新报》分别转载。

5 月 25 日上午,上海苏州河以南地区解放,临时分会由地下转为公开,设办公处于静安寺百乐门饭店。新中国成立前夕,我们早就拟定了 28 条标语。解放那天,发动成员分头缮写,四处张贴,并在热闹街衢,悬挂横幅,散发宣言,欢迎中国人民解放军,欢呼上海解放。

5 月 26 日,临时分会以常务委员叶尚文名义,向毛泽东主席、朱德总司令和陈毅将军分别发出致敬电,电文中说:"上海解放了。蒋介石的反动军队已经崩溃,500 万人民日夜盼望的日子终于来到了。20 年来,上海人民在帝国主义的宰割之下,在反动政府的压榨之下,过着黑暗的奴隶生活,直到今天才得到了解放、见到了光明,内心是无限的喜悦,情绪是无限的兴奋。这次大上海的解放,实得力于你们诸位的英明领导和全体战士的英勇战斗,我们真诚地致以最高的敬意。"

26 日,苏州河以北地区尚未解放,成员吴大风留在该区,将其所了解的关于国民党军队驻扎情况,以电话方式向临时分会作汇报,临时分会当即转告人民解放军。27 日,解放军进入北四川路武进路时,吴大风为他们领路,向海宁路国际戏院、文化会堂、五洲大药房和国民党空军供应司令部等处进军,迫使残余蒋军放下武器。

迎接解放工作告一段落后,临时分会着手整理内部组织。6 月初,叶尚文在百乐门饭店召开干部会议,决定成立执行委员会,作为分会的领导机构。除叶尚文为当然负责人外，票选赵康民、乐均、陆印泉、周宝书、刘晋喧、龚一飞、杜耕、赵锦华、梁志申九人为执行委员，陆一远、金恒洪、吴大凤、闵佛九四人为候补执行委员。

组织合并　统一领导

1949年6月，民革中央已经由香港迁至北平，派组织部部长朱蕴山为特派员，来上海整理地下组织，寓居于南京路金门饭店，同来的有秘书周范文。朱蕴山抵沪后，当即向五个独立组织发出通知，通知表示："所有以前民革中央指派之特派员、联络员、筹备委员、特派小组以及自行成立之一切组织一律停止活动，待命整理。"上海临时分会接到通知后，于6月18日起停止一切活动，并遵照民革中央的指示，并入上海的统一机构——民革沪宁区临时工作委员会。1950年4月，沪宁区临时工作委员会改组为上海市分部筹备委员会。

（本文原载于《民革党员与新中国》，略作修改）

民革特别小组与《工商新报》

翟林椿

1948年初春的一天，我曾经的同事、南京《新民报》记者朱德纯，邀我去探访一位朋友。他说，这位朋友刚从香港来南京，拟在南京创办一家民营报纸。早在1944年—1945年抗战时期，我和友人景克宁曾合办过《西北风》半月刊，故对办报一事，颇合所愿。

当晚，便约同景克宁随朱君拜会了这位国民党退役中将杨劲友先生（后据朱君告知，杨先生早年系李济深将军的高级幕僚，曾任李济深将军所部的参谋长）。此后，我们多次会见杨先生（当时我和景克宁都是未满30岁的青年，充满着对国家美好未来的向往），虽系初识，但谈得很坦诚和投契，除了商谈办报事宜外，还谈论局势。我们一致认为，国民党黑暗腐败，丧失人心，必将垮台，全国解放是大势所趋、人心所向。大家还表示，要为迎接解放、为新中国的诞生作出应有的贡献。

1948年8月，经商谈决定，由杨劲友先生筹集资金，大家共同努力，《工商新报》在南京复刊。《工商新报》原是南京市商会的会报，由我友杨叔和主办，后因故停刊。当时经我们和杨叔和协商同意，买下了该报的出版发行权。其时，杨劲友出任该报董事长兼社长，景克宁任总编辑，我任副总编和副刊主编，唐赞同和周振宇分别任正、副经理。

《工商新报》复刊后，受到各界欢迎。此时，杨劲友对我们有了进一步了解和信任。1948年9月，经杨劲友介绍，我参加了由民革中央执行委员林伦彦领导的、孙武臣具体负责的民革特别小组。随后，景克宁、唐赞同和周振宇等也相继参加了特别小组。

这期间，我受命常以记者身份为掩护外出采访，往返于沪宁两地开展工作，并奉命筹组民革上海特别小组。1948年冬，我以上海特别小组名义，与原上海市私立中小学校校长沪东联谊会的理事王世寅、常务理务沙光华以及樊鸿禧、孙育凡等建立了组织联系，发展了一批中小学校长、教师为小组成员。

1949年2月，王世寅、沙光华等特别小组成员，利用沪东联谊会合法名义，代表联谊会广大教职员工，向国民党上海市市长吴国桢开展了以要求发放救济粮为内容的斗争，赢得了上海各界群众的广泛支持，给处在风雨飘摇中的国民党政权以打击。

联谊会在特别小组的领导下，为了保护好各所学校和有关资料，组织成立了护校队伍，日夜守护，使所有中小学校完整无损地回到人民手中。

与此同时，南京《工商新报》还积极报道了中国人民解放军以排山倒海之势，击溃国民党各地残军，解放大批城镇，取得胜利的消息；并发表了《太子派的幕后》《反对备战谋和》《血洒长江路》等一系列进步文章，揭露和抨击国民党的暴政和阴谋，在广大读者中起到了积极的舆论引导作用。

不幸的是，正当解放的曙光普照神州大地之际，《工商新报》董事长杨劲友因突发心脏病不治而逝，这对《工商新报》而言是个重大的损失。当时报社全体同仁，化悲痛为力量，一致奋发努力，《工商新报》如常出版。

1949年4月22日（即南京解放前一天），《工商新报》和《大江晚报》同时以《天亮了》为题，纵情欢呼："中国人民的漫漫长夜，终于到了尽头，天终于要亮了！昔日的万户侯，都将被扫进历史的垃圾箱，人民将要登上历史的新舞台，当家做主人。"

（作者系民革上海市委顾问，曾任同济中学老师）

民革纠察总队迎接解放军经过

乐 均　卢公诚　龚一飞

1948年，中国国民党革命委员会在香港成立，民革中央主席李济深想在上海建立一个分会，并希望在上海物色较有力量的群众团体和工商界人士作为掩护，以便开展工作。通过李济深秘书吴惟平的介绍，李济深授命乐均、叶尚文、廖尚果、方秋苇、邓本殷等在上海筹建上海民革行动委员会。乐均、叶尚文是"蚁社"和"职救会"的骨干分子，与西北革命前辈、帮会高层徐朗西所办的"正气集"有较深关系。当时中共地下党刘宁一、沙文汉两位同志曾指示乐秀章团结乐均、徐朗西，以利于开展工作。

1949年，罗隆基等组办的"中国青年反法西斯同盟"和民革行动委员会合并改组为民革上海临时分会。原盟员卢公诚（原浙东人民抗日挺进军副司令）、谢厥成（原国民党第五十三军副军长）、刘家泽（青白中学校长）、余乐醒（交通部公路管理处处长）、吴奇峰（上海港口司令部军械库库长）、吕智渊（油库库长）、王世兴（航运警务处骨干）等20余位实力派人物全部吸收转为民革上海临时分会成员，壮大了力量。不久，又和三民主义同志联合会郭春涛、国民党民主促进会上海分会陈惠、民革京沪杭临工会林涤非等取得联系，建立民革上海纠察总队，以叶尚文为常委兼总队长，积极做好配合人民解放军解放上海的准备工作。

1949年5月，人民解放军已横渡长江，解放南京，迫近沪郊。当时余乐醒交来汤恩伯在上海周围所设的500个堡垒布局图，吴奇峰、吕智渊送来在沪物资外运情报，王世兴交来反动派船队进出情报，刘家泽配合军统在上海爆破总队大队长歧诚信埋放并送来上海各飞机场附近地雷配合图，谢厥成交来军统前后期全部主要人员及秘密在沪人员名单和居住地址，刘家泽送来军统设在青白中学通往奉化、广州、台湾的秘密电台的密码、密电收发底稿。这些情报都由乐均及时转交中共地下党杨干同志转送有关机构，为人民解放军解放上海提供了参考与便利。当时经常工作的人员有叶尚文、乐均、赵康民、陆印泉、周宝书、龚一飞、卢公诚、赵锦华、沈荣镐、薛荣甫、孙云龙、陆一远、吴大风、梁志申等，组织得到健全，人力也有了充实。

解放上海的战争，一天迫近一天。国民党反动政府在西区进入市区的重要路口设置重岗，严密搜查行人，这对来往于市郊内外的地下人员极为不便。这些站岗人员中不少是西郊自卫团的成员，乐均和龚一飞组织自卫团人员中与"正气集"有密切关系的人去做思想工作。他们三次秘密召开自卫团班队长会议，晓以大义，动员他们放松对行人的检查。这三次会议收到较好的效果，大多数人愿意参加民革上海纠察总队，做好引导人民解放军入城的工作。

乐秀章及时从台湾赶回上海，由乐均护送他去南市区江南造船厂开展地下工作。

民革纠察总队为加强力量，充实组织，除叶尚文、乐均两位同志兼任正副总队长外，吴英仍为副总队长，负责苏州河北地区的工作，并推选张之江、薛笃弼、周梦白、谢厥成、余乐醒、刘家泽等为督导，卢公诚、龚一飞受任为沪西正副指挥。当时由乐均签署，赶制臂章5000只，赶印布告1000张、告市民书25000份，在5月20日前从长宁区分送到东南西北四个区的指挥部，待命使用。5月24日晚上，乐均在百乐门饭店楼上得知毛森从静安警察分局撤退，立即乘车会同卢公诚、龚一飞赶到沪西虹桥镇附近迎接人民解放军，乐均指挥纠察总队队员引导人民解放军第二十七军先头部队从虹桥路转淮海路进入市中心区到达威海卫路成都路口；卢公诚率市区自卫队员佩戴纠察总队臂章引导人民解放军由延安西路进入市区；龚一飞率西郊自卫团员，佩戴纠察总队臂章由长宁路经愚园路接引人民解放军至静安寺。

人民解放军先头部队一鼓作气进入市区，反动派仓皇溃逃苏州河以北。民革纠察总队沪西指挥所迅速集中队员，分派至各主要路口站岗放哨，防止残敌破坏捣乱。他们一面张贴布告，一面散发宣传品，宣传人民解放军政策，安定民心。同时，收拾遗散的枪支弹药，劝说散兵缴械投降。人民解放军入城所经十字路口，纠察总队都高悬巨大跨街横幅"热烈欢迎中国人民解放军"。沿路市民见到，喜形于色，高呼口号。在铁路道口，淮海路、陕西南路、江苏路、江宁路等路口，还有茶水供应。纠察总队与人民保安队上层取得联系，事先派人护厂，加上人民解放军入城迅速，工厂安好如常，物资设备得到完整保存。

国民党民政局局长陶一珊饬令务将各区保管的户口册籍全部烧毁，由于民革上海临时分会早就与上海保甲联谊会有联系，使绝大部分户口册籍得以完整移交，这有利于人民解放军接管市政后对上海人口及时做好清理、调查和组织工作。

5月25日凌晨5时，乐均到约定地点虹桥疗养院去接张澜、罗隆基等人，可是张澜一行在前一小时已由杨虎与洪门弟兄接走，仅接到由特务监守的民盟上海负责人彭文应、周永德等。乐均护送他们到江苏路65号民革上海临时分会和纠察总队办事处，并在该处挂上民盟上海市分部的牌子。

当日早晨，镇宁路钱家巷窜来国民党残军数十人，梵皇渡路也发现有国民党残余部队持武器骚扰居民。闻报后，民革纠察总队立即派队员前往，劝告他们缴械投降。

盘踞在南京西路哈同花园的国民党残军仓皇逃跑时，遗留下不少机关枪、步枪、手枪和弹药等武器。乐均得知后，立即带领队员将武器送往卢家湾军管会临时军械处点，交给人民解放军部队接收，后将收条移交静安区接管会主任张勉。

到了傍晚，人民解放军政治部先遣部队紧急通知乐均，苏州河北岸战火突然猛烈，可能出现顽敌反扑，要求把所有在白天已经露面的进步人士，全部撤退至闵行附近安全地带，乐均立即分派纠察队员辗转通知。

5月26日，纠察总队队员报告，北京路、河南路口国华大楼有国民党残军500余人，景云大楼、通易大楼也被占据，他们与新亚大楼残军互相呼应，当地居民深感不安。于是乐均到威海卫路人民解放军军部汇报情况，磋商办法。军部决定派员前往迫降，乐均随同军部所派团长等人，进入国华大楼劝说他们向人民解放军缴械投降，同时商请国华银行襄理前来开库提取钱款作为遣散费，又动员附近居民捐募单衣500套，分发败兵，当场遣散。该处即由人民解放军接管，拔除了通往苏州河北岸的障碍。

埋伏在苏州河北的吴大风来电报告，尚有一股国民党空军残余部队在苏州河北岸，要求纠察总队前去劝说投降。临分会当即会同人民解放军解决了此事。

5月27日，人民解放军进入北四川路武进路时，吴大风为他们领路，向海宁路国际电影院和国民党空军供应司令部等处进军，迫使残余蒋军全部放下武器。

5月28日，上海全部解放，秩序良好，民革上海纠察总队在《解放日报》刊登启事，宣告胜利完成任务，主动解散。

（本文原载于《民革党员与新中国》，略作修改）

从民革上海市分部筹备委员会到民革上海市委员会正式成立

民革上海市委会

抗日战争胜利后，国民党政府和国民党中央由重庆迁回南京，政治中心随之东移。1946年，由谭平山、陈铭枢、王昆仑、朱蕴山等人在重庆组建的三民主义同志联合会（简称民联），开始以上海为中心开展活动。同年底，由李济深创建的中国国民党民主促进会（简称民促），在上海成立了民促华中总支部（后改为民革上海分会）。这两个组织都以"反独裁、反内战，争取和平民主"为奋斗目标。1948年1月，中国国民党革命委员会在香港成立后，又在上海成立了民革上海临时工作委员会、民革上海临时分会和民革上海特别小组三个地下组织。这些地下组织与中国共产党并肩作战，发挥民革特点，运用民革的社会关系，配合中国共产党策动国民党部队官兵投诚起义，收集国民党方面的军政情报，协助中国人民解放军接管上海，为上海解放贡献了力量。

1949年5月，上海解放后，民革中央派员整建上海民革各地下组织，成立了沪宁区临时工作委员会。1950年初，上海各地下民革组织除上海分会之外的内部整顿工作大致结束，沪宁区临工会的预定任务基本完成。为了推动工作的进一步展开，加快建立统一的民革上海市地方组织的步伐，3月间，民革中央决定撤销沪宁区临工会，另行成立上海市分部筹备委员会。民革上海市分部筹备委员会（以下简称"筹委会"）自1950年4月7日正式成立起，至1955年3月27日随着民革上海市第一届委员会的选举产生而宣告结束，历时整整五年。

民革上海市分部筹备委员会组建

1950年3月，民革中央委派丁超五、何遂、陈建晨、吴艺五、戴戟、诸尚一、梁弼群、赵继舜八人为筹委，并指定丁超五为召集人。至5月间，中央又加派武和轩、周旧邦两人为筹委。1951年7月间，再加派赵祖康、汪季琦、刘侠任、梁佐华4人为筹委。

筹委会常务委员会推定由丁超五、陈建晨、吴艺五3人担任，在丁超五留闽尚未来沪就职期间，一度由民革中央指定由陈建晨以丁召集人名义代行职责。1950年8月起，丁超五因病请长假，由武和轩代理常委职务，并自此时起，召集人之职务改为由3位常委共同负责，并由吴艺五担任驻会委员。筹委会机关内部设秘书、宣教、登记、审查四个组（不久后登记、审查并为一组），在驻会委员与正副秘书主任的领导下开展工作。

1951年11月，遵照民革中央指示，筹委会撤销驻会委员名义，改设秘书主任，由赵继舜担任。1955年3月，在中共上海市委统战部的支持协助下，调派交叉党员吴尊为同志参加筹委机关的领导工作，具体担任市分部筹委会副秘书主任职务，为民革领导层增加了新生力量。

筹委会成立后，各地下组织成员前来登记者有400余人，经过审查，通过121人为正式党员。1951年上半年，在镇反运动和反动党团骨干分子登记阶段，筹委会发展党员的工作一度停顿。其后，在中共上海市委统战部的协助下，先后在工务局、税务局、卫生局等市级机关中吸收了一批代表性较大的进步人士和中共党员、青年团员参加民革组织。至1952年年底，党员人数上升至319人，其中机关工作人员占60%以上。

由于所属党员分布在全市各个地区，为做好组织管理工作，筹委会根据不同时期的情况，或按地区编组，或按地区和党员所在单位编组，成立了基层组织。1951年7月，筹委会将党员按地区编组，分江宁区、长宁区、徐汇区、静安区（分甲、乙两组）、北站区、北四川路区、虹口区、卢湾区、榆林区（分甲、

位于上海环龙路善庆坊10号（今南昌路83弄10号）的民联联络站

乙两组）、常熟区、嵩山区（分甲、乙两组）、老闸区、黄浦区、提篮桥区、江湾区18个小组。另有文教、政法、工商三个不定期的座谈会（也是一种小组的形式）。

之后，筹委会在市卫生局、税务局、公用局、工商局、地政局、民政局、工务局吸收了一批党员，并分别成立了七个民革小组。此后，因党员人数不断增加，将工务局小组改为支部。至1951年底，筹委会所属基层组织有一个支部、六个机关小组、十八个地区小组，另有三个不定期的座谈会。以后又相继成立了房地局、商业局、财政局、市财委等机关小组。

1953年4月起，根据民革二届二中全会提出基层组织党员要"面向业务""结合业务，改造思想"的要求，筹委会决定将原按地区划分的各小组，改按党员生产单位或职业性质编成新的小组，并将改编后的各小组和机关各小组合并划分为五个系统，由筹委会有关委员分工联系，加强领导，沟通上下情况。

民革上海市分部筹备委员会主要工作

民革上海市分部筹委会自成立起的五年间，在中共上海市委与民革中央的领导、关怀、支持下，组织得到了不断的锻炼和发展，先后设立了学习委员会、审查委员会、财务委员会、增产节约委员会、组织制度改进委员会等专委会开展工作，积极投入抗美援朝、土地改革、镇压反革命运动和"三反""五反"运动及肃清一切反革命分子的斗争，参加了经济恢复及政权、经济和文教等各方面的建设工作。

1950年6月，朝鲜战争爆发，随后美国出兵朝鲜进行武装干涉。筹委会负责人丁超五即在上海人民广播电台发表讲话，强烈谴责美帝国主义的侵略罪行，呼吁上海民革党员和全上海、全国人民一道，在中国共产党和中央人民政府的领导下，为争取和平幸福，坚决与美国侵略者斗争到底。7月25日，筹委会与上海各民主党派联合举行反对美帝侵略朝鲜和台湾大会。11月27日，民革在京举行二届二次全会，确定以"抗美援朝，保家卫国"为民革当前的中心政治任务。筹委会热烈响应这一号召，一方面立即发表声明，表示拥护各民主党派联合宣言和民革中央的决议；一方面当即组织全体党员进一步学习讨论，消除对美帝的一切幻想和恐惧心理，仇视、蔑视和鄙视美帝国主义。1951年1月7日，筹委会举行"抗美援朝，保家卫国"宣传大会。10日，又联合上海各民主党派举行大会，向党员和所联系的群众反复宣传抗美援朝的重大意义。

筹委会在捐献飞机大炮、参加赴朝慰问团、鼓励党员子女和亲友参军、参加赴朝医疗队等方面也都热烈响应：先后发动党员200人次捐献现金或贵重首饰达5546万元（人民币）；筹委会常务委员武和轩，参加了第一次和第二次中国人民赴朝慰问团；委员周旧邦、梁佐华参加了第三次中国人民赴朝慰问团，奔赴朝鲜前线和后方，慰问中国人民志愿军和朝鲜人民军；20多位党员动员家属加入人民志愿军或军事干校；还有，上海著名的结核病专家徐续宇等同志参加赴朝志愿医疗手术队工作，在前线艰苦奋战半年多，为抗美援朝作出了积极的贡献。

在参加土改工作方面，1951年3月间，华东军政委员会号召上海各民主党派推派成员参加上海郊区土改工作。民革党员响应号召积极报名参加，筹委会决定一部分人参加土改工作，一部分人根据土改工作的进程，分阶段有重点地参观学习，接受教育。经过甄选，民革党员被批准参加土改工作的有11人，分阶段进行参观学习的有21人，并于4月10日分赴上海郊区有关乡镇。5月，上海市协商委员会号召各民主党派继续推派成员参加郊区土改，民革党员报名更为踊跃，被批准参加土改工作的有16人，参加参观学习的计有79人。10月初，华东军政委员会再次发动上海各界人士参加皖北土改，筹委会所属各级党员纷纷报名参加，被批准参加的有44人。

1953年起，我国由国民经济恢复时期进入了国民经济有计划地建设时期，民革中央为了推动党员积极参加国家建设，提出了"在党和行政领导下，面向业务"的号召。为此，筹委会先在全体党员中布置学习，然后在思想初步取得一致的基础上，依照生产单位和职业性质，将原有地区小组，加以改组，设立四个机关支部、一个机关支部筹备小组、十三个机关小组、七个文教小组、三个工商小组和四个综合小组。

同时，为了便于反映情况、交流经验，筹委会建立了新的汇报制度，即按照各种不同类型的基层组织，分成系统进行汇报，而由筹备委员分别主持，进行具体领导。此外，为了累积"面向业务"的经验，指定工务局支部第五小组为分部试点小组，并由各支部分别培养支部的试点小组。工务局支部第五小组自作为试点小组以后，以"面向业务"为中心，拟定了小组计划，党员们根据小组计划，又拟定了个人计划，并在小组会议上经常汇报自己的工作、思想和生活情况，一发现问题，就展开讨论，及时解决。这样，对帮助党员做好岗位工作，起了积极作用。筹委会成立后的五年中，不少同志获得了功臣、模范或先进工作者称号，如，徐学明在建筑工程中提出、采用了"焊板衔接法""先填土后打桩的办法"和"泥结碎石路面一次浓浆办法"。又如，陈贵翼创造了"陈贵翼查估工作法"。

筹委会不仅帮助成员加强学习、做好工作，而且团结和帮助周围的群众，为此，先后举办多场"学习讲座"，并邀约社会上较有代表性的人士举行座谈会。这些讲座和座谈会，尤其在"五反"期间举行的几次工商座谈会，对团结、教育周围群众起到了积极作用。各机关基层组织，在这方面也做了不少工作。如卫生局支部经常结合该局中心任务或国内外时事，举办大型、中型或小型座谈会，并与该局中共党委宣传部联合举办时事讲座，取得了显著成效。

1955年3月27日，民革上海市第一次党员大会在上海市卫生学校大礼堂举行。中共上海市委统战部部长刘述周莅会，民革中央指派戴戟为监选人。大会由武和轩主持，赵祖康代表民革上海市分部筹委会做工作报告，当天到会党员420人。由此，民革上海市委员会正式成立。

经民革上海市第一次党员大会民主选举，产生了民革上海市第一届委员会。委员为丁超五等十九人，候补委员为曹寅甫等三人。一届一次市委会议推定丁超五为主任委员，赵祖康、吴艺五为副主任委员，丁超五、赵祖康、吴艺五、徐周良、武和轩、诸尚一、戴戟七人为常务委员，武和轩为秘书主任，副秘书主任为赵继舜、吴尊为。

民革市委成立后，上海民革进入了新的历史时期。至1955年底，上海民革党员人数为449人，计有五个支部、二十七个小组。市委机关沿用秘书、组织、宣传三处机构建制，积极开展工作，推动和组织全体党员通过学习和实践，进行自我教育和自我改造，在从民主革命到社会主义革命的历史性转变过程中，跟上了时代前进的步伐，健全了地方组织，扩大了社会联系面，在上海城市发展特别是城市建设中书写了难忘的篇章。

（本文原载于《上海文史资料选辑·上海民革专辑》，略有删节）

宋庆龄（1893—1981），上海人，民革主要领导人之一。青年时代追随孙中山投身革命，在近70年的革命生涯中，坚强不屈、追求进步，矢志不渝。新中国成立后，曾任中央人民政府副主席，中华人民共和国名誉主席，民革中央名誉主席，全国人大常委会副委员长等。

周恩来、邓颖超力邀宋庆龄北上参加新政协始末

朱玖琳

1949年8月28日下午4时15分，宋庆龄乘坐的专列徐徐驶入北平火车站。车刚停稳，早已在月台等候多时的毛泽东便亲自进入车厢迎接宋庆龄。当宋庆龄在毛泽东等人的陪同下步出列车时，周恩来迎上前去握手问候。跟随在宋庆龄之后的正是周恩来的夫人邓颖超。宋庆龄微笑着对周恩来说："感谢你派你的夫人来接我。"周恩来高兴地回答道："欢迎你来和我们一起领导新中国的建设！"

为了争取宋庆龄北上来北平参加新政协，中共中央做了大量细致周到的工作。2008年2月，由中共中央文献研究室和中共中央档案馆联合编辑的《建国以来周恩来文稿》问世，其中所录"周恩来邓颖超关于宋庆龄北上参加新政协的电报往来和批语"，向世人展示了周恩来、邓颖超夫妇为力邀宋庆龄北上而作的长达两个月的辛勤努力。

邓颖超代表中共亲自来沪迎宋

1949年6月25日，奉中共中央之命，邓颖超带着毛泽东和周恩来邀请宋

庆龄北上共商国是的亲笔信，偕廖梦醒等人抵达上海。抵沪当日，邓颖超并没有贸然上门，而是派廖梦醒先行试探。

廖梦醒是廖仲恺、何香凝夫妇的女儿，曾长期担任宋庆龄的英文秘书，因而深得宋庆龄信任。当廖梦醒身穿灰布制服、头戴灰布军帽出现在宋庆龄面前的时候，她还以为来了一个女兵，廖梦醒叫了一声"Aunty"，她才发现是廖梦醒，于是笑了起来。廖梦醒对她说："北平将成为新中国的首都，邓大姐代表恩来同志，特来迎接你，大家都盼望你能去参加新政协。"她为难地表示："北平是我伤心之地，我怕去那里。待我考虑考虑，想好再通知你吧。"

得知邓颖超来沪，宋庆龄25日当晚便约谈邓颖超。见到毛泽东、周恩来的亲笔信，宋庆龄的情绪很兴奋，但她还是向邓颖超表示因病体不克长途旅行，拟暂缓。因为紧张焦虑，宋庆龄自1949年1月开始就不断地被剧烈的头痛、高血压和严重的荨麻疹交替折磨。目睹宋庆龄的确体质虚弱，邓颖超对宋庆龄能不能坐火车赴北平有点担心。

27日，廖梦醒再度先期只身赴宋宅劝说。当晚，宋庆龄设宴招待邓颖超，邓颖超得以再赴宋宅。言谈间，宋庆龄"颇感盛情难却"，再次表示考虑考虑。邓颖超感觉宋庆龄北上"或有可能"，但"依其性格，尚须下工夫"。

该日（27日），邓颖超向中共中央发出了抵沪后的第一份电报。电报是发给毛泽东的，她向毛泽东汇报了上述情况，并请求就"如孙夫人坚持此次暂不来平，则在我返平前，是否将请其参加政协及政府事，征其同意"作一回复。

7月1日，周恩来以中共中央的名义回电答复了邓颖超。电文说，宋庆龄曾与史良谈过参加新政协的事，她告诉史良过去香港曾送来毛、周致电，邀请她北上参加新政协，史良听后力劝宋参加，宋则请史"由平回沪后与之商决"。据此，周恩来要求邓颖超应向宋庆龄"直说请其参加新政协"，但是参加新政府的事得等她回到北平后再说。

周恩来特别向邓颖超强调，史良认为"邓亲往劝驾必成"。他因而要求邓，要向宋庆龄说明"邓赴沪即专为请孙北来"。

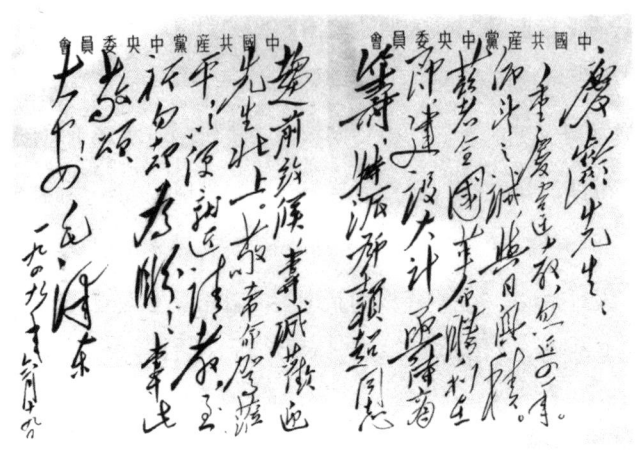

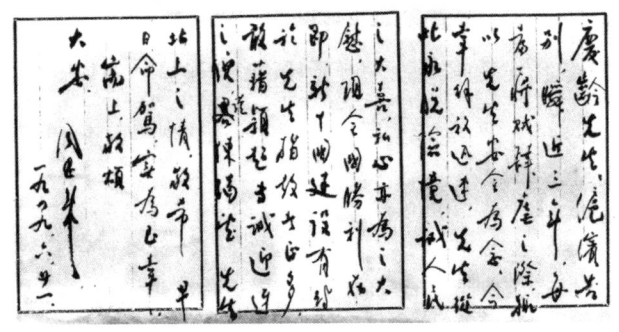

1949年6月,毛泽东、周恩来分别致函宋庆龄,邀请她赶赴北平参加中国人民政治协商会议

经过几次交谈,邓颖超终于说服了宋庆龄。6月30日,宋庆龄高兴地向邓颖超明确表示同意北上。

"对孙寓所及孙中山故居发生几次误会,予以解释和道歉"

在7月1日的电报中,周恩来要求邓颖超"应多往孙夫人处谈话,为之讲解各种情况和我党政策,并对我军解放上海后,由于不熟习(悉)情况,致对孙寓所及孙中山故居发生几次误会,予以解释和道歉"。

电报中所说的"对孙寓所及孙中山故居发生几次误会"的确是令中共中央十分棘手的事。上海刚解放,进驻上海的下级军官就冒犯了宋庆龄。

1949年5月27日，居住在林森中路1803号（今淮海中路1843号宋庆龄故居）的宋庆龄迎来了上海解放。对上海解放，宋庆龄是满怀喜悦的，在25日解放军先遣部队进入上海后，宋庆龄曾兴奋地向长期协助她工作的友人王安娜表示："感谢上苍，我们现在总算可以自由地呼吸了！"她还调侃地告诉王安娜："我是在25日凌晨3点，当先遣部队放松包围的时候看见装甲车的！但愿我能像装甲车一样被允许外出。"但是，不久就发生了意外。据华东局于6月1日向中共中央的汇报，以及宋庆龄本人和时于解放军三野二十军政治部工作的姜宿回忆，那天，六〇师一七八团一个营进驻淮海中路，警戒线延伸到龙华机场附近。连长指定武康大楼对面一所宽敞房子，要排长带一排人去宿营。谁也不知道这是宋庆龄公馆，"因她现住宅系国民党政府行政院另拨的"。当敲门要进去时，遇到了门房的拒绝。看门的没有说明不能住的缘由，只是笼统地说："这里不能住。"排长很反感："连长命令我们住这里，为什么不能住？"他命令说：如果下午四时前不把房子腾空，将派士兵来搬走东西。双方争执相持不下时，宋庆龄亲自下楼来，当着战士们的面说："我是宋庆龄。这里是我的公馆，你们部队不能住。要住，请陈司令打电话给我。"连长听说这意外的情况，为挽回影响，连忙前来道歉赔罪。陈毅知道这件事后，非常生气，批评了师、团干部。他亲自打电话向宋庆龄表示歉意，随即又与潘汉年一起亲赴宋庆龄寓所，除当面致歉外，还向宋庆龄征询了接管和建设上海的意见。5月31日，在陈毅、史良以及长期在沪从事情报工作的吴克坚的陪同下，中共中央华东局第一书记邓小平和第二书记饶漱石，亲自登门拜访道歉，并派卫兵在宋庆龄住宅警卫。在从史良处得知宋庆龄经济困难后，华东局决定"由潘汉年先送100万人民票给她，以后当陆续供给"。

孙中山故居所发生的"误会"一度鲜为人知，可能因为这次误会只是一件小事，不是针对寓所本身而发生的。据周恩来7月1日致邓颖超的电报，史良告诉他孙中山故居中的一个老仆人曾被拘留，但她不知道详细经过，也不知道老仆人有否获释。史良是1949年6月初离开上海去北平参加新政协筹备工作的，所以事情应该是在她临走之前才发生的。但不管怎样，被拘留者是孙中山故居的老仆人，周恩来担心此事会引起宋庆龄的不满，他指示邓颖超："如尚未释放，望市委速开释，并查明理由。如系错在我方，应正式向其认错道歉，并对老仆人的损失予以赔偿。如系错在彼方，而错并不大，应予以释放，勿使孙夫人为此介怀。"就邓颖超7月5日致中央电来看，这只是一件小事，老仆人当日就释放了，"所发生误会已向宋庆龄解释"。其时，对于孙中山故居，中共中央在解决"孙寓所误会"的同时就表示了高度重视，曾明令上海市委"要保存孙中山先生在上海的旧居，以资纪念"。8月中旬，上海军管会及市人民政府在征得宋庆龄同意后，拨出巨款对故居进行了为期三个月的大修。这与国民政府时期形成了鲜明对比。国民政府非但没有对香山路7号孙中山故居予以精心修缮，致使屋顶洞穿，四壁偏塌，甚至在上海解放前夕有部队欲乘乱入住。这一新旧对比，无疑会使宋庆龄对新政府留下好的形象。

"房产如属宋子安，可交与孙夫人代管"

在7月1日的电报中，周恩来还叮嘱邓颖超要妥善处理宋庆龄幼弟宋子安的房产问题。他说："孙曾托史告我们，宋子安为其幼弟，孙屡劝子安勿回国随蒋、宋、孔等做事，子安因此留美未归。现上海爱棠路一百九十号（190）为宋子安私产，已为人民政府接收，孙意对宋子安应与对蒋、宋（子文、子良、蔼龄、美龄）、孔等加以区别，方使子安觉得孙话果有出路。请你们查明该号房产如属宋子安，可交与孙夫人代管，俟宋子安将来回国时再行解决。"

由于宋氏家族涉政过深，新政府如何对待宋庆龄的亲友，这是宋庆龄和新政府之间都很关注的问题。

1948年12月28日，新华社公布了中国共产党开列的43名头等战犯名单，并谓之"罪大恶极，国人皆曰可杀"。这其中有多位宋庆龄的亲友，蒋介石、孔祥熙、孙科自不必谈，但是名列第十位的宋子文和名列第二十三位的宋美龄是宋庆龄的血亲。1949年1月28日，中共中央发言人发表声明，要求国民政府重新逮捕于26日被释放的日本战犯冈村宁次，同时要求"必须立即动手逮捕一批内战罪犯"，宋子文在所列名单中位列第二，排名仅次于蒋介石。

家族血亲名列战犯名单，且排名居前，这也是宋庆龄无可奈何的事情。政见的分歧早就使宋庆龄感觉自己"不在家族的圈子中"了。她曾对美国驻华大使馆外交官谢伟思说："我的家族从不与我谈论政治。"虽然如此，但是家族亲情依然存在。在最后关头，1949年5月19日，宋美龄和宋子良一起从美国写信给宋庆龄，对宋庆龄表达了他们的深切挂念。他们说："最近，我们都经常想起你，考虑到目前的局势，我们知道你在中国的生活一定很艰苦，希望你能平安、顺利。""如果我们在这儿能为你做些什么的话——只要我们能办到，请告诉我们。我们俩都希望能尽我们所能地帮助你，但常感到相距太远了，帮不上忙。请写信告诉我们你的近况。"

宋氏家族中只有最小的子安未涉政治，且听取宋庆龄的劝告，在抗战胜利后也没有回国，因此宋庆龄竭力想维护幼弟的在沪利益，特意托付史良转告中共。根据邓颖超7月5日致中央电中"中央七月一日电所示各点已告宋庆龄"语，我们可以判断，宋庆龄此请也许已得到满足，这是对她的一大安慰。

"嘱上海铁路管理局备头等卧车"

在7月1日的电报中，周恩来又仔细地关照邓颖超：长途旅行，宋庆龄病体难支，"可嘱上海铁路管理局备头等卧车直开南京，然后再换卧车，由浦口直开北平，并附餐车，大约三天可达（淮河铁桥已直通）"。

宋庆龄患有严重的荨麻疹，这是宋家的家族遗传病，宋美龄也同样患有此病，每遇过度紧张或过度劳累，此病便会剧烈发作。1949年上半年，宋庆龄几乎是在病痛中度过的，先是重感冒，继而是剧烈的神经痛、血压高。大夫令她卧床休息并放弃所有的工作和活动，当她病得只能抱着热水袋待在床上时，由于"那些处于绝望挣扎中的人，在逃脱即将来临的局面之前"，仍在对她施加"巨大的压力"，所以她被迫下床去会见一些不得不见的人。形势最为紧张的时候，正值春季，恰是皮肤病高发季节，正患肠胃病的宋庆龄荨麻疹大发。在给王安娜的信中，她无奈地说："在过去的两个星期中，焦虑和麻烦成了我全部的生活，苦苦地缠住我不放。我已经不再年轻了，不能像以前那样可以轻易地把那些影响立即消除……""我虚弱的体质使我恢复得很慢。昨天我试着多工作一会儿，就感到头晕得厉害，差点儿晕倒。""服用苯纳德雷，使我变得呆滞和反应迟钝。不过荨麻疹倒是慢慢地退下去了，不像上星期那样痛苦万分。我很想尽快治好，这样才好出去见朋友！"巨大的精神压力使宋庆龄急欲放松自己，所以她还未等邓颖超开口，就向邓提出"希望能到苏联疗病，并在国外工作一段时间"。

邓颖超对宋庆龄的病痛十分同情，她在6月27日给毛泽东的电报中说："据其病情，乘火车赴平确不无困难"，拟暂缓长途旅行。周恩来据此提出："嘱上海铁路管理局备头等卧车"，"而孙希望到苏联养病，当于新政协后进行交涉，估计必能办到，病治好后，亦可至东欧新民主国家参观。"

在邓颖超将7月1日中央来电告诉宋庆龄后，得知能坐头等卧车，宋庆龄非常愉快。尽管邓颖超叮嘱宋庆龄要保密，但是宋庆龄还是忍不住悄悄地告诉了即将赴北平工作的王安娜："因为我无法在北平待上几个月，所以我只要能及时赶到那里参加会议就行。但是，此事要绝对保密，因为他们不想挨炸弹（保密）。因此我建议你在8月份请假一个月。这样我们就可以一起乘坐豪华的特快列车南下了。"

"颖超在沪如能养病，可留候夫人同来"

宋庆龄在悄悄写信告诉王安娜的时候还以为新政协将在8月初举行，所以让王安娜8月份向北平方面请假一个月，同她一起回上海。

7月5日，邓颖超致电中央汇报宋庆龄已同意在7月10日以后动身，"但只拟在北平住半月到一个月即返沪"。电报发出后，邓颖超在与宋庆龄谈话中又得知"她须在八月六日前赶回上海为其姨母祝寿"，考虑到新政协极有可能在8月中旬召开，于是经与宋庆龄商量，邓颖超决定将行期推迟到8月6日以后，并立即于7月6日再发电报汇报中央。

7月9日，周恩来以中央名义给邓颖超发出了第二封电报，告诉邓"新政协八月半后方能开"，要求邓与宋商量，请宋先来平，"八月初南返"，八月中再由史良陪伴"北来"，参加会议，若宋不同意则照原定计划将行期推至8月6日以后。"颖超在沪如能养病，可留候夫人同来。"

之前，周恩来在以中央名义发给邓颖超的第一封电报中，涉及邓颖超处均以"邓"相称，7月9日电文称"颖超"，看似周在不经意间流露出了亲昵，但细思之，显因周考虑到妻子要长期留沪做宋工作，故以示安慰。

明确回电者就是自己的丈夫后，邓颖超一连给周恩来写了三封信，告诉周：宋定于八月半后赴平，并向周询问新政协的具体召开日期。

新政协的具体召开日期是宋庆龄最关心的问题，因为她"无法在北平待上几个月"，"只要能及时赶到那里参加会议就行"。所谓的"须在八月六日前赶回上海为其姨母祝寿"之说词，其实就是不愿意在北平久居而已。虽然向亲密友人王安娜这么直说了，但宋庆龄并没有明白地告诉邓颖超。不过，邓颖超已经明显地感觉到了。

8月3日，邓颖超在还未收到周恩来有关"新政协会期在九月上旬"消息的情况下，向宋庆龄坦陈："新政治协商会议可能推迟到二十日以后"。宋告以8月底有事，"必须赶回上海"。邓颖超随即直接致电周恩来告之，并分析说："我观其意，是她不愿在北平多留。她曾说过，在北平容易引起她的悲痛，因为孙中山先生死于北平。"

8月6日，周恩来回电邓颖超，再次告之"新政协须九月上旬始能开会"，并建议"孙夫人以迟至八月下旬或九月五日以前来平为好"。他同样认为"孙说八月底有事，恐系推辞"，要求邓颖超和已回沪的史良一起"分别推动"；并要邓去见苏联驻沪领事孙平和与宋关系较近的塔斯社驻中国记者罗果夫，让他们"从旁推动"，邀请宋庆龄"在平参加中苏友好协会"，"届时将有苏联对外文协访华团代表参加"。

对于会期的一再变动，宋庆龄自然会心生不快，但她并没有收回赴平承诺。8月18日，她写信给正在北平等待见她的王安娜表示："我为计划不得不改变而大失所望，虽然我已做好了随时出发的准备。邓小姐通知我会议改在下月举行，我们的行期也须改变。此外，由于台风带来的暴雨冲垮了路面，好几百人困在途中，因此她认为改期是明智的。"

"楼房，有上下两层，在北平为稀有者"

在确认宋庆龄承诺来北平后，宋庆龄在北平居住的问题必须解决。8月3日，周恩来致电邓颖超："房子已准备好，我方去看过，较重庆、上海我常去的两个地方都大，楼房，有上下两层，在北平为稀有者。一切内部陈设责成阿曾、罗淑（叔）章负责指导。"

周恩来所说的房子位于东单方巾巷44号，后因北京建新火车站而于1959年拆除。据曾经去过那里的廖梦醒女儿李湄描述："那是一栋外国人建造的两层花园洋房，小巧玲珑，在北京很少见这样的洋房。"

周恩来考虑得非常周到，他知道宋庆龄长期生活在西式建筑中，遂为宋选择了这栋稀有的洋房。不仅如此，他还在新中国成立初期百事缠身的情况下，亲自去现场勘察，确认无误后，又特地安排在中华全国民主妇女联合会工作的叶剑英夫人曾宪植和罗叔章负责指导内部陈设。不久，罗叔章任中央人民政府办公厅副主任，受中央委托与宋庆龄保持联系。1950年8月13日，宋庆龄为方巾巷布置事复函罗叔章：

（一）我同意楼下小饭厅的红木桌椅移到楼上放冰箱的房间里；（二）我同意钢琴放在原来摆沙发的地方；（三）我以为楼下红厅的东西太多了，所以两个工艺木柜可不需要，也不要换别的东西；（四）放在壁炉两边的两个柜子，我以为里面所布置的东西已合适了，请你不必添放东西。

1954年宋庆龄曾热情地邀请罗叔章搬到方巾巷居住，见罗叔章没有反应，她又致函罗再作邀请："您来信中，未提起已搬至方巾巷居住，您是否为不方便的原因。我感觉您终日工作繁重，晚间必须有安定住所，因此我愿意您住到方巾巷去。"

宋庆龄对周恩来为他选定的方巾巷寓所甚感满意。1959年10月，她移居北海西河沿8号后，因房屋潮湿等原因而感觉不适，虽然她一再表示不要为了她个人的住所增加国家的开支，但是周恩来仍亲自操作，为她选取了后海北沿原醇亲王府花园修建新居，并亲往检查施工情况。1963年4月1日，周恩来亲往机场迎接由沪来京的宋庆龄，并送她迁入新居。

"孙夫人究以何种名义出任新政协代表，等孙来平后，与她当面商定较为合适"

宋庆龄抵平后究竟以何种名义出席新政协，这也是必须与宋庆龄商榷的大事。

早在邓颖超来沪邀请宋庆龄赴平之前，1949年6月20日，民革中央主席李济深便致函宋庆龄，谓："济深已提请先生为本届出席代表"，请宋庆龄以民革代表的身份北上出席新政协。宋庆龄刚刚于6月4日婉拒了李济深的北上之请，对李此函她未作答复。

就宋庆龄以何种名义出席新政协的问题，8月7日，邓颖超在致中央并周恩来电中作了汇报。她说，宋庆龄对被选为新政治协商会议代表一事，最初有以下意见："一、仍以旁听身份列席。二、对与张治中、邵力子等列名，没有什么意见。三、对担任妇联代表颇为顾虑，如不会说话，不能反映团体意见，不能经常参加团体的工作等。"经她多方解释说明，宋庆龄不再坚持己见，并说："请你们替我考虑，你们觉得怎样好，就怎样办。"

邓此电表明，宋庆龄并不想以任何团体的名义作为出席新政协的正式代表，因而她要求以旁听身份列席，即使与其他人一起列名也没有关系，但是邓颖超希望她能以妇联代表的名义作为出席会议的正式代表，虽经邓多方解释说明，宋不再坚持己见，但她的"请你们替我考虑"的表态说明她对邓颖超的意见还是十分勉强的。

8月13日,周恩来以中央名义电邓:"未虞电悉。孙夫人究以何种名义出任新政协代表,等孙来平后,与她当面商定较为合适。"

为了能让宋庆龄愉快地北上,对于她所提出的一切条件,周恩来均竭力给予满足,除了上述诸点外,另外包括"谭宁邦需先到北平代宋庆龄与有关方面商定业务范围""在赴北平途中拟过济南时往国际和平医院参观"等等,周恩来均一一答应,并责成相关部门和相关人员具体办理。

唯一例外的是宋庆龄提出的抵平后三件事中的两件事。宋庆龄原提出,在她抵达北平后,"一、不要举行欢迎会。二、愿访问张治中个人,向留北平的南京政府和谈代表致敬。三、事前不要通知任何人,也不要有人到车站迎接。"邓颖超在8月3日的电报中转述了宋的要求,同时也向周恩来提出了自己的建议:"第一、第二件事可尊重她的意见。第三件事,她的一些知己朋友如你和何香凝等,肯定要到车站迎接。"周恩来回电表示:"孙所提三事,照你来电办理,惟到车站接的人选望你来电告知,以便不太唐突。"但是事实上,宋庆龄抵达北平后,在北平火车站受到了毛泽东、朱德、周恩来、林伯渠、董必武、李济深、何香凝、沈钧儒、陈其瑗、郭沫若、柳亚子、廖承志等50余人的热烈欢迎,一

1949年9月1日,宋庆龄在邓颖超、廖梦醒等陪同下,从上海到达北平

群活泼可爱的洛杉矶儿童保育院孩子向她献上了鲜花。当晚，毛泽东还特别为宋庆龄举行了欢迎宴会。

在周恩来和邓颖超无微不至的体贴照顾下，在中共中央细致周密的安排下，宋庆龄最终放弃了原来只在北平参加新政协，会议结束就回沪的计划。

8月28日抵平后，在等待新政协会议召开期间，宋庆龄出席了一系列公开活动：9月1日出席冯玉祥逝世一周年追悼大会；9月6日出席中苏友好协会总会筹备委员会全体会议，并在会上发表讲话；9月20日出席中华全国民主妇女联合会、北平市民主妇联筹委会在北京饭店举行的欢迎参加新政协的女代表的招待会。

1949年9月21日至30日，她作为无党派人士，以特邀代表的身份，在北平出席了中国人民政治协商会议第一届全体会议，并在会上发表讲话。在这次会议上，她当选为中华人民共和国中央人民政府副主席。10月1日，她登上天安门城楼，参加中华人民共和国开国大典，目睹第一面五星红旗冉冉升起，她激动得热泪盈眶，兴奋地认为"孙中山的努力终于结了果实，而且这果实显得这样美丽"。

在新中国首都北京，她应邀出席欢迎来华参加中国保卫世界和平大会和中苏友好协会总会成立大会的苏联文化艺术科学工作者代表团，并先后出席了中国保卫世界和平大会和中苏友好协会总会成立大会。

10月17日，宋庆龄在罗叔章和邹韬奋夫人沈粹缜等人陪同下，返抵上海。以后，宋庆龄每年均定期赴京"上班"。

（作者系民革党员，上海市孙中山宋庆龄文物管理委员会业务处副处长）

朱学范（1905—1996），上海枫泾人，爱国民主人士和政治活动家，中国工会领导人，民革主要创始人之一。新中国成立后，历任邮电部部长，全国总工会副主席，民革中央副主席、主席、名誉主席，全国人大代表、全国人大常委会副委员长，全国政协常委，中国国际交流协会副会长等职。

一张老照片背后的故事
——朱学范与"中国劳协"

胡宝芳

同所有文化遗产一样，民革前辈遗物，也是某一特定历史时空下的产物。它不仅见证了民革前辈个人生命历程中的精彩篇章，也见证了那个时代某些重要历史事件。看似简单，实则蕴含丰富的历史文化信息。客观解读民革前辈遗物背后的历史文化信息，有助于了解前辈在某一历史时期的贡献，也有助于丰富近代以来中国历史内容。

2018年，我在金山区文广局挂职指导金山区博物馆策划"抗日风云中的劳工领袖——朱学范文物、文献展览"时，有幸接触到朱老家族存于放金山区的七本老相册，内含珍贵照片200余张。在众多照片中，一张小照片引起了我的注意。这张照片不仅出现在2011年团结出版社出版的《朱学范传》第290页，就连中共上海市委党史资料征集委员会编的《上海人民革命史画册》（1989年上海人民出版社出版，第366页）中也有收录。画册关于这张照片的说明文字如下：1948年8月1日至22日，第六次全国劳动大会在哈尔滨举行。上海代表17人参加，会上恢复了中国工人阶级统一的全国组织中华总工会。中国劳动协会理事长朱学范和上海代表团成员等合影。

1948年5月上海工会代表团参加第六届全国劳动大会

《上海人民革命史画册》对照片的说明言简意赅。但这张照片能在《上海人民革命史画册》解放战争部分占一席之地，其历史地位不言自明。可惜，今天很多人看到画册中关于这张照片的说明时，依然云遮雾绕。这里拟对1948年第六次全国劳动大会上朱老与上海代表团合影的关键信息略作解读。

第六次全国劳动大会上的中国劳动协会理事长朱学范

在解放战争史上，第六次全国劳动大会具有重要历史地位。民革前辈朱学范，是出席第六次全国劳动大会的重要历史人物。

《上海人民革命史画册》在介绍朱学范参加第六次全国劳动大会的身份时，称他为"中国劳动协会理事长"。"中国劳动协会"简称"劳协"，于1935年成立于上海，最初为劳动文化团体。该会会员分团体会员与个人会员两种。"劳协"会员最多时，有200余万人。1943年，"劳协"团体会员，除陕甘宁边区总工会外，作为支柱的是中华全国邮务总工会、上海市总工会、海员工会、铁路工会和一些县、市总工会。

朱学范是在1935年2月"劳协"第一次理事会上当选为常务理事的。抗日战争爆发后，"劳协"内部分歧日益加剧。以朱学范为代表的一部分人，响应共产党全面抗日的号召，为动员和组织全国工人团结抗日而努力，成为中国共产党团结合作的对象。1937年12月，"劳协"总会从上海撤退。1938年2月，朱学范以国民党上海市总工会执行主席、中国劳动协会常务理事身份从上海撤出，经香港、广州等地辗转来到武汉。他与各地工会领导人座谈，讨论建立全国工人统一的抗日组织，得到包括陕甘宁边区总工会在内的各地工会组织的积极响应。后来由于国民政府的反对与阻挠，中国工人抗敌总会"流产"。但在抗日战争如火如荼的形势下，国民党统治区的"劳协"同陕甘宁边区总工会的公开联合，为全国工人阶级的团结，建立了一个起点。

1938年7月，"劳协"总会由武汉迁移至重庆。在大后方，"劳协"以推动工人福利、促进工人生产、加强抗战力量为中心任务。在国际上，朱学范以"劳协"领导人身份利用参加国际会议机会，进行国际工人宣传和联络工作，加强援华力量。1936年，朱学范代表中国劳工出席在日内瓦举行的第二十届国际劳工大会。1937年6月，朱学范在日内瓦第二十三届国际劳工大会上，当选为国际劳工组织理事会副理事。1938年6月朱学范参加国际劳工大会时得悉国际工会联合会将召开执委会，他即电请国民党中央允许"劳协"参加国际工联，借以争取世界各国工会特别是英美工会的支持。国民党中央常务委员会批准"劳协"以中国全国工会组织的名义参加国际工联。"劳协"通过加入国际工会联合会，从原来的劳动文化团体，演变为全国性的工会组织，在国际上它被承认为中国工会的代表。

1939年12月，"劳协"在重庆召开第二届年会，朱学范当选为理事长。在这届年会上，"劳协"同意陕甘宁边区总工会为"劳协"的团体会员。1943年"劳协"第四次年会上，朱学范仍然被选为理事长。1944年朱学范以"劳协"理事长身份参加在美国费城举办的国际劳工大会，并当选为非常任理事。中国工运发展及劳协活动，受到国际工运领袖的重视。1945年世界反法西斯战争即将结束时，英美国家工运领袖邀请中国工运领袖一起筹建世界工会联合会。1945年2月，朱学范代表中国"劳协"参加世界工会代表会议。同年9月，经过朱学范等人的积极争取，解放区工会代表邓发参加中国劳动协会代表团，一起出席在巴黎举办的世界工会大会。在这次会议上，朱学范当选为世界工联副主席。解放区工会代表邓发当选为世界工联执行委员会候补执委、理事会理事。刘宁一当选为世界工联候补理事。这次会议后，解放区职工会决定加入"劳协"。朱学范对解放区工会全体加入"劳协"表示欢迎。

抗战胜利后，朱学范领导的"劳协"与国民党独裁政府矛盾激化，1946年8月，国民政府武装接收"劳协"福利机构，"劳协"与国民党决裂。在中国共产党帮助下，朱学范及"劳协"领导机构，迁移至香港，继续工作。

1948年1月，朱学范在伦敦以"劳协"理事长身份发表对目前时局的宣言，号召中国工人拥护消灭蒋政权的民主革命运动，拥护及帮助全国农民实行土地改革，拥护一切为民主而斗争的政治力量，来建立中国人民的爱国统一战线。

1948年2月，朱学范、刘宁一来到哈尔滨，并致电毛泽东、周恩来，明确表示拥护毛泽东所作《目前形势与我们的任务》的报告，愿意在毛泽东、周恩来领导下，彻底粉碎蒋政权，驱逐美帝国主义……

1948年8月1日至22日，第六次全国劳动大会在解放区哈尔滨市召开。朱学范以"劳协"理事长身份出席会议，并多次发言。他完全拥护中共中央

1950年，捷克邮电工会举行代表大会，图为朱学范在大会会场的情景

1950年，朱学范在伦敦与各国工会代表合影

五一劳动节提出的召开新政协会议，实现召集人民代表大会成立联合政府的号召。在这次大会上，恢复中华全国总工会作为全国性工会组织。朱学范代表中国"劳协"宣布该会作为团体会员参加中华全国总工会，朱学范当选为中华全国总工会副主席。为了实现组织与思想的统一，1949年11月底，中国劳动协会宣布在北京召开代表会议，全体代表一致通过了结束劳动协会组织的重要决议。从此，中国劳动协会成为一个历史名词。

朱学范与参加第六次全国劳动大会的上海代表团成员

上海是近现代中国的大都市，也是近现代中国产业工人最集中的地区，工人运动和工人组织发展早、影响大。自1919年五四运动始，上海工人阶级开始登上历史舞台，成为不可忽视的政治力量。近现代历史上，不少工人运动领导人，从上海走向全国，为新中国的诞生作出贡献，民革前辈朱学范即为其一。

1925年，五卅运动爆发，上海总工会成立，李立三担任上海总工会委员长。朱学范当时参加了上海邮局职工罢工运动，并发动邮局职工捐款给上海总工会。五卅运动结束后，朱学范参加了上海邮务公会成立大会。

1927年，三次工人武装起义期间，上海总工会发布总同盟罢工命令。上海80万工人参加总同盟罢工。朱学范所在的上海邮务公会改名为上海邮务工会，组织行动委员会及邮工纠察队，参加罢工。"四一二"政变后，上海总工会被查封，但其他上海工人组织并未停止活动。在1927年上海邮务工会召开的第五届委员会上，朱学范被选为执行委员兼交涉科长。二十世纪二三十年代，上海邮务工会为上海七大工会之一。其他六个工会分别为：上海商务印书馆印刷厂工会、上海商务印书馆发行所工会、报业工会、上海南洋烟厂工会、英美烟厂工会、华商电气公司工会。1929年—1930年，朱学范参与筹建全国邮务总工会。1932年全国邮务总工会正式成立时，朱学范被选为该会常务委员会委员。1931年"九一八"事变后，朱学范代表上海邮务工会参加抗日救国联合会，并担任调查科科长。1931年9月26日，上海20万市民在上海公共体育场举行抗日救国市民大会时，朱学范出任大会总指挥，邮务工会负责大会交通。12月19日，上海特别市总工会成立，朱学范等被推举为执行委员。1931年底，上海特别市总工会与上海市总工会举行执监委联席会议，合并成立上海总工会。"一·二八"淞沪抗战中，朱学范带领上海邮务工会会员积极参加抗日活动。战争结束后，朱学范被选为上海市总工会主席。

二十世纪三十年代，受世界经济危机和日货倾销的影响，上海工商业情况一年不如一年，工人处境日艰。为争取生存，上海工人罢工此起彼伏。据统计，1935年上海全市罢工近百次，约80万工人参加罢工。朱学范所领导的上海总工会，在调解日益尖锐的劳资纠纷中，发挥了积极作用。1936年11月，在上海日资纱厂总罢工运动中，上海总工会以合法形式，支持罢工运动。1936年三四月，朱学范被国民政府选派为出席第二十届国际劳工大会代表。1937年第二次淞沪抗战期间，朱学范以上海市总工会主席身份领导上海工人参加抗日活动。他参加上海市各界抗敌后援会活动，担任上海市抗敌后援会宣传委员会委员，并出任工人抗日武装——别动队第三支队队长。

国民政府内迁后，朱学范的活动范围虽然主要在武汉、重庆及国际劳工舞台。但朱学范与上海的关系一直没有中断。他领导的"劳协"主要的群众组织基础仍然是上海市总工会和全国邮务总会。1936年至1945年，朱学范一直以中国劳工代表身份，参加国际劳工和工会组织会议。他发言的素材部分来自其对上海工人情况的调查与研究。朱学范从国际上争取到某些英美国家的援华基金，通过"劳协"举办社会福利事业，上海内迁工厂及工人也是重要受惠者。在上海、重庆等国统区城市工人中，朱学范有一定威望和群众基础。

抗战结束后不久，朱学范与国民党政府的关系不断恶化，回到上海后，他主动向中国共产党靠拢。

1948年4月，国民政府为挽救其失败的命运，在南京召开国民党工会代表大会，宣布成立"中华民国全国总工会"。为适应全国革命形势迅速发展的需要，揭露国民党建立全国总工会的花招，中共中央在"五一口号"中发出"建立全国工人的统一组织，为全国工人阶级的解放而斗争的号召"。"劳协"理事长朱学范积极响应中国共产党"五一号召"，通知上海等地"劳协"会员推派代表列席中国第六次劳动代表大会。出席该会的有解放区职工联合会代表、"劳协"代表、各解放区工会的代表和国统区城市工人代表等。朱学范在会上作了《关于国民党统治区职工运动的报告》。作为国统区上海市的工人代表，在千里之外的哈尔滨，遇到上海市工会老领导朱学范，倍感亲切。于是，来自上海代表团的17名工人代表与朱学范在哈尔滨拍摄了文章开头所讲的那张照片。

第六次全国劳动大会后，朱学范领导的上海劳协代表与出席会议的上海代表一起，积极响应大会号召，组织上海市工人尽力保护机器，阻止和妨碍国民党反动派的破坏，迎接人民解放军。人民解放军到达后，上海工人立即恢复生产，为恢复城市正常生活努力奋斗。

在纪念上海解放70周年之际，本文尝试解读1948年8月朱学范与上海代表团成员在第六次全国劳动大会上合影背后的历史文化信息，希望通过前辈的这帧照片，重温朱老在上海解放前夕为建立新中国而奋斗的风采。

（作者系民革党员，上海历史博物馆科研征集部副主任）

陈铭枢（1889—1965），字真如，广西合浦人，民革创始人之一。曾任国民政府军事委员、广东省政府主席、代理行政院院长，系民国时期国民党上将，铁四军元老。新中国成立后，任全国人大常委会委员。

民联领导人陈铭枢在上海解放前后

何　真（整理）

1943年2月，在中共南方局的支持下，陈铭枢与谭平山、柳亚子、王昆仑、郭春涛、朱蕴山等在重庆发起组织三民主义同志联合会（简称民联），以座谈时事的形式，联系和团结国民党爱国民主人士，迎接抗日战争的最后胜利。1946年初，民联由重庆转至上海开展工作，陈铭枢与郭春涛相继东下，在上海南昌路善庆坊10号（今南昌路83弄10号）与吴艺五筹建了秘密联络处，与王绍鏊、林汉达等人联系进行民主活动，并利用旧关系相继策动国民党军中爱国将领反蒋起义。

颇有意味的是，1947年6月9日，在抗日战争期间倍受蒋介石冷落的陈铭枢被国民党政府授予了上将军衔。这位虽然战功卓著，但早已手无一兵一卒的将军，在内战激烈进行之际，获得了一个毫无价值的虚衔。这颇具戏剧性的一幕，显然是蒋介石的笼络手段。所幸，这一没有实际意义的头衔并未改变陈铭枢的反蒋决心，倒是在策反工作中给他带来了便利。

一

1947年11月，陈铭枢应李济深、何香凝之邀，赴港参与筹建中国国民党革命委员会。1948年1月1日，中国国民党革命委员会在香港召开成立大会，

陈铭枢

宋庆龄当选名誉主席，李济深当选主席，陈铭枢作为民联主要领导人之一，当选中央执行委员。民革成立后，民联作为一个独立组织仍继续活动。当时，民联中央的重点工作之一就是以上海、南京为中心从事对国民党军政人员的策反工作，获取国民党军事情报，配合中国共产党领导的人民解放战争。3月，民革中央常务委员会通过了《军事工作大纲》，决定加紧进行反蒋军事工作。会后又特设了以李济深为首的秘密军事小组，成员有蔡廷锴、龙云、谭平山、杨杰、王葆真、朱蕴山、梅龚彬等。小组拟定了具体行动计划，并决定与中共华南局、华中局取得联系，取得他们的指导，以期配合进行工作。李济深托佛教界著名的巨赞法师给陈铭枢带去一封密信，谈及今后的行动计划，得到陈铭枢的赞同与支持。

1948年底，人民解放战争向南发展，已经迫近国民党统治中心的南京、上海地区。这一地区国民党统治严密，特务耳目众多，在大批民主人士不得不逃避国民党特务的迫害，或北上解放区，或南下香港的形势下，陈铭枢仍坚持从事民主运动与秘密工作。考虑到陈铭枢的安全和工作的需要，民革中央建议他隐蔽活动。为此，陈铭枢以处理私人琐事之名悄然抵沪。一到上海，他即与郭春涛、吴艺五等联系，展开地下民主运动。据其秘书李家友回忆："当时，在上海的民联同志们，都为陈真老的安全担忧。到淮海战役胜利在望之时，蒋介石反动派以重金收买特务，对他下毒手，于是他秘密离开南京来到上海，居住在原国民党驻外大使诸昌年家中。同志们说他'去了香港'，以转移视线，加意地保护他。与他同住一起的，只有他的夫人、小孩、外甥女颜福英和我等人。由于安全原因，陈真老很少外出，许多对外联系工作，都是由我负责。""我以看病为名到上海申江医院找该院院长刘之纲（系民联成员，新中国成立后曾任江西省卫生厅厅长）接头，传递情报。"

陈铭枢首先策动了浙江省政府主席陈仪反蒋起义。据中共上海局地下党员胡允恭回忆，受陈仪之邀，当年中秋节，陈铭枢与旧识胡允恭（注：1926年国民革命军北伐时，两人都在李济深的第四军工作，陈铭枢任第十军军长，胡允恭在第十二师第三十五团任政治指导员）专程由上海赴杭州面谈，后陈仪专请陈铭枢一人共进晚餐。事后陈铭枢对胡说，他们开门见山地谈到了反蒋。陈仪说："你们反蒋早，这条路走对了。"陈铭枢当即说："你现在反蒋也不迟嘛！"酒酣兴至时，陈铭枢书谭嗣同诗句赠送陈仪："斗酒纵横天下事，名山风雨百年兴。"可以说，陈铭枢这番谈话对陈仪决心反蒋有着重要的作用。可惜，事后陈仪轻信汤恩伯，终于为汤所出卖，反蒋活动遂告失败，后陈仪被押至台湾杀害。

到了1949年，陈铭枢又进行了策动湖南省政府主席程潜起义的工作。当年春，湖南民联成员钱去非来上海向民联中央汇报工作，陈铭枢请他给程潜带去亲笔信，信中对革命形势的迅猛发展作了精辟的论述，并劝他早日率部起义。7月底，程潜给陈铭枢写了亲笔信，对他表示感谢，暗示将待机起义，信上还盖有程潜随身所带的小翡翠私章，信则由民联地下组织转交到陈铭枢手中。8月5日，人民解放军进驻长沙，湖南宣告和平解放。

除此而外，陈铭枢所做的更多的工作却鲜为人知。如，他与郭春涛、立法院立法委员武和轩、范予遂等一同谋划争取立法院院长童冠贤的工作；派人到安徽南部策动国民党第二纵队司令陈瑞河起义；联系上海中央银行职员李恩澧、何正恩等，保护金融财产；启发、指导一批青年大学生组织时代青年社，开展反破坏、反搬迁、护校护厂活动；派人赴沪宁、沪杭线城市策反，并通过同线签发特别乘车证，以为掩护等等。这一切的秘密工作虽然有成功也有失败，但影响所及却不能单用"成""败"二字来衡量。毫无疑问，作为积极力量，陈铭枢的秘密策动工作为人民解放战争的胜利发挥了特殊的作用。

二

1949年4月20日，人民解放军强渡长江，很快解放南京，逼近上海。就在胜利即将来临之际，国民党在上海进行着最后的顽抗，特务活动猖獗，全市笼罩在恐怖的气氛之中。陈铭枢所从事的工作，无论多么隐蔽，总会露出一些风声。上海解放前夕，上海警备司令陈大庆私下告诉陈铭枢，蒋介石已获悉他的动静，并准备下令逮捕他。过几天，陈大庆又告知，命令已到自己手中，但他可以不执行，请陈自己小心。不几天，陈铭枢寓所周围出现了特务的身影。为安全起见，陈铭枢迁往沪西某处隐居。即便在如此危险的情形下，陈铭枢仍没有中止自己的秘密工作。据原国民党军委会日帝陆军密电研究组主任霍实子回忆，有朋友劝陈铭枢到香港暂避，他却说，要留在国内为解放战争做一点事情。

5月24日，解放军的炮声在市区已清晰可闻。原市长陈良已准备逃往台湾，上海市工务局局长赵祖康被请出来代理市长。为使上海尽可能完好地回到人民手中，中共地下党与赵祖康已建立联系。与此同时，为进一步坚定赵祖康的决心，民联的同志们认为以陈铭枢的声望，是能够对其有所影响的。于是，李家友通过老同学陆小丹，向赵祖康转达了陈铭枢想与他见面的愿望。据李家友回忆，25日，就在解放军已经打到苏州河南之时，他陪同陈铭枢冒着炮火危险前往会晤赵祖康，并进行了长谈。赵祖康表示，现在有中共和陈先生的关照，一定做到使上海市完整地移交于人民。

1949年5月27日,陈铭枢终于在上海这座曾经对他充满着危险的城市迎来了解放。当天,他和郭春涛、吴艺五等人齐集家中,共庆这来之不易的胜利。据赵祖康日记所述,5月29日,他还回访了陈铭枢等人,叙谈连日来的紧张工作。新中国成立后,陈铭枢将赵祖康所列的有关保护上海物资完整移交的书面材料带到北京,交给了民革中央。

1949年7月,民革中央决定在上海成立民革沪宁区临时工作委员会,并指派陈铭枢为主任委员(兼南京民革办事处主任),并派朱蕴山为特派员,来沪指导并协助整建民革地下组织。陈铭枢团结地下组织的领导人和骨干,按照民革中央的指示,顺利地将五个地下组织统一于民革沪宁区临工会的领导之下,为民革上海地方组织的组建和发展奠定了基础。经选举,陈铭枢为民革中央常委。1953年,担任民革武汉市委主委。1965年5月卒。

时光不负,岁月有痕。1989年,在陈铭枢诞辰一百周年纪念座谈会上,时任全国人大常委会副委员长的习仲勋代表中共中央称赞陈铭枢先生是"著名的爱国主义人士、爱国将领和政治活动家,中国国民党革命委员会一位卓越的创

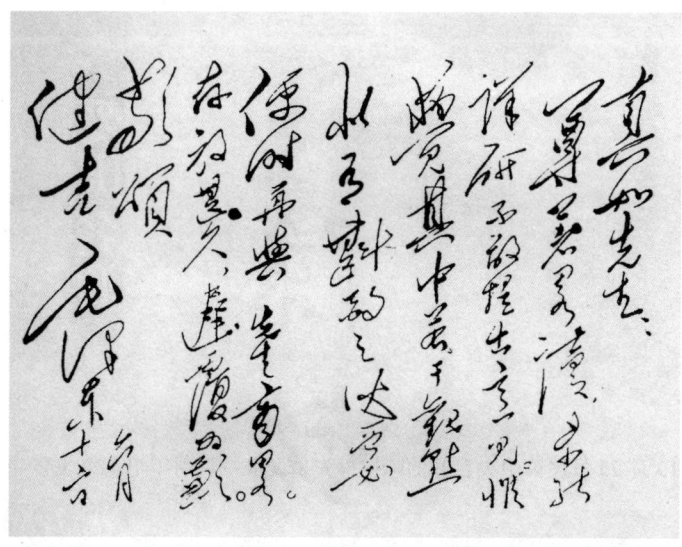

1950年6月12日毛泽东主席写给陈铭枢的信

始人和领导人，是同中国共产党长期合作的亲密朋友。在半个世纪的时间里，他为我国的民主革命和社会主义事业做出了重要贡献"。①

（本文据《中国国民党革命委员会 60 年》《上海文史资料选辑·上海民革专辑》以及陈铭枢秘书李家友、中共地下党员胡允恭等人回忆文章整理而成，作者系民革上海市委会机关干部）

---

① 原文出自 1989 年 10 月 25 日民革中央召开的陈铭枢先生诞辰一百周年纪念座谈会上的讲话。

赵祖康（1900—1995），上海松江人，民革党员，公路工程与市政工程专家。曾任国民政府交通部公路总局副局长，上海市工务局局长兼都市计划委员会常务委员会及执行秘书，上海市代理市长等。新中国成立后，历任上海市人民政府工务局局长、上海市人民政府市政建设委员会副主委兼工务局局长、上海市规划建筑管理局局长、上海市副市长、上海市人大常委会副主任，民革上海市委主委、民革中央副主席。

回忆上海解放前后我的亲身经历

赵祖康

从抗战胜利到上海解放，我一直任国民政府上海市工务局长。上海解放前夕，我还兼任了几天代理市长。

上海解放后，陈毅同志对我诸多教诲，给我很大启迪。现就所忆，记述如下：

一

我是学土木工程的。长期以来，抱着"交通救国""工程建国"的幻想在国民政府从事道路和市政工程工作。抗战胜利后，到上海任工务局局长，仍以"致力工程，为民服务"这八个字向新闻工作者宣称自己的志愿。但在国民政府统治下，这种愿望只能是缘木求鱼。新中国成立前三四年的上海宦途生涯，逐渐使我擦亮了眼睛，深感国民党的命运已如日薄西山，危在旦夕。我的出路又何在呢？是跟着蒋介石去台湾么？这是死路，当然不愿再跟了。去香港或南洋么？没有经济基础和社会关系，怎样工作和生活？留下吧，去教书还是搞工程呢？

总之，犹豫不决，拿不定主意。但是，多年来的阅历让我认识到国民政府的腐朽没落。所以有一点是肯定的，即无论如何不再做国民政府的官。由此得出一个结论，就是无论去留何若，我今后还应以搞我的本行为事业，至于到哪里去搞，主要是想在上海，但也没有把握。

这时，上海人心浮动。有些人怕共产党来了于己不利；有些人中了反动宣传的毒，纷纷南逃；也有些人怕国民党军队溃散时胡作非为，荼毒市民，因此易地暂避。我的亲友恐我母亲年老体弱，受不起打仗惊吓，劝她离开上海。我不得已，于1948年冬，托我爱人带了三个孩子，侍奉老人去福州友人处暂住。另两个较大的女儿不肯离开上海，正合我的想法，便一同留在上海。就这样，终于迎来了上海的解放。

我有个亲戚钱挹珊，是我五四运动时期的友人、松江同乡钱江春的女儿。她的爱人曹石俊，我在抗战胜利时认识了他，知道他在做外贸工作。我在和他们日常的接触中，觉得他们是比较进步的。因而到1948年冬，彼此来往较多。当我爱人侍奉老母去闽前，他们几度向我们宣传解放军保护人民生命财产、秋毫无犯的严明纪律，使我们打消了很多顾虑。但最终考虑到老母受不了打仗的风波，还是决定由我爱人陪同她去福州暂住。对于曹、钱夫妇的关心和劝告，我是很感激的，彼此的接触也更增多了。后来，他们说要介绍进步人士同我见面交朋友，我欣然同意了。

1949年2月4日晚，我应邀到复兴中路绿村他们的家里吃饭，见到一男一女两位素昧平生的人。经介绍，男的姓朴，女的叫李敏。曹、钱夫妇让我叫他们"朴先生"和"李小姐"，并悄悄地告诉我："他们是中共地下党员。"

当时，"李小姐"看起来还只是30多岁，身材不高，十分和气，很有些文化水平。由于初会，彼此只寒暄了一阵，还对时局做了一般的漫谈。对于他们的籍贯、住址等，我都不便问。闲谈之下，他们表示愿意今后多碰碰头，我表示乐意。

这是中国共产党同我的第一次直接接触。此后，李敏同志就经常同我联系。

回忆 1949 年 2 月 4 日，赵祖康与其会面的地下党王月英同志（化名李小姐）的合影

赵祖康、王月英（李小姐）、钱挹珊摄于兴国路 324 号花园

新中国成立后，她才把自己的真实姓名王月英说给我听，并互致敬意。至于"朴先生"，只是这次见到了一面。

就在此事之前，有一天，我的同事、国民党工务局副局长王某背地里告诉我，他收听到解放区的电台广播，指名叫我和另外两人留在上海，迎接解放。我听了很兴奋。回到寓所收听，虽没有收到，仍抑制不住高兴，感到有了光明的前景。加以和李敏同志初次见面交流，久所萦系的去向问题迎刃而解了。

经过与李敏同志接触，并在她的推动下，以及曹、钱夫妇帮助下，我曾主要为中国共产党做了以下四件事：

（一）2月间，李敏同志叫我设法取得汤恩伯军队在郊区所筑碉堡的位置地图。我在国民党京沪杭警备总司令部里没有知己朋友，所以没法弄到这种地图。于是我想到工务局里有一张市郊大桥地址图，或许对解放军的进军有些用处。就以了解、研究建桥情况为借口，向主管处要来了这张地图，还要了一张市区地图，一起带到绿村曹寓。当天夜晚由李敏、钱抱珊两人赶忙在市区地图上复绘了大桥地理位置，让李于第二天带走。这两天我到工务局上班，就将大桥地址原图交还了主管处。

（二）约在5月初，李敏同志和我商谈要我提供浙赣铁路方面的资料。那时，浙赣铁路的工程局副局长是我交通大学同学王元康。在征得李敏同意后，我偕她到宛平路今衡山饭店附近王寓，与王见面。以后，王设法把铁路资料弄到手，交给了李。因此解放初，王就被任命为铁道部工程局副局长。

（三）汤恩伯在环市四郊构筑碉堡，要求市政府转向工务局征借石子。我同李敏同志商量，她指示我用拖的办法，尽量推迟工程进度。我便同汤扯皮，用各种办法，强调种种困难：先是推说这是市政工程的备料，拒绝移用；以后又让步说，只能暂借，要汤的机关自己标购材料，限期归还工务局等等，一直拖了好久。

（四）我还多次向李敏同志反映国民政府动态。在她和曹、钱夫妇的启发和推动下，我曾多次在市府会议上或会议外提出，为市府所属员工提高福利待遇和生活补助的议案，为保障群众运动或学生运动人身安全的建议等等，曾收到一定效果。例如，有一次我曾提请对全市教职员工提前发放几个月工薪，"以济穷困"，获得通过；有一次向毛森提出，要警察局释放一个无辜被捕的葛姓工程师，终于获得释放；另有一次，有一个姓钟的交大学生，在公交公司的工人运动中被反动派杀害，我借校友关系向陈保泰面质，表示不满，要他作善后处置，使得他无辞以对，只好唯唯诺诺而去。

此外，李还经常对我进行思想政治教育。她曾给我读两本书，一本收载了毛主席的两篇著作《论联合政府》和《目前形势和我们的任务》；另一本是散文集，书名《方生未死之间》，记得其中收有茅盾的一篇文章。为了掩人耳目，那本毛主席著作的封面，伪装为《论美军登陆》。

我对毛主席的著作，读得津津有味。那时，我的寓所已从悻信路（现武夷路）迁到长乐路一个交大梁姓同学家里。到晚上，便秘密地仔细读上几页，从而使我进一步看清了国民政府将被取代已不可避免，开始认识到只有向共产党和人民靠拢，才有光明的前途。这样，我留在上海的决心更坚定了。

在2月到5月初之间，我和李敏接触较多。4月24日，那是南京解放的第二天，我到曹石俊夫妇家去，共产党地下组织通过曹还给我介绍了张明。他提示我，多同上海工程技术界方面联系，做些工作。从此，我同科技界朋友的来往接触更多了，特别是老一辈茅以升和较年轻的中国技术协会负责人宋名适、闵淑芬等。

5月16日以后，曹石俊夫妇又介绍一位"钱先生"同我联系，指示我草拟了一份《接收上海市公用事业计划大要》，于5月23日交给他。当天下午，中国技术协会负责人宋名适来，给我一份上海市电力公司重要技术人员名单，我也转交给了"钱先生"。另外，我还口头提供了若干关于上海科技界情况的资料给他。

1949年3月25日，上海的工程界派出代表赴南京请愿，呼吁和平，我也参加了这件事。

事先，中国工程师学会总会在上海董事会执行部召开会议，公推侯德榜、茅以升、恽震、赵祖康和顾毓琇五人为请愿代表。会后由我们五人草拟了一份请愿书，代表工业界和工程人士要求国共双方停止军事行动，迅速达成全面和平；并要求在和平未实现以前，不以工矿地区为作战据点；不破坏工矿、交通、公用事业，不准士兵侵入工厂、矿场，损坏或迁走工厂设备；维持工厂的交通运输，并允许食粮和原、燃料等运入工厂，以便维持生产、安定社会。定稿后，我们就于3月25日去南京。

1949年3月，（由左至右）顾毓琇、赵祖康、侯德榜、茅以升、恽震等五人赴南京向李宗仁、何应钦递请愿书，希望切实保护城市建筑和生产建设设施

27日，到总统府去见代总统李宗仁。李接受了请愿书，表示可以考虑我们的要求，并请我们吃了饭，照了相。接着，我们去找行政院长何应钦。何的态度顽固，他的答复大致是说，在战争方面是有准备的，准备划江而守；如有可能，也准备进行和谈；对于保护工矿一节，他只表示可以研究。

见过李宗仁、何应钦后，侯德榜又邀我们把给毛主席的请求书修改了一番，措辞比较尊重和婉转。当时，国民党和平代表团即将赴北平，便由侯德榜带了请求书去看和谈代表邵力子，请他转呈毛主席。以后，我又和茅以升一起去看邵，想再当面恳托他一下，因为他不在家，没见到。

我回上海后，把经过情况向李敏做了汇报，她听了也很高兴。

二

4月23日，南京解放。消息传来，上海国民政府一片混乱，惶惶不可终日。那天，淞沪警备司令陈大庆特别召集上海各方面头面人物于市府大厦小礼堂举行所谓茶话会，声嘶力竭地狂叫要守卫大上海。京沪杭警备总司令部政务委员会常务委员谷正纲在旁帮腔，说得更凶狠，胡吹要与"共军"作战到底。但轮到各界人士讲话时，颜惠庆却说："我希望一个月以后，局面有所改变，能够恢复和平。"我在会上没有发言，但颜的话激动了我的心弦，令人钦敬。以后，我就常去看他，向他请教。

5月12日，解放军开始向上海外围进攻。市政府内，先是市长吴国桢辞职逃跑了。5月初，原市府秘书长陈良改任市长，所遗秘书长职发表以茅以升继任，但茅一再推病拒就，始终未到职。继之，市府所属各局局长也多辞离，陈良不得不另委继任人选，发表以汪维恒为财政局长、赵祥麟为教育局长、陶一珊为民政局长、陈保泰为社会局长，至于警察局长，则早已由俞叔平改为毛森了。

这时，上海物价腾涨，市民生活更陷于水深火热之中。垂死挣扎的汤恩伯、毛森等更加疯狂地迫害和镇压革命群众和青年学生，白色恐怖笼罩全市。但解放大军的隆隆炮声振奋着市民的心，震破了反动派的胆。陈良不得不演出下述的一幕。

5月23日深夜，我在寓所接到陈保泰的电话，说陈良要我立刻去市府见他。我回说没有车子，他说可以马上派车来接。上了车，我想先摸个底——会不会是我同地下党的关系被他们发觉了？便先驱车去看陈保泰。陈正在收拾东西，家里乱糟糟，神色很不安，对我只说"外面风声很不好"，道不出个所以然来。我只好硬着头皮到市府大厦找陈良，这时已是24日凌晨1点多钟了。

陈良一见我，就装着苦笑，开门见山地说："我们要走了，上海市长职务想请你代理。"我一听，心里定了下来，就说："时势那么紧张，我是胜任不了的。"他说："你代理市长最适当。因为，第一、你在市府现任各局长中，工作年代最长，而且在同仁中也没有什么恩怨；第二、你办事认真，操守也好，是个'标准官员'，能够得到市民的信任；第三、你是个技术人员，没有政治派系，对方来了也不致让你为难。"我还是表示辞谢，并且提出颜惠庆、张元济和徐寄庼3人，请他择一选任。他说："我已全联系过了，都不肯干，现在只好请你勉为其难了。"

我和陈良谈话时，就想起了李敏同志过去曾对我讲，如果有机会的话，你应该把上海的政权接过来,因而最后就表示同意。在谈话中,我问陈:"代理市长该代理些什么?"他说:"只要做两件事,一是维持秩序,二是办理移交。"当我表示维持秩序有困难时,陈良拿出何应钦在4月29日左右给他的一封信给我看,大意是南京撤退时秩序很乱,治安破坏,致影响国际视听;故万一上海紧急时,望极力维持治安,所有警察、保安队和义务警察等均不必撤走等等。随后,他当面写了个委我代理市长的手令,交我收存,又叫秘书郑瑜把用红布包好了的市府大印递给我。我无处安放,只好带回寓所,于天明后再带到市府大厦,放进了保险柜。从此,国民党上海市政府就陷于白天乱哄哄、夜里阴森森的境地。

24日晨,陈良又匆匆召集各局局长开会,宣布了这件事。会后,我向陈说:"你要我办理移交,我还勉强可以办,但要我维持秩序,我实在无力胜任。今天,毛森没参加会议,这事我更不好办。"为此,陈良又把毛森找了来。我故意开玩笑似的对毛说:"我是技术人员,文人维持不来秩序,这个代理市长就请你当了吧。"他连忙说:"我不行,我不行。"随后,就告诉我说:"现在各警察分局已都另派了副局长。'对方'来时,他们大概不知会发生什么问题。至于总局副局长,我可推荐陆大公来担任,此人同'对方'大概有些关系,我本来要办他,一直忍着装不知道。今后要维持秩序,你就找他好了。"我听了心中一怔,是不是他可能已知我的情况,在指桑骂槐。

下午3时,陆大公拿了一张毛森的名片到工务局来看我。名片背面写着"请派陆大公为警察局副局长"。我即批了"照办"两个字,并以严肃的口吻关照他:要切实负责维持好地方,并随时与我保持联系。他唯唯允承而去。

下午6时,我还放心不下,便再要陈良陪我过苏州河,到淞沪警备司令部去看汤恩伯和陈大庆。汤没看到,只看到了陈。陈良便就溜走了,剩下我一个人同陈大庆对话。我十分婉转地对他说:"为了维护市民的生命财产,特地来看你,希望你撤退队伍时,不要与共军太接近,以免发生大的冲突。"并且希望他把这层意思转达给汤恩伯。他冷冷地表示接受,就送我走了。

我回到苏州河南,立即就分访颜惠庆和张元济。他们都表示支持我,并答允帮助我。在访颜谈话时,我还先表示可否请他担任代理市长。颜说:"不妥。孩子是要从娘胎里生出来的,你是陈良下令派的,由你来代理市长,一切好办。我当然尽力支持你。"

当晚9时,解放军向市区发动总攻,首先从徐家汇进入市中心。到了25日凌晨,我在寓所接到陆大公的电话说,解放军已占领了常熟路和长宁路两个区的警察分局。我当即指示:"务必维持好秩序和治安,避免同解放军冲突。"实际暗示他们缴械,又叫他放车来接我去市府大厦与他会商,他都答允了。

那一晚,我抑制不住自己的兴奋情绪,通宵达旦地不断接到各方,特别是苏州河北一些机关、部门如屠宰场等处的来电,我都告以要劝说国民党军队或其他反动武装力量从速撤走或投降。同时,又想到自己身负维持治安的责任,关系重大,而手无寸铁,只依仗着素无渊源的陆大公,总觉得定不下心来。因而又分别打电话到警备司令部找陈良和陈大庆,要他们下令迅速撤退部队,免得危害人民生命财产。陈良答复我,关于维持治安方面,我可先到汉口路警察分局同陆大公商量;关于撤退部队,可到虹口区去找他碰面再说。但到2时左右,陆大公来电说:解放军已迅速进抵八仙桥等地,交通阻塞,途中怕有危险,故不派车来接我了。我就只好守在电话机前,随时与他电话联系。我一再嘱咐他务必保护好市府大厦,并叫他立即在市府大厦竖起白旗,表示投诚,他答允我照办。

3时许,我再与陈良通话,告诉他我已无法去苏州河北。到4时左右,第三次通话,则已杳无回音。从此,我与陈良和陈大庆完全断绝了联系。

上海苏州河南地区,就这样获得了解放。虽然局部地区有些骚乱和毁损,个别居民被流弹打死打伤,甚至市府大厦也曾中了若干流弹,但总的说来,社会秩序还是比较好的。特别是电力、自来水、煤气等供应如常,电车和公共汽车到26日清晨6点半就大部分出场行驶,黄浦江上的交通也很快恢复起来。市廛不惊,人心安定,都比我原来料想要好。

三

5月25日清晨，苏州河南已告平定。我到市府大厦，看到已竖起白旗，大门口架放着原警卫市府大厦的枪支，内心很高兴。我进入原秘书长办公室，作为我的临时办公室，看到有些局、处的高级人员在那里等我，便先嘱咐他们各回原岗位照料工作。从工务局叫来两位秘书，为我办理秘书和对外联系工作。先叫他们用电话通知各局、处，说我已在同各有关方面联系，要他们安心静候处置。

部署完毕后，我就于上午8点半左右去看颜惠庆，请教他该怎样办理移交的问题。我在代理市长前，国民党市政府曾对所属发过一个所谓"应变"文件，是要破坏、毁灭各种档案和财产之类的措施，并规定要成立执行这项工作的机构。当时，我已与地下党取得联系。所以，我只在工务局局务会议上把这个文件草草提了一下，敷衍过去。以后，在一次市府行政会议上，毛森力主要市府所属"自行销毁"各种档案，但因我和有些人表示不同意而未达成决议，市府就未行文下达。为了保存工务局的档案，我嘱咐一位机要秘书通知有关部门把过去借调出去的档案一律收回，并规定不准再借调出去。对于"自行销毁"档案，我通知有关秘书，以无行文下达为由，尽量拖下去，不予执行。这位秘书还坚决地说："拖一天是一天，要拖到手枪对着我，逼得我走投无路时再说。"所以，工务局的档案，移交时比较完整。

我去看颜惠庆时，他因年逾七十，正卧床养息。我道明来意，才谈了1个小时左右，北洋政府时代的财政总长、时任上海市救济委员会委员李思浩，陪了一个中年客人来看颜。李是我初次认识，这位中年来客叫刘白（字君亮）。这天，李、刘两人告诉颜惠庆，中共方面有两位代表就要来看他。颜、李两人就叫我坐候，以便会商一事。但等到11点半，中共代表仍未到。于是我再回市府，同财政局和上海市银行联系，要他们务必保管好一切档案和财产。然后，又叫我的秘书用电话分别指示各局处：一要大家固守工作岗位；二要确保档案和财产的完整和安全；三要保证完整而系统地移交，非经我联系妥善，不得擅自移交。这是早先李敏和"钱先生"向我指点过的。另外，我们还通知各局处，自26日起，各派高级人员数人到市府集中办公，以资联系。

当天下午2点半左右，我再去李思浩家。经他介绍，看到了中共代表李公然同志。据告，还有一位吴咏梅同志因事已先走，我此后也未再晤及。在李思浩和刘白两人的从旁参加下，我同李公然商妥了下列八个问题：

（一）接收机关以军事管制委员会所派人员，并备有证明文件者为限，其余一律拒绝移交；（二）维持治安；（三）水电公用事业必须继续维持，防止破坏；（四）各局、处人员应各守岗位，保管档案财物，并照常工作；（五）户口册和地籍图册也很重要，务须妥为保存；（六）从速恢复公共交通，以安人心；（七）动员商店、工厂复业，公私银行也必须暂先复业；（八）补发市府员工、警察五月份未发的工薪，但此点必须先向解放军负责人征求意见。

以上八项，大部分是由我提出，经李公然同志指示而商定的。其中第一点至关重要。因为，确有几起未备规定证明而到各部门要求接收的，我都通知各部门由我直接交涉，予以拒绝了。其第六点，关于恢复市内交通的事，我是于当晚找公用局局长刘锡祺获得解决的，因而26日晨，各交通车辆就基本上恢复了运行。当然，主要还是靠有关公司与车场地下党组织和广大职工的努力。

商妥了以上八项后，我又提出了释放政治犯和被捕学生的事，李公然同意我的建议，但说必须先与军事当局商洽后再办。茅以升在这天晚上也来看我，要求释放所谓政治犯400多人，其中大部分是学生。我就根据李的指示，于5月26日同解放军联系，获得批准，就交陆大公照办，把他们释放了。

最后，李公然同志建议我发表一个《告市民书》。我回到市府后，与我的秘书商量。由于当时外面用各种机关、团体名义发表公告的很多，市民对此真伪莫辨，而且我也不大愿意用"代理市长"的名义发表公告，所以决定不发公告；有需要下达的，仍用开会或电话通知的方式下达，或发布命令。当时就决定，把8项原则中若干有关要点，先分别通知市府直属各处按照执行；另外通知各局负责人于翌日举行会议，传达这八项决定，并具体讨论移交准备事宜。当晚，曹石俊和"钱先生"先后来看过，大家都感到很高兴。

5月26日上午，在淮海中路社会局会议室开会时出席的人，有公用局局长刘锡祺、财政局局长汪维恒、社会局代理局长张振远、地政局代理局长沈振家、教育局代理局长郑瑜以及民政局、警察局、卫生局的代表等。会议根据八项原则作出了五点决议。其中关于移交问题的决议是：在军管会接收人员来接洽时，应对他们说明关于旧市府和所属各局的情况；办理移交时，必须由各局、处从上而下，整个移交。

26日下午1时许，为了想同中共和解放军取得进一步直接联系，我又去看李思浩。在李处，认识了军管会军事联络员刘光辉。当天下午3时，军管会派晨钟到市府大厦，负责市府警卫工作。我陪他巡视了档案室。从这天起，他就驻在市府大厦办公。

这时，苏州河以南地区已全部解放，但苏州河北岸部分地区还盘踞着国民党残余部队。早在汤恩伯逃跑以前，即5月23日，他就派国民党第五十一军军长刘昌义兼任淞沪警备司令部副司令，负责指挥留在上海的国民党部队。刘昌义见到苏州河南岸已完全解放，就在共产党的影响下，弃暗投明，率部起义。刘是在上海解放后，我才认识的。但当时苏州河北沿岸的邮政大楼、河滨大厦、百老汇大厦（现上海大厦）中，仍分别驻有青年军二○四师残部，在负隅顽抗。25日深夜，颜惠庆叫人从河滨大厦打电话给我，要我从速设法与解放军联系，及早解决河北战事。我便设法同解放军师部一位姓何的负责同志通电话，他复告："明晨9时起，苏州河畔可以没有战事。"我听了，非常兴奋，体会到这句话的意思就是说：解放军从该时开始，将暂停用武力进攻，可以用人民的力量，以和平方式，来解决苏州河北岸的解放问题。

5月26日，刘光辉同志到市府大厦我的办公室，指点并协助我打电话给留守在邮政大楼里的原邮政总局上海分局局长王裕光，叫他就近对驻在那里的国民党军队做工作，劝他们停战缴械。其时，邮政大楼约有驻军200人。他们通过王裕光，在电话中要我转向解放军提出：要求尊重他们的所谓"军人人格"，不要把这次缴械称为投降。电话从下午2时起，一直打到4点半，反复商谈了两个多小时，最后决定了五点：（一）停战；（二）国民党驻军立即缴械；（三）凡国民党官兵愿意留下的，应进行整编；（四）不愿留下的，予以资遣；（五）尊重他们的"军人人格"。于是邮政大楼上竖起了白旗。接着，对河滨大厦和百老汇大厦的驻军，我们也从旁协助，用同样方式先后和平解决。就这样，5月27日早晨，解放军浩浩荡荡地开进了苏州河北岸，上海市全部解放，整个上海成为兴奋欢乐的海洋。

5月27日，陈毅司令员派熊中节到市府大厦，带来了军管会陈司令员的条谕，说是准备明天来接管，要我做好准备。这时，《解放日报》开始发刊。发刊辞《庆祝大上海的解放》提出了当前的三大任务，其第三个任务是"顺利完成接管，迅速恢复生产"。文章说："对国民党反动派在上海的党政军机关，必须立即接管。我们号召各机关旧员工们不要惊扰，各在原职位上服从人民解放军军事管制委员会及其派出的军事代表，迅速完成清点移交等工作。一切听命处理，不准许有任何破坏。"我反复阅读了这一节，随即通知各局准备移交，并必须严格遵守执行这个任务，不得违抗。

28日下午3时，司令员兼市长陈毅同志偕同副市长曾山、韦悫两同志以及潘汉年、刘晓、周林等同志来到市府大厦。我怀着喜悦而又紧张的心情欢迎他们，陈毅微笑着同我握手。接着，大家在市长办公室里坐了下来。陈毅同志招呼我坐在他办公桌的对面，问我关于24日晚间陈大庆、陈良是怎样逃跑的情况，我如实作了汇报。同时，周林同志叫我的秘书通知市府旧职工，齐集二楼小礼堂，参加我们准备的欢迎会。陈毅同志丝毫没有我见惯了的国民党官僚作风，特别关照让所有勤、杂、工、警人员全部参加。到会的共约二三百人，把小礼堂挤满了。大会由人民政府秘书长周林主持，介绍陈毅司令员兼市长给大家讲话。陈毅同志一开始就说："你们没有去台湾，很好。我们表示欢迎。"他说："蒋介石背叛革命，统治了23年，搞得民不聊生。"讲到这里，他指着墙上挂的孙中山先生像，说："怎么对得起他！"接着说："历史是无情的。蒋介石现在逃跑了，他是不会甘心失败的。我看还是甘心的好，不甘心最后是要完蛋的！"末了，他说："上海解放是一个伟大的变革。几十年来在国民党反动统治下的上海，现在已成为人民的城市。请大家各安职守，努力学习，改造世界观，为革命、为人民多作些贡献。我们的党是不会埋没人才的。"他勉励大家服从命令，办好移交，协助接管，听候人民政府量材录用。这番话，深深地感动了与会者，激起了热烈的掌声。

会后，副市长曾山、韦悫以及潘汉年分别接见旧市府各局、处长，征询意见。同时，陈毅同志又找我谈话。我表示今后想去教书。他微笑着摇摇头。那时，我虽然站到了人民一边，但对在人民政府内工作，能不能同共产党相处共事，把工作做好，有所疑虑。陈毅同志看出我踌躇不决的态度，掬诚相见地对我说："赵先生，我们是一定能很好合作的。"这句话，出乎至诚，感人肺腑，真使我永生不忘，激动难抑！

到了5月30日，我把旧市府大印交给了周林同志。于是再向陈毅同志谈心，提出自己思想认识差，怕担任工务局长做不好工作，愿意先学习毛主席的《新民主主义论》，两个月后再看能不能就职。我还提出了对上海城市规划的设想。前后谈了有20多分钟。他还是劝导我就任工务局长的工作，勉励我边工作，边学习。我深为感激，才最终接受了。当时，我的家属还在福州，而福州尚未解放，所以，我又要求先让我把工作做起来，但正式命令则请福州解放再予发表。陈毅同意了。1949年8月17日，福州解放，关于我的任命，就于8月19日正式公开发表。

从此，我在共产党领导下，走上了为人民服务的康庄大道。

（本文原载于《文史资料选辑·上海解放三十周年专辑》，略有删节）

武和轩（1901—1986），山西汶水人，民革党员。曾任国民参政会参政员和国民参政会驻会委员、国大代表、立法委员，曾联名发表《原国民党立法委员脱离国民党反动派宣言》，宣布起义。新中国成立后，历任民革上海市委常委、副主委，民革中央委员、常委会顾问，上海市政协委员、常委、副秘书长，全国政协常委。

张汇文（1905—1986），号叔海，山东昌乐人，民革党员。曾创办刊物《是非公论》，创办《上海英文自由论坛报》。新中国成立后，历任东吴大学法学院、复旦大学法学院、上海社会科学院法学研究所教授，曾任中国国际法学会副会长，上海市法学会副会长，历任上海市人大代表、常委，上海市政协委员、常委，民革中央委员，民革上海市副主委。

洪瑞钊（1906—1996），字君勉，浙江瑞安人，民革党员。曾任国民政府交通部秘书，三民主义青年团总团文书处处长，立法委员，中山大学教职等。1949年，洪瑞钊与部分立法委员在上海宣布起义。新中国成立后，任民革中央团结委员。

国民党部分立法委员起义经过

武和轩　张汇文　洪瑞钊

立法院内的和平运动

在抗日战争期间，中国人民饱受战争之苦；胜利后，渴望和平，以求得有一个休养生息的机会。但国民党统治集团违反民意，发动了大规模的内战。古语云："顺民意者昌，逆民意者亡。"国民党反动派这种反人民的倒行逆施是必然要失败的。辽沈、平津、淮海三大战役以后，国民党在军事上节节溃退，反动政权摇摇欲坠。这种形势反映到立法院内部，产生不安，多数人不满蒋介石打内战，主张与共产党进行和平谈判。于是有些立法委员在院内建立了各种名称不同的小组织，如"民主自由社""一·四俱乐部""二·五座谈会"等等，形成了一股较有影响的潮流，与各地广大人民的反内战斗争互相配合，被当时新闻界称之为"人民和平运动"。

为了实现国内和平，主和派的立法委员们与国民党死硬派作了种种斗争。例如：李世军在立法院会议上，提出"清查国家资产、清算豪门资本"的提案，得到许多立法委员的联署，也受到人民群众的广泛欢迎。提案通过后，洪瑞钊搜集四大家族企业情况的资料送给李世军，李于新中国成立后送给上海市军事管制委员会。张汇文建议召开全院座谈会，讨论政治形势，以期造成有利于反对内战、促成和谈的良好气氛。因此，院中多次召开过座谈会，还拟定了具体的和平方案。还有许闻天联合杨玉清等人建立地下组织"孙文主义革命同盟"，用实际行动反对内战，结果许闻天被汤恩伯逮捕。消息传来，全院大哗。按照国民党宪法规定，立法委员未经立法院同意不得逮捕，汤恩伯悍然逮捕许闻天是违反宪法的。武和轩等就以此理由，要求国民党当局立即释放许闻天。而死硬派如杨公达之流，认为如今是"戡乱"期间，逮捕"人犯"可以不受宪法的约束。双方展开了激烈的争论，结果主和派获得胜利，许闻天终于被释放出来。此外，如范予遂、武和轩、洪瑞钊、卢郁文、金绍先等委员，常常在大会上发表拥护和谈、抨击豪门的言论，这里不一一列举。

1949年4月1日，国民党和谈代表团离开南京飞往北平，立法院主和派委员到机场送行，预祝他们和谈成功。大家高喊："这次谈判，只许成功，不许失败！""和平老人"邵力子大声疾呼："国民党员要有承认错误的勇气！"邵力子的话，受到了在场立法委员们的赞扬。那天，但懋辛、刘不同、陈建晨、金绍先、张潜华、肖觉天等人，还在机场上散发了一份声明，题为《我们对于和谈的认识与态度》，其中指出："历史是一面无情的镜子，由于国民党领导阶层远离了革命的本旨，所以便遭遇到它难以洗刷的创痛。""我们既然受到这种惨痛的教训，就应当有勇气承认失败，重新领悟中山先生革命精神的感召，和中共诚挚地谋取和平！"

我们决定留下不走

4月20日，中共提出的《国内和平协定（最后修正案）》被李宗仁政府拒绝。21日，毛主席和朱总司令发布《向全国进军的命令》，南京顿时陷于一片慌乱之中。22日，立法院发出紧急通知，要求立法委员及家属于当天下午九时前离开南京，先到上海。当时有运输机近十架停放于明故宫机场，自京至沪，往返运送。记得南京立法院交际科登记处的墙上还贴有布告："各位委员，请不要犹豫耽误，快去登记飞机。"当时立法委员中，已有不少人在1949年初国民党政府开始南迁之际，去了广州，也有很多人携眷去了台湾，在南京的尚有225人。

许多在南京的立法委员到了上海后，有些转赴桂林，有些飞往台北，有些转飞广州。而当时武和轩、张汇文、陈建晨、范予遂、洪瑞钊、葛敬恩、周伯敏、肖觉天等，则彼此分头联系，都表示留在上海，绝不南逃。

4月25日，李宗仁在桂林设立招待处，接待南逃的立法委员、监察委员和国大代表。李并嘱于振瀛等打电报给在上海的立法委员，电文中说："德公（李宗仁）请你们从速赴桂，共商国是。"5月8日，李宗仁自桂林到达广州，嘱秘书长邱昌渭打电话给在沪主办英文《自由论坛报》的张汇文，请他转告在沪的立法委员赶快去广州，说行政院院长何应钦准备派专机来接（因为当时上海和广州间的航空班机已经停航）。

张汇文在江苏路家中接到报社转来的邱昌渭电话后，即致电转告武和轩。两人商定，对广州来的电话，置之不理。除了李宗仁的电报和电话以外，国民党社会部长谷正纲、上海市党部主任委员方治等，还在立法委员中进行游说，劝诱大家赶快去广州或台湾，并制造谣言，吓唬家属。但是，我们没有被吓倒，仍然决定不走。对于他们的来访，我们往往避而不见，即使见到了，也是托词回避，敷衍了事。

我们这次起义的53名立法委员中，大部分留在上海，但也有一部分留在其他地方，如郑家俊在杭州，黄梦飞在安徽，薛明剑、孙翔风在无锡。当时国民党政府派飞机和轮船，要我们逃往广州或台湾，我们为什么不走呢？这是因为我们这些人都不是蒋介石的嫡系，虽然在思想、认识上并不一致，但就大方向来讲，也有其共同之处，那就是大家都认识到国民党政权即将垮台，再跟他们跑，是没有前途的。大家还认识到，蒋介石发动内战，不得人心，如果撤往广州，继续作战，更是死路一条。因此，决定弃暗投明，脱离反动政权，向人民靠拢，于是大家都留了下来。

在此以前或与此同时，为了选择今后应走的道路，我们中间有不少人或先或后都同中共地下组织和民主党派地下组织有过联系，如范予遂、李世军、许闻天、陈建晨、武和轩、张汇文、洪瑞钊等，或与李济深、邵力子、陈铭枢、郭春涛等民主党派领导人保持接触，或早已参加中国国民党革命委员会、三民主义同志联合会和中国民主革命同盟，并多少做了一些有益于人民的工作。

起义宣言的酝酿和发表

我们既然留下不走，以后怎么办？既然决心靠拢人民，要不要表示一下态度？这是当时大家思想上亟待解决的问题。4月下旬，南京解放前夕，李世军和李蒸先后来到上海，与原在上海的范予遂、武和轩、张汇文、洪瑞钊、葛敬恩等见了几次面，商议要不要表态。大家认为，眼下上海尚在国民党反动派手中，他们企图在这里做垂死挣扎，我们要发表谈话和文章，都不可能见报，徒然暴露自己，有害无益，还是等待上海解放以后再说。

接着，解放军进攻上海的战役开始。汤恩伯和毛森等加紧执行镇压政策，白色恐怖笼罩到上海的每一个角落，大批中共党员和进步人士被逮捕、屠杀。同时，国民党反动派对于打算留在上海的高级官员和工商界上层人士，采取劫持手段，用武力逼迫他们离开上海，向南逃跑。因此，我们这些决心留下的立法委员们，有的冒着风险，避居最偏僻地段的亲友家里；有的深居简出，减少与外界接触。如武和轩，经过中共地下组织的安排，由重庆北路迁至大西路（今**延安西路**），与蒋燕同住在一所花园洋房里。在这段时间内，大家彼此之间极少见面，都盼望上海早日解放。

5月25日，上海苏州河以南地区解放，全市市民载歌载舞，欢迎中国人民解放军到来，我们也感到自己做了"自由人"，不必再东藏西躲。26日上午，住在苏州河以南的立法委员，多半不约而同地来到了南昌路善庆坊10号，该处系民革在上海的联络地点。到场的，有陈建晨、武和轩、张汇文、范予遂、周伯敏、秦荣甲等十余人。接着，大家又到了葛敬恩家里，发现肖觉天等几个人早已在那里，于是大家就兴高采烈地议论开来。

议论的主题仍然是要不要有所表示。秦荣甲主张立即表态，发表宣言；葛敬恩表示反对；肖觉天说大家留下不走，这本身就是一种表态，不需再作书面表示。双方意见分歧，后来陈建晨说："关于表态问题，一则苏州河以北尚未解放，有些人未见面；二则大家的意见尚未取得一致，建议请武和轩通过郭春涛（三民主义同志联合会负责人之一）向中共组织请示一下，以后再定。"大家认为这个意见很好，都表示同意。

武和轩将大家的意见告诉了郭春涛，请他转达给上海中共领导同志。领导同志说："这些朋友的情况，我们都了解，他们没有走，留了下来，就很好。至于是否需要再以文字形式来表示态度，让我们研究请示以后再说。"27日，苏州河以北地区解放。大家怀着欢乐的心情，又在葛敬恩家集会，除原来参加的以外，住在苏州河北的洪瑞钊、程元斟等也赶来。武和轩汇报了郭春涛向中共组织请示的经过，于是关于是否要表态的问题暂时搁置下来。

6月间，葛克信从北平来到上海，他是南京解放前到达香港，再由香港转赴北平的。与他同来的，还有王艮仲。武和轩和张汇文特意回访了葛克信。葛说："邵老叫我带来了一个口信，周恩来同志说：'在上海、南京的国民党立法委员朋友们,能够决计留下不走,我们很欢迎。他们应该表示一下态度嘛!'"接着,我们几个在上海的立法委员再次在葛敬恩家中集会。会上,葛克信传达了邵力子的口信,大家听了,极为兴奋。当场推定周伯敏、葛克信、肖觉天等人起草《起义宣言》,向全国、全世界宣告:我们原国民党立法委员决心弃暗投明,与国民党反动派脱离一切关系。写好后,大家以姓氏笔画为序,签好名,寄给北平的邵力子,请他嘱咐在北平的立法委员也签上姓名,并加以修改,全权处理。邵力子收到宣言后,又请留居各地的立法委员陆续签名,然后送请周恩来同志审阅。

一个多月过去了,《起义宣言》一直没有见报。这时,葛克信刚巧再度由上海赴北平,大家托他顺便了解情况。原来,北平方面的情况是这样的:邵力子收到上海寄去的宣言稿以后,就交给了周恩来同志的秘书。到了8月间,周恩来同志在一次会议上同邵力子见面,问起国民党立法委员朋友们的

1980年,民革上海市委举行纪念上海解放31周年座谈会,这是部分与会者的合影。赵祖康(前排左三)、武和轩(前排左四)、刘昌义(前排左二)、徐国懋(三排左三)

宣言，怎么还没有送来？邵说，已经交给您的秘书了。后来，周恩来同志嘱秘书查出宣言原稿，亲自审阅。他对邵力子说，他同意宣言的内容，但为了醒目，最好由代表性较大的立法委员领衔。邵回答说："这是按姓氏笔画为序的。"周恩来同志听了，也就不再说什么。9月19日，新华社以电讯方式发出了《原国民党立法委员脱离国民党反动派宣言》。第二天，国内各报都刊载了。

宣言所产生的影响

我们的宣言用中、外文向国内外广播后，产生了较大的影响，尤其使逃往广州与台北的国民党当局极为震动。当时，一部分国民党官员刚刚逃到广州，惊魂未定，人心惶惶，唯恐在穗的立法委员和军政人员闻风而动，动摇广州内部的军心和民心，无法支撑残局。这时总统一职仍由李宗仁代理，行政院长何应钦已经下台，由阎锡山继任。于是他们立即召开国民党中央常务会议，决定对我们53人下令通缉，并将我们中的国民党员永远开除党籍。

接着，国民党当局对于南逃的立法委员，采取软硬兼施的办法，一方面提高他们的政治地位和经济待遇，过去立法委员的职位为简任一级，即中央副部长级，现提高至部长级，给以特任级的薪金。另一方面，对于持有不同意见的立法委员，则加强控制与监视，甚至进行打击。据传以反对"CC派"而闻名的立法委员罗霞天，就因经常受到"CC派"的打击而郁郁不乐，终于气死在台湾。

我们的宣言，不但使国民党当局大为震动，在国际上也产生了一定的影响。原来西方新闻界总把国民党的立法院看作是国会，把立法委员看作国会议员。国民党当局为了伪装民主，仿行西方国家的责任内阁制，要行政院对立法院负责，所以立法院不仅有立法权，而且对行政院长和各部、会负责人的任免，有同意权，总统提名的行政院院长，必须经过立法院同意，方能任命；行政院院长的施政纲领，必须在事前向立法院提出报告，并接受立法委员的质询。同时，立法委员在院内的一切言论行动，不负法律上的责任，不受法院的追究，而且可以直接向外国记者发表谈话，不受政府当局的干涉。因此，我们的宣言一经发出，西方各国的重要报纸都纷纷刊载，在外国政界人士和海外华侨中产生了一些影响。

无论迁穗的国民党当局怎样造谣中伤，以至下令通缉，都无损于我们的一根毫毛。在中国共产党的领导和关怀下，我们都享有较好的政治待遇，被安排了适当的工作，有的担任全国或省市的政协委员，有的担任民革各级组织的主要领导人，工资较高，生活优裕，大家也都能竭尽全力，为国家建设作出一定的贡献。即使不幸而病故的，党和政府也为之做好善后工作，如吴绍澍、欧元怀等人的骨灰盒分别被安放于北京八宝山和上海革命公墓。我们尚健在的人，团结在中国共产党的领导和爱国统一战线的旗帜下，决心以有生之年，为国家的现代化建设和祖国和平统一事业而贡献出全部力量！

附：《原国民党立法委员脱离国民党反动派宣言》全文

我们都是前南京政府立法院立法委员。当国民党政府由京沪撤退的时候，我们在极其复杂和恐怖的环境中，很坚定地留下来了。我们留下来的理由，是认为国民党政府撤退广州继续作战，和我们一向反对与人民为敌的主张根本不相容的。我们不能违反自己的主张去支持一个反动的政权，依附美帝摧残人民的战争！

我们晓得，随同国民政府撤退的人们，尤其是我们的同仁中，有许多是和我们的认识相同，主张一致，徒以格于当时的环境不得不走的。说老实话，以往我们对于中共的政策，由于新闻的封锁和片面宣传的蒙蔽，是没有深切的了解与足够的认识的。我们只是认识国民党执政多年，对国家人民服务不能说没有足够的时间，然而不但未能把国家治理好，反而更倒退，更殖民地化了；不但未能为人民谋福利，反而由于贪污腐化、封建自私，种种错误措施累积的结果，更加深了人民的痛苦，招致了人民的怨愤。这种背叛革命、背叛人民的政权，我们早就应该和它脱离关系。但是我们中间，有的是羁于友人的封建关系，没有足够的勇气摆脱自己所久已不满的环境；有的是存着改良主义的幻想，以为留在那里或者可有些微补救。我们的这种态度和想法都或多或少地有助于反动政权的延续，这是我们很严重的错误和过失。国家本来属于人民，孙中山先生并谆勉他的党员要有天下为公的精神。不论现在或过去当政的人，实在应该勇敢地面对现实，坦白地承认失败；不应该再事恋栈，徒苦人民。诚如张文白先生（指张治中）于其6月26日声明中所说："我们自己既然无能，就应该让给有能的；自己既然无成，就应该让给有成的。"这是忠于国家、忠于人民的应有的襟怀。当时我们同仁"不惜任何个人牺牲以促成和平之实现"的主张，就是根据这一种纯洁朴素的认识，承认自己过去的错误而一致决定的。

自从南京、杭州、上海先后解放以来，我们对于中国共产党及其在各方面的具体措施，都有了更进一步地了解。毛泽东先生所倡导的新民主主义，在实行的现阶段说，其要旨是与孙中山先生的革命的三民主义相符合的。凡中国国民党以蒋介石为首的反动派所背弃了的，正是中国共产党今天所认真执行着的，大家所憧憬的国家独立、政治民主、经济平等、人民自由诸大端，国民党反动派一向拿来欺骗人民、借图私便的口号，我们看到中共是在以勇敢负责的决心，实事求是的精神，为这些目标而奋斗，并且在许多解放地区确已逐步实现。如再有人以保障独立自由等好听的名词为号召，以与中国共产党或人民解放军为敌，不但是无的放矢，而且是以伪乱真。并且我们认为只有像中国共产党这种刻苦努力、践履笃实，以虚心学习求进步，以相互批评和自我批评纠正错误的作风，才能真正建设一个崭新的国家。我们在这里看到了中华民族的新生，亿万人都感到莫大的兴奋。所以我们就应该与国民党反动政治断绝一切关系，而诚心诚意地接受中国共产党的领导，努力学习，争取新生。

以上是我们亲历其境，亲见亲闻和亲自体验到的新的了解和铁一般的事实，而和我们以前所不满于国民党统治下的种种现象，恰好成为极其强烈的对照。我们不相信一个违反历史而为人民所弃绝的反动政权，还能够苟延残喘了。证以最近几个月来，解放军军事推进的迅速，我们更可以看出国内和平协定八条二十四款对于反动集团是如何的宽大呀！但是反动集团对这种为国为民宽大为怀的答复，不是认过服输，向人民请罪；而是变本加厉地封锁海口，轰炸人民，奴颜婢膝地奔走于麦克阿瑟及美帝傀儡季里诺、李承晚门下，妄想借来寇兵，践踏祖国。他们忘记了30年前14国的武装包围，助长了今日世界强大无比的社会主义的苏联。他们忘记了八个年头日本百多万军队的侵扰，助长了今日中国空前强大的人民解放军和人民民主的力量。我们感于对国家对人民良心上的责任，认为有向解放区以外的人民及国民党党政军人员据实报告的必要。尤其是对前立法院现在散处在广州、重庆、台湾、桂林暨其他待解放区的同仁们，我们必须有一次真挚的忠告，希望他们相信我们的语出至诚，排除一切疑虑，毅然和我们携手走向人民这一方面来！

留在解放区的同仁，自然不仅我们这些人，因为我们知道的还不够周全，也就无法一一征求签署。挂漏之处，至希原谅。

王又庸	王剑锷	方志超	孔令灿	朱　华	初香山
李　蒸	李　峰	李仲公	李世军	李荫五	周伯敏
周杰人	孟云桥	武和轩	吴绍澍	金鸣盛	施今墨
范予遂	洪瑞钊	姜黎川	秦荣甲	孙履平	孙翔风
邹树文	崔纫秋	陈名豫	陈建晨	张汇文	万　灿

程元斟　黄梦飞　黄启汉　曹寅甫　傅　霖　贾成章
葛敬恩　葛克信　葛　覃　赵华叔　华声慕　欧元怀
薛明剑　郑若谷　郑家俊　刘蓬瀛　刘不同　刘云昭
熊梦宾　卢郁文　戴修骏　罗运炎　肖觉天

（原载《统战工作史料选辑》第一辑，略有删节）

陈仪（1883—1950），字公洽，号退素。浙江绍兴人。曾任中华民国陆军二级上将、台湾行政长官兼台湾警备总司令部总司令、浙江省政府主席。

此身何惜付乘除
——记1949年外祖父陈仪的和平起义抉择

项斯文

上海解放70周年纪念来临之际，我特别怀念我的外祖父陈仪。70年前他有志在浙江起义，可惜被汤恩伯出卖，功亏一篑，他本人身陷囹圄，最后惨遭杀害。1985年中共中央追认陈仪为"为中国人民解放事业贡献生命的爱国人士"。

70年过去了，70年前的当事人，不管是陈仪、中共有关人士，还是汤恩伯，都已谢世。起义过程中一些有不同说法的细节再无从考证。前35年，几乎没有完整的史料细说陈仪，只在文史资料集或人物传记中，能见到零星文字。后35年中，中共中央相关部门关于"陈仪先生结论"公布后，许多文章、专著、调查报告问世，才提供了许多宝贵的资料。1987年中国文史出版社出版了《陈仪生平和被害经过》，这是中国内地出版的第一本专著。海峡两岸"三通"以后，两岸学者的研究成果不断发表、交流，台湾《传记文学》陆续发表许多回忆录。台湾学者王晓波、赖泽涵、作家李敖等，相继发表专著。2011年，人民出版社出版了40余万字的《陈仪全传》。其他数百篇史料也极大地还原了陈仪生平历经许多事件的真相，对事件有了更深刻的分析，也公正地反映了陈仪爱国、爱民、正义的磊落形象。最近，2019年2月，凤凰卫视的《凤凰大视野》节目制作了《一朝惊变弃前功——陈仪之死探寻》在卫视播出，又引起各方关注。

陈仪

陈仪和平起义思想的形成与起义未遂经过简要回顾

1947年"二二八"事件后陈仪引咎辞职,从台湾黯然回沪,闭门思过,精神沮丧,但是又觉得自己爱国爱民,问心无愧。这种心情完全表露在他的一首诗中:"事业平生悲剧多,循环历史究如何?痴心爱国浑忘老,爱到痴心即是魔。"这段时间,陈仪深居简出,埋头读书,间或与老部属或好友叙谈,部属好友中不乏中共地下工作者和进步人士。据我母亲观察,"这个时期他不受政务干扰,默观大势,思想变化很大,不仅深刻反省了他在台湾的失败,而且对未来有了新的设想"。这时,解放战争已经进入第二年,刘邓大军一举突破国民党黄河防线,挺进大别山,揭开战略反攻的序幕。作为军人,陈仪当然对战略问题看得清楚。他的判断是:南京政府无论从政治、经济形势看,还是就军事形势看,都已经到了山穷水尽的地步。他对共产党的认识也在加深,他说过,"安危在是非,不在于强弱;胜负在虚实,不在于众寡,主要在于人心向背","共产党讲是非真理,国民党无是无非"等一些话。具有正义感、崇尚真理是陈仪一生的追求,台湾当政失败对他是极大的冲击,成为他思想上倾向于共产党的转折点。

1948年年中，蒋介石以形势日紧、浙江复杂为由，力邀陈仪出山再任浙江省主席。陈仪辞不获已，勉承新命。上任后陈仪本着"倦鸟归林，服务桑梓"之心，着力于安境保民，保护进步学生，谋划浙江未来建设。另一方面默察形势和人心向背，积极准备和平起义，以保浙江免受战争破坏。他还打算使饱经忧患的苏南和上海人民同浙江一起免受战祸，决意策动当时的京沪杭警备总司令汤恩伯起义。早在1947年，汤恩伯兵败沂蒙，损兵折将，被撤职，赋闲在沪。在与陈仪多次交谈中，常发牢骚，时时流露出对蒋的不满，甚至说出"反蒋"二字。汤视陈仪为再生父母，因此陈对汤深信不疑，以为策动汤恩伯和平起义是十拿九稳的。1949年初，北平和平解放，淮海战役以解放军胜利、国民党军溃败结束。陈仪计划的和平起义行动也开始实施。1月末，陈仪派人送信给汤恩伯，开列了"释放政治犯"等五条和平起义举措。2月初，又写信给汤恩伯催促其行动。却不料汤恩伯心狠手毒，一方面对陈仪虚与委蛇，另一方面将陈的亲笔信和开列的五条举措向蒋介石告密。1949年2月17日行政院令浙江省政府改组，陈仪被免职；2月23日特务闯进陈仪寓所，陈被软禁；2月27日陈仪被押解至衢州；4月29日被转移至台湾，囚于基隆。1950年6月9日，军事法庭以"煽惑军人逃叛"罪，判处陈仪死刑；同年6月18日被害于台湾新店空军公墓。临刑前，陈仪大义凛

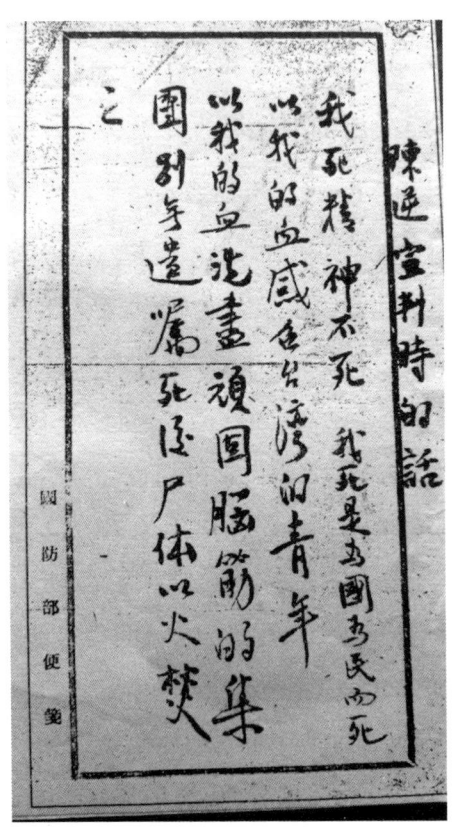

陈仪遗言

然地写下遗言："我死，精神不死。我死是为国为民而死，以我的死感召台湾的青年，以我的死洗尽顽固脑筋的集团。别无遗嘱，死后尸体以火焚之。"英勇就义。

从解放战争的大局中看陈仪未遂的和平起义

三年多的解放战争，尤其从战略防御进入战略反攻、战略决战阶段以后，人民解放军所向披靡，国民党军纷纷倒戈起义。仅华东战场，起义投诚的国民党军共约22.4万人。不仅打乱了蒋介石的"战略部署"，而且从根本上动摇了国民党军心。高级将领哀叹："未曾出师先丧师，带着上刑场的心情上战场。"国共双方力量对比此长彼消，发生根本改变的主要原因就在于：

首先，共产党代表光明、正义和中国的希望，人心所向。陈仪赋闲在沪时，就阅读了大量书籍，包括《共产党宣言》《窃国大盗袁世凯》等，秘密收听中共新华台的广播。他对胡允恭（老部属，中共地下党员）说过，"如今，蒋介石的军队再多，共产党的军队再少，也消灭不了。中国有句老话，一切要看顺逆，就是要看人心向背，老蒋已经丢尽了人心。"郑士镕（陈在台湾时期的秘书）问陈仪："你认为今天年轻人的出路在哪里？"陈仪回答说："一是教书去，二是当共产党员去。"一位国民党高级官员有如此的认识，可见共产党的方针政策是如何深入人心。

其次，在战场上取得节节胜利的同时，中共开展了有力的策反工作。华东战场国民党军队起义投诚大多发生在1948年至1949年前后，此时战争的主动权已渐渐转移到解放军手中，因此起义投诚首先是军事形势发展的必然结果，同时也是长期、有力的策反工作的结果。陈仪在福建时期的老部下胡允恭就是一位中共地下工作者，负责对陈仪策反，他受中共中央军委驻上海局的负责人吴克坚直接领导。胡按照中共研究的方案与陈仪谈判。陈仪同意和平起义，又提议由陈劝汤恩伯一同起义。胡向吴克坚汇报，中共方面研究后表示同意，并达成几项协议（条件）。陈仪派人把几项条件送汤恩伯后不久，中共方面获悉汤恩伯告密的情报,即刻通知了陈仪,劝其火速飞往江北。但是陈仪深信他与汤关系非同一般,没有听从中共的建议,以致自己被出卖,最后被害。

再次,民革等民主党派发挥积极作用,功不可没。1948年成立的民革,对陈仪这位老光复会员、两届国民党中央执委十分敬重,对其人品赞誉有加。李济深、朱蕴山、郑文蔚等一起商议策动陈仪反蒋。李济深亲笔写了一方白绸密书,由郑带到杭州面交陈仪。陈看后颇为激动,当下告知策动汤恩伯起义事,并要郑回港复命。郑不久再来浙,并担任陈李之间的秘密联络人。陈铭枢是老同盟会员、民革中央执委,是陈仪的故交。1948年中秋,他来到杭州与陈仪见面,两人开门见山地谈反蒋。陈仪表示"我抱定宗旨,舍生取义",陈铭枢即席挥毫写下谭嗣同名句"斗酒纵横天下事,名山风雨百年心"相赠。"孙盟"(**孙文主义革命同盟**)的领导和成员与陈仪有密切接触和交往,也对陈仪做了大量工作。后来有许多人写回忆录,提到其他人士对陈仪做策反工作,今天虽难以查证,但可以肯定的是,当时各方面都很关注陈仪,也的确传达过很多信息。

最后,陈仪固有爱国爱民思想,才能在关键时刻做出正确抉择。陈仪是一位痴心着魔的爱国者,是不懈追求进步和革新的实践者,是国民党政坛上少有的埋头苦干、清正廉洁的人。他自勉的只言片语表露了他的人格特质:"寸心报国浑忘老,不忍偷安了此生""进不求名,退不避祸,惟民是保""公正认真有勇气,淡泊耐烦有牺牲""责任心、正义感、勇气""工作是道德,忙碌是幸福,闲空是堕落,懒惰是罪恶"。这些是他为人的信条,他也实践着他的信条。正是这些人格特质,特别是爱国、爱乡、爱民、爱正义,才使陈仪在1949年的关键时刻做出"和平起义"的正确抉择。1947年陈仪曾作诗明志,诗中有"天外仙人应识我,此身何惜付乘除"一句。不料一语成谶,陈仪慷慨就义,精神不死,英名永存。

陈仪为求江南人民免受战祸而谋划和平起义功败垂成,为中国人民解放事业贡献出生命。这一事件给蒋介石政权政治上、心理上的打击是至为巨大的。

当然，如果和平起义成功，百万国民党军兵不血刃而解甲，对后续解放事业进程的影响会更为巨大。但是历史是没有"如果"的。陈仪的功过是非由世人评说，他最后的正确抉择和英勇就义是不会被人民忘记的。

让我们记住陈仪最后一句话——"人死，精神不死"。

主要参考文献：

1.《陈仪生平及被害内幕》，全国政协、浙江省政协、福建省政协、文史资料研究委员会编辑组编，中国文史出版社，1987年。

2.《陈仪全传》，严如平、贺渊著，人民出版社，2011年。

3.《国民党军倒戈内幕》，《国民党军倒戈内幕》编写组编著，华艺出版社，1990年。

4.《陈仪的本来面目》，陈兆熙等著，INK印刻文学生活杂志出版有限公司，2010年。

（作者系陈仪外孙，上海市政协原副秘书长，民革上海市委会原副主委）

吴艺五（1891—1976），福建长乐人，民革党员。早年参加同盟会，民联创始人。曾任连长、团长、副官长等职；新中国成立后，受民革中央委派，成为民革上海市分部筹备委员会委员（驻会）。历任民革上海市委副主委，上海市政协委员、常委，上海市人大代表，华东军政委员会监察委员，上海市民政局副局长。

吴艺五与民联地下组织

梁 凤

吴艺五（1891—1976），名刚如，号艺父（夫），1913年流亡日本时改称吴坚，1916年讨袁护国时改用吴树（澍），沿用至1945年抗战胜利，后一直用吴艺五行世。

1891年，吴艺五出生于福建省福州市，祖籍福建省长乐县。

1906年，清廷实行新政，废绿营，练新军，令各省遍设陆军小学堂，年少聪慧的吴艺五被录取为第一期生。当时，后来成为"黄花岗七十二烈士"之一的林觉民在福州创设了阅书报社，少年吴艺五便每每于节假日前往浏览书报。去的次数多了，管理员葛某把各种倡导革命的书籍，如邹容的《革命军》等密授给他看，唤起了他强烈的革命意识。1908年，吴艺五由同乡前辈介绍加入同盟会。

吴艺五（1891—1976）

1908年冬，在陆军小学堂修业期满后，表现优异的吴艺五被送至南京陆军第四中学堂。1911年他升入保定陆军学堂，就读期间适逢武昌起义爆发，于是密谋在保定起义，为驻军北洋陆军第二镇包围监视，被勒令解散。吴艺五便偕同志数人南下镇江参加义举，初任步兵第六十一团连长，参与光复南京之役，后返保定军校继续就学。1913年冬，临近毕业，"二次革命"发生，吴弃学至赣，参加李烈钧、方声涛湖口起义，被任命为江西第三混成旅步兵独立营营长。兵败后辗转逃亡日本，加入中华革命党。1915年夏返国，和谷钟秀等在上海（另一说法是福州）创办《中华新报》。

1926年广东国民革命军挥师北伐。翌年2月北伐军攻下武汉，吴艺五代表北洋海军舰队总司令杨树庄远赴南昌面晤蒋介石，商议海陆军事上协调诸事宜。3月底蒋乘军舰东下至南京和上海，国民革命军东路赴闽浙的军事行动也进行得十分顺利。

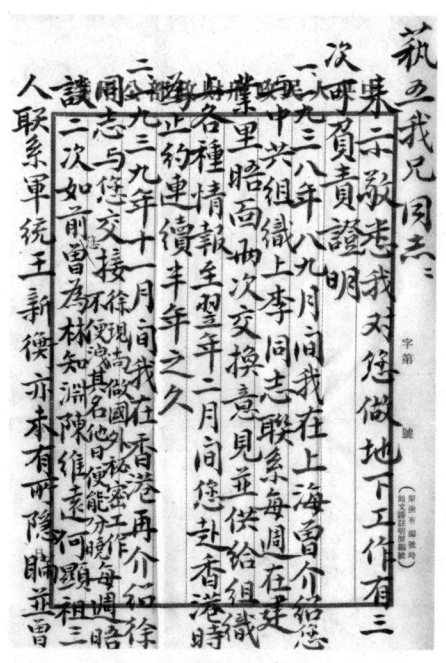

王绍鳌回复吴艺五函一

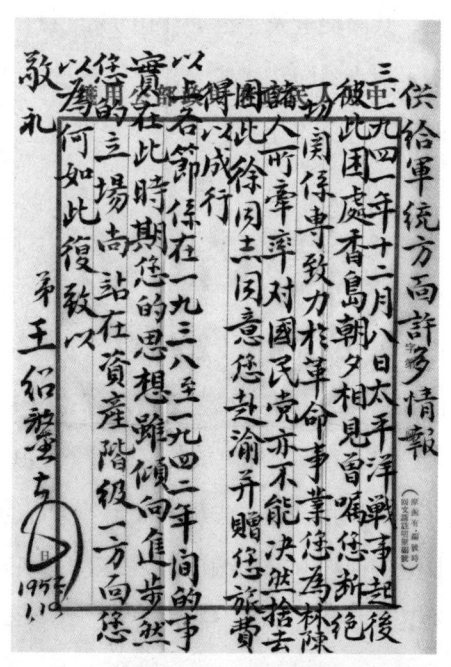

王绍鳌回复吴艺五函二

1927年11月，陈铭枢率第十一军入闽，吴奉命回闽任福建军事厅参谋长，开始了两人长达40余年的相识相知。

抗日战争爆发，吴艺五与王绍鏊（后任民进中央副主席）等，由沪赴香港活动至香港沦陷。1941年，吴经广西、贵州至重庆，1942年冬从西北折返重庆。吴目睹国民党统治者独裁专制、压制民主、消极抗日，愤然与蒋断绝关系，与知交陈铭枢、柳亚子（后任民革中央常委）等人过从甚密，开始随陈铭枢从事反蒋活动。

1943年2月，陈铭枢、谭平山（后任民革中央常委）、王昆仑（后任民革中央宣传部长、民革中央主席）等，在中共中央南方局的支持下，在重庆建立了一个经常性的民主同志座谈会，联系和团结国民党上层人士，8月成立了一个"十人小组"，这个筹备小组就是三民主义同志联合会的前身。1945年8月，日寇投降，吴艺五受命于9月先从渝返沪，与王绍鏊、林汉达诸人联络，共同促进民主运动。10月28日，三民主义同志联合会（简称民联）在重庆上清寺特园正式成立，陈铭枢被选为常务总干事，吴艺五被推为中央监事，此后吴艺五在上海相机组织民联会务，以善庆坊江寅生家作为民联的地下联络站。

1946年初，民联重心由渝移沪，陈铭枢、郭春涛（后任民革中央常委）等相继来沪，开始以上海为活动中心，采取"组织公开，领导人不公开"的方式，以个人身份或其他党派、团体成员身份参加民主运动。当时主持民联工作的是陈铭枢、郭春涛、吴艺五等。陈铭枢夫妇带着孩子由南京来上海后，就住在江家三楼。直到上海解放前夕，地下民联的联络站均在这里。

上海解放前，先后来往于善庆坊的民联同志很多，且都是民联高层，如王昆仑、谭平山、朱蕴山（后任民革中央组织部长、民革中央主席）、陈建晨（后任民革沪宁区临工会代理主委、华东军政委员会司法部副部长、民革中央组织部长）、于振瀛（后任民革中央常委）、张治中（后任民革中央常委）、邵力子（后任民革中央常委）、刘侠任（后任上海民革副主委、华东师范大学教授）、叶南帆（后任杭州民革主委）、李家友（后任武汉民革主委）、吴长芝（当年由美回国，创办大兴贸易公司，任总经理，筹措民联地下活动经费）和刘之纲（后任江西省卫生厅厅长）等十余人。中共地下党负责人吴克坚也经常来此联系工作。新中国成立后，吴克坚是华东军政委员会秘书长兼华东统战部部长。

此外，吴艺五还为民联安排了两处秘密联络点：一是善庆坊对面234号三楼自己租住的房子，吴艺五夫妇及两个儿子居住于此。因善庆坊内往来人员较多，说话有诸多不便，吴艺五和陈铭枢经常在吴家与吴克坚商谈工作，转递重要情报。在后来江家来往人越来越多时，都经由徐凤带到对面吴家去开会。另一处是申江医院（今淮海路嵩山路口）。申江医院是私人开设的医院，院长刘之纲利用医院作掩护，从事地下活动，民联有关信件先交寄此处，再由交通员徐凤取回交吴艺五、陈铭枢。上海解放前夕，当白色恐怖严重时，吴曾送陈铭枢住该院隐蔽起来。申江医院这里，有时还有民联以外的民主人士前来联系密谈工作。

从1946年到1949年新中国成立前夕，吴艺五主持的民联地下联络站、点所做的策反工作主要有：

一、由陈铭枢等人对浙江省主席陈仪进行策反工作，后因事泄，陈仪被汤恩伯出卖被捕。当时江寅生在杭州公署任职并进行策反工作，得悉陈仪被出卖的消息后，连夜只身赶回上海告知吴艺五，再由徐凤一早送了一张条子给胡允恭（中共地下党员、陈仪老部下），设法营救未成。

二、由吴艺五负责对福建海军某舰司令曾以昇的策反工作，后来策反成功，曾以昇率舰起义。

三、地下民联成员崔恒敏一直受陈铭枢、吴艺五领导，上海解放前任国民党上海市驻卫警察总队副总队长、代总队长，管辖全市驻卫警察8000多人。1949年2月，崔恒敏参加京沪杭警备总司令汤恩伯召开的"保卫大上海会议"，将"保卫大上海"绝密文件交中共上海地下党任百尊转给解放军。

四、吴艺五联系的地下民联成员吴石是国民党高级将领，住在陕西北路669号民联成员吴长芝家里，利用自身身份不断取得大量重要军事情报，交由吴长芝送到环龙路吴艺五家里，再转交中共地下党负责人吴克坚。上海解放前夕，吴石奉派赴台湾卧底，担任国民党台湾"国防部"参谋次长，1950年6月，事泄在台北就义，1973年11月，人民政府追认他为革命烈士。

与此同时，吴艺五还负责对杜月笙秘书胡叙五的策反工作等。当时除做策反工作外，吴艺五和陈铭枢还分工联系各方面人士，吴艺五负责联系的人士有萧一之（原民生轮船公司襄理）、任达、陈锡襄、张襄、王新衡、林沧圃、林苏远等爱国人士。

宁沪解放后，上海民革五个地下组织公开于世，两年后由民革沪宁区临工会发展为民革上海市分部筹委会，吴艺五始终参与其事，为民革市级机关的整顿建设、发展组织以及推动各项工作尽了很大努力。

1949年5月28日，上海市人民政府宣告成立。同月，民革中央指示，为加强沪宁两地区工作的统一领导和联系，1948年6月成立的民革上海临时工作委员会（简称临工会，兼管民革南京分会，王葆真任主委）扩大为民革沪宁区临时工作委员会（简称沪宁区临工会）。6月3日，陈毅、邓小平、张鼎丞、曾山、潘汉年等设宴答谢上海各民主党派人士，吴艺五和陈铭枢、郭春涛、杨虎等民革同志应邀出席。

1949年7月4日，民革中央正式决定成立沪宁区临工会，指派陈铭枢为主委（兼任南京民革办事处主任）。9月1日，民革沪宁临工会正式成立。1950年3月，民革中央通知任命吴艺五为民革上海市分部筹备委员会委员，吴艺五并被推为常务委员兼驻会委员，负责整理会务，同年4月7日民革上海市分部筹委会正式成立，1955年3月27日民革上海市委会正式成立，可以说，吴艺五是上海民革自地下活动到正式成立近十年间，真正承上启下的奠基者之一。新中国成立后，吴艺五历任第一届、第二届民革上海市委会副主任委员，上海市各界人民代表会议协商委员会委员，第一、二届市人大代表，第一、二届市政协委员、常委,并任华东军政委员会监察委员,1955年12月出任上海市民政局副局长。

主要参考文献

《民革党员与新中国》,上海市政协文史资料编辑部,上海文史资料选辑1999年第3期,总第94期。

(作者系民革上海市委会机关干部,根据梁佐华、徐凤有关资料改写)

吴绍澍（1906—1976），字雨生，上海枫泾人。抗战胜利后，身兼国民党上海市政治、军事特派员，市党部主任委员，三青团上海支团部干事长，国民党监察院江苏监察使，国民政府立法院委员，上海市副市长、代理市长及社会局长等要职。上海解放后，协助军管会办理敌产及各类档案材料接收工作，后就职于中华人民共和国交通部参事室。

吴绍澍的弃暗投明路

马　赛

吴绍澍是抗战胜利后的第一任上海市副市长。之后他顺应历史潮流，弃暗投明，与中共地下党联络，解救进步人士，策动军队、警察等起义，为上海的解放作出了贡献。

吴绍澍，1906年生于上海，1922年就读于上海法政大学。读书期间，与史良等进步学生一起，积极参加反帝反军阀运动。大学毕业后，就职于国民党南京市党部。1939年夏，受国民党中央党部委派，从重庆回到沦陷区上海，筹建国民党上海市党部和三青团上海支团部，随后被任命为国民党上海市党部主任委员、三青团上海支团部干事长，并兼任国民党中宣部东南战地宣传办事处主任。上海"孤岛"时期，他从事国民党地下活动，接应、护送出入敌占区的国民党军政人员和新闻工作者，搜集日伪情报，派员渗透敌占区，制裁日伪汉奸，参与抗敌文宣工作，为抗日救亡做了不少工作。在上海活动期间，吴绍澍曾多次遭日伪特务搜捕，本人虽未遇难，但他的3个子女和胞姐吴颖彰却被抓进了日本宪兵队。1941年秋，日本侵华军总部在《朝日新闻》头版，以30万日元悬赏缉拿他。

抗战胜利后，吴绍澍一度身兼国民党上海市政治、军事特派员，国民党上海市党部主任委员，三青团上海支团部干事长，国民党监察院江苏监察使，国民政府立法院委员，上海市副市长及社会局局长等诸多要职，成为红极一时的人物。

1946年，全面内战爆发。这一年也是吴绍澍"生命的转折期"。因与"CC系"、军统等之间的矛盾日益激化而失势，吴绍澍先后被撤销了上海市副市长及市党部主任委员、社会局局长等职务，颇为失意。4月28日，上海举行市参议员选举，他以全市得票数第三名当选。

吴绍澍曾办过《青年日报》《正言报》。《正言报》原是三青团的唯一机关报。1948年8月20日，蒋介石为了苟延残喘，派蒋经国任经济督导员，开进上海"打虎"，扫除官商、奸商。当时，上海最大的"老虎"是孔家所开设的扬子建业公司。9月30日，扬子公司被查封。10月2日，《正言报》就在上海各报中率先刊登扬子公司被查的消息，标题为《豪门惊人囤积案，扬子公司仓库被封》，副标题为《新型汽车数近百辆，零件数百箱，西药、呢绒，价值连城，何来巨额外汇，有关当局查究中》《货主孔令侃昨晚传已赴京》等，揭露孔令侃囤积居奇的行径。继《正言报》之后，10月3日，上海三家大报《申报》《新闻报》和《大公报》陆续报道扬子公司被查封消息。

1948年9月30日，地下共产党员王孝和被国民党当局杀害，《正言报》发表消息，指责国民党"特刑庭乱杀人"！10月1日，吴绍澍借王孝和烈士英勇就义事件，请范锡品撰写题为《不要再制造第二个王孝和了》的社论，对国民党当局进行猛烈抨击。

国民党当局对此极为不满，10月12日，《正言报》即因言论失检被查封，内政部命令沪市府执行，予以停刊三天处分，然而三天过后并未复刊。10月13日，国民党举行"宣传会报"，蒋介石日记云："对《正言报》吴绍澍等不法言行，气愤不堪，暴怒峻斥。"

1948年春，吴绍澍登门拜访，邀请"闲居在家"的徐铸成结伴游台湾。两人结伴飞往台湾，寄住在台北台糖公司宿舍里。台糖公司经理沈某是吴绍澍的好友。在台北游了草山、北投等名胜后，两人又往台中、台南、高雄和关子林温泉，游了半圈台岛，最后上了日月潭。在一天游玩之后，当晚两人对坐聊天。吴绍澍再次邀请徐回去后去《正言报》，徐反问他对自己有什么打算？吴绍澍表明已清楚地认识到国民党气数已尽，向徐吐露了弃暗投明的愿望，但他对中共能否接受他心有顾虑，苦笑说："我是额角上刻着国民党三个字的，而且被人称为五子登科的大员，像我这样的人，人家还会要我吗？"徐铸成表示自己结识不少进步朋友，"据我所闻，只要真心靠拢人民，是不咎既往的"。听了徐铸成的鼓励，吴绍澍颇为心动，即说："史良是我在上海法学院的同学，谭平山我是认识的，在'地下'（指沦陷时）时候和马寅初曾有来往。可惜，我和这几位已失去联系多年了。"得知徐表示可以代为留心，他就托徐铸成将其心愿转告。

不久后，在各界爱国人士的帮助之下，徐铸成赴香港复刊《文汇报》。出发前，他和吴绍澍约晤，表示如果吴决心已定，去港可以代为联系。吴绍澍一再请徐把自己的决心转告谭平山、马寅初诸先生。徐铸成问："如果他们问到，你在上海除了三青团以外，还有些什么力量，我将怎样回答呢？"吴绍澍坚决地表示："我有两个赤诚相交的朋友，都是旅长，必要时，策动他们，是没有问题的。"徐铸成到港后，和各方联系，在和谭平山、马寅初见面时，徐铸成把吴绍澍的处境和思想向他们进行了转达。他们都认为，吴弃暗投明的可能性极大，如果成为事实，对解放上海会起一定作用，希望徐铸成继续鼓励他。

徐铸成回沪后把在港联系情况告诉了吴绍澍，吴绍澍听了之后很高兴，表示一定要在适当时机起义，并说他和招商局总经理、董事长徐学禹谈过多次，认为争取他颇有把握。两天后，吴绍澍约徐铸成、徐学禹在一个秘密地方吃饭，谈及将招商局几艘大的轮船脱离国民党控制等事宜。

此时，有和"CC"接近的小报新闻称，徐铸成已引起当局注意。徐铸成第二次赴港时，还特意请吴绍澍代买了飞机票，吴绍澍派车送徐铸成上了飞机，让徐安全离沪赴港。徐铸成到港后，把和吴绍澍联系的情况再一次向谭平山、马寅初详述了一次。之后，中共方面考虑派人和吴绍澍联系，请徐铸成写了一个条子给他，介绍来人与吴绍澍面洽。

上海解放前夕，吴绍澍与中共上海地下党领导人吴克坚取得联系，倾吐自己愿追随共产党，为上海解放助一臂之力的决心。

1949年一二月间，吴绍澍带着吴克坚去了长乐路411号的昔日手下姜梦麟家。姜梦麟当年在国民党上海市委党部担任监察委员兼监察室主任，因吴绍澍被撤职连带被排挤。谈话中，吴克坚动员姜梦麟一同为迎接上海解放做工作，共同走上新生的道路。

4月起，以姜梦麟的家为联络处，吴绍澍与吴克坚经常在这里秘密会晤，每月至少一二次。7月之后，每月会晤二三次。吴绍澍指示姜梦麟要注意：随时提高警惕，防止敌人的阴谋诡计和破坏活动，特别是严防敌人窥探我们的工作情况，这样才能完成中共交给的任务。

吴绍澍充分利用国民党内部各种社会关系，配合进行收集情报、策动起义等工作。当时，他常以立法委员名义，去南京收集情报，以及探听上海军政头目汤恩伯、吴国桢的动态。姜梦麟负责收集上海警察总局长毛森的情报，如毛森要迫害史良的消息，以及对吴绍澍就地格杀的命令等，都是由姜梦麟收集后汇报的。1949年2月起，随着工作的进展，他们每星期常有两次以上的会晤，吴克坚增派了何以端加强联系。

按照中共中央指示，为迎接解放，确保上海市人民生命和财产安全，防止国民党反动派破坏，大力开展策反警政人员起义工作。吴克坚指示吴绍澍、姜梦麟等加紧王锐含的策反工作。上海警察总局保安警察第二总队（王锐含任总队长）是地方部队中配备最好、战斗力最强的部队，吴绍澍约晤王锐含，鼓励他"勇敢前进"。当时环龙路光明村（今南昌路278弄）4号和重庆路59弄89号就是吴克坚、何以端与他们策反的秘密联络点。

1949年，解放军进攻上海的战役开始，国民党军队节节败退，反动政权摇摇欲坠。上海局势非常紧张，汤恩伯、毛森等加紧执行镇压政策，特务、军警密布各处，大批中共党员和进步人士被逮捕、屠杀，一片白色恐怖。周恩来密电吴克坚，全力保护和营救正在上海的宋庆龄、张澜、罗隆基、史良，以防蒋介石下杀手。3月的一天晚上，吴绍澍得悉军统头目毛森已下密令搜捕史良，搜查她的家，他不顾个人安危，接应史良到姜梦麟家里，和吴克坚见面商量应变办法，由姜梦麟在晒台上望风，吴克坚、吴绍澍与史良谈了一个小时左右才离开，之后设法接应史良顺利脱险。

4月22日，立法院发出紧急通知，要求南京的立法委员集中到上海，准备逃到台湾或广州。吴绍澍一直没有离开上海，他隐蔽起来，对外扬言到广州去了。不多几日，上海市政府得到台湾和广州的情报，说吴绍澍没有到台湾或广州，仍在上海。毛森下令搜捕他，"就地格杀"。吴绍澍遂对外断绝一切联系，藏身于亨利路5号公寓（今新乐路），其爱人张莲蓉负责担任内卫工作，随时暗察周围敌情。其时，毛森派人四处搜查不得，就在5月5日把吴的亲信毛子佩捕去拷问。

5月20日，按照何以端指示，设法防止反动派破坏工厂或捣乱社会秩序，吴绍澍安排姜梦麟与义务警察副总队长陆永淇秘密联系，保护工厂和维持社会秩序。5月25日清晨，吴绍澍和姜梦麟到国际饭店去慰问起义的王锐含。吴克坚在吴绍澍家里（亨利路5号公寓）接见了王锐含。王随后劝苏州河以北的国民党宪兵团投诚。吴绍澍还秘密策动沪西和南市两个独立旅阵地起义。

6月起，53名国民党立法委员联合签名《起义宣言》，宣告弃暗投明的决心，吴绍澍也在宣言上签字。9月19日，由周恩来亲自审稿，新华社以电讯方式发表了《原国民党立法委员脱离国民党反动派宣言》，第二天，国内各报都作了刊载。宣言用中外文向国内外广播后，产生较大影响，尤其使逃往广州和台北的国民党当局极为震动。

国民党当局宣布"永远开除"这53位立法委员的国民党员党籍，蒋介石得悉杨虎、吴绍澍、姜豪投奔共产党的消息后，气得大骂："又出了三个大变节分子！"毛人凤诅咒他们三人是上海的三大叛徒，指示特务将他们列入第一批暗杀的对象。

上海解放后，吴绍澍协助军管会办理敌产及各类档案材料的接收工作，吴绍澍安排姜梦麟找市政府人事处第三科科长徐百宜，保护市政府档案及人事册，新中国成立后将这些资料全部移交给中共接管干部。吴绍澍还安排姜梦麟找范锡品，掌握警察总局的特务动态，范又派人暗中监视，保全民政局的全市户口名册。吴绍澍还安排姜梦麟找市教育局国民教育处处长朱君惕，请他竭力保存档案，严防被烧毁。

上海解放后，吴绍澍将《正言报》社所有机器设备一并交给人民政府。1949年9月，周恩来电邀吴绍澍去北京，1950年1月吴到北京，任交通部参事，并任全国政协委员。1976年6月26日，吴绍澍在北京病逝，终年70岁，其骨灰安放于八宝山革命公墓。

（作者系民革党员，《联合时报》办公室主任）

王治平（1918—2010），上海人，民革党员，曾任国民政府闸北区区长。新中国成立后，任民革闸北区委主委、区政协副主席。

国民党闸北区长起义记

李启新　徐　菲

民革前辈、原民革闸北区第七届委员会主委、区政协副主席王治平，是位为上海解放作出贡献的"有功之臣"。通过搜集、采访、梳理，一片片珍贵的历史碎片，渐渐聚合，还原成了一段鲜为人知的国民党闸北区长起义的史实。

王治平，1918年7月生于上海浦东三林塘，从小家境贫寒，小学五年级就辍学到上海滩当学徒。他酷爱读书，利用工余补读完六年级，以优良的成绩考入江苏省立上海中学；后在著名的西南联大度过了难忘的大学生涯。西南联大素有"内树学术自由，外筑民主堡垒"之美誉，给他的人生留下了"刚毅坚卓，坚守风骨"的熏陶，而校歌慷慨词句，令他热血沸腾。

1942年，从西南联大毕业后，王治平怀着"抗日报国"的壮志，考入由蒋经国任教育长、蒋介石兼任校长的"国民党中央干部学校"研究部一期。这是蒋经国培养嫡系干部的学校，有"政治黄埔"之称。蒋经国对这位长相与自己有几分相似的青年才俊特别器重，视为"得意门生"。学校合影时常常让王治平坐在身旁。王治平对这位"恩师"也十分敬重，他在晚年写的《回忆蒋经国》文章中也自认"与蒋经国曾有过较亲密的师生关系"，还说："那年，蒋经国在奉化溪口故居为其母举行隆重葬礼，我自始至终参加，还代表中央干校宣读《祭毛福梅太夫人文》。"

王治平

王治平在干校学习期间,深得蒋经国耳提面命,无不服膺于心。在干校的师生大会上,蒋经国反复强调:"干校是一个以三民主义为中心,以'中国之命运'为内容的革命学校。干校的精神,是要继承国父遗教,发扬校长精神,秉持天地正气,来推翻扫荡恶势力,来完成革命大业。学员要摒弃升官发财的心理。"时年26岁的王治平,把蒋经国的慷慨陈词奉为"至理名言",引为"人生信仰"。干校结业后,王治平与学员们一起参加了由蒋经国任政治部主任的青年远征军。蒋经国授他少校军衔留在身边工作,并兼《政工通讯》主编,办公室就在蒋经国的隔壁。蒋经国在青年军政工班的讲话,大部分由王治平记录整理后在《政工通讯》发表。此时的王治平可谓炙手可热,对蒋经国唯命是从。

1945年抗战胜利后,王治平手持蒋经国给国民党上海市市长钱大钧的亲笔信,春风得意地回到故乡上海。3个月后,王治平从市民政局科员,调任闸北区副区长,不过半年转任大场区区长。1947年夏,年仅30岁的王治平又在蒋经国的支持下,胜选担任闸北区区长。从军中转到地方的王治平,虽步步高升,但此时却从当初的春风得意,变成愁肠百结了。作为国民党的地方官员,他每天看到的、听到的、经手处理的，都是一大堆棘手的事。1946年，由于国民党的腐败，上海物价持续逐月上涨70%以上，通货膨胀严重，而广大职工和教师的工资却停滞不动，生活水平严重下降。坚持内战和独裁政策的国民党政府，财政经济已濒临崩溃边缘。1947年2月6日，国民党当局颁发了《经济紧急措施方案》，除严格控制金融、经济、物价、外汇外，把职工的生活费冻结在一月份的数字上，并强行规定不得增加底薪。同时，重申禁止怠工、罢工，违者格杀勿论。结果，民不聊生，官逼民反，以"要求解冻生活指数"为中心口号的大规模群众性怠工、罢工、集会、游行，此起彼伏。处在民怨沸腾第一线的王治平等国民党地方官员焦头烂额。王治平在当年的日记中曾忧心忡忡记载了这一幕："1948年8月19日，闸北大统路、光复路的粮行、米店，籴户口米的升斗小民，扶老携幼，排成长队，保甲长在每个人的袖口上以粉笔编写号码。警察以木棍抽打骚动者的额头、脊梁，有的鼻青眼肿，有的鲜血直流。强者咒骂，老弱号啕。"

　　为了挽救财政金融危机，蒋介石派蒋经国到上海当"打经济战的主帅"。蒋经国用"铁腕"手段，轰轰烈烈地打起"老虎"来。王治平对蒋经国的"经济管制"政策和"打倒豪门资本""铲除腐化势力和地痞流氓""打倒奸商和投机倒把"等一系列口号，非常赞同，对时局好转，抱有幻想。他和复员青年军同仁发起组织"共和新闻社"，经青年军联谊会转呈蒋经国批准成立。王治平任社长，蒋经国任董事长，王新衡、吴绍澍等上海滩头面人物任董事。蒋经国不仅拨给开办费，并将一辆崭新的美制别克敞篷车配给共和新闻社。不久王治平根据确凿材料，撰文揭发行政院善后救济总署大贪污案，上海各报竞相报道，引起轩然大波。结果，善后救济总署主任李卓敏被捕，中国银行副总经理霍宝树到法庭受讯。因贪案人员是宋子文系的大将，而共和新闻社董事长是蒋经国，新闻媒体将之渲染为宋蒋之间的钩心斗角。宋霭龄甚感下不来台，遂通过宋美龄向蒋介石施压，要求平息事态。最终，蒋经国在遭蒋介石训斥后，竟迁怒于王治平，不仅派人查封共和新闻社，还将王治平开除出"中央政治干校"

校友籍，撤除其干校及青年军一切职务。年方而立的王治平成了蒋经国的一枚"弃子"，自知仕途已走到了尽头，沮丧、愤懑、失望，一齐涌上，在他心中，蒋经国"恩师"的形象以及在干校里树立的信仰，亦轰然倒塌。

就在此时，他的老同学陈尚藩登门拜访了他。从此，王治平的命运和信仰发生了戏剧性的变化。

陈尚藩是王治平在上海中学的同窗好友，为中共地下党员。1948年8月，王治平受清华同学会会长王祖廉委托，在闸北筹办清华中学。王治平聘请老同学陈尚藩担任副校长兼生活指导，聘请另一位老同学李中法担任教务长，李也是中共地下党员。王治平表示愿意将学校全权委托他们办理，自己只担校长名义，对教职员工的聘请和教学内容不加干涉。清华中学办起来后，地下党积极在师生中开展秘密的革命活动。陈尚藩在清华中学发展党员，并建立了党小组，使清华中学成为中共在闸北地区开展革命活动的一个据点。

陈尚藩在与王治平的交往接触下，发现这位老同学经过共和新闻社风波后，情绪低落，思想苦闷，对时局悲观，就及时将这一情况向党组织汇报，并提出策反王治平的建议，获得批准。1948年12月，地下党专门建立了由闸北、北站分区委委员周绍铮直接领导，以赵秋之、陈尚藩为成员的党小组，主持对王治平的策反工作。

策反工作非常顺利。王治平立即向老同学表示愿意起义，接受共产党的领导。究其原因，除了王治平深明大义，看到蒋家王朝的穷途末路之外，还同他有一定的思想基础有关。他的堂兄王承芬是中共党员，堂弟王园芳也是中共党员，在新四军工作。王治平对这两位兄弟向有好感。此外，还有一个特别的亲人，一直在潜移默化地影响着他，此人就是王治平的岳父喻育之。

喻育之（1889—1993），字英才，中国近代民主革命家。早年受新文化、新思想熏陶，萌救国救民、革旧图新之志。1910年加入湖北共进会。武昌起义时参加抢占楚望台、攻打总督府和阳夏保卫战，以实现三民主义为奋斗目标。此后，在讨袁护法、北伐东征中，他都坚定地追随孙中山先生。1925年赴渝创办《重庆时报》，从事北伐宣传。后历任湖北省政府水利局长、湖北省财政厅长、国民参政会参政员、辛亥首义同志会常务理事等职。王治平对这位声望很高的岳父尤为敬重，有事常向他请教，翁婿之间有着许多共同语言。此时的喻育之正在参与由地下党领导的"武汉市民临时救济委员会"，为迎接武汉解放做准备工作。翁婿俩走上一条同心之路，绝非偶然。喻育之先生后来历任民革中央监察委员会委员、民革湖北省委委员等职，也是一位德高望重的民革前辈。

王治平反正后，曾通过陈尚藩向地下党提出：由他率领他任大队长时的闸北自卫大队投奔解放军。地下党分析后认为，他留任区长可发挥更大的作用。陈尚藩根据党组织的指示，向王治平提出三点要求：一、坚决执行党布置的任务，为中共地下党在闸北地区活动提供方便条件，保证解放时闸北区公所文件、档案、财产、人员的完整，尽可能预防并消除抗拒因素；二、过去的所作所为不再追究，但个人不能再有损害人民利益的行为，在执行国民党政府的公务时，应尽可能减少对人民利益的损害；三、尽可能不在公开场合发表反共言论，无法避免的表态应以低调处理。王治平对中共党组织提出的要求一一照办。

1949年1月1日，新华社发表毛泽东的新年献词《将革命进行到底》。月底，国民党在长江以北地区的军队主力全部被歼。2月，在全国解放战争取得决定性胜利的形势下，中共上海市委根据中共中央上海局的指示，将全市党的组织形式，由原来的按系统实行垂直领导改为按地区实行分区领导的体制，并将党的中心工作转为迎接上海解放的斗争。

身在曹营心在汉的王治平，表面上一如既往为"党国"效忠，实际上却按中共地下党的指示，利用自己的特殊身份，冒死开展革命活动。

王治平开展的第一项工作，就是帮助地下党，把他任大队长的闸北自卫大队改造成人民保卫队。他想方设法把地下党成员安置在区公所系统，使他们凭合法身份开展工作，完成对闸北自卫大队上层的策反。王治平根据地下党的安排，在队员中不断安插地下党力量。其中承负的风险不言而喻。

有一次，地下党决定让地下党党员庄晴勋等几位同志打进自卫队当兵。名单送到王治平处，岂料就在他们报到的前一天下午，区公所民政股长郁剑超在王治平办公桌上偶然看到这份名单，第一个就是庄晴勋。他立即追问名单是哪里来的、干什么用的，并说他和庄晴勋在国民党青年军某部共过事，知道庄是共产党，正要抓他时逃跑了。

王治平镇静地推说名单是市民政局刚刚送达，要区里安排工作，并表示一定把这重要情况向市民政局反映，还装模作样地拨打电话。等郁剑超一走，王治平立即把这一情况向陈尚藩作了汇报，连夜通知庄晴勋等人立刻转移隐蔽，从而避免了一场有可能导致闸北区地下党组织遭破坏的危险。

王治平开展的第二项工作是协助地下党成立"闸北区工商联谊会"，对反动当局进行合法又巧妙的斗争。

闸北地区工厂林立，著名的有扬子木材厂、大隆机器厂、益丰搪瓷厂等大中小企业、商户数十家。为了抵制国民党的胁迫破坏和强行拆迁，维护自身利益，地下党通过王治平出面，于1949年4月公开成立"闸北区工商界联谊会"。地下党员吴强以联谊会干事的公开身份与厂商保持联系，相机进行宣传教育工作，并寄发《上海市人民团体联合会告各界人士书》等宣传党的城市政策的材料，帮助他们认清形势，安心生产和生活，以迎接闸北解放。

在那白色恐怖、腥风血雨的日子里，王治平随时有生命危险。闸北的"CC派"分子因不满他的各种进步言行，散布"王治平是国民党里的自由主义者"的流言，市民政局又以"挪用公款"罪名，突然宣布将其撤职查办。中共地下党立刻成功地展开了一场保"王"活动，使王治平很快复职。为了迷惑敌人，王治平在中共闸北、北站分区区委书记刘祖荣的同意下，赴溪口为蒋经国40岁祝寿，制造了与蒋恢复关系的假象。此外，地下党对闸北国民党党政军警骨干分子反复投寄警告信，同样也一再寄给王治平，让他有意无意示人，以掩护其真实身份。

1949年5月初,中共地下党告诉王治平,解放上海的战役即将打响,解放军急需上海市城区街道的详细布防图,要求收集情报。王治平利用职务之便,将所知道的工厂、商店、仓库、学校、医院,特别是国民党军警机关所在地门牌、名称、岗亭哨位和碉堡位置统统记下来,报给地下党。地下党根据各方收集、汇总、标识成图。一星期内,一张完整的布防图就送交到陈、粟大军那里,成为解放军进攻和接管上海的作战地图。

1949年5月26日晨,人民解放军由乌镇路桥、恒丰路桥两路攻入闸北。王治平又主动为解放军带路,向据守几个仓库的国民党驻军喊话,要他们放下武器投降。他的寓所乌镇路永德里一号紧贴四行仓库西墙。他不仅用电话向青年军203师通话劝降,又将解放军引到永德里13号门口向敌军喊话。喊话时,王治平险些被敌军射来的枪弹击中。

1985年5月7日,摄于安徽凤阳县,区政协祖国统一工作组写作组成员4人考察凤阳县农村土地承包制后的变化等。左起:吴光宗(区政协委员,民革党员)、竺秀勤(区政协委员,民革党员)、吴秉华(区委统战部干部,曾参加抗美援朝坦克兵部队)、王治平(区政协常委、副主席,民革区委主委)、李启光(区政协委员)

5月28日，闸北区解放。这来之不易的胜利，有着王治平不可抹去的历史功绩。

上海解放后，王治平先后担任原宋公园小学校长，在虹口十六中心小学任地理教员。1951年5月，因历史问题被捕，曾被判处死刑缓期执行，在监25年。平反后，于1980年12月被聘为上海市文史馆馆员，受上海市市长聘书。一年后从浦东迁回闸北区，先后担任闸北区政协委员、区政协副主席及上海市政协委员。1988年获落实政策，并于1990年起享受离休干部待遇。

主要参考文献：

1. 《回忆蒋经国》，王治平，《奉化文史资料·第六辑》，1990年5月。
2. 《红色的闸北》，中共闸北区委党史办，上海市新闻出版局内部资料。
3. 《蒋经国"得意门生"起义记》，沈飞德，《上海档案》2000年06期。

（作者李启新系民革党员，百联集团退休干部；徐菲系民革党员，上海市地方志办公室编辑）

光韧黎明

李济深（1885—1959），字任潮，广西梧州人，民革主要创始人、领导人之一。曾任国民党中央执行委员会委员、中央执行委员会常务委员会候补委员、国民政府委员、国民政府军事委员会委员、国民政府战地党政委员会副主任委员、国民政府军事委员会桂林办公厅主任、国民政府军事参议院院长，陆军一级上将军衔。新中国成立后，任中国国民党革命委员会主席，出席全国政协第一届全体会议。后历任中央人民政府副主席、全国人大常委会副委员长、全国政协副主席。

舅公李济深的"北归"之路

赵 明

1946年9月，舅公带全家来到上海。蒋介石便差人将舅公安置到一幢三层豪华官邸中。该官邸位于江苏路，是从日本人扶植的伪政府国家银行行长处查抄充公的，现由军委会用来接待高级官员。这是一幢带有一个300英尺长、100英尺宽的草坪和一个日式花园的楼房，很有气派。一辆豪华轿车专门配给舅公用，一辆吉普车供家人使用，厨子、佣人、侍从，一应俱全。由此显示蒋介石对舅公的尊重。

1947年1月，舅公送舅舅和Lydia去美国之后，感到住地处处受到蒋的限制，便提笔给蒋写信，想回乡扫墓。蒋则说"看在老朋友的份上"请舅公去南京吃饭。舅公携夫人接受了蒋的邀请，于2月回到南京。2月8日中午，舅公舅母同蒋介石夫妇共进午餐，戴季陶作陪。戴是孙中山的密友。午餐气氛和谐，大家一起畅叙往事。之后，两位旧日同志亲切地握手道别，此后便再也没有见面。

舅公参与新中国的筹建

1947年2月8日,舅公与蒋介石在南京共进一席友好的告别午宴后,便携全家登上了"S.S.Yung Shang"轮去了香港。那时在香港的民主党派领导人中,舅公是最有影响力的。

当时,中共中央正邀请各民主党派领导及民主人士去北平参加政治协商会议。1948年8月,民革的蔡廷锴、谭平山和民盟的沈钧儒、张伯钧,都离开香港前往共产党解放区,受到极大的欢迎。然而对舅公来说,考虑离开香港去北平并不是一件简单的事,有各个方面的考虑。

香港当局计划:留舅公在港

当时英国政府与蒋介石政府还有外交联系,英国和美国当局都不希望舅公去共产党解放区。舅公的行动受到香港当局的严密监视。政治部的首脑,同时也是香港特务机构头子的王翠微,被派遣日复一日地拜访舅公,表面上是为了表示尊重,事实上是监视舅公的行动。

国民党的计划:除掉舅公

国民党特务机构也对舅公保持严密监视。如果有机会的话,他们也准备诉诸暴力。如同舅舅以后所见,民革重要的领导人之一杨杰就在香港被暗杀。香港当局认为舅公是与国民党政府对抗的领导人,因此提供了保护。罗便臣道92号舅公寓所的大门口派遣了警察站岗,周围地区遍布便衣侦探。

宋子文的计划:说服老部下,重组政府

1947年10月初,广东省省长宋子文在香港拜访舅公。他告诉舅公,他担任广东省省长并不是蒋介石的主意,而是美国政府的授意。美国政府对蒋很不满意,想让宋子文、孙科、张群等取代蒋介石,领导政府与共产党进行和谈。

他希望舅公能够说服以前的部下陈诚、张发奎、余汉谋、薛岳、蔡廷锴、蒋光鼐、黄琪翔和桂系共同参与。舅公反对这个计划。他认为这将会延长冲突，造成更大的伤亡。没有理由相信，现在军事上占有压倒性优势的共产党会允许中国部分地区不置于控制之下。

舅公劝说宋子文接受他的请求，首先释放所有政治犯。宋子文答应将考虑此事，但他回到广东后，再没有下文。

美国的计划：取代蒋介石，保住华南

1948年秋天，美国政府感到蒋介石当局的失败已不可避免，于是就发出试探，试图利用舅公在国民党军政界的影响组织一个新政府。美国将支持舅公取代蒋介石，与共产党进行和谈，保住华南。他们派蔡增基对舅公讲述了美国的计划。舅公认为这个计划将造成中国的分裂并将卷入无休止的军事冲突。舅公既不想看到更多的伤亡、破坏和中国的分裂，也不想受美国政府的控制，于是拒绝了美国的建议。

1949年9月21日，中国人民政治协商会议第一届全体会议举行。图为中国国民党革命委员会代表合影，第一排左起：李锡九、何香凝（女）、李济深、柳亚子、王葆真

白崇禧计划：保住华南，平息纷争

1948 年岁末时分，当时负责华中军事行动的白崇禧想说服舅公参与他们与共产党进行的和谈。在此之前，白崇禧曾 3 次逼迫蒋介石下台。白崇禧当时控制着 40 多万人的军队，请黄绍竑带了大笔钱款和一封私人信件乘专机到香港联络舅公。但当黄绍竑到达香港时，舅公已经离开了。这个与美国相似的计划就落空了。

李宗仁计划：寻求帮助，保住华南

1949 年年初，李宗仁担任国民党政府"代总统"后，致电舅公、宋庆龄、民主同盟的领导人张澜、张东荪和其他一些人士。李宗仁想获得他们的支持。然而，这种希望，不久被证明只是一厢情愿的幻想。由于共产党的胜利几已成定局，民主党派已与共产党合作。李宗仁致电舅公时，舅公早已离开香港到达解放区。

共产党的计划：说服舅公去北平

因为舅公的地位特殊，如果舅公到北平，这将大大有助于树立共产党政府的形象。许多国民党政府高级官员可能会由于舅公的缘故而遗弃国民党政府。

周恩来通过何香凝给舅公发来消息，力促舅公为了人身安全尽快离开香港。他亲自为舅公离开香港制定了一个计划。他们租了一艘从香港直航大连港卸货的苏联货轮，船一抵达，为了安全考虑，舅公必须待在最好的宾馆里。他们将组织盛大的宴会，周恩来甚至亲自定好了菜谱。由于当时大连气候恶劣，如皮大衣、皮帽子、靴子等冬装都准备好了。为了不引起注意，将在年末假日期间登船。

由于已有两批民主党派名人离开香港奔赴共产党解放区，引起很大震动。舅公的行动更受到香港当局的严密监视，为了将注意力降至最低，舅公等人被安排在圣诞节后的一天半夜上船，由于这天是假期，旅行不太会引人注意。

舅公的计划：与共产党共同击败蒋介石

舅公对蒋介石十分了解，觉得只要蒋介石掌权，这个政府就没有希望。他试图用各种可能的方式与蒋介石斗争。由于舅公在福建组织一个新政府的努力失败了，他同意与共产党合作，只想斗垮蒋介石。

当时，多数人对国民政府的看法都是消极的，普遍看好共产党，这一点可以从许多备受尊敬的名人著作和论述中看到。如耶鲁大学校长惠特尼·克里斯沃德、韩素英、埃德加·斯诺、约瑟夫·史蒂威将军，备受敬重的记者怀特及其他一些人。

为了转移香港当局的注意力，舅公邀请香港特务机关首脑王翠微及妻子12月27日到其寓所吃饭。由于宴会订在12月27日，特务也松懈了。27日傍晚，王翠微携夫人带了一些罐头食品作为礼物来赴宴。舅公的3个密友舒宗鎏、叶少华、吕方子受邀出席宴会，表面上是陪同赴宴的客人。然而，舅公早已不在家，已于前一天晚上午夜时分登上苏联货轮。在舅公的寓所里，王翠微被告知舅公去看牙医了。到晚上6点钟，舅公还没有出现；晚上7点钟，舅公还是没有出现。叶少华和舒宗鎏说舅公可能还有别的事情做，他们最好还是开始就餐吧。到晚上8点钟，王翠微满腹疑惑地离开了。26日晚上，舅公秘密登上了货轮后马上躲进船长舱室里，潘汉年、钱彰风和夏衍则在宾馆里等候消息。27日，消息传来："船已启航，货在船长房间，英小姐没来送别。"

由于舅公从王翠微的手掌里溜了出来，据报道，王翠微后来因此被解职。

在舅公离开香港前，国民党特务机关想暗杀舅公，但由于找不到机会失败了。最后特务机关头目毛人凤找到一位适合的杀手张序（化名何友芳）。张序是民革成员，因此能够接近舅公。但是他们实施计划之前舅公已离开香港。

1949年，国民党特务机关又想派遣张序去北平实施暗杀计划。张序开价5万美元。毛人凤认为张序的要价太高，另外一旦张序到了北平，他就跑出毛人凤的手掌不再受控制。如果暗杀失败，将很难向蒋介石解释，所以，这个计划没被采用。

中共地下组织为舅公的亲密顾问和朋友朱蕴山、梅龚彬、李民钦陪同舅公上路,作了周密安排。在船上的还有彭泽民、柳亚子、茅盾和马寅初。他们都乔装成商人,或穿西服或着长袍,带着装有提货单的公事包,准备好了万一被海关盘问的回答。由于计划周密,一切顺利。12月27日晚,货轮安静地离开了香港。

经过十多天的航行,货轮抵达大连。途中几次遇上风浪,大多数人都晕船。船上环境非常简陋。然而,大家情绪都非常高昂,拿出各自准备好的食品或罐头一起分享,并包饺子邀请船长及船员参加新年聚会。元旦这一天,舅公和其他几人应邀讲述各自成长经历,他们中许多人都是众所周知的名人。

货轮于1949年1月7日抵达大连。中共派遣李富春按照周恩来的计划,带着冬装在大连迎接。舅公及其随行人员被安排住进了最好的宾馆,洗了一个久违的热水澡。欢迎宴会如期举行。10日,舅公及其随行人员到达沈阳,董必武、

全国人民代表大会常务委员会副委员长、中国国民党革命委员会主席李济深,于1959年4月22日在第二届全国人民大表大会第一次会议的大会上发言

彭真、叶剑英、林彪等许多共产党高级领导都去车站迎接。2月25日，舅公到达北平。后参加新政协会议，并当选为中央人民政府副主席，经历了出席开国大典等一系列大事。

正当舅公在北平参加筹组政治协商会议时，在香港的李夫人和家中其他成员已悄悄登上一艘挪威货轮，穿过被封锁的台湾海峡，安全到达天津港。舅公兴奋地赶去天津迎接伴随他走过43年风风雨雨的伴侣。他虽是久经考验的老战士，夫妻相见，还是忍不住泪如雨下。

（作者系李济深舅侄孙，民革党员，上海山井国际贸易有限公司总经理）

王葆真（1880—1977），河北深泽人，民革党员。曾任民革上海临分会主委，民革中央常委；新中国成立后，历任全国政协委员、常委，全国人大代表，河北省政协副主席，华北行政委员会委员等职。

孟士衡（1906—1949），号士衡，吉林珲春人，民革党员。曾任民革南京分会主委，苏浙监察行署监察专员。

"京沪暴动案"亲历记

梁佐华　刘海亭　许卜五

1949年3月3日，上海国民党《中央日报》《申报》《新闻报》都在本报头条位置刊载了《"京沪阴谋暴动案"主犯王葆真在沪就逮》的消息，因同案先后被捕者，在沪宁即达30余人，其中，孟士衡、吴士文、肖俭魁3人，于同年5月9日，就义于上海闸北公园。吴、肖两位是中共地下党员，参加地下民革工作。这一案件，曾轰动一时。这是中共领导下，当时沪宁地下民革组织为迎接解放军渡江策动的一次起义。我们3人是该案的直接参加者（刘、许两人被敌人逮捕，梁赴港向民革中央汇报案情）。虽然时隔30余年，但回忆起来，仍历历在目。现就我们亲身经历并参考当时有关档案，作如下叙述。

从沪宁地下民革组织说起

1948年元旦，中国国民党革命委员会在香港成立后，民革中央常委兼军事特派员王葆真奉派来沪，建立组织，开始工作。经过一段时间的筹备，同年6月，民革上海临时工作委员会（简称临工会）在沪正式成立。王葆真任主任委员兼管南京民革工作。委员有吴荣、许卜五、梁佐华、任廉儒、李国珍、林漆非、

申报新闻

刘云昭等16人。其中，梁、任两人为中共地下党员，参加民革工作。下设秘书、组织、宣传、联络等工作组，其中，梁佐华、许卜五负责组织工作。另设民革南京分会，以孟士衡为主任委员，胡勤业为副主任委员，孟士衡经常来上海联系工作，接受王葆真的领导。南京方面的负责同志还有夏奉瑛、刘海亭、马广运、吴士文、肖俭魁等。

当时，王葆真先后住在上海八仙桥龙门路永川医院和湖南路261号，就以他的寓所作为主要联络处，如有重大事情，在此商议。此外，也利用成员的工作单位和住家开展活动。如，国民党上海特别市财政局（吴荣任该局田赋科科长）、川盐银行华山路办事处（任廉儒任该处主任）及梁佐华的家里，先后作为对内联络处。临工会委员和各组负责人都是义务职，有的脱产工作。一切地下工作的活动经费，也都由各人自己负担。

临工会成立后，积极开展社会联系、组织发展、搜集情报、对外宣传等工作，其中，以策反起义工作为重点。当时，上海处于白色恐怖之下，工作的危险性很大，所以除了必要的集会以外，成员之间都采取"单线联系"方式。临工会成立之初，首先翻印《中国人民解放军宣言》《民革中央一九四八年元旦成立宣言》及李济深主席《告革命同志、战士书》，分别交各成员秘密散发或投邮寄发。

"京沪暴动案"的策划和被敌人破坏

1949年3月报上刊登的"京沪暴动案"，实际上是迎接人民解放军渡江的起义计划，是在中共领导下（有4名地下党员参加地下民革）和沪宁地下民革组织领导人王葆真的策划下进行的。其布置计划如下：

南京方面：以刘海亭、马广运为主要力量。刘、马两人均为地下民革成员，刘是南京国民党"首都卫戍司令部"北区指挥官兼"首都警察厅"北区警察局局长，指挥军警8个团。马是国民党"首都警察厅"中区警察局局长，该局处南京中心，位置重要。刘、马两人是国民党中央警官学校同学，私交至深，所以南京地下民革组织派他们两人负责这项工作，准备在南京发动公开暴动，借以破坏敌人的心脏，扰乱和动摇敌人的军心；同时，准备运用各人所联系的国民党军警部队，迎接人民解放军渡江。为了达到这一目的，民革南京分会于1949年2月5日在吴士文家中召开紧急会议，人民解放军江淮军区所派代表王虎臣也参加了会议。会上拟定了6项计划：

（1）控制南京明故宫飞机场，由吴士文和王鼎臣负责。吴士文系中共地下党员，兼任民革南京分会宣传委员。凡是该会在南京所张贴的布告和散发的传单，都出自他的手笔。（2）策动驻在南京的国民党军警起义，分别切断交通干线。（3）扣留国民党政府重要头目，确定由刘海亭和马广运二人负责。当时，国民党重要部院都设在北区。国民党重要头目李宗仁、何应钦、张群、谷正纲等人的住宅也在该区。所有这些住宅的警卫人员，统由刘海亭派遣指挥。计划要求

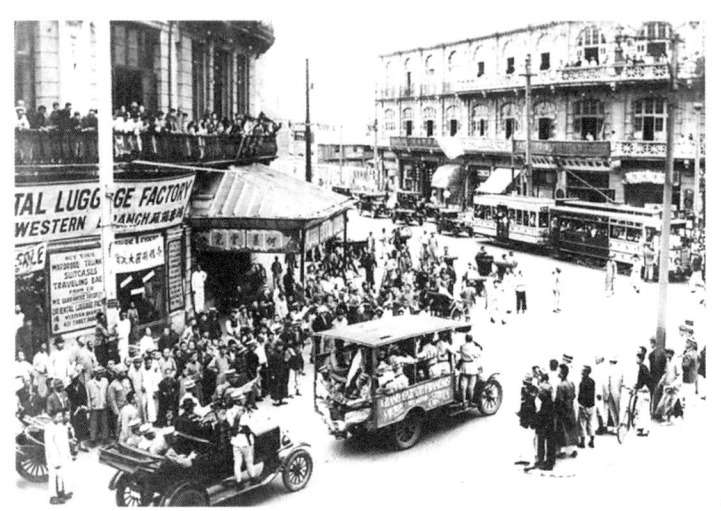

解放前的上海街头

控制这批国民党要人的住宅，发动起义时，扣留这批要人并移送给人民解放军。（4）和（5）为：如果南京出现真空时期，则准备在中共地下组织领导之下，协助成立人民解放委员会，暂时维持社会秩序，保护人民财产，免遭破坏。（6）接应人民解放军渡江。民革南京分会曾派中共地下党员吴士文前往江北，谒见人民解放军指挥员，洽商渡江计划（此6项计划，1949年5月10日在上海《申报》的《孟士衡等昨执行枪决》新闻中曾有所披露）。

上海方面：亦积极准备，配合行动。（1）民革上海地下临工会决定成立两个策反起义行动组，以王之师担任第一行动组组长，冯永发担任第二行动组组长。王、冯都是地下民革成员，他们是国民党军校同学，密切配合，进行工作。王之师原是南京政府国防部人事科长，调到上海后，担任淞沪警备司令部作战科科长，后升任作战处处长，他将国民党《保卫大上海作战计划》和兵力布置情况，通过王葆真转交中共上海地下组织。解放前夕，汤恩伯、陈大庆给王之师下了3道"手令"，命令王之师炸毁苏州河桥梁和黄浦江码头。王和冯永发秘商，藉词调开驻守在白渡桥附近准备炸桥的工兵营，千方百计拒绝执行伪令，保存了国家财产。解放后，王之师把汤恩伯的这3张"手令"，交给了人民解放军第三十一军政治部吴东昭部长。（2）民革上海地下临工会委员李国珍及其兄弟李泽龙，以国民党军校同学关系，策动长江口崇明和吴淞附近驻军，待时起义，迎接人民解放军。李泽龙奉命率领部队到了台湾，曾担任"台湾省防卫司令部"两个要职，派回大陆后，最终率部在四川起义。（3）策动刘昌义起义。刘和地下民革的联系，始于1948年10月。彼时，王葆真住在上海八仙桥龙门路永川医院，乔装病人，利用医院为秘密联络处。该院院长王振川和王葆真是老朋友，关系很好，同情、支持革命，掩护王葆真，把他作为"病人"收容下来并妥为照顾。刘昌义是由老朋友刘云昭（汉川）引荐给王葆真的，当时刘云昭是国民党立法委员、地下民革上海临工会委员，他和王葆真、刘昌义都是多年深交。他们3人在永川医院秘密恳谈。王葆真帮助刘昌义了解中国共产党的统战政策，向他解释中共对国民党人区别对待、立功受奖的情况；宣传民革的性质、任务和当前形势以及国民党必败、共产党必胜的道理，解除了刘昌义的思想顾虑。据上海民革老档案记载，刘昌义遂于1948年11月16日参加了上海民革临工会。刘昌义参加民革后，积极准备起义，迎接人民解放军渡江。刘昌义此时为国民党第一绥靖区副总司令（1945年曾任国民党第十九集团军副总司令，兼北兵团司令和第五十一军军长），先后驻防上海郊围地区常州、崇明，往来于上海。上海解放前夕，汤恩伯、陈大庆逃走前，为找替身，让刘昌义当上了上海警备副司令，旋升为司令。上海解放战争时，刘昌义率部在苏州河北岸起义（其间，因王葆真被捕，关系中断，故推迟起义时间）。当年指挥上海战役的人民解放军聂凤智军长在一篇文章中，对刘昌义起义有一段记载，并说"为人民做过好事，人民不会忘记"。①

上海方面，还有地下"民联"（即三民主义同志联合会）开展的革命活动。1948年9月，由民联成员田竺僧（公开身份为南京中央商场总经理）介绍，刘海

---

① 见上海市政协文史资料《上海解放三十周年专辑》下册。1984年第10期《上海支部生活》上亦有一篇文章《发生在解放大上海中的故事》，也讲到陈毅司令员"接受刘昌义就地起义"

亭、崔恒敏、马广运等均在南京参加了地下民联。他们三人，都是国民党中央警官学校同学。为配合上海方面的工作，南京地下党人田绥祥（**公开身份是国民党"国大代表"**）指派崔恒敏利用社会关系，打入上海市警察局，担任驻卫总队副总队长、代总队长，其手下有八千多人，分布于全市各机关、各工厂等单位。在上海，崔恒敏在中共地下党人任百尊、田云樵领导下工作。当时民联领导人陈铭枢、郭春涛住在上海。中共地下党领导人是吴克坚。1949年2月下旬，刘海亭奉陈铭枢、郭春涛召见，来到上海汇报请示工作。刘和崔恒敏一见面，就热烈拥抱，互相约定，等南京的枪声一响，上海就发动起义。后因王葆真、孟士衡、刘海亭、马广运等被捕，崔恒敏乃于上海解放时，在任百尊、田云樵领导下，率领员警起义；后受军管会委任，继续担任副总队长职务。

"京沪暴动案"是如何被敌人破坏的？

南京的6项计划拟定后，正积极准备，待机行动，并由中共地下党员吴士文（**参加民革工作**）过长江和人民解放军江淮军区联系，又和江淮军区第一军分区派来南京工作的曾善述取得联系。就在这个时候，南京地下民革组织被敌人破坏。其经过是这样的：吴士文家住在南京光华门大光新村，这是南京民革分会的联络处，孟士衡等人常在这里聚会。同院住有一个国民党特务秦范五，他在"首都卫戍司令部"稽查处工作，见到邻居吴士文家里往来的人，产生怀疑，就监视他们的行动，并向敌卫戍总司令部告密。孟士衡由南京到上海，准备向王葆真汇报行动计划时，"首都卫戍司令部"又派上校随员马志清跟踪前来。由于这个线索，民革沪宁两地的主要负责人和有关人员纷纷被捕。在上海方面被捕的有王葆真、孟士衡、许卜五、吴荣、张克强、许志远、王履和、林涤非及樊崧甫、沈士荣等十余人（**上海地下民革临工会16名委员中，被捕者8人**）。在南京方面被捕的有刘海亭、夏奉琪（女）、马广运、吴士文、肖俭魁、马骏铭、王鼎臣、周臣千及北区、中区两警察局警官十余人。肖俭魁系中共地下党员，他所在的国民党宪兵团通讯连下级军官和士兵十余人也被株连扣押。孟士衡之妻秦秀卿，亦被软禁失去自由。

民革南京分会副主任委员胡勤业，因逮捕时不在场，免遭于难。上海临工会委员梁佐华和任廉儒因国民党特务追查迫害，潜往香港，向民革中央汇报王葆真等人被捕情况，从事营救工作，由民革中央主任秘书吕集义接待，并与中共华南局接上关系，继续进行策动国民党第七十二军军长郭汝瑰的起义工作。中共华南局潘汉年派张建良同他们接头。新中国成立前夕，郭汝瑰起义。

王葆真等人在狱中的情况

抗日战争胜利后，王葆真由重庆到了上海，与"周公馆"取得联系，接受周恩来的指示；周指定杨琼与李济深、王葆真负责联系军事工作。1948 年 1 月 1 日，中国国民党革命委员会在港成立后，王葆真任民革中央常务委员兼军事特派员；并被派从香港来到上海，展开民革地下工作。

王葆真是 1949 年 2 月 24 日深夜在上海山海关路安顺里徐锡驹家里被捕的，先后被捕的还有徐锡驹等人。他们起初都被关押于威海卫路国民党上海警备司令部第一大队部牢房。后来，王葆真被移解到提篮桥监狱警察医院五楼，其他几个则分别转押于国民党上海市警察局黄浦区警察分局。

在狱中，同志们虽经国民党特务威胁利诱，无所不用其极，但都忠贞不屈，而尤以王葆真表现更为突出。当时，王已近 70 岁高龄，在警备司令部第一大队部时，经过两次刑讯，被打得遍体鳞伤，但对京沪暴动案承担了一切责任，并斩钉截铁地说："关于军事问题，只有我一个人知道，与别人无关。"国民党特务见到用硬的一手得不到口供，便施展软的一计。3 月 3 日下午，特务伪装为李宗仁的代表，前来探监慰问，并对王葆真说："我姓杨，天津人，从前在延安抗日大学读过书，目前在法院做法官。这次是李代总统派我来的。国共两党正在和谈，政府准备释放一批政治犯，请你开列与中共有关系的人员名单，以便一一释放。"这个特务同王葆真纠缠了三个半小时，但是王葆真知道这是敌人的阴谋诡计，绝口不吐一字，弄得这个特务无计可施。

王葆真在狱中，受尽苦难，伤势严重，饮食不进，生命垂危，但仍坚持斗争，痛斥国民党反动派背叛孙中山先生的三大政策，发动内战，祸国殃民。在狱95天，他写诗百余首。他说："在沪入狱，观察敌特，必置我于死地而后快，乃留诗几篇，说明我们革命的意义，便好与世长别。"他富有革命乐观主义精神，不怕牺牲，视死如归。其诗云："临难毋苟免，舍身贵取义""闻道夕可死""横刀何足惧""况我年七旬，古稀堪傲世""人视囚狱辱，我视光荣极"。再如《残年》诗："恐负残年未敢衰，牺牲当愿站前排，深惭七十无功穗，空向人间一度来。"王葆真在狱中，常以文天祥的《正气歌》自励，并在诗中说："正气歌留文信国，霸才囚系管夷吾。死生荣辱浑无事，立地参天大丈夫。""精神早破死生关""下狱何须问死生""愿为人民受苦难，愿为众生入地狱，愿为无名英雄冢上树，护风护雨护忠骨。"浩然之气，溢于言表。

在南京的监狱里，同志们也在对敌人展开斗争。国民党特务对刘海亭、马广运等人施以电刑、老虎凳等酷刑，但他们不为所屈，始终不吐口供。刘海亭还提出抗议说："我是警察局局长，你们为什么要乱抓人？"敌人为千方百计地找寻人证，将孟士衡一度押至南京，与刘海亭、马广运对质。敌人问孟士衡："他们是谁，叫什么名字？"孟士衡神色不变，从容答道："我不认识他们，不知他们叫什么名字。"敌人又问："你们是什么关系？"孟士衡说："根本不认识，毫无关系。"由于查不出证据，刘海亭和马广运两人幸免于难。

多方营救和三志士的牺牲

王葆真以京沪暴动案被投入监狱后，获得各方营救。周恩来同志和民革中央主席李济深分别致电南京国民党政府提出抗议，要求立即释放王葆真。李济深主席还亲笔写信给南京李宗仁的代表黄启汉，请其转告李代总统，恢复王葆真的自由。王葆真是国民党元老之一，在南京的国民党元老也为他讲话，他的一些至亲好友也参加了营救工作。王葆真有个女儿，名叫王振琳，当时在南京金陵大学任助教，惊闻父亲系狱，就从南京赶至上海探监，得不到狱卒的许可，当场昏厥于门外，经路人抢救，始获苏醒。3月9日，王振琳上书李宗仁，要求代父入狱。该信在上海《大公报》刊出后，获得了各界人士的深切同情，国内各报竞相转载。王葆真在敌警备司令部第一大队时，被关押于一号牢房。3月12日，隔壁三号牢房里的一位难友从墙缝中塞进了《大公报》的一角。王葆真得知女儿要求代父入狱的消息以后，老泪纵横地说："余自入狱，未尝动心，闻振琳营救，忽然悲泣。"并写下了一首诗："木兰从军代父征，缇萦上书代父死。尔今书请代入狱，父闻心悦转悲泣。我视死生无重轻，被拘入狱不惊异。胡为闻报独伤情，儿女岂短英雄气？"

由于各方的营救和舆论的压力，而且当时正值和平谈判之际，国民党反动政府不得不做出一些和平姿态。李宗仁和何应钦电令上海将王葆真等人解送南京。但在沪的军统特务拒不执行，而对外则伪称已经解往南京，并在《商报》上发表假造的消息，说"阴谋暴动颠覆政府巨案，主犯王葆真、吴荣、许卜五、林涤非、万行浩等自淞沪警备司令部在沪拘捕后，业经侦查终结，并呈奉国防部批示，于本月（4月）2日正式由沪转解赴京与首都卫戍司令部破获部分并案办理"云云。1949年5月9日，淞沪警备司令部经汤恩伯批准，将孟士衡、吴士文、肖俭魁三人判处死刑，立即执行。下午3时临刑前，他们沿途高呼口号"共产党万岁！打倒蒋介石！"孟士衡从容执笔，写下了最后的遗嘱："秦秀卿贤妻鉴：我为革命而成仁，死无遗憾。结婚七载，诸多负汝，尚请鉴谅。汝可改嫁，善自珍重。"写完掷笔，英勇就义。孟是民革南京分会主任委员，肖、吴两人是与地下民革联系工作的共产党员，他们的血流在一起。据上海《新闻报》1949年5月10日载称，"孟士衡、吴士文各中三枪毙命，肖俭魁中四枪气绝"。可见死事之烈。烈士英名，永垂不朽！

王葆真亦于同日被判死刑，由于各方营救，暂缓执行，得以幸存。5月27日上海解放，由民革沪宁区临时工作委员会负责人陈铭枢迎接他出狱。6月17日，李济深主席电邀王葆真去北平。18日夜，他与民盟主席张澜、民盟中央委员罗隆基等同车北上，参加中国人民政治协商会议第一次代表大会。中央人民政府成立后，王葆真任政法委员会委员，第一届全国人大代表，第二届全国政协常委，河北省政协副主席，民革中央委员。1977年12月22日在北京病逝，终年98岁。1978年1月8日，在北京为他举行了隆重的追悼会。全国政协副主席沈雁冰主持，全国政协常委、民革中央副主席陈此生致悼词，国务院副总理王震参加追悼会，邓颖超、乌兰夫等同志敬献了花圈。王葆真的骨灰安放于八宝山革命公墓。

（本文原载于《上海文史资料选辑·上海民革专辑》，略有删改）

刘昌义（1905—1994），号彦峰，河北任丘人，民革党员。曾任国民党第五十一军军长，上海市救济委员会顾问等。新中国成立后，历任上海市人大代表、上海市政协委员、全国政协委员、民革中央委员、民革中央监察委员、民革上海市委会顾问等。

刘昌义率部起义经过

刘定远　万乐刚

淮海战役后，蒋介石把防守重心放在上海，任命亲信汤恩伯为淞沪杭警备司令。

蒋介石为什么要全力守卫上海呢？因为当时国民政府主要的黄金、白银储存都在上海。另外，上海还有大量美援的武器、弹药、设备等重要物资，不是一两天能够运完的。对于已经下定决心退守台湾的国民政府来说，财政支持、武器弹药的补充都是日后防守台湾必不可缺的。因此上海一定得守，而且要守一段时间，以便争取时间把这些重要战略物资抢运到台湾。

汤恩伯秉承蒋介石旨意，集结 8 个军守卫上海及周边郊区。其兵力部署有：以 6 个军的 20 个师，配备坦克、装甲车，共约百辆防守黄浦江以西地区；以两个军的 5 个师防守黄浦江以东地区；另有海军第一舰队的 30 余艘舰艇，空军 4 个大队的 130 余架飞机和国防部直辖炮兵有炮九团、十团、十四团、五十一团、五十二团等 5 个炮兵团配备榴弹炮、野炮、战防炮等，以及吴淞口要塞炮台为守军提供全方位的火力支援，另外，还有 2 个工兵团、战车一团、战车二团以及装甲炮兵团助战，总兵力 20 万左右。国军依据市郊周边地形地物构筑了约 4000 座钢筋水泥工事，采取海陆空立体联合作战，准备长时间守卫上海。蒋介石曾示意汤恩伯，坚持6个月，以等待第三次世界大战爆发。

蒋介石把嫡系部队中战斗力最强的3个军中的2个军，即第五十二军、第五十四军都调到了上海。第五十二军是完整地从东北撤到关内的国民党军队唯一一支主力部队，官兵实战经验丰富，被称为"常胜军"。

为了确保国民党军队撤退和抢运战略物资的后方通道——吴淞口的畅通，汤恩伯把头号主力第五十二军置于吴淞口前方，即月浦、杨行、刘行一带防守，保障吴淞口的安全。

为了守住月浦、杨行、刘行主阵地，第五十二军军长刘玉章下达了与阵地共存亡的死命令，把碉堡开口开在碉堡顶部，用锁锁上，不允许官兵以任何理由后退。

为了震慑官兵，刘玉章在战役进行的十几天里先后枪决了13名少校以下向后退却或丢失阵地的军官。守军在军长刘玉章督战之下，不敢后退，只能死守。

1949年5月上旬，人民解放军第三野战军奉命进攻上海，12日，叶飞的第十兵团命令第二十八、二十九两个军进攻吴淞口，切断国军后路通道。

为了完成两天内占领吴淞口的命令，第二十八、二十九两军拼死猛攻月浦、杨行、刘行，官兵们不管对方炮火有多么猛烈，不管前方是刀山还是火海，不顾伤亡有多巨大，前赴后继，反复冲锋。面对潮涌般的解放军，守军从碉堡里发射出纵横交错的轻重机枪火力，而后方支援的榴弹炮、山炮连续发射，覆盖了进攻阵地，空军飞机炮火从天而降罩住地面，海军舰艇大口径的舰炮密集地倾泻在冲锋的地域，吴淞要塞的巨无霸要塞炮疯狂地吐着火焰，封锁住了前进的每一条道路，每一块土地，解放军官兵们在立体火力网里一批又一批倒了下去，鲜血染红了阵地。战斗十分惨烈，解放军奋勇进攻，守军死守不退，解放军每占领一个阵地，守军在炮火和坦克掩护下立刻发动反攻，夺回阵地，双方拼死搏斗，形成拉锯作战。

这次战役和解放战争以往战役完全不同，关键的是守军依托上海这座大城市，有着极其充裕的后勤供应，上海市内子弹、炮弹储备充足，物资补给不愁，前方守军枪炮武器发射起来毫不犹豫，这和过去国民党军队野战携行弹药不足，一旦被解放军包围就弹尽粮绝的情况完全不一样。解放军官兵面临全新的难题，在海陆空立体火海硝烟笼罩下伤亡惨重。

　　进攻难度之大、牺牲之众远远超出解放战争前、中期。就拿进攻月浦的部队来说，为了拿下第五十二军第二师两个团守备的月浦，二十九军调动了4个团进攻，鏖战三天，死伤之大令人无法置信。根据二十九军八十七师主攻团二六〇团政委肖卡回忆：主攻月浦的二十九军二六〇团战前有2800多人，进入月浦后只剩62人，几乎全团覆没。二六一团、二五三团、二五九团也都受到了重创，伤亡过半，二五九团团长胡文杰牺牲。据统计，第二十八、二十九两个军仅在12—14日3天之内伤亡就达到近9000人，数字惊人。尽管第二十八军、第二十九军付出了极大的牺牲，但是敌军依托密集的钢筋水泥地堡和工事，以及强大的立体火网牢牢地守住月浦、杨行一线。解放军难以向前一步。

　　汤恩伯大肆吹嘘"月浦大捷"，犒赏三军，组织人马在市区游行聚会，召开庆功会。

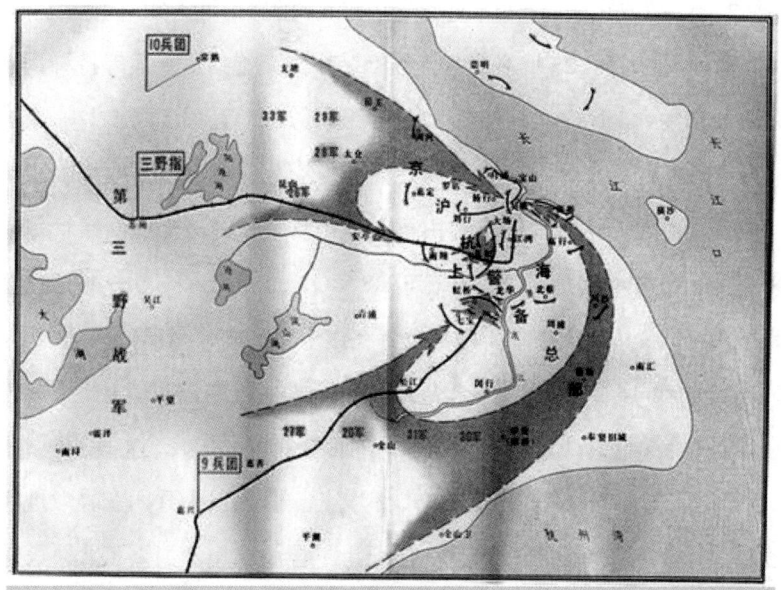

上海战役示意图

为了策应宝山一线进攻没有进展的第十兵团，宋时轮的第九兵团向浦东进攻，但是也遇到强大阻力，进展很慢，陷入江南水乡的苦斗之中，成批成批的官兵先后倒在血泊中。

解放军原先所希望的起义哪里去了？没有国军官兵内部起义策应，完全靠硬攻和强攻上海这座现代化的城市，那得付出多大的牺牲？还得需要多久的时间？实际上，上海地下党策动的国民党军队"国防部联勤总部"中将张权以及李锡佑等人的起义已经流产，两人都已被捕并被处决。内部起义必须重新寻找线索，物色新的对象，一时也难以找到。

趁着浦江两岸，即吴淞和川沙一带激战，西、南面空虚之际，5月23日南线解放军主力第二十七军和二十军一部从莘庄、虹桥一带插入市区，但是眼看胜利在望的解放军，希望接收完整而没有受到破坏的城市，还要保护城里的老百姓，给部队下达市区的作战命令是："只准使用轻武器，不准使用火炮和炸药。"既然不能使用重炮和炸药，进攻市区的部队在巷战中将会遭到更大的伤亡，国民政府将领的起义显得非常急迫。

5月23日，解放军插入市区，进行市区作战，汤恩伯等人知道上海无法再守，决定总撤退。汤恩伯于25日凌晨首先通知装甲兵、炮兵、工兵等特种兵先行撤退，然后通知主力部队第五十二军、五十四军、七十五军、九十九师等部先后到吴淞口登舰撤退。在撤退之前，汤恩伯准备物色一个人接替他继续顽抗，以掩护他们登舰撤退，这时他们决定由第五十一军军长刘昌义出面接管残局，而刘昌义则是一名民革党员，刘昌义在1948年11月就加入民革，而且一直在寻找率部起义的机会，历史注定了刘昌义要在这个特定的时刻发挥关键作用。

5月12日至16日，解放军第十兵团在吴淞地区的进攻受挫，陷入僵持，第三野战军命令第九兵团迅速进攻浦东，配合吴淞地区作战，实现真正的钳击。而在5月16日之前，所谓的钳击根本没有实行，都是第十兵团在吴淞地区实行单向进攻。5月16日晚，第三野战军第三十军在浦东川沙消灭东北军王秉钺的五十一军，五十一军残部约两个团，逃到浦西，刘昌义继任军长。23日汤恩伯准备撤往海上军舰前夕，任命第五十一军军长刘昌义升任淞沪警备副司令兼北兵团司令，全权指挥五十一军、二十一军、一二三军等残余部队。

刘昌义，1905年生，河北任丘人，17岁时从军。早年在西北军洛阳军官学校受训，追随冯玉祥将军。1926年参加国民党，曾经创办《民光报》，跟随冯玉祥反蒋。

1933年日军进犯察哈尔，经共产党员吉鸿昌将军的联络帮助，冯玉祥在华北一带组建民众抗日同盟军，刘昌义担任第三师师长，在河北武安一带组织抗日武装抗击日军。以后改编为国民革命军第一战区豫北抗日游击队。1940年，刘昌义部在河南北部被日军包围，为保存实力假意接受汪伪政府整编条件，曾由汉奸刘郁芬牵线面见过汪精卫。当汪派伪军及日军前去河南温县点验接受"改编"时，刘昌义突然率部反戈，歼灭日伪军600余人，缴获众多重武器，并将俘获的敌伪头目押送重庆处理。为此受到国民党当局重视，部队改编为暂编第十五军，刘昌义升任中将军长。

早在抗战初期，刘昌义受共产党统战政策影响，对共产党提出的"停止内战，一致抗日"方针有一定认识。面对日军则疾恶如仇，在抗战中立场泾渭分明。

1945年7月间，蒋介石撤销了刘昌义的军长职务，改任国民党军队第十九集团军副司令。1946年又给刘昌义增加了一个第一绥靖区副司令的空头衔。头衔不算小，实际上是解除了他的兵权。

就从这时开始，刘昌义常与抗战初期的挚友，曾任国民党立法委员的民主人士（*后来是民革党员*）刘云昭交往。

1948年1月1日，中国国民党革命委员会在香港成立。同年5月，以李济深主席为首的民革中央接受了中共中央发表的"五一口号"，成为了中国共产党领导的革命阶级和革命派别的人民民主统一战线的一员。同年6月，李济深派民革中央常委、军事特派员王葆真到上海建立组织，开展工作。王葆真携带与民革中央联系的密电来沪，民革上海临时工作委员会成立。为了策应人民解放军进攻上海，新成立的民革对上海地区武装起义工作非常重视，特派王葆真担任上海民革负责人。同年 10 月，刘昌义经民革地下党员刘云昭介绍，与王葆真秘密会晤。

王葆真是河北深泽人，曾留学日本，早年加入同盟会，辛亥革命后任第一届国会议员、立法委员。抗战时期对促进国共第二次合作有过积极贡献，因反对蒋介石独裁统治，从而追随李济深建立民革。1948 年 6 月，王葆真受民革中央委派任军事特派员来上海建立据点，以养病为名，住进了上海八仙桥龙门路 51 号挚友王振川私人开设的永川医院内，并成立民革上海临时工作委员会，秘密联络对蒋介石不满的国民党上层人员和民主人士，发展民革地下组织。委员有刘云昭、梁佐华（*共产党员*）等人。

王葆真在听取刘云昭的介绍后，认为刘昌义受蒋介石排挤，与汤恩伯也不合，有爱国思想，基础较好，有意发展刘昌义参加民革。王、刘两人会晤后，双方交谈甚为融洽，刘愿意参加民革，为解放事业贡献一份力量。

1948 年 11 月 16 日，刘昌义在永川医院王葆真的病房内正式参加民革地下组织，履行了入党手续，宣读了誓言。当时在场的有介绍人刘云昭、组织工作负责人梁佐华，再无别人。因刘昌义是国民党军队高级将领，为了安全必须严格保密。民革上海临时工作委员会决定由王葆真、刘云昭两人直接联系，暂不编入支部小组，以利刘昌义独立活动。除了直接联络人以外，再无任何其他人知道刘昌义参加地下民革的事，因此并未引起军统的注意。

刘昌义参加民革后，方向明确，信心满满，王葆真给他的指令是："相机起义，迎接解放，为新中国效力"，要他努力争取兵权，扩充实力，为起义作准备。此后他与刘云昭有过几次接触，表示只要等人民解放军接近时，即可起事。

刘昌义一直寻找机会，率部起义。上海战役开始后，以养病为名闲居在新亚饭店的刘昌义，只有一个第一绥靖区副司令的虚衔，没有实际兵权，但是他知道机会来了，准备按原定计划"相机起义"。因此他经常去看望住在蒲石路（*今长乐路*）的汤恩伯，有时也到石觉、陈大庆家里去打打"牌九"，套套近乎，设法控制掌握部队，抓住兵权。一天汤恩伯对刘昌义说："你很能打仗，要多帮助石觉好好打。"有一次在石觉家里碰到蒋纬国，蒋对刘昌义说："我还在当连长时就已经认识你了，你是西北军中有名的将领，抗日战争中有功，现在我父亲有困难，你要为保卫上海多出些力。"面对他们焦急的神态，刘昌义轻描淡写地表示自己现在手中没有兵权，无法施展，要有实际指挥权才能为党国效忠。

5月16日，国民党军队驻浦东白龙港的第五十一军遭人民解放军第三十军突袭，军长王秉钺被俘，部队大部被消灭，残部退到浦西。刘昌义认为这是一个抓兵权的绝好机会，于是赶到蒲石路汤恩伯家里，表示第五十一军群龙无首，急需有人去招呼，以收拾残局，主动要求接掌第五十一军。汤恩伯只好同意由刘昌义兼任第五十一军军长。5月22日刘昌义收拢从白龙港撤回市区的第五十一军残部，实际上只有相当于两个团加一个营的兵力，重新成立第五十一军，自任军长，布防在苏州河北岸造币厂桥以西一带，军部则设在宝山路336号（新中国成立后由闸北区少年宫使用，今拆除翻建），刘昌义就将军部作为起义据点，伺机行动。

5月23日下午，淞沪警备司令部通知刘昌义到司令陈大庆家里参加紧急会议。参加会议的还有京沪杭警备总司令部副参谋长周志强以及上海市市长陈良等人。会上陈大庆宣布任命刘昌义为淞沪警备司令部副司令，还说这"副司令"不是一个空头衔，还要刘昌义兼任"北兵团司令"，再兼任第五十一军军长。接着，陈大庆又宣布："根据汤总司令指示，第五十一军、二十一军、一二三军等部组成北兵团，在苏州河以北组织防御，你就任这个北兵团司令，明天晚上，苏州河以南的几个军也要撤到河北，到时候上海的防御就要靠你了。"

这一计划实施后，第五十四军、五十二军、七十五军、十二军将调往台湾和舟山，在上海将留下上海北兵团辖五十一军、二十一军、一二三军，驻造币厂桥以东的国民党第三十七军辖属的二〇二师、二〇四师、二〇六师、二〇九师以及交警部队，显然三十七军也是要撤到舟山的。刘昌义早就知道青年军的眷属被送到舟山的定海了，而且青年军三十七军扼守黄浦江水道以西靠海近的杨树浦地区，只要有船，一个时辰就能上船舰撤退。他的目标是让青年军先与北兵团掩护撤退，然后让青年军先撤，刘昌义认为住在警备司令部恐遭到牵制，行动不便也不安全。还是住在宝山路第五十一军军部较为放心，也便于活动。

24日，《大公报》刊登报道《五十一军军长刘昌义兼任淞沪警备副司令，并兼任某地区守备指挥官》。刘昌义决定借此有利条件从速行动，充分利用手下这4万多人，为解放上海作出贡献。时机虽已成熟，但要同人民解放军取得联系，仍是一个难题。

1949年初，沪宁地区地下民革在王葆真的领导下拟定6项计划，准备在南京、上海两地同时起义（即"京沪大暴动"），其中上海方面以刘昌义为主要力量，但被南京国民党特务侦破，南京事发牵连上海，王葆真等相继被捕。由于刘昌义是单线联系，王葆真在狱中始终只字未提，刘昌义得以安全隐蔽。加之王在被捕前一天将民革地下党员名单集中，机要文件交给梁佐华转移，文件中就有刘昌义及其他策反对象的名单。为了这些重要人物的安全，梁佐华按"毁件保人"原则销毁全部材料后离沪去香港向民革中央汇报经过情况，上海民革地下组织也停止活动。这一事件中刘昌义虽未受牵连，但与地下民革组织的联络也告中断，这给起义带来困难。幸好与刘昌义单线联系的刘云昭因隐蔽得当，身份未暴露，从此闭门不出，在家养病，这是刘唯一的联络渠道。

5月23日，接任淞沪警备司令部副司令的当晚，刘昌义直接去了北四川路柳林里刘云昭家中，要求刘云昭亲去第三野战军司令部代向陈毅说明起义计划并接上关系。如果没有民革牵线，自己无法直接去找人民解放军。刘云昭因确实有病无法前去，但他说关于起义的事人民解放军是知道的，不必再向上面联系，只要派个可靠助手直接与人民解放军前沿阵地指挥部联系即可。

刘昌义考虑时间拖久了对起义不利，必须立刻行动。于是赶回军部派副官处长刘凤德去人民解放军前沿指挥部联系。又派第五十一军军法处长魏震亚去吴淞探听汤恩伯、陈大庆、石觉的动态。魏震亚从吴淞回来说："汤恩伯、陈大庆已经上了船，石觉还说把上海的防务交给刘副司令，汤司令是很放心的，叫刘副司令坚持半个月，等待时机，台湾的援兵不久即可到达。如万不得已，紧急时破坏各种设施后去台湾。"石觉还写了个手令交魏带给刘昌义，内容说要守备上海的所有部队统归刘副司令指挥，还交出一个联系专用的密电码本，以保持联络。

派去联络人民解放军的刘凤德尚未回来，但起义不能再拖，刘昌义召集第五十一军军部人员宣布计划。同时通知二十一军、一二三军负责人速来开会，并通知不属于"北兵团"的第三十七军军长，准备在会上宣布起义。结果一二三军只来一个参谋长，二十一军只来一个参谋，军长则一个没来。来人都表示听从刘司令的指挥，回去传达。至于三十七军本不属北兵团，根本不理会刘昌义的通知。刘为提防三十七军从中作梗，影响起义大计，严密警戒东部防线，严防三十七军。一切安排妥当，就等刘凤德消息。

实际上刘凤德在 5 月 25 日早上，已经通过地下党同志找到第二十七军第二三五团指挥所，并进行了谈判。

正在刘昌义紧锣密鼓筹划起义之际，第三野战军第二十七军沿苏州河南向北进攻遇到了大麻烦，大量官兵倒在黎明前的冲锋路上。

在上海外围鏖战之时，国民党军队已经做了市区巷战准备，他们利用市内有利地形，尤其在苏州河北岸的高楼大厦，部署了稠密而强大的交叉火力，桥头、路口都筑有坚固的碉堡、沙袋工事，配以坦克和装甲巡逻车，把河面、桥路面封锁得严严实实，南岸一切活动一览无余地暴露在北岸守军强大火力之下，进攻部队几乎就是活靶子。

人民解放军攻进上海市区以后，二十七军大部队进展极其顺利，已经进到外滩，准备向苏州河北发起进攻，二十七军二三五团也就是著名的济南第一团，一营三连在连队指导员和副连长的带领下，跑步向外滩进发。跑在最前边的是七班，一色的大个儿。部队跑出南京路口，连队干部下令："利用江堤地形掩护！"

七班长带领全班飞快地冲了上去，他们顺着江边一跃上了平地。

这时，噩梦来临了，国民党军队架设在百老汇（今上海大厦）的轻重机枪构成的火网铺天盖地倾泻在外白渡桥上下，成一道完整的扇面席卷而来，七班 14 名战士全部牺牲在外白渡桥下。

解放军向四川路桥发起进攻

25日上午,一营在外滩与河对面百老汇大厦的敌人交战时,遭遇敌人猛烈火力封锁,军队伤亡很大。很快,部队接到转移命令:"外白渡桥的百老汇大厦里有外国人,为避免外事纠纷,军队改为攻打四川路桥。"

四川路桥又称三白渡桥,位于外白渡桥、江西路桥和河南路桥之间。

这座桥的重要性在于它直接联结北岸的四川北路,而路的底端就是汤恩伯的总司令部,再往下直插虹口、江湾,顺公路直达吴淞港。

正因为如此,四川路桥是苏州河北岸的敌防御重点。年初,国民党军队进行的几次演习,坦克与部队都是从这座桥通过,并以这座桥为轴心展开反击攻势。桥上最危险的火力点不是桥头桥中的地堡和铁丝网等,而是制高点桥北堍那座高耸的舰船式钢筋水泥大厦——上海邮政总局大楼。

一营从外白渡桥往四川路桥转移时,遇到了国民党军队的火力封锁,部队被压制在四川路的各个横路口。

当部队指战员奋不顾身,沿着苏州河南岸向四川路桥运动时,邮政总局大楼的窗口又喷射出道道火舌,冲锋的人民解放军战士一下就倒下十几个。

为减少在不使用重武器情况下的牺牲,第二十七军军长聂凤智重申了禁止使用大炮的命令，与军部其他同志一道研究决定：各部队白天继续在苏州河正面进攻，牵制敌人兵力，等天黑后，一部分主力拉出市区，在西郊一带涉水过河，沿苏州河北岸从西向东攻击，包抄敌人的后路。并与上海地下党组织取得密切联系，发动政治攻势，分化瓦解敌人，争取他们放下武器，力保城市完好。

不准开炮、不准使用重武器的禁令必然会使进攻部队伤亡大大加重，这迫使军长聂凤智想到要策动苏州河对面国民党军队起义，以减少部队伤亡，减少对城市的破坏，减少对人民群众的伤害。

5月25日早晨，刘凤德回到军部，说已同人民解放军第八十一师政委罗维道接上关系，罗政委等待刘昌义过河去师部，就有关事宜当面谈判。

刘昌义先布置第五十一军前沿阵地停火，嘱王震潭副军长留在军部，如石觉来电话就回说军长去前线视察，应付了事。刘昌义还令军需处将库存的一批银圆分发给士兵以安定军心。随后刘昌义即带领刘凤德、魏震亚及另一名参谋以及卫士，分别乘上早已准备好的两辆坦克、一辆吉普车、三辆卡车，带了一连警卫开赴造币厂桥。过桥后，刘昌义从坦克里出来改乘吉普车，前往劳工医院第二十七军八十一师师部。

第二十七军方面非常看重这次谈判，把刘昌义前来接洽起义看作是人民解放军顺利迅速解放上海的一个大好契机，为确保刘昌义一行的安全，八十一师动用了几个营的兵力，在刘昌义一行往返几十公里的街道上实施时段戒严。5月25日上午，刘昌义一行顺利进入人民解放军八十一师师部，受到师政委罗维道的欢迎。随即刘昌义与以罗维道政委为首的解放军代表开始谈判。当时双方根据1949年4月中共中央与南京当局代表达成的约法八章，即以8条24款为基础进行商谈，刘昌义表示接受8条24款，同时向解放军介绍了敌情，告诉解放军汤恩伯、陈大庆等人已逃离上海，国民党青年军三十七军部署在苏州河造币厂桥以东、黄浦江沿岸，国民党上海防卫司令现在有时在吴淞口防卫司令部，有时在兵舰上，请罗政委转告陈毅将军刘昌义决定率部起义。刘昌义希望面见陈司令员，罗表示他可以找到聂凤智军长。

1949年5月25日，刘昌义与解放军接洽起义

此时已近中午时分，罗政委招待了午餐，午餐后继续会谈，最后达成了"停止抵抗，接受中国人民解放军编制"的协议。刘昌义和罗维道都在协议上签了字，刘昌义签字后立即电话命令留在军部的王副军长，以刘司令的名义再一次正式下达命令，命令第五十一军、二十一军、一二三军北兵团所属部队全部停止抵抗，等待人民解放军整编。其实这时二十一军军长王克俊、一二三军军长顾锡九早已擅自离开军部逃跑了。刘昌义又以淞沪警备副司令名义，对其他各部队也发出通知要他们听候命令。

罗维道政委在签字后也立即将谈判过程电话向第二十七军军长聂凤智作了汇报。聂军长接话后又立即转向陈毅汇报，陈毅批准了八十一师的做法。

根据陈毅指示，聂凤智军长命令罗维道陪刘昌义到军部会谈，并派军部联络科科长金灼之备车去迎接，还安排了沿途保安事宜。在市郊虹桥路上的第二十七军军部，刘昌义见到了第二十七军军长聂凤智，双方又谈了一次。

刘昌义在离开虹桥返回途中，叫魏震亚留在第二劳工医院八十一师师部，负责双方联络任务，自己立即回第五十一军安排。

由于刘昌义将军早有起义准备，接上关系后，表态明确，使得谈判异常顺利。晚上7时，刘昌义与聂凤智达成协议，双方对刘昌义部的编制、人员、武器、待遇及接收部队的具体时间、地点、方法等都进行了妥善安排。在谈到部队的集结时间时，原定25日午夜12点全部到达江湾体育场待命，刘昌义认为时间太紧来不及，后决定略作延长，改为26日凌晨4时。刘昌义曾要求保留一个警卫队，以保护自身安全。人民解放军认为没有这个必要，对刘昌义等人的安全，人民解放军可以绝对保证，对此刘昌义顾虑消除，十分满意。

会谈结束前，聂军长离开现场，向前委首长电话汇报，获得前委首长的肯定，还作了明确指示。随后聂军长向刘昌义等当众宣读了前委首长口授的命令，大意是：接受刘昌义率部起义，限所部于5月26日中午12时前在江湾附近集结待命；所撤地区由人民解放军接防，凡是拒不接受命令者，均由人民解放军处决之。此时已是25日的深夜。

5月25日午夜，刘昌义回到五十一军军部后立即作了布置，按协议规定部队全部撤出防地，向江湾方向移动。5月25日拂晓前，刘昌义按协定率领五十一军等部4万多人由苏州河以北西半部防区撤出阵地，开往指定地点。26日凌晨，刘部在江湾体育场南部与由北而来的残留的国民党第五十四军和侧翼的第三十七军残部遭遇。该两军均不服从刘昌义命令，双方进行了一场小规模战斗。此时人民解放军第二十六军从西南方向赶来协助，刘部才安全抵达江湾体育场待编。第二十一军与一二三军奉命在大场一带集结待编。

从25日深夜至26日清晨，人民解放军第二十七军兵不血刃从造币厂桥以西至永安桥一带分两路跨过苏州河，按照谈判协议顺利地接管了原刘昌义部的全部阵地。对未及时撤走的第五十一军零星部队，由人民解放军临时收编一起参加战斗。对极少数不服刘昌义指挥的残部，人民解放军立即就地歼灭。至26日下午，苏州河北部的战斗基本结束。27日傍晚，上海市区直至吴淞口方向枪声停止。至此，上海市全部宣告解放。

1949年5月25日，刘昌义率部接受人民解放军和平改编，是上海解放战役中一件大事，它对人民解放军跨过苏州河迅速解放全上海、减少军民伤亡、保全上海这座城市作出了重要贡献。

刘昌义率部起义以后，就随部分参加起义的国民党官兵一起到华东军区人民解放军军官训练总团学习，学习结束后按起义待遇办理。不久回上海治病，随后协助华东军政委员会做解放舟山的准备工作。

1949年6月16日，刘昌义以民革党员身份写信给正在北京参加筹备全国政协会议的民革中央主席李济深，告以去年11月经刘云昭介绍与王葆真谈妥"相机起义"，后因王被捕联系中断未敢轻举，直延到上海解放前夕才率部举义等等。李济深在7月2日的回信中说："先生于上海解放时能深明大义，要所属部队停止抵抗并接受人民解放军命令编遣，甚为可佩，仍望继续为人民服务而努力。"

中国共产党、人民政府和民革是不会忘记刘昌义将军所作的历史贡献。

1954年刘昌义当选为上海市人大代表。1956年起刘昌义当选为民革中央团结委员、中央委员，民革上海市委委员、常委，全国政协委员等，还曾担任上海民革对台工作委员会副主任。

1985年8月19日，上海市副市长谢丽娟代表上海市人民政府向刘昌义颁发起义证书，肯定刘昌义将军的历史功绩。

主要参考文献：

1.《中国人民解放军陆军第28军军史》，中国人民解放军陆军28军编，1985年内部资料。

2.《中国人民解放军第28军解放战争战史》，中国人民解放军第28军编，1951年内部资料。

3.《中国人民解放军陆军第29军军史》，中国人民解放军陆军第29军军史编审委员会编，1997年内部资料。

4.《中国人民解放军第33军解放战争战史》，中国人民解放军华东军区公安司令部编，1952年内部资料。

5.《中国人民解放军陆军第33军军史》，解放军出版社编，2009年5月内部资料。

6.《中国人民解放军第27军第三次国内革命战争战史》，中国人民解放军第27军司令部编印，1956年10月内部资料。

7.《陆军第27集团军军史》，陆军第27集团军军史编委会，1999年8月内部资料。

8.《中国人民解放军第31军解放战争战史》，中国人民解放军第31军司令部编印，

1952年内部资料。

9.《中国人民解放军陆军第31军军史》，中国人民解放军陆军第28军军史编写组编印，1979年内部资料。

10.《国民革命军陆军第52军军史》，台湾"国防部"史政编译室编译，2003年4月。

11.《张震回忆录》，张震著，解放军出版社，2003年。

12.《战场——将军的摇篮》，聂凤智著，解放军出版社，1989年。

13.《胡炳云回忆录》，胡炳云著，国防大学出版社，1998年。

14.《峥嵘岁月》，周志坚著，鹭江出版社，1994年6月。

15.《上海：1949大崩溃》，于劲著，解放军出版社，1993年12月。

16.《鏖战上海——解放上海纪实》，乔章著，军事科学出版社，1997年1月。

17.《上海战役》，中国人民解放军上海警备区、中共上海市委党史资料征集委员会合编，学林出版社，1989年4月。

18.《1949.5——鏖战浦东》，上海市浦东新区烈士陵园管理所编，百家出版社，2003年3月。

19.《中国人民解放军第三野战军战史》，南京军区《第三野战军战史》编辑室著，解放军出版社，1996年7月。

20. 台湾"国史馆"档案。

（作者刘定远系刘昌义之子，原上海质量技术监督局虹口局执法科干部；万乐刚系张之江外孙，民革党员，上海午阳张之江体育运动发展中心理事长）

张治中（1890—1969），字文白，安徽巢湖人，民革党员。黄埔系骨干将领，中国国民革命军陆军二级上将。"一·二八"淞沪会战时任国民革命军第五军军长，湖南省主席。新中国成立后，任西北军政委员会副主席、全国人大常委会副委员长、国防委员会副主席、全国政协委员、民革中央副主席等职。

从毛森回忆看张治中规劝汤恩伯休兵停战

马铭德

民革前辈张治中将军，在国共内战中一直为和谈奔走，被誉为"和平将军"。1949年4月，他曾作为国民政府谈判代表团首席代表，率国民政府代表团赴北平与以周恩来为首的中共中央代表团谈判，这一历史场景在《张治中回忆录》里曾有详细的记述。在和谈过程中，张还曾试图说服在上海的京沪杭警备总司令汤恩伯，希望汤整编辖下的军队，休兵停战，消除南北敌意，以配合国共和谈。这一细节或许因为遭到汤恩伯的抵制，《张治中回忆录》并没有提到。

进入21世纪，台湾地区出版了毛森的回忆录，其中披露了他亲见汤恩伯接到张治中电话指示的详细过程，从另一侧面为我们提供了70年前张治中将军为国共和谈所做的努力的情况。

70年前，毛森是上海最后一任警察局长，民革前辈陆大公就是在他手中接任警察局代局长的。当时对于国共和谈的态度，可用《张治中回忆录》中所述——上海的毛森大骂"凡是主和的都是秦桧，都要清算，我要用手枪对付他！"概括。基于这样的立场，毛森回忆中自然用"张治中压迫汤恩伯停止抗共"来描述。

"有一天晚间，我在汤家（指汤恩伯长乐路的公馆）商谈公务，汤的副官向汤恩伯报告南京来电话。汤即到隔壁接听；因系长途电话，汤的嗓门提得很高，我在客厅里也听得到。汤的语态'唯唯，是是'，十分恭谨；但因对方讲话多，汤答话少，故听不出所谈何事。汤打完电话之后，回到客厅，满面恼怒。我想不出南京方面有这样权威的人，使他这样恭敬，通好电话之后，又使他这样恼怒。我向其探问：'什么人的电话？'汤答：'张文白（张治中字）。'并没有说出所谈何事。我知张乃和谈代表之一，常来往南京、北平之间，为想知道其所谈内容，故续问：'他讲什么话？'汤未正面回答，却叹了一口气说：'我真倒霉，碰到两个恩师，都是一样的人物。'他这样说，我当然明白怎么一回事了。但为想知道张治中用的怎样手法？故续追问。汤见我问个不休，才说出内容实情：'张文白在电话里骂我，他已骂过我几次了；他指责我不应积极备战，不应建筑防御工事，不应反共宣传。他说，我们这样做，妨碍了他们的和谈……'汤又说：'他每次都是这样唠唠叨叨地责备我，我没有理他。我真怕接他的电话。'"

70年后的今天，我们读这段回忆，不禁要问，张治中要规劝汤恩伯，作为京沪杭警备总司令的汤，对长江防御也有责任。既然在上海建筑防御工事，对于整个长江的防御，他又是怎样规划的？这恐怕要回到当年的历史场景中来理解。

首先，1949年元旦后，鉴于国民党的战事不利，蒋介石被迫引退，由李宗仁代"总统"出面与中共和谈。然蒋虽说"引退"，实际上仍在幕后操纵一切，以国民党"总裁"身份"以党领政"。当时长江中下游布置了70万军队与中共对峙；湖口以上25万军队由白崇禧指挥，湖口以下至吴淞口45万军队由汤恩伯指挥。身任京沪杭警备总司令，负责整个江防的汤恩伯，却将重兵集中于江阴以下，以上海为据点，修筑工事，集中防守；而对南京上下游的长江防御，只留少数部队；换句话说，就是守上海不守长江。

其次，张治中当时的职务是国民党西北军政长官，李宗仁上台后，因张有与中共和谈的经验，故被邀请于2月下旬到南京，作为和谈代表筹划和谈。张治中于1949年3月在南京预拟了与中共商谈的腹案，其中第四条就是"双方军队应分期各就驻在区域自行整编，并应树立健全的军事制度，俾达成军队国家化之目的"。当时，汤恩伯在上海大肆修筑军事设施，当时的上海市市长吴国桢对此也啧有烦言，向蒋介石诉说："防御工事就建在市区的边缘，先不谈所用建筑材料之劣，就讲工事的构筑地点，便使其完全不可能发挥作用。如果战争打得这么近，不仅市民会惊慌失措，市区更容易受攻击！"张治中要北上与中共和谈，首先就要停止这类军事对峙。

再次，毛森回忆中虽没有写明汤恩伯接到张治中电话的时间，按推算应该是在1949年的3月下旬。往前推测，张治中还没有接任李宗仁的和谈代表，也没有拟出军事整编的和谈腹案。4月1日以后，张已北上而不在南京了。再者，汤的恩师陈仪被免职软禁是在2月中旬以后，汤恩伯所言"我真倒霉，碰到两个恩师，都是一样的人物"这话，也只能在"陈仪事件"以后。要讲张治中与汤恩伯的关系也非同一般。如果说汤恩伯赴日留学，是受了陈仪的保举和资助；那么，汤恩伯开始在军队中带兵，则是受张治中的赏识和提拔。所以，汤恩伯接张治中的电话，也只能"唯唯，是是"，不敢当面违忤。

复次，蒋介石引退后，汤恩伯仍对他唯命是从，代总统李宗仁将不服从命令的汤部斥为"骄兵悍将"。30年前，我在民革参与接待黄埔老人蔡文治时，也曾听他骂过汤恩伯跋扈（记得当时蔡文治的大姨姐、民革联二支部的吴靖老人也在座）。蔡文治提到，1949年4月，国防部召开江防紧急会议，在参谋总长顾祝同的主持下，由作战厅长蔡文治提出长江防守计划。蔡文治建议，江防军主力应由南京沿江向上下游延伸。江阴以上到马当一段江面狭窄，北岸支流甚多，容易渡江；而江阴以下到吴淞口的江面极阔，北岸没有支河，共军偷渡不易，无需驻守重兵。汤恩伯大不谓然，说这计划与"总裁"（指蒋介石）意旨不符，江防军应守在江阴以下，以上海为据点。南京解放后，顾祝同又在上海召开作战会议。会上，蔡文治抱怨长江布防失策，酿成门户大开，当面与汤恩伯恶声相向，争执不休，汤恩伯说这是"总裁"的方案，必须执行！并骂蔡文治："你小青年懂什么，什么守江不守江，执行总裁的命令，我要负责任！"

说罢扬长而去。握有江防实权的汤恩伯,坚持守据点的计划,大家都束手无策,只能眼睁睁地看他胡来。记得,年逾古稀的蔡文治回忆起这段往事,仍对多年前汤恩伯的张狂忿忿然!恨当年势焰可掀天,叹转眼奔逃亦可怜。

至于汤恩伯口中的"总裁方案",毛森的回忆中也有说明:"汤总司令对我说:'老先生(指蒋介石)对我指示:你手上的筹码(指兵力)由马当至长江口,自难固守漫长全线;但必须控制上海安全,构筑坚固工事,掩护物资及库存财物运往台湾……'"这一番话道尽了兴亡从来有,干戈不肯休的缘由,所谓"掩护物资及库存财物运往台湾",就是守上海的目的,只为抢运物资(故宫文物)以及中央银行的库存黄金!所以当吴国桢市长向蒋介石抱怨上海不应修筑工事后,蒋"听了脸色苍白,但他还是他,未置一言"。所以汤恩伯是领会蒋介石的意旨,守上海且加紧转运物资,根本无意守长江!真是金陵将坏,江防只为移货财;长江锁开,旌旗满眼乾坤改。

对张治中电话规劝汤恩伯的事件,毛森回忆道:"自此之后,我又见汤接过几次张的电话(白天我们忙于工作,晚间常在汤家聚会。张的电话总在夜晚打来),每次汤被骂过之后,总是搔搔头皮,气恼一番。有一次他对我说:'真

1958年11月,"民革四大"期间,民革中央副主席张治中(右一)和上海代表赵祖康(左一)、武和轩(左二)、吴艺五(右二)一起交谈

不像话！张文白竟要我停止军事行动，把部队集中，听候整编。'"有一天晚间，张治中接连打来几次电话，初嘱汤恩伯去南京面商要事，汤表示军务忙碌，不能离开职守；继则示意派人来沪，洽商和平停战，汤亦拒绝。后又指示调整防务（似有具体指示），汤仍不接纳。最后对汤训斥责骂，骂汤恩伯愚蠢，不识时务。

上述毛森的回忆，从另一方面反映了70年前民革前辈张治中心力劳苦，扶危救难，炎黄裔胄不应同釜相煎的爱国情怀。纵观他的戎马生涯：在抗日战争中，为国寄身锋刃，金戈铁马，百战不殆，是个管领虎贲的将才；在国共内战中，为免同胞相残，不辞辛劳，奔走和平，纵有铁壁银山也叩开。为江南人民免遭兵燹，张治中更是苦心孤诣，迭番规劝上海的汤恩伯休兵停战，利于国者爱之，害于国者劝之；可谓锲而不舍，殚精竭虑，鞠躬尽瘁。虽然张治中将军的和平愿望未能劝动汤恩伯，但民革前辈们当年为谋求和平解放竭尽所能，"苟利国家生死以"的精神永远活在我们心中。

2019年也是民革前辈张治中将军逝世50周年，谨以此文纪念这位杰出的"和平将军"。

（作者系民革上海市委会联络部原部长）

贾亦斌（1912—2012），湖北阳新人，民革党员。曾任国民党政府军营团长，第七十七师参谋长，军事委员会参议，国民党政府国防部干部管训处办公室主任，预备干部局代局长兼陆军预备干部训练团团长、第一总队总队长，陆军大学教官。参与嘉兴起义。新中国成立后，历任中国食品出口公司上海分公司经理，民革上海市委副主委，民革中央副主席。

1949年嘉兴起义始末

贾亦斌

起义的前因和准备

1948年，我任国民党国防部陆军预备干部局代理局长，亲眼看到国民党种种措施不得人心，搞得民怨沸腾，民不聊生。人民解放军解放济南后，形势对国民党越发不利。此时，我对国民党绝望，决心投向共产党。

这年8月下旬，我从上海到达镇江，即与熟悉当地的一些军政人员密谈，多数人认为国民党已经没有希望，个人要自谋出路；有的喟然不语，还有的约我再谈。

10月20日左右，我回到南京，自己开吉普车接了陆军大学特别班第七期同学、中共地下党员段伯宇同志到中山陵半山上密谈。我说："国民党根本没有希望了，准备逃之夭夭，你看我们怎么办？"段说："要自己抓武装才有办法。光依靠杂牌部队，不行。"我同意他的观点，并初步商量自行组织武装的计划。这时，国防部中将参谋次长林蔚，见济南解放，东北、华北、华东各大战场都很吃紧，预感局势不妙，把我找去，商量要在长江以南组织30个新军，准备作战，并说兵源尚好征集，但没有干部，问我预备干部局能召集多少干部。我答：青年军第一期复员授予预备干部的共有 76000 多人；在嘉兴、杭州、重庆、汉中等地办了 4 个青年中学，学生近 10000 人；南京、镇江等地要求就业的预备干部也为数不少。如能把这批预备干部动员召集起来加以训练，至少 10000 人是不成问题。我并自告奋勇提出，愿负责动员、召集和训练，但要解决编制和装备才行。林蔚听了很高兴，说："你要什么，尽可能满足你。"并决定先成立一个总队，以后逐步扩充；训练时间为 3 个月，学员享受准尉待遇，毕业后分配到新军任排、连长。于是就成立了预备干部训练总队第一总队，由我兼任总队长，驻扎南京孝陵卫原陆军大学校内，开始训练。我每天还亲自带着部队爬紫金山，进行占领制高点等战术训练。

与此同时，伞兵总队第 3 团团长刘农畯的部队也驻在南京机场，担任机场守卫任务。刘农畯与段伯宇同我都是陆军大学特别班第七期同学，彼此感情极好，他对国民党亦极为不满。因此，段伯宇常约刘到南京干河沿 109 号我家秘密商量，以后参加商谈策反起义工作的还有宋健人、林勉新等。后来国民党政府准备南迁广州，在一次国防部参谋会议上，参谋次长李及兰提出要把国防部秘密档案装在两艘大轮船上，沉到长江底去，并说："成则为王，败则为寇，不能管什么国家民族了。"我们看到这些情况，就准备在南京起义，由我率领预备干部训练总队占领紫金山，刘农畯带领伞兵第三团占领飞机场，把在南京的主要军政人员都抓起来，送到解放区去。

1949 年 1 月，我先后从总统府侍从人员处得知：12 月 24 日，白崇禧给蒋介石发出电报，要蒋迅速作对外对内和谈的部署，驱蒋的态势，咄咄逼人。紧接着，长沙绥靖主任程潜、河南省政府主席张轸直接要求"'总统'毅然下野"；12 月 30 日，白崇禧又发出电报，进一步逼蒋接受和谈，否则他即采取以下三个措施：（一）把华中所有军队全部交由李济深指挥；（二）2 月 1 日起，华中地区停止使用金圆券；（三）凡从重庆东运来的武器弹药也将在武汉截留。蒋接到这份电报，非常气恼，当场拔出手枪，把送电报的机要人员打死。宋美龄吓得魂不附体，抱着她的洋狗逃到孔祥熙家，对宋蔼龄说："不好了，老头子发疯了！"

1月21日，蒋介石被迫宣布"引退"，由李宗仁代理"总统"。蒋于1月23日回到奉化溪口。

以上这些消息，听了以后，使我们进一步认识到国民党势必垮台，从而增强了起义的决心。但由于形势发展很快，加上派往河南第二野战军和上海去与中共地下组织联系的人未回来，因此在南京起义的计划未能实现。

蒋介石下野回到溪口以后，南京国防部根据他的指示，把南京的伞兵部队开到安亭，预备干部第一总队开到嘉兴。1949年2月，预干总队到嘉兴后，扩充为陆军预备干部训练团，我仍以预干局代局长兼团长又兼第一总队总队长。黎天铎、林勉新为少将副总队长，文承山、祁宗汉为上校总队附。总队下设4个大队，第一大队长杨锦枫（后调升第二总队副总队长，第一大队长由李恺寅继任），第二大队长邓道三，第三大队长蓝弼，第四大队长李仕廉。第三、四大队主要是嘉兴、杭州青年中学撤销以后自愿到预干团的学员。全总队共为3000余人。第一、四大队驻东大营，第二、三大队驻西大营。总队部设在西大营。下设军事教育（组长李馥斋）、辅导（组长刘异）、总务（组长周大公）3个组，秘书张文藻（中共地下党员，是上海地下党派来工作的）。

在预备干部第一总队成立的同时，预干局将重庆青年中学3000多人，连同四川要求就业的第一期青年军复员的预备干部，组成预干第二总队，由我派杨锦枫任副总队长，驻重庆复兴关。又以汉中青年中学2000多人为基础，组成第三总队，总队长蒋得，驻汉中。

第一总队的干部大部分是我的老部下，其中不少是被解放军俘虏教育后释放回来的，对于共产党的政策比较了解而且有亲身体验。国民党对这些人感到头疼，国民党空军总司令周至柔曾在一次参谋部会议上，主张把这些人全部杀掉，并说："如不杀掉，将来亡国就亡在这批人身上。"与会人员多数不同意，认为这样做，可能引起这些人的家属和亲友强烈反对，闹出乱子。因此，会议决定，把这些人送到中央训练团受训（即所谓"洗脑"）后，令其自谋出路。

1947年，贾亦斌与预干局主要负责人合影。前排右为贾亦斌

我趁机收容了一批，以后他们大都成了起义骨干。

为了有利于起义的进行，第一总队决定不设政工人员，改设辅导员，由学员选举产生。团部在上海设有办事处（今陕西北路128号），主要用于与地下党联系，并筹备起义后勤事宜，由李达祥、吴文简、张维等分别负责。

当时在预干团的10000余名学员中，文化程度绝大多数在初中以上，有部分是大学生。大部分是第一期复员的青年军，还有一部分是青年军第二零六师的伤病学员。他们的政治思想情况比较复杂，有的人对国民党还存在幻想，有的人怀疑观望，多数人不满。那时和战未定，学员中有的人主和，有的人主战，有的人模棱两可。我们根据地下党指示，让他们组织座谈会进行讨论，讨论会上争论极为激烈。有一次，在操场上召开全总队辩论会，辩论今后国家怎么办、自己怎么办等等问题，大多数学员主张自力更生，寻找出路。我们还办了一个《苏报》，开展宣传教育，因势利导，使学员们在思想上得到提高，一时政治空气活跃。

后来，国民党内有人认为我对国民党的大局很悲观，却对于筹办陆军预备干部训练团如此积极，实在可疑，就派特务携带一批银圆来到嘉兴，住在一家小旅馆里，在干部与学员中调查我的行动，窃听学员们的各种讨论会和辩论会，秘密向他们的上级汇报。3月初，蒋经国电话命我到溪口去见蒋介石，我就请示上海地下党组织是否去，李正文、段伯宇和我商议，认为去溪口是上策，应该去。李正文将商议的情况向张执一作了汇报，张同意我的分析和提出的意见。就这样，我偕同国防部监察局局长彭位仁一起从上海乘轮船到宁波转往溪口，傍晚到达，两人同住在武岭学校的一个房间里。翌日晨，楼锡源（原预干团主任秘书）匆匆进来，见彭不在，即告我："有人向蒋先生告密，说你有思想问题，准备带队投共。"并说："蒋先生今天8点钟找你，谈得好没有事，否则你就别想回去了！"讲完又匆匆离去。待彭进屋，我即以楼言相告。彭埋怨我："你这个人遇不满意就发牢骚，现在问题来了吧！"8时，蒋经国约我在会客室会面，劈头就说："你在嘉兴待得很久啊！""队伍怎么样？"并下令"队伍开往福建"，逼我表态，边说边察看我的神色。我因早有思想准备，当即表示"回去就开拔"，并提议要通知参谋总长顾祝同，因顾希望总队学员经短期训练后要分配去当下级干部的。蒋经国表示由他通知顾祝同，并说："你还不能走，领袖（指蒋介石）还要请你吃饭。"这样我只好在溪口住了下来，蒋经国每天派机要秘书肖涛英陪着我游山玩水，以监视我的行动；同时派人到嘉兴预干总队进一步调查有无其他可疑之处。这时，我深感度日如年，曾想学荆轲刺秦王，在方便之时干掉老蒋，也想学蔡锷设法跳出樊笼，或投向四明山游击队。这样内紧外松地过了七八天。3月11日上午，我自雪窦寺妙高台下山，路遇蒋经国陪同阎锡山上山，就趁机向蒋经国提出要回嘉兴，对部队开往福建作安排。他答应了，当天我就同彭位仁离开溪口，经宁波回上海。

  3月12日，我从溪口回到上海，在华懋饭店楼下餐厅向地下党组织李正文、张文藻、段伯宇等同志汇报了溪口之行和起义准备情况及所遇到的问题。经过研究，决定：（一）把我住在花园小饭店的妻子和孩子，送至临平路鸿福里17号楼下一个老友家隐蔽，对外扬言说是送往福建去了，以减少国民党对我的注意；（二）在预干总队内部以读书会、同乡会、研究会等形式，把起义骨干和学员组织起来；（三）修理无线电台，准备与地下党联系；（四）加速对京、沪国民党部队的三四个军和几个保安旅进行策反工作，分别派宋健人、李炳琳等在其司令部联络。

以上各项工作分别布置后，我同李正文、段伯宇同志一起到上海一个国民党部队进行策反工作，又转南京拟再做另一部队的工作。但刚到我家，张维就从上海匆忙赶来，告诉我们说，国民党国防部已将我现任的三个职务都撤掉，调为国防部部员，派在南京卫戍司令部服务，这样，实际是把我看管起来，并任命黎天铎为预干团第一总队队长。李、段两同志都为我担心，我当即表示："只要我还活着，我是一定能在共产党的领导下率领这支队伍起义的，请组织上放心。"我即告诉张维说："为了防止国民党强加于我'抗不交代'或'交代不清'等莫须有的罪名而把我关押起来，赶快办理交代。"接着，我就随即同李、段两同志从南京赶到上海。

1949 年 3 月，被撤职后，与嘉兴预干团同仁合影（中排右五为贾亦斌）

我的撤职命令下达到嘉兴后，预干第一总队官兵大哗，贴出标语："谁叫我们的贾总队长离开我们？""谁剥夺了我们的温暖？"学员们罢课、罢操，要自发上山，闹了好几天，国民党无法收拾。当时，离人民解放军渡江还有些时间，起义时机尚未成熟。上海地下党要我亲自去嘉兴稳住他们，待命行动。根据这一指示，我到了嘉兴，秘密对起义骨干做思想工作，说明现在不能乱动，否则对起义不利；还召集全体学员，为他们上了"论预备干部制度"的"最后一课"。

3月15日，我从嘉兴回到上海，住在吴宫饭店，发现前门已布有特务，就从后门出走，赶赴宝山路段伯宇同志家研究起义后的行动路线。当时原定趁预干总队奉命乘轮开赴福建之际，一出吴淞口，就发动起义，迫使船只向北驶向解放区。后来考虑伞兵第三团计划开赴鼓浪屿时，在吴淞口外起义，如果我们先这样做，必然会给伞兵团起义带来极大困难。因此我向党组织提出，我在嘉兴起义，伞兵第三团在上海起义。

4月2日，李正文同志向我传达了上海地下党的指示，决定预干总队在嘉兴起义，经莫干山向天目山挺进，与苏浙皖边区游击队联系，策应人民解放军过长江。预定起义日期为4月15日，起义后可用"苏浙皖边区民主联军"名义活动。

我接到指示后，极为兴奋，即于当日午夜，偕同副官孙效武到上海西站，在混乱中从窗口爬上火车。我3日凌晨抵嘉兴，在车站旁一个小旅馆歇了一下，就移居北门外钮家滩一个老百姓家隐蔽起来，每天与总队骨干策划起义，制订行军路线。一面派刘汝沧按照预定起义经过路线绘制地图，一面派人与地下党指定的朱专员联系，派人到上海催修无线电收发报机，并请张文藻同志将以上情况向上海地下党汇报。

4日深夜零时，我召集起义骨干在嘉兴李白成桥畔的一个糟坊开会。我讲了这次起义的意义以后，有个湖南口音的学员站起来，伪装积极地提出了3个问题：什么时候出发？到什么地方去？与共产党有没有联系？因为这3个问题恰恰是地下党指示秘而不宣的问题，经他一问，引起我注意，就制止说："你不要问这些，到时候会告诉你的。"但我当时警惕性不够高，没有对他采取措施，以致被他窃取了即将起义的机密。

起义战斗经过

4月6日晨，黎天铎得悉我到了嘉兴，在晨操时对大队长李恺寅说："听说贾局长到了嘉兴，你一定晓得。"李答复不知道。黎采用威胁、利诱各种手段，从早上6时一直追问到下午4时，想从李口中探得我的住处，并假惺惺地说要来看我。李坚不吐实，并设法摆脱了黎的纠缠，于下午4时半奔到我住处告诉我："黎天铎已经发现你到了嘉兴，事情已经暴露。怎么办？"我原准备去平望同江苏保安旅旅长李焕阁商量起义事宜，但见事已暴露，平望之行决定作罢，并对李恺寅说："请告诉各大队立即准备起义，并告黎天铎不要来看我，我去看他。"我决定入夜以后，到总队部同黎谈判。如果谈得好，明晨以演习行军名义出发，争取用一天时间，安全突过嘉兴、湖州之间一带湖沼；谈得不好，就把黎天铎杀掉，立即宣布起义，连夜出发。

天色垂暮，李恺寅派了十几名学员持枪来接我。到西大营后，操场上这里一堆，那里一群，干部学员们已拿起武器，整装待发。见了我，纷纷前来握手，气氛紧张热烈。我立即同学员们一起到黎天铎的办公室和他谈判。学员们同他评理，他不肯行动，到午夜12时，还是相持不下。我看时间不能容他再拖，就坦白告诉他："是共产党叫我来的。你现在有两条路：一条是把我送到国防部，可以升官发财；第二条是跟我们走，下令行军，到莫干山演习，限你考虑五分钟答复。"这时，学员们有的把刺刀指向他的胸膛，有的把手枪对着他的后背。他见势头不对，吓得魂不附体，嘴唇发抖，对我说："你是我的老长官，你带的路不会错，我听你的。"这样，他才拿起笔来，下令"行军演习两天"。

不久，西大营两个大队很快集合，东大营的一个大队也集合向西大营来了，第十三中队长林荫（黎天铎的亲戚）趁学员熟睡之际，手持冲锋枪进行弹压，对着睡在地板上的学员们大声喊叫："谁也不许动，谁敢动就打死谁！"学员们被他惊醒，但都不敢动。只有第十六中队（政工队）不少学员不顾威胁，跳下楼参加起义，杨步洲就是其中之一。这时东大营响起了少数枪声和手榴弹声，我即亲自带了两个中队到东大营外边把他们围住，以免林荫带队出来尾随捣乱，并要黎天铎命令林荫把队伍带出来，但此时林荫已不服从黎天铎指挥。相持了近3小时，天快明了，我要所有部队迅速离开嘉兴，我带队断后，天亮后起义部队离开嘉兴，下午5时许抵乌镇，在乌镇附近集合。当时我见到学员一夜未睡，白天又强行军，异常疲劳，就征用民船数百只，准备夜间开航，让学员在船上休息，预计翌日天明可以抵莫干山麓，准备同国民党追兵作战。

起义部队刚离嘉兴，林荫即报告嘉兴城防司令部，并由该部分别急报国民党国防部、京沪杭警备总司令部和浙江省警备总司令部。因此，京沪杭附近的国民党部队和保安团队兼程赶到，并包围了乌镇。我们刚上船，就闻枪炮齐响，一炮正好打在我乘坐的船边，有些船只被击沉。干部学员死伤不少。起义干部和学员纷纷登岸进行反击，我带着三四百干部学员向敌人炮兵阵地冲锋。这时，黎天铎、潘振球等看见局面混乱，想趁机逃跑，先大喊"局长，贾局长"，我愤怒地骂道："喊什么？怕死鬼！"他们就趁我率领队伍向前冲锋无暇之机，脱身逃跑了。

4月7日夜间，我们在乌镇分三路突围：

第一路，我率领三四百人，经过两昼夜的激战，转移到双林镇，继到菱湖。

第二路，由预干团第一总队辅导组组长刘异率领千余人，10日到达离莫干山15里的三桥埠，当晚突破敌人防线，冲上莫干山。当时大雨滂沱，学员衣履尽湿，加以一两日未曾进食，空腹行军，疲惫不堪。国民党武康县县长兼莫干山管理局局长王正谊，见我们队伍上山，假装欢迎，招待膳食，安排住宿，稳住起义部队，暗中却派警察下山通报驻军赵荡辉部。午夜，赵部开上莫干山，封锁主要山口，将学员住所层层包围。11日凌晨，迫令缴械。起义部队仓皇中无以应对，有700人缴枪。后闻浙江省政府主席周喦还亲自接见了这个王正谊，嘉奖他"应付有方"。

第三路由预干团第一大队队长李恺寅带了几百人冲到德清、武康一带。国民党对起义部队实行所谓"抚剿兼施",曾派出青年救国团(特务武装)20多人,向起义部队喊话:"你们不要受贾亦斌的骗,不要受共产党的骗,你们回来,贾亦斌有野心"等等。他们一喊,预干总队学员就向他们打枪,打伤了一个,他们还是喊。除极少数人被他们骗走外,绝大多数学员边打边退,随着李恺寅来找我联系。

4月9日晨,我们在双林镇附近会合。从8日开始,国民党即用飞机侦察,机关枪扫射,散发传单,从起初的八九架逐日增加到12架,自晨迄晚在我们头上盘旋。散下的传单上载有六条:(一)捕送或击毙贾亦斌来归者重赏;(二)胁从者无罪,希速归来;(三)大军已布下天罗地网,你们欲逃无路;(四)为国家、为地方、为你们自己,希速回头;(五)欢迎被胁从的同学归来;(六)你们不要为贾亦斌的野心所出卖等等,又"悬赏五万银圆捕缉贾亦斌"。在此形势下,我们必须突过京杭国道进入天目山区,才能与中共游击部队取得联系。但京杭国道上有国民党第三十六师以汽车机动巡逻,严密防堵,我们就利用夜行军,在11日黎明到达京杭国道边缘。我们决定出其不意,冒充为第三十六师的一个团,由我伪充"袁副团长",从城边通过京杭国道。

那天凌晨,部队开抵吴兴南门外道场山,但浙江省保安团已先占领对面山头。我们对着他们喊:"我们是三十六师追剿嘉兴叛变部队贾亦斌的。"他们闻喊,信以为真,由保安团总务科长颜修汉率领两名士兵下山来同我们联系。待他走近,我们命令他"把枪拿下来!"并以手枪指着他。要他把山上的保安团队喊下山来。他无可奈何,只得向山上喊:"是自己人,你们下来吧!"保安团下山后,我们就迫令他们缴枪,并为我们筹集一些粮食做饭,还搞来大批船只,使我们从吴兴城南平安渡河。

下午4时许,到达妙西山良村。我因昼夜行军,趾甲外翻,步履艰难,学员们就抬着我走。上山以后,大家都很高兴,李恺寅风趣地说:"请'袁副团长'给我们讲话。"我才讲了两句:"我们天天想上山打游击,现在我们已经到山里了。"话音未落,敌人又围了上来,部队赶快就近进入阵地。敌人多次向我们猛扑,远处一个指挥官骑在马上东奔西跳地指挥冲锋,我下令:"先把他打死。"有个学员把马打伤,随即把这个大队长打死,敌人被迫溃退,伤亡数百人,我方亦有近百人伤亡。我们还缴获轻、重机枪七八挺,因携带不便,把它们沉入塘中。

这时大雨倾盆,追兵越来越多,我们决定突围,找到一个老百姓问是否有路可走。他答,大路已被封锁,只有沿着抗日战争时期新四军走过的一条山路,或许还可以翻过山去,我们请他带路,连夜翻过山去,沿途散布说我已被打死。后来听说国民党喜出望外,当天报纸就登载"贾亦斌在良村被击毙"的消息。

干部、学员们因昼夜行军,冒雨作战,衣服透湿,腹中饥饿,在大雨中就睡熟在田沟间。队伍越走人越少。良村一战之后,只剩下80多人。

走到安吉附近,决定再次突围。我和李恺寅在一个老百姓家换了便衣在前边带路,队伍随后在后边推进。李在路上对我说:"无论如何要保全你,有你,我们就能和共产党联系。万一我们被捉住,我就承认是贾亦斌,让你去找共产党。"又说:"把你手枪给我,走在前边,我保卫你。"我们一前一后往前走,出村口不到半里路,就遇到了隐蔽在山沟杂树丛中的敌人。我当时身穿旧布长衫,伪装成小学教师,说是被起义部队拉来带路的。一个保安中队长说:"你们先等等,我们县长就在后面。"我想这些人不认识我,但他们县长可能有通缉我的照片,会认出我来。他们把我的手表等搜去后,问我:"让你们带路的队伍在哪里?"我说:"就在前面一个村庄里,我带你们去找。"那个队长说:"只准去一个,留下一个。"李恺寅以目示意,向我说:"你带他们走吧,我留在这里。"他们派了一班人押着我向前走。刚出村,四周枪炮齐响,原来有几部分分头来包围我们的敌人发生误会,互相打了起来。我趁机向自己部队所在的村里奔去,学员看见我,向我敬礼,我说:"不要敬礼,快同他们打,跟他们打到天黑。"这时,战斗更加激烈了。

入夜,我走到一家小铺户门外,向一位妇女问路。她默默地给我指路,穿过她家屋子,出后门上山。我就循羊肠小道往上爬。半夜,雨大苔滑,我从十来丈高的山崖上滑下，跌得不省人事，肋骨折断三根，到破晓时分才醒来。在深山里待了3天，每天以生竹笋果腹。4月14日以后，我听到周围枪声沉寂，就想寻路到游击区去。

一天早晨，我发现一座守山人的草棚子，走近前去，只见壁上悬着一支枪，一面锣，守山人犹熟睡未醒。我一进去，他醒了，打量了我一阵，见我浑身透湿，面有饥色，就问我从哪里来。我告诉他，我是学员，从队伍中失散下来，现在想到游击区去。他听了，表示同情，叫我坐下休息，烧饭给我吃，让我烤干了衣服，指给我一条下山的路。我辞别往山下走，傍晚到达梅溪，在梅溪小学见到了几位教员，并且第一次看到《东南日报》上有关预干团起义的报道。该校校长杜培积，自称是同情者，主动给了我五块大洋，请一农民护送我走。当时我步行很困难，这位淳朴善良的农民兄弟便扶着我走。某晚，抵一不知名的小镇，这里是中共游击队、国民党、土匪三不管地带。我们借宿在一家小客店内，心想今夜不知会遇到哪一方面的人来。睡到半夜，果然有人来查户口，知道是中共游击队的两位战士，不禁大喜。我就把情况向他们报告了，他们说已经知道嘉兴预干团起义的事，又赠我一双新布鞋。翌晨，他们安排用滑竿沿着游击队的交通线把我一站一站地送往游击区。先到区委，见到区委负责人；再到县委，见到县委书记；最后到宁国县境的苏浙皖边区所在地，见到工委书记钱敏。一见面，钱就问："贾亦斌在哪里？"我说："我就是。"大家非常高兴，他说："敌人打得最凶的时候，我们也曾想接应你们，可惜没有能联系上。"他让我先休息，并找了一位医生给我看病。时值大军开始渡江，他们缴获了一些美式装备，我就随他们行动，和他们一起使用这些武器。几天后，钱政委送我路费和衣服，把我介绍到芜湖再转南京军管会，我便回南京干河沿家中养病。

李正文同志在我们起义后撤退至香港，后经天津、北平，再随军南下抵南京。他在香港等地见报载"贾亦斌已在良村被击毙"，觉得十分惋惜，觉得应该到我家里去看看。一进门，竟发现我还活着，非常高兴。畅谈后分手时，他给我渤海币500元，叮咛待我病愈，再派车来接。数日后，他派车接我到丹阳。

陈毅司令员和曾山、刘晓等领导同志在丹阳大旅社接见了我，鼓励我努力学习，积极工作，为国家多作贡献。我随即在丹阳城郊学习城市各项政策，后被派到第三野战军参加联络工作。1949年5月底，随军进入上海，与家人见面，并参加上海市公安局工作。

1989年嘉兴起义40周年纪念日，贾亦斌（前排左二）与部分参加起义人员在当年起义旧址合影

起义火种不灭

4月14日，国民党派国防部预备干部局副局长徐思贤（军统特务）、国防部胡组长和浙江省警备总司令部马科长等到嘉兴处理预干团起义的"善后"问题。当时起义人员，一部分在战场牺牲；一部分在途中失散，有的在杭嘉湖一带打游击，到处派人找我联系；大部分（2239人）被俘，押回嘉兴原地。徐思贤把他们重新编队，派欧阳钦任少将总队长，番号"正义"，代号"3847"部队（意思是要他们记住1949年4月7日这个所谓"叛变"的日子）。这个部队被禁锢在嘉兴东、西大营中，不准与外界接触。林荫因为破坏起义有功，由中队长连升二级，担任大队长，只有他所属的中队配有武器，用以监视被俘学员编成的几个大队。

4月下旬左右，这个部队先开到广州，再到漳州，最后被编为厦门要塞守备部队。在开拔途中，原起义学员对欧阳钦不满，捡石头砸他的车厢。持枪的那批守卫人员，竟把有的起义骨干投入钱塘江，但有不少人沿途跳车逃走。抵漳州后，欧阳钦等进一步进行清查，凡与地下党有联系嫌疑的和与我关系较好的如李德厚等人，竟在一个深夜里被他们活埋了。

1949年10月，在人民解放军第十兵团向厦门进攻时，国民党厦门要塞守备部队中的原预干总队学员再度起义，由大队长胡岳宣率领，向人民解放军投诚，绝大多数官兵都参加了解放军。

1949年4月，国防部预干团第二总队的干部学员，由于受到第一总队在嘉兴起义的影响，情绪激昂，提出"向第一总队看齐"的口号，酝酿武装暴动。国民党驻重庆警备司令、军长余锦源极为惶恐，派部队至复兴关武装包围，迫令缴械、解散。

第一总队大队长李恺寅在和我分手，并包围的敌人扣留，后辗转脱逃，从常州渡江，到了苏北解放区，向华东局有关部门汇报情况，并随同大军渡江，我们在丹阳见了面。

流散在苏、浙一带的预干总队起义干部学员，为数不少，他们分别组织零星武装，继续找党的关系。上海解放后，上海市公安部门派李恺寅到那里去寻找和收容起义人员后，分别送至上海公安部门学习和安排工作。他们多数参加了由我担任副主任的干部训练班。在第一期干训班开学那天，华东军区兼第三野战军司令员、上海市市长陈毅同志和市委书记、总工会主席刘长胜同志等亲临参加，陈毅同志还讲了话。学员结业后都分配了适当工作，不少人还参加了共青团，有的加入了中国共产党，在各自的岗位上努力工作。

王之师(1914—1997),山东利津人,民革党员。黄浦军校第十四期学员,曾任国民党青年军第二〇八师作战科科长兼参谋处长,国民政府军事委员会政治部副主任,上海淞沪警备司令部上校作战科长、少将参谋处长。新中国成立后,历任上海市工商联合会干事,上海市政协办公厅专员,上海市黄埔同学会理事等。

我所了解的上海解放战役中国民党军队的部署和溃败

王之师

1948年冬,我在国民党青年军第二〇八师任作战科长兼参谋处长,1949年初调往上海担任淞沪警备司令部上校作战科长,不久升为负责作战的少将参谋处长。当时我利用职权,把汤恩伯主持制订的军事绝密文件"保卫大上海计划"拿出来交给黄埔军校的要好同学——共产党联系人张力化,转报人民解放军"三野"司令部,受到"三野"首长陈毅、粟裕电令嘉奖。就我所了解的上海解放战役中国民党军队的部署及其溃败情况,作如下回忆:

1948年12月初,蒋介石任命衢州绥靖公署主任汤恩伯兼任京沪杭警备总司令。从这时起,即决定在淞沪地区作防御准备,随即赶筑阵地工事。1949年1月21日,蒋介石下野,躲在奉化溪口幕后指挥,把作战方略划分为两大区:湖口(即江西湖口)以西归华中军政长官白崇禧指挥,部队约40个师、30万人左右;湖口以东归京沪杭警备总司令汤恩伯指挥,部队约75个师、45万人左右。

汤恩伯、陈大庆、张雪中等按照蒋介石的指示,初时的作战方针大致是以长江为外线，以沪、杭、甬三角地带为重点，以淞沪为核心，采取持久防御方针，凭借海空优势，坚决守住淞沪，与台湾相呼应，期待国际情况变化，卷土重来。防御守备方针是确保月浦、刘行、国际电台、大场、真如、北新泾、虹桥、梅家弄、龙华地区，以巩固市区，屏障吴淞安全，维护龙华、江湾机场，保障机动灵活使用。由这条防御线向后纵深3000米为主阵地，均构筑有钢筋水泥碉堡掩体工事。

阵地编成 （一）外围阵地，以南翔镇、华漕镇、七宝镇、华泾镇之线为沪西外围阵地，均各构筑有团的据点阵地。以川沙城至北蔡镇之线为浦东外围阵地，构筑有团的据点阵地。又在崇明岛、吴淞口外7个小岛上构筑阵地，共置200多个水泥活动碉堡。（二）主阵地，浦西由吴淞以西之狮子林向南经月浦、杨行、刘行、大场、真如、北新泾、龙华直至黄浦江之线，以宝山、杨行、刘行、庙行、大场、真如、杨家桥、虹桥为重点，均各构筑一个团的坚强阵地；浦东由高桥向南经高行、洋泾、塘桥之线，均各构筑一个团的阵地。（三）核心阵地，利用市区各大建筑物，如百老汇大厦（现上海大厦）、四行仓库、中国银行、国际饭店、警察局、法国兵营等，作为坚固抵抗的据点工事；市区各桥堍、街道要冲，均各放置活动水泥碉堡，堆集沙袋、障碍物等，构成抵抗工事。

兵力配备 初期，第一二三军附暂编第八师守备浦西方面各外围据点，第五十一军守备浦东方面各外围据点，还于太仓、昆山、浏河、嘉定、青浦、松江、嘉善、南汇、金山卫等地均派出警戒部队，以第五十二军担任沪西北地区狮子林、月浦、杨行、刘行之守备，第五十四军担任沪西大场、真如、北新泾之守备，第七十五军附九十五师担任沪南地区、虹桥、梅家弄、龙华之守备，第三十七军（缺第二、第四两师）担任浦东南区杨思、塘桥、洋泾之守备，由第二十一军、第九十九师驻守江湾。直属部队包括装甲战车部队（司令蒋纬国）、宪兵团、汽车兵团，分别驻扎在市区内的核心阵地，还有一部分空军驻江湾机场。

汤恩伯所统辖的部队总计有第十二军（军长舒荣）、第二十一军（军长王克俊）、第三十七军（军长罗泽闿）、第五十一军（军长王秉钺）、第五十二军（军长刘玉章）、第五十四军（军长阙汉骞）、第七十五军（军长吴仲直）、第一二三军（军长顾锡九）、第九十五师（师长朱致一）、第九十九师（师长邹鹏奇）、第二〇四师（师长蓝啸声）、交警总队（总队长马志超），还有其他从江苏、浙江集结来沪的保安团等，号称20多万人。以上这些部队很多是从别的战场抽调拼凑成军的，一般战斗力很差。

防御战斗及溃退情况　5月4日，人民解放军第三野战军的第二十军、第二十八军、第二十九军、第三十一军已逐渐集结于上海外围，对上海形成半圆形包围态势。5月12日揭开战幕，人民解放军第九、第十兵团围攻浏河、太仓、昆山、嘉定、平湖，外围据点相继发生激战。14日人民解放军一部向防守在狮子林、月浦、杨行、刘行之线的敌军发起全线猛烈进攻，战况激烈，人民解放军损失较大。这就是汤恩伯在上海战役中宣传的所谓"上海大捷"，还颁发给防守此线的第五十二军军长刘玉章一枚青天白日勋章。

5月16日，防守外围阵地的第五十一军、第一二三军在人民解放军沉重打击下，损失严重，不得不放弃外围阵地。汤恩伯急忙调整各线的部署，将第一九八师增加到浦东，原在浦东的第十二军、第三十七军、第五十一军残部组成浦东兵团，由第五十四军军长阙汉骞指挥。5月17日，整日整夜战况激烈，发生阵地争夺战。至20日，守备高桥的第十二军大部被人民解放军歼灭，汤恩伯亲自组织五个团的兵力，在浦东金家桥附近继续顽抗，很快就被击溃。

21日，上海飞机场对外航运中断。23日，人民解放军一部趁交警部队接防立脚未稳之际，一举攻入七宝地区，进到南市区。25日，第十二军、第七十五军一部被歼灭，大部撤到浦西，放弃高桥，第三十七军也放弃洋泾镇地区阵地，第三十七军副军长马励五于战火纷飞中摆渡到浦西，为流弹击伤。汤恩伯在这几天发布命令，责成淞沪警备副司令刘昌义，抓紧时机，以第二十一军余部、第一二三军余部、交警部队及集结在沪的各地区保安部队，编组成掩护部队，负责确保吴淞口要塞地区安全，以便总部及参战部队安全转移，后来刘昌义率领这些部队在江湾地区起义。汤恩伯于26日匆忙率第五十四军、第五十二军、第七十五军、第十二军残部，登上早已停泊在吴淞口外的军舰、运输舰，逃往舟山群岛。我于 27 日前往设在南市区海潮寺内的人民解放军第二十军军部，将汤恩伯的三道手令和重要军事图表、资料交给军部鲁东苏科长。后来，我始获悉刘昌义事先已通过民革地下组织，与人民解放军取得联系，所以在新中国成立前夕做出很有影响的义举。

戴戟（1895—1973），字孝悃，安徽旌德人，民革党员。参与领导"一·二八"淞沪抗战、福建事变；1949年5月27日在上海迎接解放；新中国成立后，任华东军政委员会委员，华东行政委员会委员，安徽省人民委员会委员、安徽省人民政府副省长、安徽省政协副主席，民革安徽省委副主委、民革中央委员，全国政协委员。

策反起义迎接黎明

戴国庆

戴戟，名光祖，字孝悃。安徽旌德大礼村人。1895年7月24日生于一个地主兼营商业的家庭里。7岁时开始读私塾，16岁毕业于吴县第十六小学。就在毕业的前一年，不幸双亲在短短几个月里相继病故，只剩下姊弟俩孤苦伶仃，不得不依靠伯母等亲戚的接济度日。

抗战胜利后，东南补给区司令部奉命移驻上海，易名为"第一补给区司令部"，国民党还要把它的管辖范围扩大到共产党领导的解放区。时任司令职务的戴戟不愿意参加内战互相残杀，也不愿与在上海争权夺利、中饱私囊的国民党接收大员为伍，于是就电请辞职，获得批准。

辞去东南补给区司令职务之后，戴戟感到内战气氛越来越浓厚，心情异常郁闷和沉重，但又无法排遣，只好徜徉于山光水色之中，往来于亲朋故旧之间。

1946年6月，国民党反动派撕毁和平协议，开始进攻解放区，发动全面内战，摧残民主力量，坚决与人民为敌。戴戟对此极为愤慨，为表示决不参加所谓的"戡乱"战争，他坚决请求退役。当时中将退役年龄是56岁，而他只有52岁，未届退役年龄，但为了反对丧心病狂的对内战争，他果断采取了这一行动。1947

年1月，国民党军委会突然任命他为中央军官训练团中将团员，他不肯去南京报到。这样，一直拖到5月，退役请求才获得当局批准。

内战爆发后，蒋介石疯狂进攻解放区，对人民加紧征兵征粮，拼命搜刮压榨，对美帝则竭尽献媚之能事，签订中美商约，出卖我国主权。恶性通货膨胀席卷整个国统区，弄得民不聊生，怨声载道。戴戟由此醒悟了，认识到只有彻底推翻蒋介石的独裁统治，才是中国人民唯一的出路。1948年冬，他在上海参加了谭平山、陈铭枢、郭春涛、吴艺五等人领导的三民主义同志联合会，秘密从事反蒋活动。他常出席郭春涛召集的形势汇报会议，把调查到的上海敌军军事部署和策划在沪起义部队的情况进行汇报，互相通气，他还曾找陈赓尧去做驻沪川军起义的工作，但未能取得成功。

1948年，国民党的政治、经济、军事形势均急剧恶化，国统区的民主运动也日益高涨。戴戟亦热情支持这一运动。有一天，他在震旦女子文理学院读书的女儿肇庆和同学们一起，参加了同济学潮，遭到反动军警的血腥镇压。一位女同学被打得头破血流，肇庆把她带回家中包扎。戴戟见此情景，对军警的暴行非常气愤，一面在旁帮忙包扎，一面派家人叫车把受伤学生送回家。

黎明来临前夕，总有短暂的黑暗。在那些日子里，戴戟向往光明，追求真理，暗中在家阅读《新民主主义论》。年幼的儿子见书中扉页上的毛主席画像十分好奇，戴戟对他说："这是毛主席，是个伟大人物，将来是我们国家的领袖。"

1949年春，为迎接解放，戴戟加紧了对敌军的策反工作，把安徽陈瑞河、廖运泽两支部队介绍给陈铭枢、郭春涛，通过他们转达给中共。中共驻沪负责人立即派人接洽，策动该部起义。后来廖部起义了，而陈部终未醒悟，迟疑拖延而自取灭亡。

1949年上海解放在即，汤恩伯敦促戴戟迅速离沪去台，并说要派宪兵保护，戴戟闻讯便藏匿起来。人民解放军摧枯拉朽，长驱南下，5月27日解放了上海，戴戟终于迎来了胜利的曙光，在历尽坎坷的人生旅途之后，挺起胸膛，呼吸着自由清新的空气。

戴戟

新中国成立后,戴戟担任华东军政委员会委员、上海市人民代表、民革上海市委会常委,直接与陈毅、粟裕等中共领导干部合作共事,共商国家大计,开始了崭新的生活。他亲眼目睹旧中国的种种积弊陋习转眼之间被一扫而光,各种关系到国计民生的事业欣欣向荣,上海人民意气风发,建设社会主义积极性高涨,其心情异常兴奋。

1955年戴戟回安徽工作,担任安徽省体委主任兼省体校校长。他对体育工作毕竟是生疏的,但他对此工作很认真,不耻下问,深入到田径场、篮球场,与教练、运动员促膝谈心,虚心学习。当时他已60岁了,除雨雪天气外,每日仍坚持步行到省体委上班。他常说:"这对自己也是一种锻炼。我不能搞特殊,不能太多地麻烦别人。应该向廉洁奉公的共产党员同志学习。"三年经济困难时期,公家给他配置了一台电风扇,他一直置之不用,天气炎热他便手摇葵扇。妻子问他为何不用电风扇,他说:"现在大家都过得很苦,我不能给别人一个坏影响,要看到周围群众的生活,我们这样的生活条件已经是很不错的了。"

1957年2月,戴戟任安徽省民革常委,1958年任副主委,1962年7月在省人大二届三次会议上，被增选为安徽省副省长，9月担任省民革主委。1964年9月，在安徽省人大三届一次会议上戴戟当选为安徽省副省长，工作也就显得格外忙碌，既要主持民革省委的工作，又要参加会议及各种社会活动。11月，他又当选为第三届全国人民代表大会的代表。他把党和国家所赋予的荣誉地位当作一种鞭策，总觉得自己为国为民做的事情实在太少了，受之有愧。他从不炫耀自己的种种经历，60年代初，英国大百科全书出版部门曾给他寄来一份约稿信，希望他把一生的经历写出来，他却婉言谢绝了。

（作者系戴戟之子，民革安徽省委原秘书长）

李泽龙（1919—2015），重庆綦江人，民革党员。曾任国民党军令部谍报参谋训练班上尉、少校，国民党青年军整编第二〇二师中校战术教官、干部大队队长，陆军训练司令部第二处中校参谋，台湾防卫司令部中校参谋、上校调查组组长。新中国成立前参加地下民革，做过策反工作。

李泽龙从台湾回大陆策反起义

梁佐华

1949年12月初，李泽龙以国民党台湾防卫司令部上校组长的身份，持台湾防卫总司令孙立人批准的探亲请假单，带着妻子经香港回到大陆。

秘密加入地下民革

李泽龙，重庆綦江县人，抗日战争爆发那年，正值高中毕业，怀着满腔爱国热忱，投笔从戎，考入国民党陆军军官学校第十四期。1941年，他在西安国民党军队工作期间，经常听到八路军英勇抗战的事迹，敬仰不已。1944年在重庆国民党陆军大学战术研究班受训时，又受其族兄李国珍（1926年参加过共产党，后为上海地下民革临工会委员）及友人林涤非（黄埔军校五期生，后亦为上海地下民革临工会委员）的影响，认识到国民党政权的腐朽堕落，愤恨当时社会的人心险诈，罪恶横流，切盼能有改革社会的伟大人物出现，荡涤世上污泥浊水，使社会为之一新。1945年8月，日本投降以后，李泽龙目睹国民党官员之贪污腐化，及蒋管区内物价飞涨、民不聊生的境况更加反感，作为执政党的国民党党员，他深觉可耻。

1947年秋，他在江苏常州供职于国民党青年军整编第二〇二师第一旅时，国民党进行全国党员总登记,每个国民党员均须将自己持有的党证缴交中央党部,并加盖"党员总登记章",党籍才算有效,否则将作为已经死亡注销。他当时就拒不参加登记,并顽抗到底。

同年冬,国民党南京国防部向他所在部队编入了20多名被人民解放军俘获教育释放的军官。这些人暗中宣传人民解放军对国民党战俘的宽大政策,及解放区实行"耕者有其田"的土改政策,社会秩序良好,市场买卖公平,民风淳朴,到处一派欣欣向荣景象等等。他极感欣慰,发现改革中国社会的伟大力量将是中国共产党,于是思想感情开始向中共靠拢。

1949年元月,李泽龙随部队路经上海,到四川南路1号中裕公司二哥李国珍住处,兄弟俩恳谈很久,想找共产党关系。李国珍问他:"带了多少兵?"他说:"一个团。"又问:"在上海的国民党部队里,有些什么人事关系?"他说:"现在驻上海的青年军第三十七军是我的老部队,团营长中,同学、同事,熟人很多。"李国珍说:"你是国民党军官,想参加共产党,谈何容易。我介绍你参加一个组织,名称叫中国国民党革命委员会,是拥护共产党的……"他说:"完全听二哥的话!"按照手续,填好参加民革的申请表。因他是现役军官,为安全起见,他在申请表上填上化名李廷忠。在约期举行的入党宣誓会上,监誓人为林涤非,誓词是"忠心参加中国国民党革命委员会,拥护共产党,拥护孙中山的三大政策,打倒蒋介石,为建立新中国而奋斗……"(当时的誓词,是各地民革自拟的),他参加民革的日期是1949年1月23日,地点在上海李国珍住处。当时笔者在上海负责地下民革的组织工作,深知其事。

接受任务积极策反

李泽龙参加民革后,接受的任务是发展民革组织和军事策反起义工作。由于这项工作的机密性、危险性很大,民革组织指定李国珍和李泽龙单线联系,不编入民革支部。李泽龙说,受二哥领导,更有安全感。他深受鼓舞,积极进行工作。这时,国民党驻防上海江湾、吴淞、崇明岛、浦东等地的第三十七军,原是青年军第二〇二师改编而成，李泽龙的军校同学、同事、熟人很多。李国珍告诉李泽龙：南京、上海地下民革组织，正策划京沪武装起义，迎接人民解放军渡江。他要李泽龙把自己率领的一个团控制好，并策动可靠的军官，等待解放军渡江时，就乘机起义。李泽龙首先找到国民党第三十七军军官队上校队长赵北辰（四川江安人）和驻防崇明的中校营长黄长民（四川仁寿人），都是知心朋友，李泽龙约请赵、黄二人来黄浦江边大达码头旅馆相见。赵、黄二人如期来了，李首先问他们对战争形势的看法，再向他们讲明长江以南，兵力空虚，台湾只有二〇一、二〇六两个残师，实际上已无可战之兵，战局如此，已无可挽救，以打破他俩的幻想。然后将李国珍讲的新民主主义内容，中共对国民党军政人员的政策等转告他们，指出参加起义是一条光明的道路。意见统一了，便策动他俩于解放军渡江时率部起义，黄长民负责控制崇明岛（长江口咽喉之地）一个整团官兵，占领该岛，以迎接解放军渡江；赵北辰负责掌握军官队全体官兵（全副武装并配有机关枪），占领吴淞口，迎接解放军登陆，策应解放上海战役。他俩表示决心照办。李泽龙又介绍他俩参加民革组织，约期带他俩去见李国珍，办理参加民革手续，由李国珍、李泽龙作介绍人，林涤非监誓。以后，赵、黄二人经常与李泽龙联系，后来部队调动，赵北辰辗转拨归郭汝瑰兵团，在宜宾起义。黄长民因上海民革组织遭到破坏，失去联系。

由李泽龙策动起义的还有驻守在浦东的国民党第三十七军海防支队参谋长谢元良（军校高教班七期毕业，四川兴文县人）。国民党设立浦东川沙地区司令部，谢元良升任该部少将参谋长，指挥两个旅共七个团，驻守浦东。李泽龙与他约好，待解放军到来时，即率部起义。上海战役时，谢元良率部投诚。经李泽龙联系，约好起义的还有驻守浦东的青年军第二〇九师中校营长刘俊（军校十三期学生，四川仁寿人）等人。

两次去台又返大陆

李泽龙两次去台湾，第一次是 1948 年 7 月，奉命调往台湾，任青年军第二〇一师军械组中校组长，旋又被调任该师第二处中校处长，派回川鄂招兵。第二次是他参加地下民革后，带领在大陆招收的新兵部队再去台湾。当时台湾陆军训练总司令孙立人命令他急速率领部队返台，1949年2月下旬，台湾陆军训练司令部派轮船到上海，接运所有留上海等船的前往台湾的新兵部队，规定李泽龙所属的部队于2月26日登船，下午6时开船。李急将情况向民革组织报告，并接受了在台湾伺机行动和发展民革组织的任务。他随身带去了两张参加民革的空白申请表，准备到台湾后照样翻印使用。离沪前，李国珍来送行，叮嘱发展民革组织必须注意安全，并约好通信联络暗语。

李泽龙到台湾凤山师部后，即被调到陆军训练司令部干部训练总队校官大队第八期受训（凡是调到台湾训练部队的军官都要受训，校官一般训5个星期，尉级官一般是3个月）。1949年3月，李看见台湾报纸登载上海地下民革组织被破坏，民革领导人王葆真（民革中央军事特派员）、林涤非等被捕（林是李参加民革的监誓人）的消息。因此，李更加警惕，但仍不忘民革组织交给他的任务。

李泽龙在台湾，曾在国民党陆军训练司令部任参谋，上司还要他担任上校谍报队长，管5个谍报组，在台湾范围内抓捕共产党员。这是因他是蒋经国派任的上校组长，故委他担任此重要职务，他却不愿干。有同事说，这是好差事，多抓共产党可邀功受奖。李泽龙心里想：我是民革成员，拥护共产党的，怎么能干此伤天害命、罪孽深重的事呢！因此他辞去了这个职务。

李泽龙在台湾，还做了营救被捕的革命者等工作。

当他听说中华人民共和国将于10月1日成立时，那天他提前下班，收听北京广播，当听到毛主席宣告：新中国成立了，中国人站起来了。他要回大陆的心情更加迫切了。

李泽龙供职的台湾陆军训练司令部自10月1日起改组为台湾防卫司令部，司令官仍为孙立人。1949年11月下旬，李泽龙奉派担任司令部工事构筑督导处调查组上校组长，组下设两个科，科长由台湾保安司令部和宪兵司令部分别派军官担任。李泽龙想,这个差事,比叫他当谍报队长,抓捕共产党员,任务不同,不如暂时接受,以待时机。

李泽龙去报到那天,见台湾报载,人民解放军已入川,正沿川湘公路向重庆方向前进。他立即执笔写请假报告,借口他是独生子,时局紧张,要赶回重庆,接父母来台湾,请紧急事假一星期,并借薪两个月。按规定手续,他找到副司令兼参谋长又兼司令部工事构筑督导处长舒适存。经苦苦请求,舒适存批了"拟请照准"。然后,李泽龙找到司令官孙立人,送上请假报告,说明理由。孙立人当即批准了"照准"二字。李泽龙心里十分高兴,即去买好飞机票。在等待飞机起飞时才得知,重庆已解放,乃改买成都机票(这时成都尚未解放)。李泽龙于1949年12月3日由台北松山机场起飞,经香港飞回成都。由于他身穿上校军官服,又有台湾防卫司令部司令官批准的出境差假证,顺利通过了机场宪兵的检查,李泽龙终于回大陆了。

鼓动起义共迎解放

李泽龙回成都后,利用军校同学关系,担任了国民党豫陕鄂边区绥靖公署警卫旅上校高级参谋。当时,这个绥靖公署是由湖北老河口撤移成都的,主任张舫,上将军衔,早年追随孙中山,参加过同盟会。绥署辖区虽广,但绥署本部只有一个警卫旅,少将旅长张广驹是张舫的儿子,与军校同学黄笃煦交情深厚(他俩是军校高教班第九期同学)。李泽龙由台湾飞回成都,即去看望老同事、老朋友黄笃煦(他俩在部队里感情很好)。经过黄笃煦的介绍,李泽龙认识了张广驹,李将台湾情况告知黄,由黄转告张广驹。李说:台湾兵力空虚,拥有美械装备的只有3个师,都是新兵,缺额很大,3个师总共13000人,所谓台湾有新军50万,扬言反攻大陆,完全是欺人之谈,不能对台湾有任何幻想。共产党的政策,立功受奖,欢迎起义投诚,我们何必为国民党殉葬。时至今日,唯有起义投诚,才是生路。这些话,李泽龙通过黄笃煦向张广驹讲了,以坚定张氏父子的起义决心。成都解放时,张舫宣布起义,张广驹、黄笃煦、李泽龙等均同时起义。李泽龙起义后，即奉通知调德阳川西军政大学高级军官班学习（后因中共川西地下组织介绍到成都军管会陆军处调查科工作，未去川西军大）。

成都解放前夕，李泽龙还利用军校同学关系，对宪兵二团进行了策反工作。他找到驻成都的宪兵第二团营长谢明祎（他俩是高中同学，感情很好），李问谢，重庆已解放，你如何应变？谢说："拉上山，打游击，共产党来了，容得下一般部队，容不了我们宪兵，与其拉去枪毙，不如把部队拉上山，先抓够本钱，总要打死他许多人……"李泽龙反对他走绝路的错误想法，并说，共产党从江西打游击起家，你在共产党的天下打游击，只有死路；蒋介石兵败如山崩，力量丧尽，时至今日，唯有起义投诚，才是生路。台湾兵力空虚，绝无卷土重来的任何可能。谢的思想有了松动，约李次日详谈，谢问，你如何应变？李说，有个好朋友，在郫县组织20个连的自卫队，成立一个师，要我去当参谋长，等待解放军打成都时，我们就起义。李又把北京广播、共产党的宽大政策、约法八章等讲给谢听了。经过反复恳谈劝说，谢表示不打游击了，决心起义。李通过郫县起义的联络人、老朋友黄笃煦的关系，使宪兵第二团与中共地下党钟韵明联系上了。成都解放时，谢明祎率宪兵第二团全团起义成功。李泽龙策动宪兵第二团起义有功，被介绍到成都军管会陆军处调查科工作。

成都解放后，李泽龙到四川省民革报到，并书面汇报了工作情况。李向民革秘书刘善征出示身藏的两张参加民革的空白申请表（样式），刘拿去一张，拟派李回綦江县发展民革组织。

中共十一届三中全会后，依据中共中央组织部、中共中央统战部1985年1号文件，李泽龙享受离休干部待遇。

（作者系民革党员，民革上海市委原秘书处处长）

郭汝瑰（1907—1997），重庆铜梁人，中共特工。黄埔五期生，早年加入中国共产党，曾进入日本陆军士官学校、陆军大学进修，抗战时期以出色的参谋能力获得陈诚的赏识，曾任国防部作战厅长。

一谍卧底弄乾坤　　两军胜败已先分
——记策划郭汝瑰起义

钟克君

1907年，郭汝瑰出生于四川省铜梁县（今重庆铜梁）一个家道中落的书香之家。

五四运动爆发以后，各种社会思潮汹涌澎湃，郭汝瑰对社会主义产生了朦胧的好感。1925年，刚满18岁的郭汝瑰与袁镜铭、傅秉勋等6位川军青年军官，进入黄埔军校第五期学习。当时正值第一次国共合作时期，黄埔军校的政治教官多为共产党员，郭汝瑰听了萧楚女、恽代英等人的讲座，认识到只有打倒帝国主义和封建军阀，实行孙中山先生的新三民主义，进而实现社会主义，中国才能够富强起来。1928年5月，经共产党支部负责人袁镜铭介绍，他加入中国共产党，实现了他追求的愿望。后来郭汝瑰因去了日本而与党组织失去联系，这也成了他政治生活中的一个转折点，走了十几年的弯路。

由于郭汝瑰天资聪明，对军事作战有独到见解，他从陆军大学的一名普通教官，逐渐进入到国民党政权的上层。面对国民党的腐败和种种倒行逆施，回想起年轻时所受的一些社会主义教育，郭汝瑰感到中国的希望还在共产党那边，因此，他努力寻找机会，与共产党恢复联系。

郭汝瑰

在解放战争中秘密递送情报

1945年春，郭汝瑰的寓所里响起敲门声，原来进来的正是当年涪陵的进步学生任廉儒。他连忙将这个风度雍容的青年人请进书房，拉上窗帘，双方促膝恳谈起来。郭汝瑰敞开心扉，叙述了自己的曲折经历，表示自己早已对国民党的高官厚禄视如粪土，一心想到延安去，参加抗日杀敌。可任廉儒却"闪烁其词"，只是说："山那边的情况，小弟从朋友处也只略知一二。我兄之愿定当转达，相信必当报国有门。"原来任廉儒受中共中央南方局负责人董必武委托，奉命同郭汝瑰联系并考察。

当任廉儒逐步了解郭的立场、观点，同时获得了一些重要的军事情报后，就进一步启发、提高他的觉悟。一天，郭汝瑰谈起，读过毛泽东的《中国革命战争的战略问题》，说这样的文章，是当今中国所有的军事家都写不出来的。两天后，任廉儒悄悄地送来《论持久战》《新民主主义论》等多篇毛泽东著作。又过了几天，任廉儒安排郭和董必武会面。郭汝瑰如约前往，同仰慕已久的董必武秉烛夜谈。郭汝瑰谈了他一生的经历和对国共两党的认识过程。不久，郭汝瑰又一次应约去任家与董必武见面。在这次谈话中，郭汝瑰要求恢复自己的党籍，董必武未正面作出答复，而是问："国民党最近要你干什么？"郭汝瑰如实相告："何应钦约我去美国任中国军事代表团员，我不想去，我要求去延安。"董必武说："你可以去美国，多多调查了解美国，继续与我们保持联系，革命要看远些嘛！"这次谈话后一两天，任廉儒前来告诉郭汝瑰："董老说，你要求恢复党籍，原则上可以，但要经过一番考验。希望你留在这边，能为共产党提供一些有价值的情报。"

郭汝瑰在与董必武秘密会见，成为中共方面的高级情报工作人员之后，曾任总长办公厅少将副厅长、掌握军务的国防部第五厅中将厅长、主管作战的国防部第三厅（即作战厅）中将厅长，被人称为陈诚手下的"十三太保"之一，官运亨通，红得发紫。此时已转到上海任川盐银行上海办事处主任的任廉儒，向他传达党的意见说："你应该争取就任作战厅长，为党提供更重要的情报。"

1947年5月12日晚，郭汝瑰将向蒋介石上报的战场态势和作战部署抄录了一份，交给前来联系的任廉儒，并特别叮嘱说："这一次的战斗序列中，有整编七十四师，全部美式装备，要人民解放军特别小心。"此后，在这次重要战役中，蒋介石重点进攻山东的图谋严重受挫。1948年10月，淮海战役前夕，郭汝瑰又诱使蒋介石改在徐州外围作战，增加了蒋军在移动中被人民解放军分割围歼的机会。淮海战役结束后，人民解放军准备大举渡江，直捣南京。蒋介石集团一面玩弄假和谈，一面调兵遣将，制定了庞大的江防计划和江南作战计划。郭汝瑰在把这些作战方案报送蒋介石的同时，也将这些绝密文件交给了中共的联络员任廉儒。

自1945年重新与中共党组织联系上开始，郭汝瑰抛弃唾手可得的荣华富贵，以"白皮红心"的方式，在国民党的心脏部门进行特殊的战斗达4年之久，为中国共产党提供了大量的重要情报。其中包括：重点进攻山东计划，徐州司令部兵力配置，国民党军队在大别山的调度计划，解围兖州计划，解围长春计划，解围双堆集计划，1948年11月底国民党军队江防计划，武汉、陕甘、西南等地区的兵力配备序列等，为人民解放军迅速打垮国民党军队作出了特殊贡献。

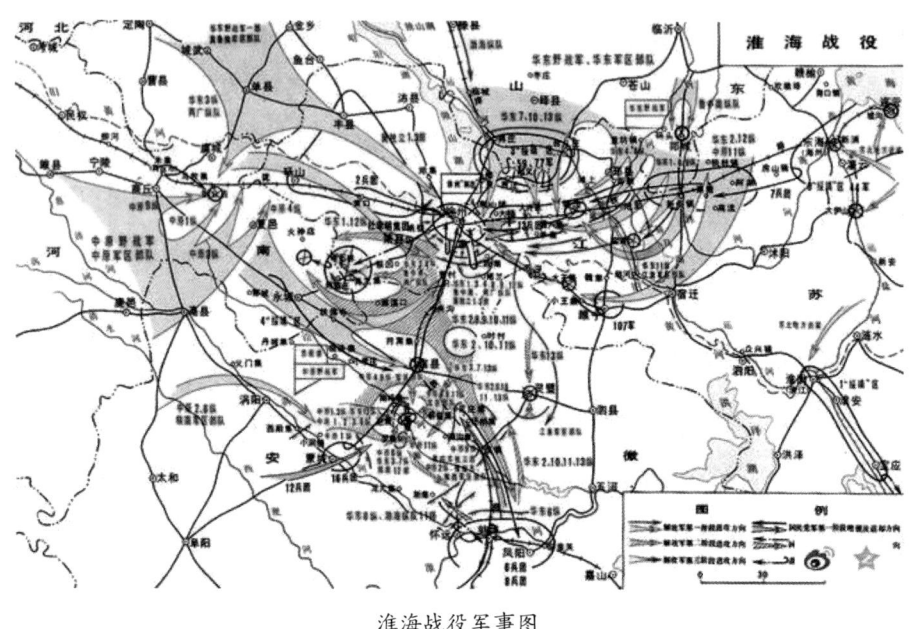

淮海战役军事图

率领第七十二军起义

1948年6月,任廉儒与梁佐华奉中共党组织指示,参加了地下党策反起义工作。其实他俩早在20世纪20年代就一起从事革命,可谓志同道合。1949年3月,任与梁再度携手,由上海去香港找南方局和民革中央接头,联系郭汝瑰的起义工作。到了香港,他们来到李济深家,但李已秘密离港。后又找到民革中央主任秘书吕集义,继而与中共华南局接上了关系。华南局潘汉年听了汇报后指示:中央已经决定二野进军西南,郭汝瑰率第七十二军若起义成功,将对西南战役很有作用。

刚从香港请示工作回来的任廉儒,向郭汝瑰传达党的批示:"预计人民解放军渡江后,蒋介石必然妄图巩固西南,那时必有一场恶战。你争取掌握一支部队,到人民解放军进军大西南时举行起义。"郭汝瑰决心再冒险带兵去西南,而此时蒋介石的任命又正好与他的要求相符。他喜出望外,将此消息告知任廉儒,要求任也能去四川经常与他保持联系，并派一些军事干部来帮助他掌握部队。

随着国民党国防部由南京迁往上海，第七十二军军部也搬到上海北四川路的一座小学校里，郭汝瑰和以华山路川盐银行办事处主任身份为掩护的任廉儒联系更为密切。而他们交接情报的地点，则放在了保密局上海秘密联络点，即上海美琪戏院对面，较有名气的川菜馆"凯歌归"。

有一次，任廉儒收到郭汝瑰一份极其重要的军事情报，里面包括江防计划，江南作战计划，武汉、陕甘和西南地区国民党兵力配备的详细资料，计约9份国民党国防部绝密文件。任廉儒立即驱车前往斜土路一座小洋楼，那里等待他的是工矿银行上海分行副经理梁佐华。常务理事鲁自诚既是梁佐华在银行的上级，也是中共情报小组中的领导。任廉儒和梁佐华的共同使命，就是把郭汝瑰提供的绝密情报，以最快最稳妥的方式交给中共负责人。任、梁经过再三郑重考虑，决定交给民革中央军事特派员王葆真，由他直接交给中共负责人（任廉儒、梁佐华均为中共、民革隐蔽战线人员双重身份）。王葆真欣然答应担任"传送人"。对于情报安全，3人商量决定：当前情况特殊，危机四伏，一旦出现紧急情况，应采取"毁件保人"的断然措施，以切断敌人的线索。只要郭汝瑰安全，不仅能保住一个特殊的情报来源，而且能保证他率领的第七十二军在西南起义，打破蒋介石"凭剑阁之险，天府之富，立足西南，再图中原"的战略意图。

当人民解放军进入湘西，准备向四川进军时，蒋介石飞抵重庆，召开守卫大西南的作战会议。会后蒋亲自召见郭汝瑰，询问部队作战情况。当得悉人民解放军由贵入川时，蒋介石又电令郭汝瑰为第二十二兵团司令，直接指挥第二十一军、四十四军、七十二军和三个独立师，作为防堵人民解放军进入四川的前哨兵团，并要求七十二军在长江、沱江布防，以便蒋介石将其主力集中于成都附近，与人民解放军决战。想不到，郭汝瑰已剪除了七十二军中的特务和反动分子，做好了官兵的思想工作，按照与任廉儒商定的计划，于人民解放军入川之际，在宜宾地区通电起义，破坏了蒋介石固守大西南的计划。

1949年12月10日，郭汝瑰召集全军团以上军官会议，公布了《起义告官兵书》，向全国发出起义通电，并通知所管辖的区域同时起义。起义的通电一公布，远在台湾的蒋介石气得浑身发抖，捶胸顿足，连声骂道："娘希匹，郭汝瑰……"

第二天，郭汝瑰率所部13000余人在宜宾起义，将人民解放军第十八军军长张国华、政委谭冠三率领的大军迎入宜宾城，使宜宾这座历史文化名城完好地回到了人民手中。

美国一家报纸曾不无幽默地发表一篇题为《一谍卧底弄乾坤，两军胜败已先分》的文章，其中讲道："郭汝瑰以国防部作战厅厅长的身份，为国府'运筹帷幄'之中，却让中共决胜千里之外，真是匪夷所思，一大讽刺。"

为建设新中国而努力工作

新中国成立之初，四川分为4个行政区，郭汝瑰被任命为川南行署交通厅长。1950年，中央军委决定成立南京军事学院，来电征询郭汝瑰是否愿意前去任教。郭汝瑰欣然辞去川南交通厅长的职务，于1950年3月到南京军事学院报到。在南京军事学院18年，郭汝瑰先后任合同战术教授会教员，司令部工作教授会教学组长、军史史料研究处副处长，并当选为江苏省政协委员、全国政协委员。1970年，南京军事学院撤销建制，年过花甲的郭汝瑰回到四川巴县和重庆北碚定居。

郭汝瑰对党忠诚，平生谦逊而低调，对过去的功绩不愿多谈。直到中共十一届三中全会以后，他直接给中共中央组织部写信，申述自己的全部历史，反映多年的入党要求。不久，他所在的中国人民解放军重庆警备区党委接到了中组部的通知："准许郭汝瑰入党"，才实现了郭汝瑰的政治夙愿。1981年，成都军区党委又根据郭汝瑰的优异表现，将他评为全军区优秀共产党员。

1997年10月23日，郭汝瑰逝世，走完了曲折而瑰丽的人生。

（作者系民革上海市委会宣传部原副调研员）

吴石（1894—1950），字虞薰，福建仓山人，民革前辈，中共党员；曾任福州绥靖公署副主任，1949年6月赴台，任"国防部"参谋次长；1950年，因中共台湾省工委书记蔡孝乾叛变，吴石被出卖，惨遭杀害。

一位战斗在敌人心脏的战士

吴　峥　黄　玮

吴石，字虞薰，号湛然，福建闽侯（今福州市）人，生于1894年，卒于1950年。

1950年6月9日，台湾当局宣称破获一起"中共间谍"重大案件。次日，国民党"国防部"参谋次长吴石及其副官等4人，以"通共罪"被处决，台岛一时为之轰动。此后一段时间里，在台湾，"吴石"成为人们忌讳的名字，避而远之；在大陆，因海峡两岸的战时对峙以及隐蔽战线的特殊需要，在几十年间吴石未被公开提起。由此，吴石之名渐渐淡出人们的视野，也淡出了历史，不为大多数人所知。

吴石再次进入人们的视野是在2009年春，电视剧《潜伏》在全国的热播，他被认为是最接近剧中主人公——余则成的原型，从而引起广泛关注，媒体争相报道。

这是一位传奇人物。少年时代的吴石，心怀国家，毅然选择投身北伐。凭着他的资质、才能以及和李宗仁、白崇禧等人深厚的私交，仕途相当顺利，升迁甚速。他历任国民党福建省政府军事厅厅长、南京政府国防部史政局局长、福建绥靖公署副主任、抗战时期第四战区参谋长、第十六集团军副总司令、台湾"国防部"参谋次长等重要职务。他参加过北伐、抗战、解放战争等诸多为中华民族而奋斗的重大历史事件，他的一生有着那个时代鲜明的特征。忠贞爱国伴其一生，为国家、为民族立下不朽功勋。

吴石为好友何遂指画《长江万里图》题诗

1929年,吴石东渡日本学习军事,先后留学日本炮兵专门学校、日本陆军大学。在日留学期间,他有"十二能人"的美誉(能文、能武、能诗、能词、能书、能画、能英语、能日语、能骑、能射、能驾、能泳),毕业时各科均名列第一,引起轰动,为中国军界赢得荣耀。

全面抗战开始后,吴石出任参谋部二组(厅)第一处处长,负责对日作战的情报工作。他曾参与长沙、湘桂、桂南、昆仑关、桂柳等重大会战的策划,也就在这个期间,吴石开始对共产党有了一些了解。他亲自到武汉珞珈山听周恩来的演讲,同叶剑英等人有过交往,还认真研读了毛泽东的军事著作——《论持久战》,看后大赞其妙。作为同乡、同宗、同学的吴仲禧向他介绍共产党对抗日民族统一战线的主张后,吴石立即表现出很大兴趣。

还有几个小细节,可以看出吴石对共产党的好感发自内心。国共谈判破裂前夕,昆明发生了李公朴、闻一多被国民党特务枪杀事件,在南京就可嗅到蒋介石发动内战的火药味了。有一天,吴石的妻弟(赴美接受空军训练回来)来家做客,聊到当天他们去苏北"执行任务",为了不使老百姓遭殃,他们把炸药都扔到田里去了。此后,吴石就很少在家人面前谈论时事了。后来,寄居家里的朋友孩子外出买回公开出售的《新华日报》,吴石看到,也就看了一眼,什么都不说。在当时蒋介石大肆制造"剿共"舆论下，作为军事要员的吴石不表态（甚至还"纵容"家人看《新华日报》），就足以成为他反对打内战的最好表态。

抗战胜利后，吴石目睹国民党政府腐败无能，独裁专制，极为愤懑，多次发出"国民党不亡是无天理"的喟叹。1945年底，经过吴仲禧的联系，他秘密加入三民主义同志联合会（"民联"的前身），参加民主建国运动。1947年4月，经中共地下党员何遂（新中国成立后，任华东军政委员会司法部长）介绍，与中共中央上海局负责人刘晓、刘长胜、张执一等会面，与中共进行联系。从此，开始了人生的重大转折。

隐蔽战线斗争不可忽视。在刀光剑影、枪林弹雨的背后，同时进行着一场场惊心动魄的秘密斗争，关键时刻，起到了战场上以一抵千的功效。但他们时刻生活在刀刃上，随时面临暴露的风险。

吴石就是在何遂的直接领导下（单线联系），利用他在国民党的关系，以其合法身份为掩护，担任军事情报员和掩护地下工作者。不久，何遂将上海地下"民联"的联络处以及联络暗号告诉了吴石，吴石按照联络暗号很快与吴长芝联系上了。

吴长芝也是"民联"组织的成员，1946年从美国回国后，开办大兴贸易公司，自任总经理，以此来掩护地下工作，并提供地下活动经费。吴石常到吴长芝家，将搜集到的军事情报，亲自送给地下"民联"负责人之一吴艺五，再由吴艺五送给中共地下组织负责人，转送解放军。

解放战争期间，国共两党展开殊死决斗，决定了中国的未来何去何从。而吴石就是扎入国民党心脏的一颗铆钉，他利用身居高层的特殊身份，进行军事核心机密的收集和传递，发展组织骨干，策反国民党上层人士，为中国人民解放事业作出特殊贡献。

1948年6月，经吴石关照，他的好友、中共情报系统重要成员吴仲禧被派往"徐州剿总"，顺利收集到《徐州剿共总情况》，这一重要情报详细介绍了徐州"剿总"的范围、所辖绥区、主官姓名、兵力配备、"剿总"之作战意图等，被确认是"淮海战役前解放军获得的最早又是比较全面关于徐州一带敌情的情报"。

吴石协助中共地下组织策反第二舰队司令林遵，促成林遵率领30艘舰艇毅然脱离反动阵营。林遵起义，作为解放战争期间国民党海军最大规模的舰艇集群起义而青史留名。

国共和谈破裂后，解放大军横渡长江，转战上海，挺进东南，吴石为这些战役提供了重要军事情报，如《国防部全国军备部署图》《沪宁沿线军事部署图》等核心情报。

抵榕后，在中共中央社会部福建特派员谢筱迺的协助下，吴石向中共提供大量重要情报，其中有：蒋介石在京、沪、杭解放后的"全国作战部署"，特别是台湾及东南的部署及国民党军队的军事动向情报；国民党军在福建省的战斗序列、在福建整编后的主官姓名、福建"绥署"的兵力统计等情报。这些情报都得到中共中央的高度重视。

通过巧妙的设局和解套，借助组织的力量，吴石一次次地把情报送到解放区。1949年6月，吴石受中共地下党组织的派遣，准备赴台潜伏，配合解放军解放台湾。

离开大陆前，吴石还有两份重要材料想让吴仲禧转给中共华南地下党组织。吴石由福建先后到广州、香港来找吴仲禧，转交他手中的重要情报：关于国民党军队留存在西北各地的部队番号、驻军地点、部队长姓名、现有人数和配备、准备整编的计划等；国民党部队在长江以南川、滇、湘、粤、闽各省的部队建制和兵力等长达几十页的绝密材料。（这些军事绝密档案298箱，其中有价值连城的"末次资料"775辑，1984年被历史学专家鉴定为孤本珍贵文献）。吴石告诉吴仲禧，他很快就要离开大陆随蒋部到台湾。吴仲禧劝他留下，再考虑考虑，到台湾是否有把握，如果不去可就此留下，转赴解放区。吴石坚定地说："我的决心已经下得太晚了，为人民做的事太少了，现在既然有机会，个人风险算不了什么。"他接着说，为了避免嫌疑，他的夫人和两个小儿女也要一同去台湾。大儿子、大女儿留在大陆，请吴仲禧在必要时给予照顾。

几天后，吴石奉派与何遂一起潜往台湾，执行任务。

1949年中秋,吴石与夫人
王碧奎及小儿子在台北留影

何遂到台湾联系工作后,返回上海,吴石则留了下来。以他原来的身份,很快就当上了台湾"国防部"参谋次长。以此为掩护,在险恶的环境下为中国共产党工作,他的情报工作极富成效。短短的时间里,他就扩展了地下活动的范围,江南(刘宜良)在《蒋经国传》中说:"吴石在台湾的特工工作,遍及东南长官公署、保安司令部和空军部队。"

1950年春,中共台湾工委暴露了,为紧急撤离疏散,吴石秘密地为撤离的中共党员办理通行证。中共台湾工委有一位女同志,是国民党原海关总税务司丁贵堂的儿媳(朱枫),由于组织遭受破坏,不得不紧急撤离。她所持的通行证,正是吴石办理的。朱枫持着吴石办好的通行证,辗转到了舟山;但是,国民党特务多方追查线索,终于查出了这张通行证的来源。

在搜查吴石家时,特务搜出了秘密电台。至此,"罪证确实",吴石于3月1日夜被捕了!他受尽酷刑,坚贞不屈,于6月10日英勇就义于台北马场町。就义前他从容吟诗:"凭将一掬丹心在,泉下差堪对我翁。"用生命写下惊天地、泣鬼神的浩然正气之歌。

由于两岸隔绝多年,大陆长时间不知道吴石已在台湾被害。为了在台有关人员的安全，吴石的地下工作者身份始终是绝对保密的。何遂和吴艺五再三叮咛，有关人员绝对不能暴露吴石的身份。吴长芝（吴石地下工作时的助手）在"文革"中为了保守吴石的秘密，被造反派打伤头部，至今头上还留着伤疤。

新中国成立后，吴艺五在民革上海市委会工作，他讲到地下民革联系起义工作时，多次提到，我们原地下"民联"还有一个人在台湾，现在还是绝对保密的。1976年吴艺五病危临终之前，仍不忘叮嘱："我有一个心事，台湾这个人（指吴石），对革命有功，不能忘记他……"

吴石在台湾被害后14年，经批准为革命烈士。当时为了保密，通知烈士家属的函件，仍用密件发出；春节慰问烈属时，也暂时未派人到吴石烈属家里慰问。

吴石甘冒生命危险，战斗在敌人心脏里，在大陆、在台湾，他为革命工作，有重大贡献。人民没有忘记他，历史记载了他的事迹。

吴石烈士有4个子女，两个在大陆。长子吴韶成是中共党员，曾任河南省冶金厅总经济师；长女吴兰成也是中共党员，在北京中国医学院工作，1988年曾赴美讲学，1991年获得"五一劳动奖章"。吴石夫人王碧奎，年老体弱，住在美国小儿子家里。

1973年10月29日，中央有关部门给中共河南省委组织部发函，证明"吴石同志为革命光荣牺牲"。河南省民政局于1973年11月15日批准吴石为革命烈士，并发给抚恤金650元。此项抚恤金，已由吴石烈士在大陆的两个子女，作为党费全部上交。

主要参考文献：

1. 《战斗到最后一息的吴石烈士》，梁佐华著，《民革党员与新中国》，上海文史资料选辑总第94辑，1999年。
2. 《吴石诗文集》，郑立著，福建省文史研究馆内部刊物，2012年。

（作者吴玿系吴石孙女，民革党员，羊绒生活馆法人；黄玮系民革上海市委会宣传部干部）

邓葆光(1908—2003)，湖北黄安人，民革党员。曾就职于国民党军统局，抗战胜利后任上海敌产处理局逆产组长，负责接收日本人及汉奸的数十万册书籍和档案。新中国成立后，曾任上海市人民政府参事室参事、全国政协委员。

少将情报官在黎明前归来

缪新亚

邓葆光是上海民革老前辈，他那跌宕起伏的人生充满传奇色彩：他曾是董必武和陈潭秋的得意门生，日本中央大学的高材生；他是误入国民党情报系统的经济学家，深得戴笠青睐的军统少将；他曾是预测"珍珠港事件"的第一人；

邓葆光

他喋血香港，冒着生命危险让一批"国宝"级图书和文献资料回归新中国，为新上海添彩。

一

1950年9月12日清晨，香港轩尼诗道红棉酒家门前，行人稀少，显得格外冷清。突然从街角窜出4个蒙面大汉，手持铮亮的砍刀，对着一位身材高大的男子挥刀乱砍。看来男子也有些武功，以太极拳术相搏，但赤手空拳，单身一人，怎敌4个穷凶极恶的暴徒，很快就倒在血泊之中。

这个喋血街头的场面，不是在拍摄电视剧，而是真实的历史事件。被追杀的男子就是邓葆光，4个蒙面暴徒，是刚逃到台湾的国民党军统系统所派遣的特务喽啰。他们为什么要对手无寸铁的邓葆光痛下毒手？邓葆光为什么会到香港？这些事还得从1945年说起。

抗战胜利后，邓葆光任上海敌产处理局逆产组长，负责接收日本人及汉奸在上海的金银财宝、房屋地产，其中还有数十万册书籍和档案资料。1947年7月7日，国防部保密局东方经济研究所附设的机构——东方经济图书馆开幕，邓葆光亲任馆长。

该馆藏书内容主要为原属日本人所办上海满铁事务所、日本工商会议所所藏的经济门类资料，包括日本人及汉奸的数十万册书籍和档案资料。邓葆光又从几十万册书中挑出七万册善本书，这批极其珍贵的"国宝级"图书资料引发国民党当局的重视，并对其采取了严密监视。

二

邓葆光是个善于审时度势、深明大义的人，但在光明与黑暗之间，作出投向光明的重大人生抉择，需要"天时、地利、人和"，这三者邓葆光逐渐都具备了。首先从大势来看，国民党气数已尽，且不可信赖。不久，欣赏他并十分信赖他的戴笠，机毁人亡，在军统中没有根基的他，前途难卜。

在他犹豫不决之时，接连发生了几件事：

第一件事：他的一位长住北平的秦姓朋友前来拜访，此人足智多谋，在傅作义手下做事，春风得意，素来与邓葆光很谈得来。此次见面，把酒对酌，谈及时局，说过"中国何去何从，我等当作考虑""东方经济图书馆的文献资料，你有责任保护"之类的话。一切只是点到为止，没有挑明，却在不言之中。性情敏感的邓葆光，难免心中有所触动。

第二件事：在平津大战前夕，一位自称北平梁姓朋友外甥的人造访邓府。临走之前，转告了"舅舅"捎来的一句话："望兄多珍重，春燕往北飞！"

这句话，如闪电划过乌云密布的天空，如隆隆春雷碾过原野——在邓葆光心中激起了波澜，到该下决心的时候了！此时，战局急转直下，国民党节节败退。当他得知国民党准备退缩孤岛台湾后，他不想做国民党的殉葬品，去意已定，他准备或直奔解放区，或逃往国外，或避居香港，台湾则坚决不去。

紧接着又发生了第三件事：一天，他接到来自军统内部的密报，要他协查陈某和梁某，这两人都是他手下研究经济的专业人员。既然弃暗投明主意已定，他当机立断，不但没有下令侦查，反而传来陈、梁两人，当面告诉他们已经暴露，赶快逃离。放走两人之后，邓葆光心中一阵轻松——他觉得自己在通往光明的路上，迈出了第一步。3天之后，他收到了追捕陈、梁两人的通缉令。好在之前，邓葆光已打过报告：陈、梁两人不辞而别，不知去向，一切都在侦查之中。这件事便不了了之。

3个月后的一个漆黑的夜晚，被他放走的陈某突然重新出现在邓府客厅，此番前来拜访，一为感激救命之恩，二是代表组织，奉命邀约邓葆光与中共地下党代表见面。邓葆光欣然允命。

第二天，在浙江路一家小饭店，邓葆光见到了中共上海地下党负责人潘汉年，一阵寒暄之后，潘汉年代表中共地下党组织提出4点意见：一是局势很险恶，要注意安全；二是书已抵达香港，要继续保护，找合适机会转运大陆；三是低调落脚香港，发挥技术专长，在经济上为新中国出力；四是继续潜伏，暂时不联系，以俟大局有变，再作安排。

三

眼看到了 1948 年秋，人民解放战争进入夺取全国胜利的决定性阶段。国民党军统新贵毛人凤深知大势已去，下令邓葆光将其所掌管的财产尽快抢运到台湾。邓葆光给毛人凤打报告："上海飘摇，货轮极度缺乏，可否先暂避运抵香港，再换机转运台湾？"毛人凤无法干预上海船只，许多事情千头万绪，顾不过来，只好答复邓葆光："好自为之，自己想办法解决。"最后还加了一句凶巴巴的叮嘱："万一不能运到台湾，落于共党之手，必将军法处之于你！"

此时，邓葆光心中已作打算，誓死让图书资料完璧归赵——回归新中国。

邓葆光一方面给在台军统局打报告，表示"上海飘摇，暂避香港"；另一当面获军统局同意后，找老朋友汤元炳和中共地下党商量。汤元炳立即以仅存的棉纱抵押了 60 两黄金，资助邓葆光从接收的 50 万册资料档案和珍贵古籍孤本善本中挑选出 7 万册，装了 110 箱，伪装成干货，雇船托运到香港西环招商局物资仓库隐藏起来。其余重要机密档案和珍贵古籍善本，以及接收日伪的财产、珠宝、工厂、房产、账册等，交给身边的地下党员陈乃昌保管，以便将来全部交给新的人民政府。

在安排好图书文献后，邓葆光着手考虑自己转移到香港的事，一则为了 110 箱"国宝级"书籍文献的回归，二则是按照潘汉年的指示，好在今后为新中国经济发展出力。

一切低调行事。1949 年 4 月，上海解放前夕，邓葆光化名邓景行，悄悄地带着两位贴心助手蒋宝祥、何天锡，落脚香港。他在当地开了个贸易商行，以掩人耳目，字号"宝丰行"。12 月，接到中共上海党组织的指示，邓葆光绕道天津来到上海，当面接受潘汉年、扬帆的指示，东渡日本，和"猪鬃大王"古耕虞联手，冲破西方经济封锁，开展战略物资的进出口贸易，兑现了为新中国经济建设出力的诺言。

东方经济图书馆旧址

文物部门为东方经济图书馆所立的铭牌

四

　　毛人凤人逃到台湾，心里仍然牵挂着那批"国宝级"图书和文献资料，他对邓葆光很不放心，通过军统网络四处打探，终于在香港找到了邓葆光和那批图书的下落。

　　毛人凤当即指示香港军统特务：严密监控邓葆光，避开港英当局，不惜一切代价,从四环招商局仓库抢出图书。

与此同时,邓葆光得知毛人凤已注意到自己,图书和文献必将不保,为此,他心急如焚,当机立断,转移图书,方为上策。但图书转移面临两大难题:一则运输图书、两头租仓需要大笔资金,估计需要3万港币,"宝丰行"开业不久,经济并不宽裕,哪里拿得出这笔巨款?二则110箱图书兴师动众搬运,动静太大。一旦暴露,便凶多吉少,一切前功尽弃。

事不宜迟,邓葆光找到一起做猪鬃生意的古耕虞,说明了来由。古耕虞慷慨解囊,立马开出一张3万元港币的支票。

解决了资金问题,邓葆光立马安排搬运工作。为做到万无一失,他决定深夜活动,不雇搬运工人,自己和几个朋友亲自动手,将一只只大木箱抬上有篷货车,尔后绕道,走反方向,再取正道,将110个大木箱全部神不知鬼不觉地转移到地处中环的一家永安仓库秘藏。

在台湾的毛人凤得此消息,更加气急败坏。当手下人给他密报"查明邓葆光在香港名为开行,实已通'匪'。图书力查无门,传令邓葆光不作理睬,如何望训示"时,毛人凤气急败坏,拍着桌子咬牙切齿地说:"老子要你的命!"

直到1950年9月,台湾军统通过各种渠道,终于找到了消失一年半的邓葆光。台湾方面买通香港黑社会,准备重金雇佣暴徒暗杀邓葆光。

于是,就有文章开头叙述的那个场面——1950年9月12日,4个暴徒在光天化日之下,向邓葆光连砍9刀的血腥一幕。

五

受重伤的邓葆光被送进医院抢救,妻子尼娜闻讯赶到,守护身旁寸步不离。好在邓葆光命大,输了2500cc鲜血后,经过10个昼夜的抢救,终于脱离危险。

但事情还没有完。当远在台湾的毛人凤得知邓葆光保住生命的消息后,对香港的喽啰下达死命令:"不惜一切代价'灭'了邓葆光,抢回图书资料!"

香港特务使用各种奸计,试图将邓葆光害死在病床上。尼娜凭借美国国籍身份，动用一切关系，舍掉单人病房，住进大病房，混于病友中间，让特务无从下手，并对陌生人的探访，一概拒绝。特务们只能出其下策，将邓葆光所在医院团团围住，防止他逃脱。

尼娜又利用美国国籍与港英警察署交涉：为保障邓葆光的生命安全，必须离开香港去内地就医，但警方以"尚未破案"为由，断然拒绝。

远在上海的有关部门也没闲着。时任上海公安局局长扬帆亲自发来慰问电报；在潘汉年的亲自部署下，通过关系，以一辆"灵车"将邓葆光从医院后门接出，避开特务的种种监视，转道罗湖桥头进入广州。

全国解放后，这批古籍重新回到了人民手中。其后，邓葆光迁居上海，可他仍日夜系念着110箱7万册珍贵图书及其他资料的安全。某日，时任上海市副市长潘汉年、公安局长扬帆一道来探视邓葆光，他们带来特别兴奋的消息：那批深藏在香港中环路私人仓库的国宝，已全部安全运抵上海。

1955年邓葆光受潘、扬事件牵连被诬陷入狱，遭到长期关押。1980年平反，1983年加入上海民革，任上海市人民政府参事室参事，增补为第六届全国政协委员。他撰写了大量政协提案和有关"军统"的重要文史资料，为社会主义建设作出了新的贡献。1985年春，国务院文化部对邓葆光、汤元炳、古耕虞、蒋宝祥、何天锡等5位保护7万册珍贵图书古籍档案的有功人员，予以嘉奖并登报表彰。

2003年6月，邓葆光在上海逝世，享年95岁。

（作者系民革党员，上海震旦职业学院原招生办副主任、新闻与传媒学院副教授）

陈尔晋（1911—1949），浙江杭州人，中共党员。黄埔军校第八期学生，曾任中央军校西北分校教官，蒋介石侍从室侍从，兼总统府宪兵队队长。

王曼霞（1913—1949），安徽宿州人，中共高级女特工。

陈尔晋、王曼霞夫妻两人于上海解放前被害于宋公园。

宋公园的一曲悲歌
——陈尔晋、王曼霞伉俪在黎明前就义

陈冠宁

1949年5月19日清晨，上海闸北宋公园（今闸北公园），随着一阵乱枪作响，16位中共地下党员倒在血泊中。这就是蒋介石手下特务头子毛森采取秘密枪杀方式制造的震惊中外的"宋公园惨案"。此时，距5月27日上海解放仅剩8天。

躺在血泊里的牺牲者中，有一对革命伉俪——陈尔晋和王曼霞，他们都是中共地下党员。陈尔晋当时的公开身份是国民党国防部第四兵团中将副司令兼参谋长，在准备策反国民党第四兵团和三军守军起义时，因叛徒出卖被捕入狱，直至最后牺牲。

全国解放后，中央人民政府追认陈尔晋、王曼霞为革命烈士，并颁发了毛泽东主席亲署的革命烈士纪念证。

湘江边上结下姻缘

王曼霞，生于1913年，父亲是开设银楼的安徽富商。王曼霞从小受到良好教育。1931年，她离开安徽省宿县符离集老家，赴北京女子师范大学求学，受

进步思想影响参加学生运动，加入共产主义青年团。1934年大学毕业后，分别到上海、南京、西安、长沙等地从事学生运动，1936年在西安加入中国共产党，成为中共秘密战线的一名战士，并成为周恩来直接领导下的一名中共高级女特工。

1937年一个冬日的下午，王曼霞接上级指示赴长沙接受任务，在联络地点岳麓山古刹大雄宝殿等候。下午3点整，古刹禅修课钟声响彻整个寺院，一位身披袈裟的方丈走到她跟前，双手合十作揖："阿弥陀佛，施主从何方来？"王曼霞不紧不慢地回答："我从湘江来……"双方接上暗语后，方丈上前一步说，"同志，你辛苦了！今后接头每逢初一下午3点正，钟声完毕在此会面，党组织让我转告你，你的代号叫'藤蔓'，请尽快打入国民党上层深入了解情报，你的公开身份是浙江财阀李铭先生的秘书，在长沙筹设分行。"说完，方丈从袈裟内取出一个佛袋交给曼霞："所有证件都在里面，回去看一下。"说完，双手合掌，口念阿弥陀佛，离大殿而去。

陈尔晋，1911年生于山西太原一个官宦家庭，父亲陈家六是"辫帅"张勋的同学，外祖父李天相是山西大学物理化学总教授，他们想让陈尔晋长大后当一名科学家。但陈尔晋生于乱世，志在定国安邦。18岁就千里南下，考入了黄埔军校第八期。陈尔晋还有一个身份——中央军校西北分校教官，他教过一个学生，名叫蒋纬国。陈尔晋是黄埔军校的高才生，再加上蒋纬国的关系，因此蒋介石对他十分器重，也很放心，很多事都让他参与。蒋介石把陈尔晋调到南京，担任侍从室侍从，兼总统府宪兵队队长。

但是，老蒋万万没想到，同时关注陈尔晋的还有周恩来。

1937年12月13日南京沦陷，陈尔晋率部队撤离调防长沙，此时他已是高炮团团长。受中央委派赴长沙的王曼霞，在国民党上层军官中寻找统战对象，收集各类情报，当时她认识的国民党高级军官有：炮兵总队队长傅正理少将，第十八军副参谋长文文修少将，第七十六军二十四师师长于厚之少将，以及其他社会上层名流。

一天，文文修对王曼霞说，"王小姐，明天晚上军官俱乐部有个舞会，我邀您出席，介绍一位年轻帅气的军官给你。此人叫陈尔晋，黄埔八期炮科毕业，给委员长服务过，是刚从南京新调来的高炮团长，你去跟他交个朋友吧！"

王曼霞即向上级作了汇报。当天得到了周恩来的指示：陈尔晋深得蒋介石器重，今后在国民党军队很有发展前途，要努力与其接触，并让他逐步了解我党，争取帮助我党。

第二天傍晚，王曼霞穿上一件紫色丝绒绣花旗袍，配上紫色高跟鞋，旗袍外披着一件貂皮披肩，加上那波浪卷发和秀美的脸庞，显得高贵典雅和清丽脱俗。门外，文文修的派车恭候多时。勤务兵将王曼霞领引至俱乐部包厢中。灯光下站着一位年轻军官，正恭敬地向她伸出手来。王曼霞将那男子上下打量了一番：那男子中等个头，肤色微微发黑，四方脸上一对大眼炯炯有神，透着一股霸气；他身着美式合体军装，脚蹬锃亮的皮靴，扛着上校军衔，英俊锐利的眼眸含着丝丝笑意。"我叫陈尔晋，祖籍杭州，很荣幸认识王小姐。"文文修上前，指着陈尔晋对王曼霞说："这就是我昨天与你说的陈团长，认识了就是朋友。"陈尔晋牵手把王曼霞领进了舞池，旋转起来……

深夜，王曼霞走出俱乐部，喧嚣的城市已经陷入宁静。她正想叫一辆人力车回家，眼前突然停下一辆黑色轿车，陈尔晋将车门打开，"曼霞小姐，我送你回家！"

舞会相识，彼此都留下深刻印象，后来数次约会，王曼霞摸清了陈团长的底细，并奔赴武汉，向周恩来汇报。

周恩来认真听取王曼霞的汇报，同时做了重要工作指示："曼霞同志，你汇报的情况很重要。陈尔晋为蒋介石服务过，很受器重，将来在国民党军中前途无量，你要与他搞好关系，其中不排除建立恋爱关系。为了党和国家的前途命运也值得你去爱他。但你记住，那是要把他爱到我们共产党的阵容中来哦！"说完，周恩来将陈尔晋的全部档案交于王曼霞。王曼霞脸上浮起一片红晕，低下头轻声说："首长，我试试！"

陈尔晋和王曼霞合影

一晃半年过去，王曼霞与陈尔晋相处频繁，俩人几乎形影不离了。一名女共产党员爱上了一位国民党高级军官，是一桩两个阶级的政治婚姻。王曼霞向组织汇报了恋爱状况，也提出要与陈尔晋结婚的请求，党组织和周恩来经过周密的研究，批准同意了这桩婚姻。王曼霞与陈尔晋于1938年3月27日在长沙结成伉俪，结婚消息轰动了整个上流社会，文文修、于厚之当起了介绍人，傅正理为证婚人，李铭特地为两位新人主婚，从此陈尔晋、王曼霞开始了人生新里程。

国民党高层秘密加入共产党

婚后，夫妻俩常出入上流社会。王曼霞一方面借机广交朋友、了解情况；另一方面还要经常参加秘密会议。陈尔晋发现王曼霞经常打扮入时，一出门就是半天，常常深夜才回，怀疑妻子是否"红杏出墙"。他命令亲信悄悄跟踪，却摸不透妻子的动向，于是准备亲自跟踪调查。

一天，王曼霞说有几个闺蜜约她打麻将，晚上可能晚点回来。王曼霞前脚刚走，陈尔晋就悄悄地跟了出去。在一幢隐蔽小楼前，王曼霞的人力车停了下来，陈尔晋见妻子进了楼后又有几个不同年龄段的男女进楼。时间渐渐过去，1个小时，3个小时，5个小时，隆冬的子夜，地面上铺着一层薄薄的银白色的霜花，一股寒气直往骨头里钻。陈尔晋紧了紧军大衣上的毛皮领，抬腕看表，已是凌晨两点。这时，只见从小楼中陆续往外走人，王曼霞也出来了，她向前步行几百米后，拐了个弯，在另一条街叫了辆人力车往家而去，陈尔晋尾随其后。王曼霞到家见屋里没人，正想问勤务兵团长去哪里了，陈尔晋推门进来。"你到哪里去了？"王曼霞先发制人。陈尔晋笑笑，顺手关上了房门，"你倒是告诉我，你去哪里了？别跟我说去打牌了，我已经注意你多日了，今晚在那小楼外等候五六个小时了，说实话吧！"曼霞思忖着：看来，今晚是该摊牌了。

王曼霞走到梳妆台前，从抽屉的夹层中取出一本《共产党宣言》递给了陈尔晋："我是共产党员，是跟我离婚，还是去告发我？"说完用一双像秋日天空一样明澈的双眼看着陈尔晋。此时，陈尔晋的牙齿咬得格格作响，眼里闪着一股无法遏制的怒火，好像一头被激怒的雄狮。"你—— 你—— 你怎么会是共产党？"陈尔晋指着王曼霞，眉头紧紧地皱了起来。烟一根根地被点燃，而又被掐灭在烟缸里。陈尔晋在房间来回踱步，感觉心都要跳出来了，他冲出门外。此刻，陈尔晋的思绪翻腾开了：虽然对共产党有同情之心，对共产党的理论和观点也略知一二，但自己毕竟是国民党要员、黄埔学生，曾经跟随过委员长，并得到重用……虽然，蒋介石的不抵抗政策以及国民党各级官员腐败，让他有恨铁不成钢的感觉，但是家丑不可外扬。当前正值抗日关键时刻，虽说国共两党联合抗日，让上面知道自己的妻子是共产党，那是要掉脑袋的事。况且妻子已经有孕在身，自己不久将为人父……陈尔晋独自徘徊，真是"停杯投箸不能食，拔剑四顾心茫然"啊！

王曼霞拿起军大衣追赶出来，她将大衣披到丈夫宽实的肩上，满怀深情地说："只有共产党才能救中国！"当丈夫欲开口说话时，曼霞用手挡住他的嘴，"你先不必表态，给你一些共产党和毛泽东的著作，认真学习了解一下。有机会让你见见曾经是黄埔军校政治部主任的周恩来先生。"尔晋听后表示赞同，此时紧张的气氛得到了缓解。

次日，王曼霞给陈尔晋一些红色书籍，包括毛泽东的著作。她发现丈夫对这些书籍爱不释手，常如饥似渴地阅读到深夜。她把丈夫的思想状况及表现向组织作了汇报，并提出"周恩来同志能否与尔晋见面，进行一次深刻的谈话"的请求。

1938年，周恩来应邀到武汉出任国民政府军事委员会政治部副部长，借此机会，周恩来专门邀请王曼霞与陈尔晋到武汉黄鹤楼秘密会谈。

1938年11月8日，日军攻入湖南北部，并轰炸了长沙和衡阳。9日和11日，临湘、岳阳接连失守，中日两军对峙新墙河，长沙的局势十分严峻。自从陈尔晋见到周恩来后，犹如醍醐灌顶，心里格外舒畅，时常喃喃自语："只有共产党才能救中国！"

1939年春天，陈尔晋光荣地加入了共产党。开始，组织上决定派陈尔晋、王曼霞夫妇奔赴延安，到红色摇篮投身革命。但周恩来认为，陈尔晋不要轻易暴露身份，还是长期潜伏在国民党高层为妥，可进一步为党提供重要情报。抗战期间陈尔晋分别参加了台儿庄大战、南京保卫战、武汉会战、长沙会战，参加了中缅战争，他身经百战，多次得到蒋介石的嘉奖。

战斗在隐蔽战线的陈尔晋、王曼霞夫妇同心协力，并肩作战，他们里应外合收集情报，开展统战工作；在党和人民军队最艰难困苦的时候，夫妇俩还毫不吝啬地将居住的小楼变卖，为新四军购买急需的药品、物资和枪支弹药等。

新四军军长陈毅把这事上报给周恩来，周恩来说："陈尔晋真是自己人了！"陈毅高兴极了，连说："陈尔晋真是我们新四军的后勤部长，解了我们燃眉之急！"

鞠躬尽瘁 死而后已

1946年6月26日，国民党以30万军队围攻中原解放区，向解放区发动全面进攻，全国解放战争由此正式开始。1949年初，原国防部第三编遣司令部改为国民党国防部第四兵团，陈尔晋任中将副司令兼参谋长，驻扎上海。

一日，陈尔晋突然接到中共中央指示，赴南京与中共南京地下市委书记陈修良会面，组织上让陈尔晋夫妇组织国民党三军50万守军弃暗投明，举行起义。接受任务后，陈尔晋夫妇紧锣密鼓地开展各项工作，具体行动方案是：策动驻江湾一线的装甲部队开进江湾机场，截断空中退路，策动第四兵团、第五十四军等各路守军，在人民解放军接近上海时停止抵抗，放下武器，投诚起义；同时与海军等方面联络，配合行动，一举活捉蒋介石。中共中央为了配合起义成功，派领导"长虹号"军舰起义的莫香传为联络员协助陈尔晋工作。方案既定，陈尔晋向中共三野前线指挥部与陈毅、粟裕、叶飞、宋任穷等首长做了汇报。万事俱备，只等解放上海的号角一响，里应外合，迎接最后的胜利。

然而，意外的事发生了。1949年5月初，中共党内出现叛徒，将中共南京市委地下组织以及陈尔晋、王曼霞策动上海守军起义的计划全部出卖给了国民党上海警察局长毛森。5月9日，疯狂的大逮捕开始了：先是在牯岭路52号逮捕王曼霞，他俩不满周岁的儿子陈冠宁和奶妈都未能幸免；莫香传也被捕了；在两路局局长王兆愧公馆，准备开会的陆目成、杨新、王培华、方守镁、崔泰灵、冯瑞祥等地下党员，悉数被捕。短短几天，被捕者多达40余人。党组织得知陈尔晋等一大批同志被捕后，设法多方营救，但都无济于事。唯独王曼霞的儿子陈冠宁，在党组织极力周旋营救下，获释出狱。

出狱前的夜晚，王曼霞拖着受刑的身躯，紧紧搂抱着孩子，用带血的手抚摸着儿子娇嫩的脸蛋，深情地注视着："孩子，妈妈要与你永别了，你别怪妈妈，为了千百万个像你这样的孩子有饭吃、有衣穿，有上学的机会，有幸福的生活，妈妈也许再也见不到你了！你要坚强地活着，长大了做一个有用的人，爸爸妈妈的灵魂会保佑你的。"王曼霞边说边流着热泪。这夜，王曼霞一直搂着孩子说话，好像要把人世间所有的话语都说完！

清晨，牢门打开了，看守说："陈太太，让奶妈和孩子走吧。"王曼霞把孩子交托给奶妈,挥挥手,让他们快走。孩子在睡梦中惊醒,他仿佛知道要永远告别妈妈了,突然哭闹起来,哭声响彻整个牢房,仿佛在说——"妈妈,永别了!"

毛森亲自负责突击审讯。尽管受尽毒刑,但陈尔晋始终守口如瓶。敌人拉出叛徒出庭对质,都无济于事。陈尔晋是黄埔八期毕业生,蒋介石曾有"黄埔生只囚不杀"的训示,敌人眼看一无所获,无计可施,转而以释放陈尔晋为条件,诱骗王曼霞投降。特务们对王曼霞进行严刑拷打,用尽各种刑具,想让她屈服招供,但同样无以得逞。毛森对王曼霞说:"你年轻美丽,家中又有多个未成年的孩子,难道你就忍心让孩子们失去父母,流落街头吗?陈太太,只要你能在这份'悔过书'上签上名、按个手印,我即放你回去与孩子们团聚。当然陈将军是回不去了,委员长亲自下令,要把陈将军带到台湾面壁思过,如果陈太太愿意,也可携带孩子一起去台湾。""无耻!我们共产党人决不苟且偷生!"王曼霞斩钉截铁地回答。"作为母亲,我是对不起自己的孩子,可是我对得起普天下所有的孩子。我坚信,党会照顾他们,会把他们培育成坚强的革命者。"

人民解放军在上海外围发起总攻,隆隆炮声清晰可闻。毛森迫不及待下令从秘密死囚牢中提出16人,押至闸北宋公园刑场枪决。

毛泽东亲署的革命烈士证书

1949年5月19日，天色阴沉，野风瑟瑟。被押到宋公园的战士们互相搀扶，艰难地移动着双脚。陈尔晋仍一身戎装，气宇轩昂，搀扶着怀有身孕的妻子王曼霞。王曼霞穿着合体的白色旗袍，紧紧依偎在丈夫身边，同步迈向前去……"共产党万岁，人民万岁！"枪声响起，战友们倒下了。可王曼霞带着流血的身躯又爬了起来，一次，二次，三次，一个坚强的女共产党员，身中八枪，直至最后倒下……

此刻，距离5月27日上海解放，仅8天时间。

（作者系陈尔晋、王曼霞之子，民革党员，中国泛华经济发展有限公司董事长）

蒋子英（1922—1957），浙江慈溪人，民革党员。参与筹建中国国民党革命委员会上海分会（简称民革上海临分会），时任政治委员会委员，后参加反蒋、迎接上海解放工作。

解放上海"最后的堡垒"如何攻克？
——蒋子英子嗣蒋任刚先生访谈录

蒋任刚（口述）　　翁敏华（整理）

在上海解放 70 周年纪念日即将到来之际，我在朋友处聆听到一位解放上海的功臣——蒋子英先生的事迹，深为感动。机缘巧合，日前，又有机会与蒋子英子嗣蒋任刚先生会面，当面采访了他对自己父亲的回忆。蒋子英先生劝降国民党守军，保住杨树浦电厂、水厂、煤气厂，使上海解放最后一个堡垒的攻克，兵不血刃，不费一枪一炮。这么重要的历史瞬间，这么重大的历史功绩，现在却少有提及，网上有一些记载，然语焉不详，甚至有错讹。笔者愿以绵薄之力，写下这位值得人们特别是上海人民尊敬、永志、视作人生榜样的老先生之二三事。

1949 年 5 月 24 日，中国人民解放军对上海市区发起总攻。25 日上午，苏州河以南地区全部解放，以北地区还在国民党军队手里。26 日，新上海第一任市长陈毅，进城接管上海。听说二十七军军长聂凤智总"睡不着觉"，就到二十七军军部视察。原来，负责外白渡桥至复兴岛一线防务的是国民党二三〇师"青年军"，代师长姓许名照，带领 8000 名官兵据守杨树浦电厂等处。陈毅听到许照之名，反应极快地说："你们赶快查找蒋子英的下落，他一直住在上海，过去他在国民党陆军大学当过教授,许照是他的得意门生。"

这段情节,我们能从电影《开国大典》中看到。

当时蒋子英家租住在建国西路懿园,聂凤智的电话直接打到懿园。蒋子英接过电话,听到"我是二十七军军长聂凤智"的自报家门,便马上回答:"我们欢迎,我们欢迎!"问清原委,蒋子英一口答应道:"那没问题,我一定尽力而为。"聂军长接着说:"请蒋先生在家等着,我们立即派人来。"随即,蒋子英跟来人到威海路现人民公园附近人民解放军第二十七军总部,见到了聂凤智军长和第七十九师师长萧镜海。详细交谈后,萧镜海师长换上便衣,带上几个人与蒋子英一同坐上一辆吉普车,立即向北进发。外滩外白渡桥一带,还是枪林弹雨、炮声隆隆。他们在危险地段打出白旗,穿过火线,来到国民党二三○师师部,找到代师长许照,进行整整半天的劝说,纵论局势,分析利害,动之以情,晓之以理。下午,许照终于同意放下武器,并拆除杨树浦3家工厂(水厂、电厂、煤气厂)地下所埋的炸药,举起义旗,使得大上海得以完整地回到人民手中。由于水电煤没有毁坏,上海没有瘫痪,上海人民的生活没有受到太大影响,苏州河南北的电话也一直都是通畅的。

试想,若无此壮举,上海解放遇到的困难肯定更多。"青年军"号称"太子军",是蒋经国过问的军事力量,人员精干,武器精良,战斗力强。解放军在四川北路巷战中,牺牲重大,三野赫赫有名的"渡江第一船"十二勇士,全部牺牲在四川北路。如果硬打,人力、物力俱损,后果不堪设想。

旧上海的最后一座堡垒,就这么被攻克了。这是大上海的幸事。

由于蒋子英为人低调,很少跟子女家人详细叙说这段经历,蒋任刚先生的叙述缺乏细节。好在其基本面貌,后人还能从《红旗飘飘》《民革与新中国》等书中获得印象。电影《开国大典》里的有关情节,也是明证。聂凤智军长1979年在《解放日报》上发表的文章《纪念上海解放30周年》,亦可参考。

我问蒋任刚先生,在网上看到有资料说"蒋子英接电话后,很配合地拨通学生许照的电话,进行劝降",到底是在电话里劝的,还是到现场劝的?任刚先生答道：绝对是到现场、与许照面对面地劝说的，网上写错了。

"其实陈毅市长了解蒋子英与许照，还有一个重要的原因是：从1947年始，蒋子英已在王昆仑同志的影响下，参与筹建'民革上海分会'，秘密联络民主人士，为反对独裁、迎接解放而积极工作了。"任刚先生说。

蒋子英先生1901年生于江苏宜兴，家境贫寒。父母省吃俭用供他读书，蒋子英怀揣着家人省吃俭用留下的11块大洋，学习更加努力。考大学时，他一共报考了3所学校：之江大学、沪江大学、厦门大学，结果都被录取了。3所学校中数厦门大学学费最低，所以他最后选择了厦大。那时候上海到厦门坐船要四五天，可谓迢迢远道。他从十六铺码头坐船时，即花费3块大洋。从一个宁波摊贩处买下一捆咸黄鱼鲞，船上只提供白饭，他黄鱼鲞就米饭吃了一路。他特意于暑假前去厦大，就是想看看有些什么活可干，以挣点钱凑学费。他看到假期中校园里正举办各种补习班、预科班，就毛遂自荐上起了国文课，教作文、教书法，"没有讲课费也行，只要有口饭吃"。就这样，他没当学生就先当起了小先生。等到开学，一数，钱还是不够交学费。好在已与校方工作人员混熟，继续让他在学校兼职，以代一部分学费。而生活，也还得继续以白饭加咸鱼干的模式进行。

蒋子英在校担任学生会宣传委员。入学后，正赶上进步师生反对学校封建专制教育学潮，即著名的"厦门大学风潮事件"。在欧元怀教授的带领下，蒋子英和志同道合的同学参与了整个运动，最后他们师生多人被校方开除。可以说，欧元怀是蒋子英走上革命道路的引路人。

北伐成功后，1927年初，蒋子英被任命为国民党江苏省党部特派员兼农工部部长，被派往苏州工作。3个月后，国民党反动派发动"清党"，他选择了留学欧美。他先后在美国密歇根大学读法学，在法国巴黎大学读政治学，获法学硕士、政治学博士学位。1936年回国，任北京朝阳大学教务长。

1947年后，在王昆仑同志的影响教导下，蒋子英参与秘密组建"民革上海临时分会"的工作，任政治委员会委员。他与南京民革负责人夏珵英、上海民革武和轩等爱国人士,联系交往颇多,积极进行迎接解放的工作。

上海解放那年,蒋任刚也有八九岁了,也已懂事。历经 5 月 24 日一宿枪炮声,翌日一早,胆大的他就趴在懿园住所阳台上往外张望,看到晨曦中的弄堂地上睡满了解放军战士。睡眠中的年轻战士,还按班排连营的编制,排列得整整齐齐。解放军对老百姓秋毫无犯,给蒋任刚留下了极好的印象。

(作者系民盟盟员,上海师范大学教授、博导)

初现曙光

徐以枋（1907—1998），浙江平湖人，土木工程专家，民革党员。曾组织并参加抢建滇缅、川滇、川康等公路及桥梁建设；曾任上海市工务局沟渠工程处处长、道路处处长、副局长。新中国成立后，历任上海市人民政府工务局副局长、上海市市政工程局局长、上海市城市建设局局长、总工程师、市政工程设计院院长、市规划委员会顾问、市土木工程学会理事长、名誉理事长、全国土木工程学会桥梁和结构工程学会副理事长，民革上海市委副主委、主委，上海市政协副主席，全国政协委员、常委。

在探索新生活的道路上前进

徐以枋

解放军露宿马路给我上了生动的一课

上海解放前夕，我是国民党上海市工务局副局长，自认为是一个技术人员，不卷入政治漩涡，对共产党的情况了解很少。因此，对如何迎接上海解放，存在着一定程度的疑虑。后来，耳闻目睹和亲身经历的许多事实，使我的疑虑逐步消除。

1949年5月24日夜，开始炮声不绝，午夜后逐渐稀少。25日晨我得到消息，上海苏州河以南地区已经解放。我抱着探索新生活道路的心情，约了侯砚圃（原工务局专员）、陆槐清等同事，一同去汉口路旧市政府。沿途看见解放军战士有的在站岗，有的露宿在人行道水泥板上。这对我的心灵震动很大。解放军纪律这样严明，对人民如此秋毫无犯，历史上哪儿有这样好的军队！旧军队欺压老百姓，强占民房，买物不付钱种种丑恶形象，再看看人民解放军，这是多么鲜明的对比！这给我上了生动的一课，使我受到深刻的教育。一路上，不时听到国民党散兵在隐蔽处打冷枪，我们沿着路旁屋檐行走以保安全，到了旧市政府大厦附近，望见屋顶上高高升起了白旗。这标志着国民党反动派在上海统治的结束，标志着中国共产党领导中国人民革命在上海的胜利，多么激动人心！

陈毅市长的讲话是我的座右铭

我们一行来到旧市府大厦以后，见到了赵祖康局长（之前他已是国民党上海市代理市长），他很高兴。上海解放前夕，赵祖康同志曾关照过我，要我照常工作，以安定人心。旧工务局的同事看到我们都不离开岗位，心里也坦然了。赵祖康同志见到我以后，立即要我回到局里照料。我回局后立即通知各单位赶造移交清册，并保管好档案、财物、车辆、机具材料等，准备办理移交，同时日常工作照旧进行。

5月28日，上海市人民政府正式成立。我接到通知，陈毅市长召集旧市府各局原负责人到会议室开会，并亲自对我们这些人讲话。事隔那么多年，陈市长的原话我已记不清了，但其中有一段让我印象特别深刻，对我以后的思想和工作发生了重大影响。他说，历史是无情的，国民党脱离人民、压迫人民，必然会被历史的车轮所碾碎，几百万美式武器装备的军队也无济于事，落得个彻底失败的下场，这就是历史的客观规律。他要求我们加强学习，树立为人民服务的思想，提高为人民服务的本领。30多年来，我一直把这几句话奉为座右铭，时刻以此自勉。

军管会干部对我的帮助和支持

不久，我获悉军管会即将派军代表来接管旧工务局。一天，沟渠处的侯仁民同志陪同军管会派来的郝一军同志和我见面，交谈后知道军管会下设工务处，派郝一军同志为处长、侯仁民同志为副处长，接管旧工务局。我当时就请他们在旧工务局局长室办公，并且说移交清册都已造好，希望约期派员接管。郝一军同志说,今天我们见见面,大家认识一下,好在以后都在一起,许多事可以商量着办,并要我另外安排一间房间作为工务处办公室。我简单地向他们介绍了旧工务局的组织机构和工作情况,他让我转告全体职工,大家安下心来,照常工作。

我认识到业务要继续维持,但旧工务局不能正式行文,就向郝一军同志提出机构如何运行、文件如何签发的问题。他表示旧工务局的组织机构暂维原状,内部仍要我负责,对外行文由我在稿件上签字后,送军管会工务处核发。还说他派人进局工作时,先介绍与我相识。我听了这些话,深深感到共产党员待人诚恳,对我完全信任。这种做法,简单明了,既安定了人心,也保证了业务的正常进行。

有一次,郝一军同志找我谈起营造管理问题。我说,旧工务局是依据颁布的一套营造管理的详细规定办理的,在申请营造执照手续上,看来目前还是适用的,只是有些细节值得研究。郝一军同志指出,这个规定将来肯定要修改,但一下子修改不出来,仍要暂时沿用。于是决定由军管会工务处登报公布原有的营造规定,以便有章可循,免得引起管理上的混乱。至于一些细节问题,可以根据情况,从有利于群众出发,适当灵活运用。我深感郝一军同志考虑问题十分周到,也是对我工作的支持。

军管会工务处随后来了徐鸣同志,并派了几位同志参加局和附属单位的工作。我同他们相处比较融洽,诸事互相通气,商量着办。局里的日常业务会议由我主持,徐鸣同志参加。有次,我征求他对我主持开会的意见。他说,我在会上的结论基本上是对的,但有些议题还没有充分展开讨论就作出决定,未免太快,影响大家发表意见。这真是对症下药,使我得到及时帮助。

参与国防工程施工

1949年9月,上海市人民政府工务局成立,赵祖康同志奉派为局长,汪季琦同志为副局长,我继续担任副局长。

10月1日，我怀着极其兴奋的心情，参加了庆祝中华人民共和国成立的盛会。不久，市公安局交通处田处长到工务局来联系修筑龙华飞机场的事，赵祖康同志派我会见，并予以协助。当时解放不久，水泥等建筑材料缺乏，我了解到在这里降落的飞机是比较轻型的，就大胆设想加厚跑道基层厚度，相应地减薄水泥面层。我的这个建议被采纳了，工务局让我从局里组织技术力量，指导施工，顺利完成了任务。1950年"二六"轰炸后，人民空军要求扩建跑道，有一段跑道被炸后下沉，我考虑到时间紧迫，提出在已下沉的跑道上加厚水泥路面，采取切实有效的技术措施，以保证新老水泥层的牢固结合。这个意见得到空军同意，仍由工务局派技术力量指导施工，迅速完成了任务。接下来空军要新修虹桥机场，改建江湾和大场机场，派了后勤部肖副部长主持，工务局仍去协助。对于这样重要的国防工程，肖副部长不但信任我们，让我们放手干，而且在施工中遇到困难也大力帮助解决。在工程问题上我们都坦率交谈，他对我们驻工地技术人员的生活也很关心，使大家感到温暖。

赵祖康（1900—1995），上海松江人，民革党员，公路工程与市政工程专家。曾任国民政府交通部公路总局副局长、上海市工务局局长兼都市计划委员会常务委员会及执行秘书、上海市代理市长等。新中国成立后，历任上海市人民政府工务局局长、上海市人民政府市政建设委员会副主任委员兼工务局局长、上海市规划建筑管理局局长、上海市副市长、上海市人大常委会副主任，民革上海市委主委、民革中央副主席。

赵祖康在上海解放前后的市政建设工作

张爱平

1949年，上海市人民政府工务局（1953年2月改为上海市市政工程局，1958年7月改为上海市城市建设局）统一管理全市的市政工程。市政工程指具有公益性的公共工程，工务局负责规划设施项目、建设设施项目和管理既有项目，赵祖康担任该局局长。赵祖康由国民政府上海市工务局局长而代理上海市市长，为上海解放作出贡献的事实已经广为人知。本文就赵祖康在那段工务局局长任上的作为作一简述。

上海市工务局的渊源

1949年5月28日，上海市军事管制委员会财政经济委员会工务处接管了原上海市工务局。同年8月4日，市军管会工务处的行政关系隶属上海市人民政府。1949年9月3日，上海市人民政府工务局成立。赵祖康任工务局局长，汪季琦、徐以枋担任副局长。工务局主管全市市政工程设施道路、桥梁、沟渠、驳岸、污水处理与排水泵站的建设，以及日常管理养护和维修，同时还掌管都市计划、城市测绘、营造管理、园林绿化和海塘工程等业务。当时的工务局是集各方面职能于一体的综合管理体制。1955年1月,该局改名为上海市政工程局,同年2月由徐以枋任局长。徐以枋也是国民政府时期的工务局副局长。改名后该局成为市政工程专业化管理的行政主管机构,职能大大单一化了。1966年"文化大革命"开始,打乱了管理系统。所以从解放到1966年是一个历史阶段。赵祖康在这段时间的履历是:1949—1951年,任上海市人民政府工务局局长兼政府委员;1954—1957年,任上海市规划建筑管理局局长;1957—1967年,任上海市副市长。

工务局接收过程正式开始于1949年5月28日。当天下午,由接收专员在原工务局礼堂当众宣布接管命令和政策。共计120余单位,自正副局长到工人全体员工共6275人均未更动。其中技术人员625人,管理人员(大部分有技术)489人,技工2017人,小工(部分兼工役)2854人,司机146人。接管过程非常顺利,成功经验有三条:(一)工资发得及时、恰当,此次接收一律原职原薪,并且一进场每人发2000元补助费。(二)解决工程经费困难做得好,能顺利推进。(三)按赵祖康的建议,在接管步骤上转为市政府统一领导,弥补了少量单位原本由财管会负责接管,与市府步骤不一致的不足。

当时,老工务局员工的思想担忧主要有三方面:一是害怕失业,到底共产党要不要我;二是怕减工资,无法维持家属生活;三是怕遣散。

1949年7月30日,赵祖康于老工务局第八次临时会议发表题为《赴北平观感》的会议报告,以局长身份强调"希望本局同仁都能努力工作安心学习",表示"我当尽我的力量和军管会商量来解决同仁工作问题"。但对遣散这个问题,他采取了积极鼓励的态度,说:"当然希望能尽量留在本局服务,同时诸位要明了现在东北方面、华北方面、济南方面和大连、哈尔滨、唐山、北洋各大学都需要技术人员去工作,所以必要时也应该向外去发展。"赵祖康密切配合中共政策的举措,极大地稳定了人心,为新中国成立初国家人才流动配置作出了贡献。

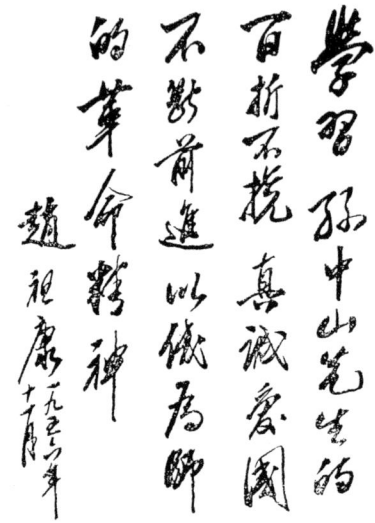

赵祖康亲笔题词

在市里的活动、对时局的观察和对建设工作的落实

随着上海解放,赵祖康交卸代市长职务后,依然担任工务局局长,并且依"整套接收"的接管思路,自然过渡到对解放初上海市政管理。1949年9月3日,上海市人民政府工务局成立,赵祖康回归工务局工作。这之前有两个月他主要在市政府层面工作。据其自述补充,大致情况如下:"自从上海解放以后,我在市政府办理移交事宜,同时感觉到学习的需要,将一部分时间用来自我学习,所以到局时间很少。两个月来,本局在军管会郝处长、侯副处长及本局徐副局长指导之下,和各位同仁的努力协助继续维持工作推进业务,这是非常感谢的。"

赴北平观摩是这个时段赵祖康的一项主要活动,但赵的身份并非代表上海官员,相反更贴近他的工程师身份。关于这项活动,在《赴北平观感》报告里赵祖康作了详细叙述:"这次全国自然科学工作者代表大会筹备会在北平举行,我被选为筹备委员,这是给我一个很好的实地学习。陈市长也赞同我去参加。

我回来后，陈市长希望我仍继续在工务局工作，并对于如何调整本局人事问题，指示可从长商量。这对本局可说是特别看重，真是难能可贵。关于这次在北平开会的详细情形我这里不多讲，简而言之，会议的最大目的是'建设'，希望文学艺术工作者、自然科学工作者、社会科学工作者、教育工作者、新闻工作者这五个部门人员，大家团结起来，跟着共产党向前推进建设工作。"

"今后的上海将经过一个相当时期的很困难的阶段，大家应该吃苦，共同渡过这个难关，应向北平看齐。"赵祖康对时局的看法大致是六点：今后各机关工作相当紧张；要认真学习，配合工作；要风俗质朴，少穿西服，中服也不多，普遍是穿制服和香港衫；参加南下工作情绪热烈，有愿意离别家庭参加，宁死不变意志的；币值稳定；已渐向建设方面迈进。他还提到北平市摊贩问题已解决，市区垃圾已清除，华北区关于农林畜牧方面建设都已开始，关内铁路已修复。

赵祖康认为，上海过去是半殖民地城市，是一个消费性城市，依赖帝国主义。现在解放了，应该转向农村方面。这种看法很自然地和他道路专家的知识背景结合起来，并自然而然地通过工务局局长这个职务落实在上海的道路建设上。

上海道路建设成就可观

上海解放最初这一年，道路建设成绩可观。

上海解放前，上海市区范围内公共租界和法租界各自为政，市中心区域的建筑缺乏标准，整个上海的道路建筑是散漫的、畸形的，缺乏整体计划。突出表现在道路干线仅有东西线，缺少南北线；路面宽度和种类繁多不合理；苏州河上桥梁集中于下游中区一段；下水道不成系统，公园和绿地布置不充分、不均匀。上海的地势不仅普遍低洼，而且若干地区是逐年下沉，小型工厂林立，沟浜填塞，沟管太小，使得马路积水现象非常严重。

人口方面，因为抗日战争和解放战争各地难民集中上海，以致普遍出现大

1949年7月，陈毅率赵祖康等部署抗洪抢修浦东高桥海塘

量违章建筑与棚屋，从另一方面加重了道路交通的压力。

1949年7月24日，距解放不过两个月左右，台风过境上海，加上天文大潮，北起浦东吴淞口，南迄翔殷、陆家宅，绵长13公里的海塘破口20余处。1950年敌机轰炸，道路桥梁毁损严重。

上海解放后，上海城市面临的情形可用8个字形容：天灾人祸，基础薄弱。全世界的敌对势力都等着看笑话。所以上海不仅不能乱，而且要建设好。但作为当时中国最大的都市，完全的开放型经济模式，无论是吴国桢或赵祖康，都无法想象上海可以在离开国际支持的情形下生存下去。

不过有道是"生于忧患"，赵祖康领导工务局于1950年4月编制了《水利建设五年（1950—1954）计划大纲》。这其中一部分内容是针对海塘工程的。6月，讨论上海市今后发展方向，形成上海都市计划图第三稿，其中部分内容为"邻里单位以内之园地完全采用带状林丛，务使居民早晚作息必经林地，增加空地澄清空气。儿童公园小型运动场当然另辟地点，与学校校园配合使用，全市绿地可以联合成为整个系统，尽量享受优美卫生环境。"8月5日，第六次局务会议邀请全市重要单位代表参与讨论本市区划。9月调查了解上海市航运河道概况。12月召开本市建成区干路系统讨论会，制定"本市建成区干路系统说明"及"本市建成区干路系统道路断面图""本市建成区干路系统图"。

民众有目共睹上海市区道路交通的变化：（一）采用柏油代替沥青和水泥混凝土路之施工技术。到1949年底止，上海市部分道路已全部改为国产柏油。表层沥青也经反复实验，全部或局部改用东北柏油，减少1200吨地沥青，并正摸索解决柏油冬季易脆夏季易软的问题。（二）加强城乡沟通，修建郊区和接通铁路车站或水码头的道路。重点建设了外滩路段、淮海东路路段和新建工人住宅区路段。工务局的建设收到了很好的效果。在上海刚刚解放，一切百废待兴，赵祖康的作为对于保证"建设新的人民的大上海"作出了重要贡献。

陈毅、潘汉年对赵祖康的工作十分满意。不久，他被政府任命为上海市副市长。

（作者系民革党员，上海市档案馆副处级调研员）

陆大公（1911—1992），江苏吴县人，民革党员。曾任总局督察处督察长、督察处警备科长。上海解放前夕，接任国民党上海市警察局代局长一职，参与配合解放上海的工作。新中国成立后，任上海市公安局高级顾问。

警政大权回到人民手中

陆大公

我从"租界时代"开始，干了几十年的警政工作，直至上海解放。作为一个尚有爱国良知的中国人，一方面由于职务和职业的关系，我不得不违背良心充当帝国主义和反动派的御用工具；另一方面，我希望有那么一天，可以利用某些有利条件，为中国人民解放事业服务。这个愿望，终于依靠中国共产党的诚意挽救，使我如愿以偿，使我有可能以戴罪之身，趁中国人民解放战争伟大胜利时机，对反动统治者作反戈一击，为促成上海解放的顺利进行，使警政大权顺利回到上海人民的手里尽绵薄之力。为此目的，我经历过许多矛盾挣扎和艰苦斗争。

依靠中国共产党的领导，克服重重险阻和困难

抗日战争结束后，中共中央高瞻远瞩，即由周恩来同志指派吴克坚同志等为代表在上海进行统战和策反工作。我就是通过杨啸天、王寄一、朱古烈等人关系，才与中共地下组织以及吴克坚同志等取得联系的。从这以后，我梦寐以求的爱国心愿，才有可能由理想变为现实。随着革命形势的迅速发展，上海以及全中国的解放，实已迫近眉睫。1949年春，吴克坚同志等根据中共中央的指

陆大公先生

示,为迎接解放,确保上海市人民的生命和财产安全,防止国民党反动派在其垂死灭亡之前可能疯狂破坏,大力开展策反警政人员组织起义。为了贯彻中共的具体领导和有效应付各种事变,吴克坚同志指派联络员肖大成同志前来联系,直接对我以及何培荣等进行具体指导。中共交给我们的中心任务,就是抓住关键时机,排除万难,有效地策动上海市警察局一切尚有爱国热情的、同情革命的警政人员,不失时机做好起义投诚的准备工作。这项任务极其光荣又十分艰巨,对于像我这样一个在旧上海长期从事警政职业的人员来说,能受到共产党和人民的信任,给予立功自赎的机会,当时,我的心情非常激动,也感到无限光荣和自豪。

执行如此光荣而艰巨的任务,我所面对的困难险阻是难以想象的。我的对立面是极其奸险狠毒的刽子手毛森及其死党,还要应付国民党反动派特务爪牙的破坏。我每走一步,稍有不慎,随时都有杀身之祸。然而,依靠共产党的领导,依靠吴克坚、肖大成等同志的具体指导,我胜利地完成了任务。

上海解放前夕"峰回路转"的胜利斗争

我个人在当时的处境是十分困难的。虽然从旧"英租界"时代开始,我就在上海充当第一批高级华人督察长，人地熟悉，社会关系也较为广泛，应该说这是进行革命工作的有利条件。但我从来就不是国民党员，更不属于国民党反动派的任何一个政治集团或特务集团。抗战胜利后，我一直担任蒋介石为首的国民政府上海市警察局的警备科长，这在当时被看作属于警局的握有实权的工作岗位。国民党反动派能够容许我这个不可靠的"圈外人"一直干下去吗？当然不可能。因为对我有所疑忌，早在1948年俞叔平任市警察局长时，就把我的"警备科长"职务调换了。他们把我"调升"市警局专员兼员警消费合作社主任。这是一种"明升暗降"的手法，是国民党反动派对待异己者的一贯手法。失去了当"警备科长"的实权，当然会给我所争取完成的起义和策反工作带来不利因素，而国民党反动派的特务们并未因此放松对我的疑忌。尤其在毛森接任上海市警察局长以后，对我更加歧视和压制。我的一举一动，随时都在毛森及其爪牙们的严密监视之中，不得不经常临时变更与中共联络地点，才能接受党的指示。特别是在上海已处于强大的人民解放军战略包围和接近解放的前夕，毛森对我杀机毕露，只要稍微抓到一点"通共"的可疑证据，就准备立刻将我逮捕枪杀。环境如此险恶，形势如此迫切，但为了这个光荣而艰巨的任务，我必须豁出去坚决完成。

  1949年5月，强大的中国人民解放军在陈毅同志的统率下，挥军东指，向上海胜利进军。国民党反动派军队节节惨败，溃不成军。解放大军很快攻克市郊各县镇，进逼上海市区。当此之时，肖大成同志向我传达党的具体指示，并直接指导我按党所规定的任务抓紧进行。与此同时，警察局长、特务头子毛森对我更加敌视，他在一次亲信骨干会议上说："陆大公是一个隐患，此人在上海各方面都熟悉，如果把他留下来，万一落在共产党手里，供其利用，对我们很不利，不如把他杀掉了事。"据某位参与其会者后来告诉我：当时毛森手下有一名重要骨干名叫应子春，他提出异议，认为"杀掉陆大公，还不如利用陆大公"，他说："我们（指毛森一伙人）撤走，总须有人过渡，陆大公就是一个可供派上用场的对象，何必杀之？"毛森同意了应的意见，我才免于遭其毒手。

除了毛森一伙的威胁之外，军统其他特务也紧紧盯住我不放。张达任市警局督察处长时，我任警备科长，故有一段同事关系。有一天他突然出现，以"老朋友"身份前来与我"亲近"。我料定此人上门并非好意，对之保持高度警惕。另外，我又相机行事，将计就计，意欲利用张达来抵消毛森方面对我的严重威胁，我假装"老友情深"，向张达诉起苦来，并把毛森欲意加害和歧视的情况作了陈诉，请张达为我缓解，并为了使他对我"深信不疑"，我将自己珍藏的3支手枪奉送给张，以换取他的欢心。但却未料张达实为毛人凤来，硬拉着我一同出门上车，直驶"国防部保密局"局长毛人凤的巢穴。原来他是奉毛人凤之派遣来拉拢我上钩的，并且采取了这种"软绑架"的特务手段。

毛人凤亲自出来装着满脸笑容接待。经张达介绍，只谈了一些毫不相干的客套辞令，我就起身告辞，毛、张等亦未加以阻拦。但隔了一天后，毛人凤忽然派了一个名叫王仲青的特务骨干前来和我联系，一而再地约我到沙利文和南国酒家相见。此人传达毛人凤的指示，软硬兼施逼我写一份简略"自传"，我不能推托，只能写一张简历以资应付，王仲青还要发给我电台，我说对于此道一窍不通，只得罢了。这件事情发生在上海解放前数日。另一方面，他们更加疯狂地实行白色恐怖，乱抓乱杀。我和肖大成同志曾有几天失去直接联系，但我有一种信心，形势愈是紧迫，党对我个人安危以及我所承担的任务必然会愈加关切。因此，虽然处在极端艰险的环境中，但我仍坚持原则，临危不乱。我对毛人凤的虚与委蛇，将计就计，正是欲利用二毛（毛人凤与毛森）之间所存在的矛盾，借毛人凤的掩护来对消毛森对我的敌视和威胁。这一着棋居然起到了一定的作用。

5月24日上午，中国人民解放军以雷霆万钧之力，如疾风扫落叶，即将攻进市区，市警察局长毛森慌了手脚，仓皇布置逃跑。在其失败逃亡之前，需要我这个他们认为"适当的人选"来做"替罪羊"，以便顺利掩护他们逃跑。这时，轮到毛森要"利用"我陆大公了。他派办公室主任秘书应子春来找我，传达命令，叫我马上去市警察局见他。我颇感紧张，不知此行是凶是吉，是要杀我呢，还是别有其他阴谋诡计？但我在应子春的催迫下，不能抗命不去，于是昂然随往。却没想到，毛森这时对我收起屠刀，装成一副"春风笑面"，寒暄数语之后，即向我宣称："因为台湾援军未到，上海的战局非常吃紧，现奉令作必要时的撤退准备，因此，请你来协助担任市警局副局长，帮助维持上海治安……"毛森还问到杨虎现在在哪里，叫我把他找来，请他担任"上海警备司令"。接着，他就正式宣布委任我为市警察局副局长。毛森当即下令召开"应复会议"，对参加此会的科处长、分局长级以上人员说："你们凡属留下来的人员，一律必须绝对服从陆大公副局长的指挥，不能违抗命令，凡属愿意跟我去打游击的，都必须把自己所负责的职务交代清楚，严禁浑水摸鱼，草率从事，如敢违犯，立即按律枪决！"这是毛森的一番做作，无非是在其逃跑之前，向我以及他的那一群爪牙显示一下自己的威风，同时也为了使我"安心"，俯首帖耳地去当"副局长"罢了。

形势发展得如此迅速，时间是如此紧张迫切，我必须立刻设法从毛森面前脱身，以便最迅速地将情况向中共上海地下组织汇报，请示机宜。我猜透毛森的用心，他了解我与杨虎曾有较密切的师生关系，必然知道杨虎避祸藏匿之处（杨虎为了避免毛森以及国民党特务们的迫害，已避居于旧敦信路一个英国人家里），故叫我去把杨虎找出来。我将计就计，立即托词去寻觅杨虎，毛森不疑。我幸得机会，通过田淑君向中共党组织汇报。当天下午，中共党组织负责人吴克坚同志特派肖大成同志前来与我联系，传达党的指示，不同意杨啸天（*即杨虎*）出来担任"警备司令"，也不允许杨出来与毛森相见，恐遭毛之毒手。肖大成同志指示我以"寻找不到杨虎"为由向毛森汇报。

时间越来越紧迫，毛森一伙再也不能"恋栈"不走了。他命令应子春电话催促我"马上回局待命"。应子春在电话中传达毛森的命令说："局长决定即时转移，命令你以副局长代理局长职务，要你马上来局接受任务。"这事来得突兀，我不能不有所疑虑。经向中共党组织汇报请示，吴克坚同志当即以坚定的革命胆略，指示肖大成同志向我传达党的决定，叫我消除一切疑虑，本着"不入虎穴，焉得虎子"的革命精神，前赴市警局接任代局长，肖大成还决定亲自随我到局（肖同志当时以"义务警察人员"的身份为掩护），以便随时向我指示机宜。当其时，随我一同进入市局者，除一直跟随我的顾德龙外，还有早已建立革命联系的义务警察人员姜怀素、吴义耕等人。一到市警局，毛森果然按照他的"如意算盘"办事，把"局长"一职交给我代理。因为已到火烧眉毛，毛森惶惶如丧家之犬，此时不得不夹起尾巴作逃命之计了。

我依靠中共党组织的领导，并有机智沉着的肖大成同志随时在我身旁指导机宜，正所谓胸有成竹，何坚不克。我接任代局长后，第一件事，就是把全部义务警察领导权牢牢抓到手里。我派姜怀素、吴义耕等火速去把"义务警察指挥部"成立起来，动员全市义警出勤维持治安。又命令警备科副科长喻飞（此人早经我们发展为同情并参加起义人员之一）迅即陪同肖大成同志一道前赴机动车大队部，把该部武装部队和机动车队全部控制在自己手里，以备万一，应付突发事件。

毛森虽已把"局长"职务交我接替代理，但他到下午3时还赖在"局长室"里，没有离开市警局，并不时对我发号施令。他忽然想起要我去找当时接替陈良而代理上海市市长的赵祖康来谈话。我亲自把赵接到局里和毛森谈了一会儿，赵代市长便起身告辞回市府去了。此时，警局户籍科副科长来向我密报说，毛森命令他把所保存的户籍册档案等全部毁掉，特向我请示。我当即对他说："我是代理局长，你们必须听我的命令，户籍册和档案等物必须保存，不准毁坏，如有违抗，你要负责任。"这个户籍科长按我的命令，把户籍档案保存下来。机动车队部又来电话向我报告，说是毛森叫该队派几部装甲车保护他撤走，特此请示"派还是不派"，我在电话中坚决指示"不准派"。并立即命令将原来停放在市局本部门外的两部装甲车，也调回大队集中待命。

毛森赖在市警局局长室，一直到下午7时，眼看大势已去，众叛亲离，仅带着几个警卫人员，分乘两辆轿车从市警察局出来，狼狈而逃。只有一名时任警备科长钟敏和驻卫警总队长司道平，跟着毛凄然亡命。钟敏，曾一度企图投机于起义人员之列，但到紧急关头，又忽变志，甘心跟着毛森走与人民为敌的末路。

毛森的仓皇出走和狼狈逃命，在客观上使我得以放手开展准备起义和迎接解放的革命行动。我怀着激动和兴奋的心情，立即将毛森逃跑的情况向中共地下组织负责人吴克坚同志汇报并请示机宜，吴同志指示我按照中共所规定的行动方针，排除万难，放手接代市警察局长职务，有效地维持治安和控制局面，同时积极做好起义准备工作，迎接上海的全面解放。当时，上海市长陈良早已逃走，由赵祖康代理市长职务，我当即将自己接任代市警局长和毛森业已逃跑的情况以电话方式向赵市长作了汇报，赵在电话中指示我："务必切实维持治安，防止国民党特务以及一切不法之徒乘机捣乱，危及上海人民的生命财产……"同时我选派警卫去市府加强保卫赵代市长安全。

新形势下的复杂的斗争

我正式宣告接任市警察局代理局长职务之后，首先通令市各武装警察总队和各直属单位以及各分局正副局长，必须严守岗位、服从命令，不得有任何擅离职守或抗命行为。接着，我就以代局长名义发布第一条命令："全市从即晚7时开始宣布戒严，严密防止奸徒乘机破坏，危害治安。"第二道命令，即根据当时现状调整人事安排，除了那些已经死心塌地跟着毛森去"打游击"的人以外，我重新委派各级人员。

他们的名单如下：

市消防处处长	周兆祥（原任）
市行政处代处长	黄东升
市督查处代处长	陈达恭
市督查处督察长室代主任	陈天中
市刑警处代处长	周泗安

市总务处代处长	崔汉翅
市人事室代主任	缪礼成
市会计室代主任	金蔚康
老闸警察分局代分局长	蔡承德
黄浦分局代分局长	孙　超
新成分局代分局长	李文村
提篮桥分局代分局长	徐以德
蓬莱分局分局长	王　风（原任）李大实
常熟分局代分局长	王思祖
北站分局分局长	姚启洪（原任）
静安分局代分局长	王华臣
闸北分局代分局长	黄建国
江宁分局代分局长	朱宝荣
邑庙分局代分局长	李维繁　宋绍美
嵩山分局代分局长	刘海山
长宁分局代分局长	孟汝丰
长宁分局代分副局长	吕同峰
北四川路分局代分局长	王　珏
杨浦分局分局长	王渭周（原任）
新市街分局代分局长	刘文华
大场分局代分局长	王瑞洪
榆林分局分局长	吕逸民（原任）
水上分局代分局长	朱一夫
龙华分局分局长	吴克孝（原任）
虹口分局代分局长	陶根荣
徐汇分局代分局长	朱新亮

卢湾分局代分局长	赵佩瑾
普陀分局代分局长	徐　范
高桥分局代分局长	丁祥我
杨思分局分局长	曾振球
洋泾分局代分局长	唐若曾、黄军
吴淞警察所所长	沈福亭（原任）
真如警察所所长	刘健（原任）
市警察医院院长	唐仁晋（原任）
市警察学校代教育长	夏　赫

市保安警察第一总队调整人员名单如下：

总队长	潘　镜
副总队长	赵仁敏（原任）
人事参谋	孟作梅
作战参谋	陶世健
副官	夏瑞犀
会计主任	许思远
事务主任	陈保泰
书记室书记	宣中和
第一大队大队长	卓永霆
副大队长	周　璜
所属三个中队的中队长	王诗光　朱力文等
第二大队大队长	施祥生
所属第四、五、六中队长	汪锡藩　方保扬等
第三大队大队长	赵士佳
副大队长	斯普理
所属第七、八、九中队长	方乃忠等人

市保安警察第二总队调整人员名单如下：

总队长	王锐含
副总队长	赵仁民
所属副官室主任	赵成龙
人事室主任	边巨迪
会计室主任	杨鑫等人
所属机枪中队中队长	陆耀宗
第一大队大队长	周兴全
副大队长	郑树裳
所属第一、二、三中队长	袁浩、孙武权、朱远楚等人
第二大队大队长	刘静可
所属第四、五、六中队长	刘兰亭、陈心让、易大文等人
第三大队大队长	韩铭书
所属第七、八、九中队长	郭宜贵、石楚、汪挺进等人

市警察局直属机动车大队名单如下：

大队长	梁声溢
所属第一中队长	从林
第二中队长	陈先尧
第三中队长	徐鸿思
各中队所属分队长	王振鹏、唐振亚、陈英、罗永祥、李平凡、冀中等和其他人员

市义警指挥部人员名单如下：

指挥部负责人	姜怀素、吴义耕、陆永琪
老闸区义警大队长	王家声
副大队长	赵晋福
常熟区义警大队长	陈友三

普陀区义警大队长	周步兼
卢湾区义警大队长	郭文钰
江宁区义警大队长	戴郭华
黄浦区义警大队长	范光益
江湾区义警大队长	吴义堃
徐汇区义警大队长	姚梅村

其他名单所属人员等不及详记。

以上这些人事安排，有原职留任的，有因原职留守人员已随毛森逃走，或已撤离职守因而需要派员接代的。还有一些人员则因深受共产党和人民解放军所宣示的政策精神的感召，愿意留职，并借以立功自赎的。总的说来，至少在当时的历史条件下，我作为"代局长"，对他们发出的命令他们能贯彻执行。

考虑到局本部防卫力量单薄，我命令保安警察第二总队王锐含立即调派武装部队一分队进驻市局，在我的直接指挥下，担负警卫，以保安全。

这些事情布置好了，随着人民解放军的胜利推进市区，我根据中共党组织的指示，立即下令各警察部队、各分局、各派出所负责人，作好起义投诚准备，在各驻地悬挂白旗。遇到人民解放军先头部队，不准抵抗。同时命令所有值勤员警，一律徒手出勤，解放军来到即高举双手，口呼"投诚"，以避免误会。这时已是5月24日夜间，吴克坚同志派来吕云荪为其代表，进驻市警察局，协同指挥部署。

当时，中共党组织还通过爱国人士、大业印刷公司经理王耀堂来电话与我联系，介绍中共中央社会部陈云杨同志以及张同志到市警局来进行工作。张提出要使用一间房子办公，以便与原先秘密设置在各分局的"保管委员会"负责人联系，我就把自己原来任专员时用的那间"专员室"拨给了他。他们的进驻，使我增添了力量和信心，让我更有依靠。

情况在瞬息变化，斗争的形势也曲折复杂。不但反映在我当时作为"代理局长"所面对的许多具体问题上，也反映于当时我所属的各分局、各单位某些负责人的头脑中。例如原任老闸北代分局长的蔡承德，他未随毛森逃跑，但却畏罪逃匿了。但当他听说是我代理市局长，因为信得过我，马上就打电话来请示。我命令他立即回局继任代分局长职务，并马上悬挂白旗，准备迎接解放军进驻市区。24日深夜12时许，常熟分局来电话报告，说是他们已遵令向人民解放军悬旗投诚，解放军已胜利进驻该局。其他各分局都陆续有电，报告投诚和人民解放军进驻接收的情况。我听到这些报告感到异常兴奋，并当即将情况向驻在市局的党组织负责人汇报。尤其令人欣慰的是，在如此新旧交接的紧张时刻，偌大的一个上海市区，治安保持良好，没有发生乱子和安全事故，更没有出现国民党特务破坏等情况。

5月25日上午，我怀着无比激动和无限喜悦的心情，恭迎中国人民解放军进驻上海市警察总局。这天上午9点45分，我就身着便服从市警察局走出，来到江西路福州路口，等待中国人民解放军胜利来临。10时整，先头部队到达，我迎上前去，首先自报本人是国民党上海市警察局代理局长陆大公，特来迎接解放军进驻市局，并恭听指挥；领队的解放军指挥员当即指示我立即下令撤除该局的门岗门哨，交由人民解放军战士接管。从这时开始，旧上海用以统治人民的专政工具——警察大权，正式回到人民手里。我这样一个曾经从事旧上海警政工作数十年的旧警政人员，能参加这个历史性的交接，感到无限光荣！

上海警察局的警员们张贴"欢迎人民解放军"标语

在共产党的领导下继续工作

中国人民解放军先头部队开进市区并胜利进驻市警察局,给我增添了无限信心和力量。军政治部主任仲曦东同志亲自来到市警察局视察,我向他汇报了奉命接任代局长以来所经历的各种情况,并请示机宜。仲主任命令我立即召集科局级以上原职人员举行会议。仲曦东同志向与会人员作了讲话,他指出:"你们过去为国民党反动派统治服务,做了一些坏事。但是,这一次你们能以实际行动响应中国人民解放军关于《约法八章》的号召,你们的警察和武装警察部队不顽抗、不破坏,并能把市区的治安秩序维持好,决心弃暗投明,迎接解放,这是你们的觉悟。你们这一件事做得好,做对了!"与会人员听到解放军首长的训勉,都感到十分激动和鼓舞。在开会时,原警局督察长朱良椿和国民党参议员张中原陪同一位自称是陈毅同志的代表,要求和我相见,他提出要在西藏路宁波同乡会内设立一个临时的上海市安全理事会,并推颜惠庆先生为会长。这件事关系重大,我焉敢擅专,当即把来人引见给仲曦东主任。仲主任果断地说:根据当前的实际情况,没有设立"安全理事会"的必要。关于上海市过渡时期的治安,仍交由陆大公局长负责,由他统一指挥原来市警局及其所属各机构的员警,努力把上海治安维持好,用以保护人民的生命财产安全。他说完话,就起身离开市局。为了指挥便利,他在新成分局设立了一个临时办公机构,并关照我,如有特殊情况,可以随时向他汇报或请示。

自从 5 月 24 日下午我接任代市警察局长以来,几乎每一分钟都处在极端复杂和紧张的斗争气氛中,我已经两天两晚没有睡觉,也没有好好吃过一顿饭,连眼睛也红肿了。但是,我的精神状态比任何时候都兴奋,我根本就感觉不到任何疲劳。特别自解放军进驻市区以后,虽然上海市区还有零星战斗,并且因事先联络不及发生过个别的偶然事故,但总体说来,工作进展比较顺利。例如:

一、在国际饭店内原驻有市警察局保安第二总队的一个大队,该总队长王锐含接到我的电令，立即派一分队开来市局担任警卫（这在人民解放军尚未进驻市局之前）。尤其值得一提的是，在5月25日下午，当人民解放军挺进南京路时，曾与警备司令部装甲部队遭遇，双方开火发生战斗。王锐含一面用电话向我报告，一面立即命令所属部队开出，于双方开火地点加以隔离。这样，就避免了在市中心区发生一场流血战斗，并使解放军得以顺利前进。

二、5月25日夜间，盘踞在新光内衣公司附近的一部分蒋军残余部队准备负隅顽抗。我得到报告后，立即致电该公司经理傅良后，请他设法诱劝反动军队撤走。另有盘踞在北四川路桥和邮电局进行顽抗的一部分蒋军，我电请邮电汇业局局长王某设法使这部分反动军队从桥头撤走。又有盘踞在大桥的一部分蒋军，准备占据该大桥作绝望挣扎，并不断向苏州河南岸方面开枪射击。我又电请大桥的房客联合会主任英国人某某出面向反动军队头目交涉，使其撤退避免一场炮轰。邮政大楼事件所有这些情况，我都随时向仲曦东主任汇报和请示，并都得到较为顺利的解决。

三、最突出的一个情况，发生在杨浦分局。自毛森逃走，我接代市警察局局长职务后，曾下令所属各警察分局，准备悬挂白旗，表示起义投诚。25日下午，苏州河北岸杨浦区一带还未解放，盘踞在那里的反动军队，看出警察分局似有异动，立即派军队把杨浦分局包围起来，并将该局所有员警一律加以拘留，而将该分局占领。这部分反动军队人数达数千人之众，气势汹汹。这时候，该分局有一个具有爱国正义感的办事员冒着生命危险，在反动军队的严密看管之下逃了出来。他用电话向我作紧急汇报，我马上请示仲主任。仲曦东同志指示我迅速派一可靠人员将情况向驻军武昌路三元宫的聂凤智军长报告。我立即电令北站分局长姚启洪亲自前赴军司令部向聂军长汇报情况。军首长据报并将情况作缜密研究后，决定采取用政治瓦解敌军的方法，全部招降了这一支占据杨浦分局的反动军队。

四、还有一件不幸的事故，发生在5月24日深夜，肖大成同志率领市警察局机动大队长梁声溢等一同开着警备车，迎接解放军进入市区，由于向导人员事先未与解放军部队取得联系，值此战争进行期间，被误会是敌对行为，解放军战士开枪射击，梁声溢大队长不幸中弹身亡，起义之志未酬。这件事还应归咎于我们在工作中的疏忽失误，深感遗憾。

五、刽子手毛森于失败逃亡之前，曾疯狂杀害革命志士以及无辜的人民。我接任代局长后，即在局内发现9具烈士的尸体，惨不忍睹。又有爱国人士贲延芳先生转来黄炎培先生给我的电报，嘱为查明其子黄竞武同志的下落，经过调查，惊悉黄竞武烈士已被毛森杀害于宋公园。我怀着无比悲痛和愤怒的心情，电复贲君转达黄氏。

六、杨虎向我转来党的重要指示，命我立即设法营救被国民党特务软禁在虹桥疗养院的张澜先生和罗隆基先生，以免其遭毛森之毒手杀害。我与负责看管张澜的警备司令部稽查大队长阎锦文有旧，并事先与阎建立过革命联系，于是就会同阎锦文设法将张澜、罗隆基妥善地转移至南昌路59号杨虎私宅安置，命令卢湾分局负责加以保护，以策安全。

七、曾被毛森滥捕而关押在市警察局内的所谓"政治犯"约百余人，他们从广播中听到我任代理局长并下令挂白旗准备起义投诚，一时欢声雷动，并提出立即释放的要求。他们责问："现在上海人民全都解放了，我们都是爱国的革命人士，为什么还不将我们释放？"这是完全合理的要求。但是，我的职责是负责维持过渡时期的上海治安，我的一切行动必须服从于中共地下党组织的指挥，在未接到党的指示之前，我不能作出越权举动。我便亲自对他们说："现在人民解放军已经进驻市局，你们的安全已有绝对保障，只等军管会负责同志一到，就可以立即释放你们，请大家稍稍安心等待。"由于毛森一伙逃跑前，把局里所有的钱都席卷而去了，我为了照顾这些蒙难者的生活，只得掏出自己仅有的几十元银币，交给代总务处长崔汉翅去购买一些饼干、糖果、面包之类，分送他们食用，借以表达同情之心。过几天，军管会派来接管专员，这些被关押人员都获得了解放。

八、还有被毛森拘捕的400多名"政治犯"关押在南市看守所，他们也联名上书要求释放，在接管专员到局后，由我转请予以全部释放。

以上这些情况，都是在1949年5月24日下午7时我接代警察局长以后发生的，时间虽极为短暂，斗争则甚为曲折复杂。依靠中共地下党组织的正确领导，故能得心应手，临事无惧。

人民政府接管上海警政大权

1949年5月26日，中国共产党和人民政府派来了3位接管专员，分别是李士英、扬帆、梁国斌等同志。这3位同志持有中共中央介绍公文和我联系，并在市局内设有"接管专员办公室"。我奉接管专员之命，暂时继续负责维持上海治安。

5月28日，是我毕生难忘的一天。上午10时，我在李士英和扬帆同志的引导下，来到市府大楼，荣幸地见到了陈毅同志。陈毅同志当时是第三野战军司令员兼上海市人民政府市长。几年前，我即已久闻他的威名，从"黄桥之役"开始，人们就对这位陈毅将军有许多传奇式的传说。当我由李士英和扬帆同志引见时，我的心情既激动又紧张，不知应当如何应对。走进办公室，在我面前屹立着一位魁梧奇伟的巨人，他并不是像我想象的那种"神圣不可侵犯"的人物，而是一位和蔼可亲的长者。陈毅同志向我伸出温暖的手，和我紧紧相握，我一时激动得掉下热泪。接着，他携我入座并开始谈话，我心里琢磨着，这位首长必定是首先向我询问有关上海的治安情况和交接事宜，暗自打下腹稿，准备回答。万万没想到，他身为百万大军统帅，在这戎马倥偬之际，日理万机不遑，却是最最关心上海人民的切身利益问题。他所想到的是如何医治好战争的创伤和建设一个崭新的上海。陈毅同志极为关心上海市的交通问题，频频向我询问市区的交通状况，问我何者应当兴革，以福利人民。我向他汇报说，过去的反动政府不顾人民的安全，交通秩序很乱，例如在龙门路和爱多亚路（今延安路）转角之处，常常出车祸死人；又如北京东路交通过于拥挤，旧政府当局就是明知不管、不加改善等情况。陈毅同志听了汇报，当即用严肃、坚定的语气表示："我们共产党人有决心、有气魄、也有能力，敢于破坏一个旧世界、旧中国和旧上海，我们也敢于建设一个新世界、新中国和新上海！我们坚决相信，不要很多的时间，就可以把这个所谓'十里洋场'的旧上海彻底改造过来，荡涤一切污泥浊水，把它建设成为一个伟大的工业化新城市！"他是那样有信心、有魄力地讲出这番动人心魄的豪言壮语。谈到这里，陈毅同志又转而用十分温和而亲切的态度和我叙起"掌故"来，他回顾了从前租界时代的往事，他说："在帝国主义者统治上海的时代，上海是富人的天堂和穷人的地狱，我就在上海被法国巡捕房抓进去坐过牢，并不是因为我犯了什么罪，而只是因为住在大世界附近一家旅店里欠了一点房租付不出，就被老板报告巡捕房将我抓去了。现在好了！上海终于回到人民的手里，过去那种黑暗时代将永远一去不复返了！"他的讲话是那样明朗、爽快和亲切感人，使人深受教益，深受感召。我在旧社会，见过各式各样的所谓"大人物"，他们都不过是一群吸血的恶魔，比起这位无产阶级杰出政治家的风度和气魄，他们显得何等渺小！

这次接见以后，我后来还曾有许多次机会接近陈毅同志，我把它看作一生中最大的幸福。6月3日，上海市人民的专政机关——上海市公安局宣告成立。我认真负责地办好了移交事宜。从此，上海市的警政大权回到了人民的手里，这件事本身就是历史的辩证法，是中国人民在共产党领导下进行革命斗争的伟大胜利！

党和人民政府鉴于我的起义投诚，尚能在人民需要的时候，作过绵薄的贡献，即不念旧恶，并贯彻政策精神，给予我生活和继续效力的机会。

（本文原载于上海《文史资料选辑·第三辑》和《民革党员与新中国》，略作删节）

丁贵堂（1891—1962），字荣阶，辽宁海城人，民革党员。曾任海关副总税务司，代理海关总税务司，京沪区财政金融特派专员，并兼任江海关税务司和浙海关税务司及上海浚浦局局长。新中国成立后，历任海关总署副署长兼海关管理局局长，民革中央委员、民革北京市委常务委员，全国人大代表等。

叔祖父丁贵堂先生的爱国情怀

丁淑华

我的叔祖父、著名爱国人士丁贵堂先生，是中国近、现代海关史上十分重要的人物。新中国成立前，曾任中国海关副总税务司，并一度代行总税务司职务，是中国海关史上出任海关职务最高的华籍关员。新中国成立后，丁贵堂积极参与筹建新中国的海关工作，曾任中华人民共和国海关总署副署长、海关管理局局长（即海关总署署长，当时海关总署改称为海关管理局）等职务，主持制定了一系列重要的海关管理法律、法规，为中国海关事业作出了重大贡献，毛主席亲切地尊称他为"丁海关"。

在迎接新中国成立 70 周年和上海解放 70 周年之际，回忆丁贵堂先生 46 年漫长的海关生涯以及他为之奋斗一生的光辉业绩，尤其是在上海解放前夕，他拒绝去台湾，并以非凡的胆略和智慧，为保护海关关产、档案、机构进行了坚持不懈的斗争，为新中国海关的建立立下不可磨灭的功勋，这不仅是为了缅怀和纪念，也是对吾辈后人一次深切的爱国主义思想教育。

丁贵堂，字荣阶，辽宁海城人。他的人生轨迹跨越了 3 个历史时期：从晚清到民国再到中华人民共和国，旧海关 33 年，新中国海关 13 年，海关生涯共计 46 年。1912 年，丁贵堂考入奉天政法学堂，不久转入北京税务专门学校，

时任上海海关副总税务司的丁贵堂先生

这是一所培养海关专门人才的学校,1916年,他以优异的成绩毕业于该校,此后,在漫长的海关生涯中,热爱祖国,争取华人的平等待遇。1919年,在完成毕业见习一年后不久,年轻的丁贵堂调任北京海关总税务司署总务科帮办,当时海关由洋人把持,存在严重的蔑视华人现象,丁贵堂对重洋轻华的种种行径极为不满,数度据理力争,并联合、发动中国职员与洋人交涉,终于争取到了与洋人享有同等房贴、煤贴等待遇,维护了华籍员工的权益。

1927年,丁贵堂奉调上海江海关任汉文秘书科秘书,次年升任代理副税务司,之后,又成为南京国民政府"改善关制审查委员会"委员。在南京会议上,他大声疾呼、各方奔走,终于使华籍员工在定级晋升中与外籍洋员享有同等机会的方案得以通过。

丁贵堂先生不仅业务精湛娴熟,而且为人正直、热情,富有正义感、同情心,敢作敢为,勇于承担责任,因此他在员工中有很高的威望。

1930年,时任海关总税务司的英国人梅乐和对丁贵堂的工作能力极为赞赏,提升他担任一向由洋员把持的汉文科税务司一职。当时,海关内部使用的主要文字是英文，外籍税务司在处理关务时采用符合其自身利益的政策和实施办法，而且许多关务对华员严格保密，极为隐晦。丁贵堂上任伊始便组织人员将英文报关单据、统计报表及刊物全部翻译成中文，在所有单据、报表等重要文档中加列中文，打破了海关有史以来报表、单据全用英文的惯例，不仅方便华商使用，而且在一定程度上削弱了洋人的霸权，提升了国家地位。

1931年，"九一八"事变后，丁贵堂对日寇的侵略行径极为愤慨，他以满腔的爱国热情，用各种方式发动华籍关员支持抗日斗争。1932年淞沪抗战期间，为支持十九路军抗日，丁贵堂率先捐款，并且通电号召全国各地海关华籍关员捐款，在他的积极倡导下，全国海关华籍关员从1933年起，每人按月捐献薪金5%，以一年为期。抗日战争全面爆发后，丁贵堂不仅本人捐资2万元，而且发起全体关员爱国捐款，并亲自担任全国海关华员爱国捐管理委员会委员长，资助东北抗日救国会、东北义勇军和冯玉祥、吉鸿昌、宋哲元、方振武将军的抗日同盟军。此外还捐款5万元用以支援抗日战争与救济难民。当时，海关中也有不少日籍人员，在这样直面敌伪的环境下发动、领导抗日捐款自然要冒极大风险，然丁贵堂出于爱国热忱，未有畏惧、懈怠。当时东北学生和爱国人士流亡上海的数量很多，他不仅慷慨解囊资助，并且招待宁武、阎宝航、高崇民、卢广绩等进步人士居住家中。丁贵堂无所畏惧的爱国情怀和慷慨无私的气概，赢得了人们的尊重。

1941年底，太平洋战争爆发，英美对日宣战，海关总税务司署及时将进出山海关和长江各口岸的日军详细情况密报重庆国民政府。为此，丁贵堂于1942年3月与副税务司张勇年遭日本宪兵队以间谍嫌疑逮捕，然其临危不惧，不屈不挠，拒不认罪。一月后，因证据不足，日寇无奈，只好将其释放，并恢复其原职务。丁贵堂出狱后乃称病在家，遭到日本人的严密监视，后由国民政府精心策划安排，委派"故交"巧妙掩护，以去北平看病为由，使其从严密监视的日本人眼皮底下成功脱险，穿越重重日伪封锁线，几经转折，历经艰辛，历时40天，于1943年2月抵达重庆。他的到来，使国民政府于重庆重新建立了中国海关。

1943 年 5 月，梅乐和辞职，总税务司一职由美国人李渡接任，但因李渡当时远在美国，遂由丁贵堂代理总税务司一职。由于他功绩卓著，不久被荣升为副总税务司，这是中国近现代海关史上华籍关员出任的最高官职。同年 10 月，丁贵堂到新疆筹设海关，翌年 2 月在迪化（今乌鲁木齐）设立迪化关，并兼任该关税务司；嗣后，又在中苏边境塔城、伊宁、霍城、和阗等地设立了关卡，以巩固国防，此举开创了在新疆设关的历史先河。当时，国民政府财政十分困难，上述海关关税连同之前被军统收去的统税，也作为国税一并收回，成为重庆国民政府用以抗击日寇及政府开支的来源。

1945 年 8 月，抗日战争胜利，国民政府任命丁贵堂为京沪区财政金融特派专员，同时奉命接管上海总税务司署及江海关和浚浦局。此时，李渡尚未到沪，据史料记载"所有大小事端，皆仰丁贵堂一人担当"。他不仅要处理上海总税务司署及收复区各海关事务，还要接收原海关财产档案、敌伪码头仓库等，在税制和人事安排上整顿改革。如，恢复执行《1934 年进出口税则》；废除转口税和伪政权的税捐；公告宣布关金单位和法币比值，发布税务司令，加大缉私力度，处理缉获不同种类走私物品，价值数十亿元；查处海关中层人员勾结外商受贿舞弊案件等等。值得一提的是，他作为以财政特派专员名义派出的第一批接收大员，与当时众多借此大发国难财的接收大员不同，始终洁身自好，一尘不染；回沪时，带去了整箱旧法币，但他从未想要用这些法币去投机倒把，借此牟取暴利，而是全部点清，交与秘书保管，备作海关开支之用。但凡有人遇到困难，有求于他，他必尽力解囊相助。他的敢作敢为、勇于担当、廉洁奉公、乐于助人的高贵品行，赢得海关上下一致赞誉。财政部为此于 1946 年 5 月 25 日特颁嘉奖令，给他记大功一次。

在人民解放大军兵临长江之际，国民党军政要员纷纷逃往台湾，旧海关人员亦人心惶惶，高级官员更是看丁贵堂的行动来抉择自己的去留。此时，丁贵堂已看透国民党的腐败，乃决心留下，正如他在自传中所言："我不跟国民党跑，不是为了个人找出路，而是欲在新政府领导下，完成收回关权的志愿。" 1949 年春，国民政府财政部长徐堪面令他南下广州另立总署，令英国人梅维亮在沪留守，丁贵堂寻找借口，自荐留沪维持关务。在美籍总税务司李渡南逃前召集的海关高级官员会议上，丁贵堂正式宣布自己决意留下，并电令全国各关不准撤退，不得运走档案，不得汇出税款，致使关产、档案等完整地保留下来，使日后军管会得以顺利接管海关总税务司署、江海关及浚浦局全部机构。

1948年冬，丁贵堂曾派陈琼瓒先生去香港找到当时在《华商报》的夏衍先生，了解共产党的有关政策。鉴于上海海关有着悠久的历史，完整地保留着一百多年的档案，有一笔可

丁贵堂（左一）及朋友

观的库存和众多经验丰富的爱国关员，且丁贵堂又是海关最高层官员，其为人正直，在海关上下有着崇高的威望和很大的影响力，国民党方面正在逼迫他去台湾，因此，争取丁贵堂的起义不仅十分必要，而且迫在眉睫。夏衍立刻将此事报告潘汉年，潘汉年喜出望外，称这是一笔"意外之财"，当天就向中央请示，很快就得到周恩来明确指示：只要把全部海关档案和物资保留下来，上海解放后，仍由丁贵堂任关长。对于周恩来，丁贵堂也是满怀敬仰之意，新中国成立后曾多次对子侄们说："周总理是位胸怀大略的政治家，想当年我只教过他短短几个月的英语，他至今还没有忘记。"

上海解放前夕，已逃往台湾的国民党当局曾3次电令兼任浚浦局局长的丁贵堂把当时全国最大最好的"建设号"挖泥船开往台湾，后又令上海警备司令汤恩伯征调该船，丁贵堂便以该船需要修理，需要加购材料和增添船员等为由，拖延不办，最终将这艘最大、最好的挖泥船保留了下来。新中国成立后，该船更名为"津航浚101号"，在天津港使用。上海即将解放前数日，汤恩伯又下令征调海

丁贵堂（左一）与中共地下党员孙恩元（左二）

关和吴淞口岸所有船只，集中待命，丁贵堂千方百计在船只调拨、让开航道、码头装卸等方面制造种种借口，设置障碍，阻挠蒋介石从大陆向台湾运输军队和物资。当时，与国民党当局的物资抢夺战相当激烈，丁贵堂上述种种措施，客观上为解放上海创造了有利条件。汤恩伯对丁贵堂的一系列不予照办行为十分恼怒，下了逮捕令，幸而上海很快解放，汤恩伯仓促出逃，丁贵堂才免遭此难。

由于丁贵堂的坚持留守，起了很大的稳定人心的作用，不仅上海总税务司署、江海关，包括上海以南各地海关在解放时，关员们均严守岗位，保护关产、档案，使其丝毫无损。上海海关及总署的缉私艇，除4艘被国民党海军司令桂永清用军舰拖往台湾外，其余数十艘缉私艇和挖泥船均得以保留，所有关产、税款、珍贵档案资料，连同缉私用的枪支弹药也均完整无缺地回到人民手中。1949年5月25日凌晨4时30分，江海关钟楼顶上升起了第一面五星红旗，伴随着隆隆炮声，江海关钟声长鸣，久久回荡在浦江两岸。

新中国成立后，周恩来总理任命丁贵堂为中华人民共和国海关总署副署长、海关管理局局长。在他的主持下，制定了《中华人民共和国暂行海关法》《中华人民共和国海关进出口税则》等一系列重要的海关管理法律、法规。他应邀出席了中华人民共和国第一届政治协商会议，当选为第一届、第二届全国人大代表，担任民革中央委员。1956年12月18日，丁贵堂在全国海关第一次先进工作者代表会议上受到了毛泽东、朱德、刘少奇等党和国家领导人的亲切接见，并合影留念。1962年11月21日，因糖尿病、白内障术后突发肺动脉栓塞，丁贵堂先生病逝于北京，其骨灰安放于八宝山革命烈士公墓。

鉴于丁贵堂在中国近代、现代海关史上的重要地位，2005年在北京建立中国海关博物馆时，专门设立展区，展出他46年来在海关工作期间的办公、生活用品及文书、资料等，以彰显他对中国海关事业的卓越功绩。

（注：上述文章系根据家父丁耀璋生前手书文稿整理修改完成）

主要参考文献：

1.《中华民国史资料丛稿　人物传记》第十九辑，中国社会科学院近代史研究所中华民国史研究室编，中华书局出版。

2.《纪念父亲丁贵堂》，丁耀珍、丁耀璞、丁耀瑛、丁耀琳著，《光明日报》1982年12月29日。

3.《丁贵堂张勇年为海关顺利接管做出贡献》，钟克君著，《民革党员与新中国》上海文史资料选辑九十四辑，1999年。

4.《我的父亲"丁海关"》，丁耀琳著，《炎黄春秋》2011年第11期。

5.《丁贵堂虎口余生记》，朱德君著，《上海滩》1989年第6期。

6.《上海海关关长丁贵堂派亲属到香港和我秘密商谈起义》，夏衍著，《上海滩》1989年第4期。

（作者系丁贵堂侄孙女，上海市儿童医院原副院长）

徐国懋（1906—1986），江苏镇江人，民革党员。历任公私合营银行副总经理兼常务董事、中国银行董事、交通银行和上海投资信托公司常务董事、杭州浙江投资信托公司董事、上海爱建金融公司董事，上海金融学会名誉会长、上海中华造船厂顾问、人民银行金融研究室主任等职。曾任上海市政协常委兼秘书长、民革上海市委副主委、民革中央常委、全国政协委员。

上海解放前夕我去香港及返沪经过与感受

徐国懋

在人生的旅途中，有许多关口是很重要的。值此祖国现代化建设形势大好之际，回想起我在上海前夕被迫由上海去香港，后来由于受周恩来总理的感召，又从香港返回上海的这段经历，感受很深，应该写下来公之于世。

被迫出走香港

1949年初，国民党军队在淮海战役中遭到惨败，上海军政当局表面上故作镇静，实际上各自有"撤退"的打算，社会上动荡不安，人心惶惶。

金城银行总经理周作民因在国民党当局发行金圆券期间遭到威胁，于1948年下半年去香港。随后不久，周作民从香港来函嘱咐我负责金城总处和沪行的工作。我在金城已工作了10多年，对该行有着深厚的感情，并对周作民有知遇之恩，不愿辜负他的期望，也不愿眼看金城沦落到无人负责的局面。同时我想，我在国民党政府中从未担任过什么重要职务，即或共产党来了，也没什么可怕。因此，向周表示愿意留守上海，负责金城工作。

这时上海的气氛一天比一天紧张起来，我原来坚持不走，留下来负责金城工作的想法开始动摇。正在我犹豫不决的时候，挚友郑宝南（**国民党政府驻联合国代表团总务处长**）从遥远的美国纽约专程给我打来电话，催促我尽快离开上海。经朋友多次劝告、催促，我对金城银行的事作了安排，把行务的担子交给了沪行副经理殷纪常。他知道我的意思，也理解我的处境和难处，但他怕整个行务担子压到他的身上，挑不起来，感到十分为难。我再三告诉他说，我的离开，只是暂时的，待上海局势安定下来，即时就回来。最后，殷接受了我的嘱托，但希望我履行诺言，一定要回来。于是，1949年4月底，我乘坐泛美航空公司的飞机，离开上海，悄然到了香港。

在香港的活动

我突然单独出走香港，除殷纪常外，包括周作民在内，事先谁也不知道。到了香港后，我住在九龙塘司达福道姨妹家中。第二天早上，我到香港金城银行看望周作民。周见了我大吃一惊，以为上海的金城出了什么事情。我即原原本本地向他作了解释。周作民听了我的陈述后，理解我的处境，非但没有责怪我，反而宽慰我，并做了安排。

1949年七八月间，世界基督教青年会亚洲地区会议在曼谷召开。该会曾致函在香港的中华基督教青年会全国协会总干事梁小初，希望中国青年会能有代表参加。梁知道我和另一位董事洪士豪都在香港。有一天他来看我们，说："大陆现在解放了，不可能派员参加，但是这个会议中国不能不参加，我看还是由滞留在香港的几位董事代表中国参加为好。"所以，由我和梁小初、洪士豪组成代表团，参加了曼谷会议。

几天后，我们从曼谷回到香港。我原以为在香港可以过上几天太平日子，但是香港也不太平，不断有人打电话来找我。从曼谷一回来，赵志垚就从台湾来香港找我，对我说，他这次来港，是奉了辞修（**陈诚**）先生之命，辞修先生希望我去台湾玩玩，换换环境。我对台湾没有兴趣，便托辞说，在港我有许多事要做,还要处理大陆的业务,抽不出身,暂时没有时间赴台湾,对于辞修先生的好意,请赵先生代为致谢。

上海解放后,第一艘从上海到香港的轮船抵达香港,我听说这艘船上有两个我熟识的人。一个是刘念义,他这次来港是向其父刘鸿生介绍上海解放后的情况,并动员其父回上海,参加新中国的建设。我因惦记上海金城银行,便找到刘念义,向他了解解放后上海有关的情况。刘念义对新政府的工商政策颇有好感,赞不绝口地向我介绍了解放后上海的许多新气象。另一个是英国人迈克(英国安利美洋行总经理),早在抗战之前我和他在汉口时,就有业务往来,后来在上海也有交往。他到了香港后,我去看他,一见面,他就直夸他见到的共产党军队纪律严明,作风优良。

没有多久,在上海的浦心雅(曾任交通银行协理)受黄炎培之托来香港,李仲楚(曾任交通银行经理)也来到香港,他们都是来劝说钱新之、周作民等人回内地,为新中国金融事业做些工作。浦心雅和李仲楚向我们介绍了新中国成立后内地的新变化和共产党的政策,并一再坚请周作民和我回去看看。

当时我虽然萌发过回上海看看的想法,但是,顾虑也很多,特别是我的家眷都已从上海到了香港。到底回不回上海?确实引起我激烈的思想斗争。可是没有几个月,我却又产生了要回内地的想法,他们纷纷劝我打消这个想法。

正在这时,章士钊、黄绍竑来到香港。他们是受周恩来总理委托前来香港联系上海解放前由沪赴香港的一些工商界知名人士,动员他们回内地参加新中国的建设事业。章、黄在香港召开了几次小型座谈会,转达了周总理的期望,阐明党的政策。我和刘鸿生、吴蕴初、荣尔仁、傅汝霖、陶桂林、戴立庵等都参加了。我觉得章、黄的讲话亲切感人,对我触动很大。这时金城银行在香港召开董事会,认为在内地各地的金城银行需要有人料理,周作民一再动员我先回内地主持金城的工作,并表示他以后有可能也要回去。而我始终记着我离开上海时对殷纪常的承诺,现在既然上海平静了,我必须遵守诺言,回到上海金城银行去。我的事业在国内,我应该返回上海把金城的工作挑起来。1949年秋,我乘坐英国"太古"号轮船,由香港至塘沽，转道天津，直上北京，回到了新中国成立后的祖国。

在北京受周恩来总理接见

一到塘沽，我第一次看到了五星红旗和中国人民解放军，也第一次和新中国成立后的政府官员接触，给我留下了很深的印象。他们果然纪律严明，秋毫无犯，和国民党军队大不一样。

我一到北京，当天晚上，就打电话给章士钊。他听说我回来了，很高兴，说马上打电话向周总理报告，并嘱我明天早上等他的回音。果然，第二天一早，章士钊就兴冲冲地给我来了电话，他说，总理听说我回来了，很高兴，要和我谈谈，并约定翌日晚上7时在怀仁堂见面。那天早上，我正想出门，不想总理的秘书来电话询问我，晚上和总理见面，要不要派车子来接。我说我有车子，不必麻烦了。他就告诉我，我的车子可以直接开进中南海，他会通知门卫。从这一件小事上，可以看出总理对人的体贴，处理事情细致入微，使我十分敬佩。

当天晚上，我驱车准时前往，顺利通过新华门，到了怀仁堂。总理的秘书迎了上来，把我让进一间小会客室，他沏上茶后，歉意地对我说："总理正在和别人谈话，过几分钟即接见您，请稍等。"我环顾四周，这间小会客室陈设简单，整洁宁静。没待上几分钟，总理进来了，我连忙迎了上去。总理握着我的手说："徐先生，你从香港回来了，这很好，我们欢迎你。章士钊先生把你的情况都告诉我了，我们新中国非常需要金融家。来，我们坐下来谈谈。"这次谈话，只有总理和我，外加他的秘书，共3个人。接着，总理问："徐先生府上哪里？"我回答说："江苏镇江。"总理说："啊，镇江，镇江有个赵棣华你认识吗？"我回答说："不但认识，还很熟悉，他是我的朋友。我们有三重关系，既同是镇江人，又是金陵大学的先后同学，还是金融界的同行，赵棣华任交通银行总经理，我任金城银行总经理。"总理说："我和赵棣华也有一面之交。有一次同乘一艘长江轮，一起晤谈，还谈得十分投机呢！"接着，总理又说："赵棣华是陈立夫、陈果夫身边的人,是'CC'的人,很得二陈的信任,他当过我们江苏省的财政厅长。最近,我们在北京召开全国政治协商会议,各党各派都有人参加,我看,他可以代表'CC'嘛!"总理风趣的话,把我引笑了。

接着,总理换了一个话题,说:"你刚才说你是金陵大学毕业的,你们金陵的同学魏文翰、施奎龄,你认识吗?"我回答说:"认识,他们比我高几班,但我们都很熟悉。"总理说:"他们在天津南开的时候和我是同学,不但是同学,我和他们还是好朋友。我的这几个朋友和你也是朋友,那么,我们也是朋友了,哈哈!"总理又说:"我们既然有不少的共同朋友,那么,我们可以随便谈谈。"总理爽朗的笑声感染了我,使本来一直拘谨的我,一下子感到如释重负,轻松起来。早在重庆时,我就风闻周总理善于做人的思想工作,善于结交朋友,从上面的一席话来看,确实是这样。后来,总理向我问了在香港的几位银行界朋友的情况,问了吴鼎昌、钱新之、张公权、陈光甫、周作民、李铭等人在香港生活和事业的一些情况,我一一做了回答。当我谈到周作民的时候,总理说:"对于周作民先生的情况,我是知道很多的,以前我们在重庆有过交往。"

然后,总理还向我谈了当时的形势,他说:"目前国内正在进行土地改革,等土地改革结束后,国内经济就可以发展。这些银行界的先生们在金融方面做了不少工作,有丰富的经验,我们欢迎他们回来,并且希望他们早日回来,共同搞好我们的国家,建设我们的国家,使人民的生活逐步地好起来。"总理还说:"当前,我们是在搞新民主主义革命,这需要一个较长的时间。在这一段时间里,你们仍然可以发展自己的事业,民族工商业也还是要发展的,还是有前途的,你可以把这些情况写信给在香港的朋友,争取他们早日回来。"

临告别时,总理问我最近有些什么打算?我说:"我过几天就回上海去,仍旧办我的金城银行。"总理关心地说:"你回上海工作,这很好。回上海后,如果碰到什么难处,可以去找副市长潘汉年、许涤新(**后为上海市委统战部部长**)。你回到上海就可以去看看他们,我会通知他们的,他们会给你一些照顾,会帮助你解决一些困难。"总理和我谈了约一个小时，自始至终没有外人或其他事情来干扰。临走时，总理还特地送我到怀仁堂门口，他站在台阶上，和我握手告别后，目送着我上了汽车，直至我的汽车发动了，他还没有进屋，微笑着频频挥手和我告别。

随后，我将这次受总理接见的情况，详细地写信给急待我音讯的在香港的周作民。不久，即收到他的来信，说我的北京之行，也使他十分感动。

在上海和潘汉年同志的交往

1949年7月18日，在香港的金城银行董事开了一次董事会，决定周作民不再兼任总经理，推荐我担任。董事会执行主席钱新之征询各位董事的意见，大家对于周作民先生荐聘我担任总经理，均无意见。最后，董事会决议通过。

稍事休息了几天后，我即去市政府拜访潘汉年同志。潘汉年同志是我从香港回来后接触的第二位共产党的领导干部。他一见到我，就表示欢迎我回到上海，欢迎我为繁荣上海的金融事业出谋划策。并告诉我他已接到周恩来总理的通知，要他对我和金城银行的事加以照顾。

潘汉年同志称周作民先生是他的老朋友，其中是有一段渊源的。新中国成立前，潘汉年同志是中共香港地下负责人，他善于团结党外人士，善于做统战工作，尊重、关心在港的知名人士，得到了大家的赞赏和拥护。当时周作民通过其他民主人士的介绍，和潘汉年结识。1949年初，北平和平解放，中国共产党决定定都北平，并积极筹备召开新政协会议，建立新中国。当时留在香港的民主人士李济深、沈钧儒、郭沫若、黄炎培等，响应中共提出的召开新政协会议的号召，准备前往华北解放区参加会议。为此，潘汉年找到周作民，问他能否协助这批人北上。周作民表示可以由金城银行出资，在香港租一艘轮船开往天津，担负起这个任务。为了使这件事得以具体落实，周作民指派原上海金城银行国外部经理杨培昌与潘汉年联系，共同协商，进行周密的安排。1949年2月末，金城银行花了约四五十万元港币，租了一艘"华中"号轮船，运送柳亚子夫妇、叶圣陶夫妇、陈叔通、马寅初、张䌹伯、包达三、郑振铎、宋云彬、傅彬然、曹禺、王芸生、徐铸成、赵超构、刘尊棋、张志让、沈体兰、吴全衡等27人悄悄离港，胜利到达天津。为了避人耳目，轮船挂了外商旗号，装载了一些华北解放区相当缺乏的西药和生活物资。周作民以金城银行董事长的名义，用这笔钱为祖国和人民做了这件好事，此后他和潘汉年的关系更密切了。

周恩来总理、潘汉年同志对周作民非常关心，一再叮嘱我写信请他回来。1950年七八月间，我参加在北京召开的全国银行工作会议。会议期间，中国人民银行行长南汉宸同志和我谈话，也叫我动员周作民先生回来。周作民先生在许多人的关心、敦促下，终于下了决心，在1950年秋由香港经天津、北京返回上海。他到达北京时，国家副主席李济深等亲自到车站热烈欢迎，随后周恩来总理也亲切地接见了他，并特聘他为全国政协委员。

潘汉年同志遵照周总理的指示，对金城银行给予照顾，其中最主要的是帮助金城银行渡过难关。上海解放前夕，金城银行由于受通货膨胀的影响，特别是1948年底改用金圆券之后，营业不振，加之人事臃肿，开支庞大，月月亏损，实力大大削弱。这个后遗症一直延续到新中国成立初期，赤字日增，无法弥补。不但上海金城银行是这样，全国各地的金城银行也处于这种状况。为此，周作民心急如焚，想处理一部分资产来填补缺额。他决定将金城、中南两银行共同投资的新裕纱厂中的一个厂出售。当时刚刚解放，哪里还有买主？要卖，只有卖给人民政府。于是周作民叫我去找潘汉年副市长，陈述金城当前的困难和准备出售新裕纱厂的意图。我去市府见了潘汉年副市长，递交了周作民给他的信。他说，这件事我们可以考虑。过了几天，他安排市财政局顾准局长来看望周作民，共同协商。结果，拥有3万锭的新裕的一个纱厂，按时价每万锭100万元估算，卖给了国家，得款300万元，解决了金城银行的燃眉之急。

几点感想

从香港回来以后，我感受很深。我在旧社会生活了近50年，几乎年年都有大小内战，外国人诋毁我们中国人是一盘散沙。国家软弱，受人欺凌。新中国成立后，我亲眼看到在共产党的领导下，中国人民站起来了，腰杆硬了，实行独立自主外交，在国际上的地位大大提高，所有的炎黄子孙，不论在国内国外，都感到自豪。国内政治稳定，全国各族人民大团结，国家前途不可限量。

我个人虽在以后历次政治运动中受到不同程度的冲击，但在"文革"后，党和政府不仅恢复了我的名誉，归还我的财物，而且政治上给予更高的安排，在生活上给予更多的照顾，更坚定了我接受共产党的领导，跟共产党走的决心。我感受最深的是，"四人帮"被打倒后，特别是中共十一届三中全会以来，国家的形势大好，国家对外开放、对内搞活的经济政策，中国共产党立足国内、面向海外的统战政策，导致祖国欣欣向荣、繁荣富强的局面，十分令人鼓舞。

王裕光（1900—1968），号幼常，上海人，民革党员。上海解放前夕，代理上海邮局局长，使邮政大楼完整地交到人民手里。上海解放后，历任上海市邮局副局长、上海市邮电管理局副局长等职。

邮政大楼及其财产保护记
——王裕光保护上海邮局财产斗争的经过

钟克君

上海邮政总局所在地，初名上海邮务管理局，坐落于上海市四川路桥北堍，门牌为虹口区北苏州路276号。大楼始建于1924年，造价为320万银圆。大楼两侧为主立面，有贯通三层的简化科林斯巨柱，转角处顶部为钟塔，冠17世纪流行的意大利巴洛克式穹顶。整幢大楼为欧洲折中主义建筑形式的代表作，素有"远东第一大厅"之美誉。

在上海解放前夕，为了保护好这幢大楼及邮局财产，前前后后发生的惊险往事至今令人难忘。

1949年4月21日，中国人民解放军强渡长江，23日南京解放。上海解放已迫在眉睫。为了使上海邮局完整无损地回到人民手里，中共地下党组织指示邮局接管小组不仅要保护好资产、设备和档案，更重要的是使邮局在特殊时期保持正常的通信状态。接管小组在研究这一问题时，认为代局长王裕光的去留是关键，于是，决定由中共地下党员戴孝忠负责做王裕光的工作。

王裕光毕业于上海南洋中学，20年代就从事邮政工作，由于精通业务、推行新政，获社会好评和上级嘉奖，提前晋升。1949年3月，王奉命代理上海邮局局长。当时，他住在披亚士公寓，离武昌路邮务工会会所较近。一天晚饭后大约七八点钟光景，戴孝忠从高恩公寓出来，乘车抵达披亚士公寓。来开门的是王裕光的夫人。她听说要找王裕光，就说："对不起，他有事出去了，不在家。"第二天早晨8点钟左右，戴孝忠又来到王裕光家。见王后就开门见山地说："王局长，现在是什么形势，你一定很清楚，上海解放已是指日可待了，希望你保护好邮局的设备财产，保护好邮局的所有档案，包括放在四楼的邮政总局档案，不要让它们遭到任何破坏。"戴一边说，一边密切注意王裕光的神情，王裕光平静地说："好，我一定尽力而为。"随后，戴就告辞了。

在中共党组织的宣传教育下，邮局上层主管人员和工会理监事，绝大部分认清了前途，人心安定。代局长王裕光和工会理事长王震百在中共地下党的影响下，以局、会双方的名义，成立了护局委员会。王裕光任主任，王震百为副主任。为避免引起警备司令部的注意，护局委员会对外的公开名称叫消防队。消防队拟定了工作纲要，并以局谕发出号召，广泛吸收职工参加。纲要提出："本队以保护局屋设备、资产、公物，并谋整个邮政安全为宗旨。"王裕光为消防队总队长，凌鸿钧、王震百两人为副总队长。下设总务、消防、防卫、交通、救护、供应6个组，组下设各个分队，其中不少共产党员都被列为各组队的负责人。在这公开合法的组织中，各组队公开地进行值勤训练，女职工大多参加救护组。在懂医学知识的人员指导下，学习包扎救护。供应组还不失时机地购买了大米、面粉、咸肉、酱菜存放在大楼里，备值勤留守者食用。

护局委员会成立后，立即举行了消防和救护演习。消防队使用了救火的水龙带、灭火器等，救护队演习了对伤员的包扎护理。此次演习公开进行，参加人数又多，引起了国民党警备司令部的注意。他们派人来邮局追查是谁发起组织的。这时，王裕光出面承担责任，说明演习是为了保护国家财产和职工的人身安全，别无他意。来人看到是行政、工会负责人公开发起的，找不出什么岔子,便以此为词回去交差,以后就没有再来。

5月25日凌晨,苏州河以南地区已获解放,国民党军队退至苏州河以北。邮局大楼被国民党一个通信营约200人占领。早晨7点以后,邮政大楼被完全封闭起来,所有人不能进出。王裕光坚守自己的岗位,在地下党组织的配合下,领导保护局产的斗争。为了与中共地下党组织保持联系,他专门安排人员守候在电话机房。

留守在大楼里的人员,根据演习时的要求和分工,有组织地先集中到地下室工作间。大家表示一定要同心同德,患难与共,尽力保护好邮局的财产设备,绝不能让它受到损害破坏。之后,大家分头去各处观察情况。当发现国民党士兵在三楼南面窗口架设机关枪,要用枪托把大玻璃窗砸碎时,立刻上前劝阻,用工具把大玻璃拆卸下来搬走,放在安全处保存起来。国民党士兵还想把存放文书档案的柜橱拖来当掩体,职工也赶快把柜橱移到北面房间去,避免交火时被枪弹击破。

此时,思南路支局及其他支局,连同纠察队员共30多人,分成几个小队,佩戴人民保安队臂章走上街头,向路人散发中国人民解放军《告上海人民书》传单,并为解放军引路当向导,协助解放军维持治安,接收敌特机构和寻找部队临时宿营地。留守在大楼的职工瞥见南岸的高楼上升起了红旗,便将消息传给了大家,进一步鼓舞了斗志,使他们坚信红旗很快也会在这里升起。26日上午,中共地下党组织指示,护局委员会除了护局外,还要利用一切机会敦劝国民党官兵缴械投降,并告知全市大部分地区已经解放,桥南的支局都开门营业,信函照常投递,只等邮政大楼的国民党士兵放下武器了。王裕光亲自带头做国民党军官的工作,同时安排留守的职工努力做士兵的工作。为此,大家分头找国民党士兵谈心,劝他们想想家里老小在等着他们回去养家糊口,千万不要再为国民党卖命了。当看到有的士兵乱投掷弹筒发泄怨气时,大家就上去劝告说,这会伤害无辜百姓,不要再投了。有些士兵想抢劫财物,闯到包裹房看有没有"油水",就被守护的职工阻拦,指出里面都是信函包裹,说不定还有寄给他们亲人的东西不能拿走。有的国民党士兵为了逃命,到处找汽车、找司机,因职工事先已有准备,留守的司机已把车辆轮胎里的气放掉,拉掉了点火电线,以致汽车无法启动。

到了26日下午,国民党政府上海市代市长赵祖康根据中国人民解放军联络员指示,打电话给邮政大楼的王裕光,要他向大楼内的国民党官兵传达中国人民解放军的五点决定:(一)停止战斗;(二)放下武器;(三)愿留下的予以整编;(四)不愿留下的资遣回家;(五)尊重他们的军人人格。限定投降时间不迟于当天下午4时。王裕光把这些决定和限定的时间,转告了大楼里的国民党军官,并和王震百等人做他们的劝降工作。但敌营长仍然抱有幻想,眼看离开4点只差半个小时,王裕光不顾个人安危,率领护局委员会成员冲进营长办公室。这位姓邓的营长知道大势已去,立即缴枪投降。

赶快向解放军发信号!"王裕光急忙言道。此刻,时针正好指在了4点。

第二天晚上9点,国民党这一营士兵在蒙蒙细雨中排着队离开了邮电大楼。经过两天两夜的护局斗争,邮政大楼终于完整地交到人民手里。在如此大规模的战役中,大楼内没有丢失一件邮件、损失一件设备或遗失一份档案,这可谓是战争中的奇迹。四川路桥也因邮政大楼的和平交接,躲过了一场枪林弹雨。

1949年5月28日,由陈艺先主持华东邮政管理总局,上海邮政管理局隶属该局领导。接着,上海邮政开展了清点资产工作,并整顿组织编制,调整了

上海战役中,人民解放军向上海邮政大楼一带发起进攻

原来的组织机构，市区的邮政支局和郊县的内地邮局直接由局长领导。军事接管工作于 1949 年 11 月完成，华东邮政管理总局任命陈艺先为上海邮政管理局局长，王裕光为副局长。1957 年，王裕光参加中国国民党革命委员会，任民革上海市委常委和第四届上海市政协常委。

目前，上海邮政总局大楼仍在使用，它是上海邮政史的见证。1989 年 9 月，它被上海市政府列为上海市优秀历史建筑；1996 年，被国务院公布为全国重点文物保护单位；2005 年，上海市对邮政总局大楼相关损坏部分进行了一次恢复性大修和加固，同时利用邮政局大楼中庭、天台和部分楼面改建成上海邮政博物馆。2017 年 12 月 2 日，大楼入选"第二批中国 20 世纪建筑遗产"。

（作者系民革上海市委会宣传部原副调研员）

胡时渊（1904—1994），江苏无锡人，民革党员。曾任国营招商局业务处处长、招商局副总经理、招商局轮船股份有限公司总经理等职。

我在招商局迎接上海解放的经过

胡时渊

招商局是中国最早的航运企业，创始于1873年（清同治十二年），至上海解放时已有近百年的历史。局本部设于上海，分支机构遍及全国，国外也有若干办事机构。抗日战争胜利后，我在上海任招商局副总经理兼业务处处长，总经理为徐学禹。1949年春，徐改任董事长，我任总经理。上海解放前夕，我接受中共地下党的指示，与局内同事一起，在保护船只、船厂等财产方面做了一些工作。虽然30多年过去了，但回忆起来，当时的情景仍然历历在目。

我与中共地下党的接触

1948年10月中旬，为了同香港英商轮船公司结账，我从上海到香港，投宿于思豪酒店。其时，招商局客运部经理俞大纲也因公出差在香港。他是俞大维的同父异母兄弟，又是新中国成立后天津市市长黄敬的叔父，平日与我相处较好。11月22日，他到思豪酒店来看我，说："我想介绍现任香港《文汇报》常务董事兼总经理张稚琴同你见面，请你谈谈招商局的情况，你看如何？"我表示欢迎，并说："请他们以新闻记者的身份来看我。来时用指头在我的房门上轻敲三下，作为暗号。"

11月24日下午2点钟，我听见门上有轻敲三下的声音，就去开了门。我

胡时渊

问："你是张先生么？"他点头称是。我把他请进屋，向他详细介绍招商局各方面的情况。他听后问："胡先生准备来香港住家么？"我说："还没有定。徐学禹已在香港给我拨了一套三间的公寓，叫我先把家属搬来居住。台湾招商分局也给我在台湾租好了房子。还有朋友劝我到新加坡去经商，我正在考虑中。"张说："我劝你留在上海，不要走了。保护好招商局的财产，这就是起义，也就是你最好的前途。"我表示愿意接受他的劝告，留在上海为人民做些工作，他赞扬了我的积极态度。

然后，张樨琴又问我准备怎样做好护产工作。我说："招商局最大财产是船只，现有总吨位近50万吨，其中海轮50多艘，长江大轮10多艘，拖轮、铁驳100多艘，各港埠内使用的小火轮50多艘。按照国民党的疏散计划，准备陆续把这些船只撤往台湾，我们就应该千方百计把这些财产保存下来。"听到这里，张樨琴频频点头，表示赞同。我还着重谈了保护长江轮船的重要性，说："海轮随时可以向国外买到，而江轮却买不到，必须由自己制造，造船比买船困难得多。而且，长江轮船对于新中国成立后恢复国内客货运输有极大的用处。"张对此表示同意，并叮嘱我说："那么，你就这样好好干吧！"

临别时，张樨琴说："我们今天的谈话，不得对外泄漏，以后也不必通信联系。你回到上海后，可以在清早和晚上收听解放区的电台广播，了解解放战争的进展情况和中国共产党的政策。"谈话至此结束，约谈了两个小时。

后来，我经常收听解放区的广播。有一次，河南新乡人民电台午夜广播说："中纺公司总经理顾毓琼、招商局总经理胡时渊，你们要坚守岗位，迎接解放。"我听了，十分兴奋，更加强了我做好护产工作的决心。

"江顺""江安""江泰"三轮事件

1948年12月4日，我从香港飞往台湾，原来想做一个星期的旅游，但游览两天后，突然收到招商局"江亚"轮在吴淞口外沉没的消息，便于6日赶回上海。

回到上海后，我按照张樨琴的嘱咐，从事反对疏散的斗争。在疏散与反疏散的斗争中，"江顺""江安""江泰"三艘江轮的事件是重要的回合。

1949年2月中旬，"江顺"轮船长黄友士从汉口随班轮来到上海，悄悄问我："听说本局的长江轮船都要撤往台湾，有这回事么？我是否可以不去？"我说："可以。我有个设想，你看好不好：现在'江安''江泰'两轮都停泊在上海十六铺，准备整修。你的'江顺'轮也可抽下来修理。将这三艘江轮都开到长江中游去，以修理为名，把它们保留下来，等待解放。船上的职工，除船员外，一律下船回家休息，工资由上海和汉口招商局按月发给。如果你同意我的设想，可以与'江安'轮李船长、'江泰'轮陈船长商量一下，然后报请船务处批准。"他微笑点头，表示同意，并照我的意见去办了。

3月初，黄友士从船上发来密电，说三艘江轮现抛泊于离汉口40里的江中心，附近有一小镇，可以购买菜蔬。他们向汉口招商分局要来一艘小火轮，作为三艘江轮间的交通船。我接电后，立即复电黄友士，叫他们不要天天到镇上去买菜，汉口更要少去，黄复电照办。

但出乎意料，3月15日，汉口招商分局经理李荪芳把这件事情通过长途电话报告了徐学禹，还说海员工会主席李雨田已为此事向他提出质问："你们把三条大轮抛泊在长江中游，有什么企图？"李雨田还煽动原已回家休息的三艘船上的职工聚众闹事，并向南京联勤总司令部揭发。

徐学禹接到李荪芳的电话后，向船务处询问情况，船务处回答说："是三个船长要求整修的，由船员自己修理和油漆，比较安全省钱，时间上也要比交给修船厂修理快得多，一俟竣工，马上开往台湾。"徐学禹又问我是否知道此事，我说知道的。

同日，徐学禹又接到南京交通部航政司司长李景潞的电话，询问三艘江轮停泊江中的事情，并说有人已向联勤总司令部检举，要交通部查复。徐就把船务处所讲的情况告诉了他。此后，徐学禹叫船务处急电三位船长将江轮从速驶回上海。

在这种情况下，"江顺""江安""江泰"三轮不得不开来上海，但船上存煤不够，只得将"江安"轮上的存煤全部拨给"江顺""江泰"两轮，让它们先开走。这两条江轮于3月17日起锚出发，开到九江时，煤又烧完，而九江招商分局无煤供应，市面上也奇缺煤炭，无法大量收购。他们来电向招商局供应处请示，我说："现在这三条江轮没有运输任务，在九江、汉口多等几天，没有关系，煤炭叫南京招商分局派小火轮送去。"我随即打了一个长途电话给南京招商分局经理窦毅，对他说："你们送300吨煤去九江，煤是要送去的，但不必着急，慢几天也可以。"我这样做的用意，在于拖延时间，等待长江方面战争形势的变化。

3月20日，九江和安庆间的华阳镇解放了。我听到这个消息，暗暗高兴。长江下游的交通既已中断，"江顺""江安""江泰"三轮就回不了上海，为人民所有了。

围绕着"江新"轮的斗争

除上述三艘江轮外，我们还设法保存了"江渝""江建""江华""江平""江新""江陵"六艘江轮，其中围绕着"江新"轮的斗争较为突出。

"江新"轮是一条很好的大江轮，既不能托词修理，又不能无故停泊，怎样才能把它保存下来呢？只有从制造故障入手。我同几个相熟的船员谈了以后，他们都很赞成，就把轮船里的"转动地轴"拉开。地轴一失灵，船就不能行驶了。于是对外扬言，"江新"轮机器损坏，必须经过大修后，才能开往台湾。

到了5月22日下午，淞沪警备总司令部突然派来一个军官，随带5个士兵，冲进我的办公室，把他的手枪和名片往我桌上一丢，凶狠地说："我是陆科长，你马上派船员上船，将'江新'轮开往台湾。如若不开，我就捉你到警备总司令部去枪毙！"我和颜悦色地对他说："不是不肯开，'江新'轮机器损坏，开不动。"他说："我已调查过了，并未损坏，接上地轴就可以开动。"我说："倘若你们不信，我叫船务处的人来证明。"他说："我不相信，你叫船务处负责人来，陪我们一起上船去查验。如果能开，就开出吴淞口，如果真的开不了，就在原地破坏。我们不能把好好的轮船白白送给共产党。"

没有办法，我只得把船务处黄慕宗、马家骏两人召来，陪陆科长等6人一起到"江新"轮上去。我办公室的窗口面临黄浦江，他们走后约两小时，我从窗口望出去，看见"江新"轮缓慢地从十六铺开来，驶到陆家嘴地方，又掉头返往十六铺。这是怎么一回事，我疑惑不解。

再过一小时，黄慕宗和马家骏都安全回来。黄说："我们上船后，恐怕被他们破坏沉没，就接上地轴，解缆开航。但将开航时，陆科长等人突然离开'江新'轮，跳上了预先准备好的一艘小火轮，跟随在'江新'轮的后面航行。因为解放战争已经逼近黄浦江畔，轮船开到陆家嘴时，有枪弹在驾驶台上飞过。我们感到很危险，就停止前进，而陆科长所坐的那艘小火轮却飞快地超过'江新'轮，向吴淞口方向仓皇逃跑了。于是我们又开回了十六铺。"一场惊险就这样顺利地过去了。

1872年的上海轮船招商局

保存修理船、仓库船和修船厂

招商局原有一艘修理船和三艘3000吨的水上材料仓库船。4月间，徐学禹在上海时，修理船正在整修，他要求5月16日以前修理完竣，并拖带满载船用物料的一艘水上仓库船驶往台湾。5月12日，徐飞赴台湾时，又一再嘱咐我办好此事。

5月14日下午，修理船船长孙照熊到办公室对黄慕宗说，"修理船已修好，仓库船也已装载完毕，可以开往台湾了。"我赶紧插嘴对孙照熊说："你们提前完成任务很好。你们辛苦了，让船员们回家休息，开船的事情，我们再通知你。"

徐学禹到台湾后，从5月14日至18日的四天内，一连发来3份电报，催促修理船和水上仓库船快快开出，我回电敷衍。最后，给他拍了一个假电报，说这两条船已于5月19日开出，大约10天可到达台湾基隆港。其实，这些船都安稳地停泊在黄浦江内，纹丝不动。

招商局在浦东原有一所修船厂，有职工两百多人。按照徐学禹的疏散计划，准备搬到台湾，与台湾造船厂合并。怎样设法把它保存下来，使职工安心留在上海，是一个问题。3月间，我同领导该厂业务的船务处副处长辛一心和厂长陈绍焕商议办法，决定了下列几点：（一）提前发给修船厂职工4月份工资，并一次借给各人3个月工资。（二）修船厂自4月起停工，将全部机器运往招商局中械码头仓库内储放。（三）职工中愿意留在上海的，回家休息，不必上班。如果有人愿去台湾，可向人事室办理调职手续，先去台湾。

厂长陈绍焕把这三项办法公布以后，全体职工表示满意。于是我嘱咐船务处、财务处、人事室分别照此办理。并叮咛陈绍焕两点：（一）挑选几个可靠的老工人搬到厂里去睡，好好看守财物，不许他们任意离开，也不许别人随便进厂。（二）对于拆卸修船厂机器一事，要严守机密。万一有人问起，就说是搬到台湾去的。陈绍焕办得很妥善，中间没有发生什么麻烦。

5月25日，上海苏州河以南地区一解放，我们就通知回家休息的职工来厂上班，搬回机件，迅速复工。

托词拒运疏散物资

国民党兵工署原来储有5000吨铜圆，是中央信托局交给该署作为制造军火用的。1949年3月，兵工署命令招商局业务处处长施洒徵调拨船只将其全部运往台湾。我知道这件事的时候，他们已经开始装船。

我赶紧跑到十六铺码头，N3型轮已经装上了1000吨铜圆，我立即下令停止装船。该轮载重量为2000吨，其短装的1000吨，改装其他一般商货去了台湾。我对仓库管理员说："留下的4000吨铜圆如何处理，我会告诉施处长的，你听候命令好了。"

关于运输铜圆一事，自5月6日至12日的6天内，淞沪警备总司令部曾经向我催询过三次。第一次是汤恩伯叫我到总司令部去，他亲自催问："铜圆到底什么时候可以运往台湾？"我答："正在调度船只，很快就可运出。"第二次是警备司令陈大庆亲自向我催促，我说："三四天内即可装船启航。"5月10日夜，汤恩伯在总司令部内当面对我厉声叱责："4000 吨铜圆限你在 5 月 12 日以前全部装船运出。船只启航后，你要打电话向我报告，我还要派人前往查看，如有违误，立即枪毙你！"我唯唯称是，表示一定办到。

在回家途中，我边走边想，看来铜圆不能不运了，但装上大轮，势必要运去台湾。如装上出海铁驳，就可以停泊在吴淞口外的高桥洋面，等待解放。主意既定，我就于第二天一早把自己的设想告诉了史济威，他认为可行。于是我提出了几点办法：（一）在上午 9 时前，调集六七艘千吨级以上能出海的大铁驳靠泊在十六铺金利源码头，并叫仓库管理员赶紧将全部铜圆分别装上铁驳。（二）调动大马力拖轮，把这些铁驳拖往吴淞口外的高桥洋面上，分散抛锚停泊，但也有被人发觉的可能，所以又要做好随时拖去台湾的准备。（三）铁驳上要装上足够吃两个月的大米和咸肉、咸鱼、咸菜等副食品，以便船员在船上食用。每隔三四天，派几个可靠的船员用小火轮给他们送去淡水和必要的用品。

史济威同意了我的意见，就照此办理妥当。到了下午 4 时，我估计拖轮、铁驳已经驶出吴淞口外，便打电话给陈大庆说："请你转向汤总司令报告，4000 吨铜圆已全部装运出去了。"上海一解放，史济威把这 4000 吨铜圆从吴淞口外的抛泊处拖运回来。遵照解放军总代表于眉的意见，在黄浦江码头把铜圆全数交中国人民银行入库。

迎接上海解放

徐学禹摆脱招商局总经理职务升任董事长后，经常来往于上海、台湾与香港之间。1949 年 4 月，他由香港飞来上海，指出招商局的重点要从上海搬至台湾，原台湾招商分局改为招商局总局，并叫我赴台湾去任职。我表示要暂时留在上海，台湾招商局总经理一职建议由韦焕章代理，徐勉强同意了我的要求。

5 月 20 日，徐学禹从台湾招商局电台给汤恩伯拍来一个电报，要他把我从上海弄去台湾。这个电报是由上海招商局电台收转的，主任秘书陈仲瑜把电报拿给我看，我看了以后，立即把电报塞进口袋，对他说："不必转去了，也不要告诉别人。"

5月24日，又发生了上海市警察局局长毛森企图逮捕我的事情。当天上午，有个中年人在我的办公室窗口探头探脑地向里张望，我有点认识他，是招商局警务室的人，便大声说："你们不是已经到台湾去了么？"他答应说："我马上就要走了。"对他鬼鬼祟祟的行动，我产生怀疑，就离开招商局，到南京路上去闲逛，在马赛饭店吃了中餐。

中午12时左右，警察局的"飞行堡垒"开到了招商局，因为我不在，没有被抓到。特务们在走廊里碰到了黄慕宗，便把他捉了去。下午1时，我回到局里才知道此事。这时，国民党在招商局的军管司令杨政民从吴淞口打来电话，询问他曾经下令提取的银洋3万元，提出了没有？我说："已向中央银行提到，准备给你送去。但有一件事情要向你汇报，本局黄慕宗被毛森局长抓去了，请你赶快打电话给毛森，予以释放，否则停泊在吴淞口的15艘军差船上的船员可能会闹事，我负不了责任。"他答应马上通知毛森释放。下午4时，我们把银洋3万元搬上小轿车，叫司机庄志万送去。没有多久，黄慕宗被释放了出来。

5月24日夜间9点多钟，马路上枪声密集，解放军已开始进入市区，我心中极为兴奋，没有睡觉，在沙发上坐了一夜。第二天，我在家休息了一天。26日上午，我到招商局去上班，黄慕宗陪同船务处职员、中共地下党员朱谷人来找我说："朱谷人代表共产党来查封局里的银箱和档案橱，听候军事代表前来接管。"我同朱谷人到各处室加贴封条，至上午10时结束。27日，上海全部解放。人民解放军派于眉和邓寅冬同志为正副军事总代表，于6月5日前来接管招商局，我一一作了移交，其中包括美金20万元。党信任我，叫我留任招商局总经理。

因为我留在上海，并在中国共产党的统一战线政策感召下，做了一些护产工作，台湾国民党当局对我有过两次通缉。第一次是在1949年6月间，同时被通缉的还有吴兆洪、顾毓琼等共 11 人。第二次是在同年 11 月底，由于协助策动香港招商分局起义，台湾当局在《大公报》（香港版）刊登了对我和黄慕宗、陈邦达三人的通缉令。

至于我建议军事总代表于眉派陈邦达赴香港，策动香港招商分局和台湾十三艘海轮在香港集体起义，那是上海解放以后的事，这里不再多说了。

（本文原载于《上海文史资料选辑·第五十二辑》，略有删节）

李穆生（1899—1973），湖南郴县人，民革党员。曾任军政部重庆陆军医院、上海陆军医院院长，国民政府上海市政府专门委员会委员兼市卫生局处长、代理局长等职。新中国成立后，被任命为上海市卫生局副局长，后任上海市政协委员、人大代表，民革上海市委常委。

我要留下来等待天亮

——记上海市卫生局原副局长李穆生

郭佛宜

原国民政府上海市卫生局局长李穆生，是个正直、爱国的知识分子。上海解放前夕，因不明共产党的政策，在去留问题上曾一度彷徨。我通过他夫人做他的工作，终于解除了他的疑虑，决定留在上海等待解放。新中国成立后，他任上海市人民政府卫生局副局长，为人民做了不少好事。

那时，刘长胜同志在上海主持中共地下工作，住在我家二楼。我们朝夕相处，不断受到他的教诲。上海解放前夕，我思想上老盘旋着一个问题——如何为共产党和人民做一些力所能及的工作？为此，我向刘长胜同志请教，他赞许了我的想法，高兴地说："你要做好掩护工作，并设法多结识一些工商业者和知识分子的眷属，特别要注意科技人才。一定要想方设法，争取他们留下来为新中国服务。你要知道，全国解放后，我们要重新建设，需要大批大批科技人员啊！"

李穆生的夫人艾如兰是我的朋友，曾在南京当护士。1928年李穆生曾任南京中央医院内科主任，后来去美国学习军医。在南京时，我患有严重肺病，经人介绍，由李穆生为我治疗，因此我和他们夫妇结成了友谊。

李穆生出身于湖南长沙湘雅医学院，为人正派，富有爱国心。抗日战争期间，曾任重庆陆军医院院长。胜利后，执教于上海军医大学，工作一向勤勤恳恳。1949年春，解放战争捷报频传，上海解放在望。他因不明共产党的政策，在去不去台湾的问题上举棋不定，对时局不免流露出悲观情绪。我牢记刘长胜同志的话，专程去虹口千爱里他家中拜访。我去时，李穆生已外出，他的夫人艾如兰在家接待我。我看到地上堆着大包小包，显然，他们正在打点行装，准备远行。我心里一动，就问："你们是不是准备离开上海？"艾流露出无可奈何的神情，说："穆生在国民党军医院任职，我们留下来不安全，有危险啊！"我向她解释："你们要认清当前的形势，共产党的军队势如破竹，上海指日可下。你们逃往台湾，难道就安全了吗？再说，共产党解放了全中国，需要更多的人为祖国的建设事业服务。李院长是一位学有专长的人才，留在上海不仅不会有危险，而且还会受到重视。这一点，你们尽可放心。"艾听了我的话，若有所思，一时未置可否。后来，听说她把我的意见告诉了李穆生，李思想上很有触动。

随着解放战争的节节胜利，国民党在上海的大小官吏，急急如丧家之犬，准备逃跑。当时的上海市卫生局长张维，见形势不妙，国民党行将垮台，就向市长吴国桢呈请辞职。吴同意所请，但要他自己找人代理。于是，张维想起了他在湘雅医学院的老同学李穆生。

经过我和李穆生亲朋（中共地下党员）的劝告，李穆生对时局的认识有所提高，原来想去台湾的打算发生动摇。最后，他毅然表示："我要留下来等待天亮。"

张维想找李穆生做替身，李和我们商量对策。我又如实向刘长胜同志做了汇报。长胜同志说："只要你们信得过，当然可以争取他留下来。"

这样，李穆生就走马上任，接任了张维的卫生局长职务。这时，长胜同志又提出两点，要我们转告李穆生：一是向卫生局职工宣传共产党的城市政策，让大家安心工作，静待解放，不必惊慌，并强调做这项工作应注意的方式方法；二是要组织卫生局及所属各医院职工，进行护厂、护院，保护好医院的设施及各种医疗器械和贵重药物，阻止国民党反动派破坏、拆迁。后来，李都一一照办了。

上海解放后，经长胜同志介绍，李穆生被委为上海市卫生局副局长，成为华东军政委员会卫生部长、上海市卫生局长崔义田的得力助手，分工负责本市卫生、防疫等工作。大家都记得，20世纪50年代热火朝天的爱国卫生运动的气势及所取得的成绩，其中都有李穆生的劳绩，特别是由他直接领导的防疫工作，成绩斐然，急性传染病发病率大幅度降低，新中国成立前连年猖獗的天花、霍乱得到控制、消灭，全市人民的健康水平有所提高。李穆生是上海解放后第一位防疫站长，往往是哪里有"情况"，他就出现在哪里。为了扑灭传染病菌，他不辞辛劳，流的汗水不少。

对于正义的事情，李穆生总是当仁不让。在抗美援朝战争中，他率先参加医疗大队，并担任中央卫生部组织的公共卫生考察团团长，亲临反细菌战第一线，研究细菌战情况，写出调查报告，用铁的事实严正声讨美帝罪行，在维护和平、反对细菌战方面作出了贡献。

李穆生生活朴素，工作作风踏实，有一颗为人民服务的炽热之心。"文化大革命"期间，他受到冲击，长期卧病在床。1973年10月4日，因心脏病突然发作在沪逝世，享年75岁。

（本文原载于《上海文史资料选辑·上海民革专辑》，略有删节）

戴立庵（1901—1991），浙江衢州人。原国民政府官员，曾任《银行杂志》编辑，国民政府财政部钱币司司长，联合商业储蓄信托银行总经理等。新中国成立后，历任上海金融研究委员会主任、中国钱币学会顾问，民革中央团结委员，民革上海市委顾问等。

戴立庵与"金圆券风波"

张黎琼

民革党员戴立庵，原名戴铭礼，浙江衢县人，生于1901年，卒于1990年3月。据其自传记载，祖父是铜匠，父亲是锡匠。父子二人在衢县开了一家铜锡店。辛苦经营数十年后，家里有了一些田地。15岁那年戴立庵考入衢县浙江第八中学，18岁开始接触《北京大学月报》《新潮》《新青年》等一些进步刊物。五四运动中，他参与了罢课。因对财政金融学有着浓厚的兴趣，20岁时到上海中国公学大学部商科求学，学习勤奋刻苦。后因家境不济，开始以撰稿、翻译获取稿费维持学业，1925年获商学士学位。后受聘于武汉汉口银行公会杂志社、中央大学经济系，任编辑、讲师，并协助贾士毅完成续编《民国财政史》。

1928年春，在时任国民政府财政部赋税司司长贾士毅的推荐下，戴进入财政部国有地产管理处工作。是年秋，财政部成立钱币司，徐堪任司长。由于当时懂得金融货币管理的人并不多，于是作为专门人才的戴得到了徐的赏识，即受聘于钱币司。

1935年11月，徐堪辞去钱币司司长职务，由戴继任。当时戴还兼任中央银行监事，交通、通商等多个银行的董事职务。也就在这时，政府开始施行法币，结束了中国使用了近 500 年的银本位币制。1934 年全球出现了金贱银贵的现象，国际银价一路高涨。而中国当时是世界第三大银本位国家，于是不可避免地发生了白银外流、通货紧缩的现象，进而又引发了利率急速上升、部分银行钱庄倒闭的动荡局面。为了挽救危机，国民政府决心对货币进行改革。实行法币虽是安定金融的一个办法，但终因社会矛盾错综复杂，加之施政不当，导致后来法币大量发行而引发恶性通货膨胀。

1941 年，太平洋战争爆发后，投机横行，法币急剧贬值。钱币司虽是国民政府管理监督金融业的职能部门，但其实是无法与既得利益集团相抗衡的。这样的机构最多是打几个苍蝇，老虎是不敢惹的，何谈整治金融秩序？身为司长的戴立庵，其处境艰难可想而知。1945 年，抗战胜利后，戴提出辞职，时任中央银行总裁的俞鸿钧不允。当时，大部分因战争而停业的行庄纷纷请求复业，随即冒出一批假行庄，时局混乱不堪。戴建议设立审查会，由参事厅秘书处和钱币司派员进行审查，由此得罪了一些人并招致日后无情的打击。

1948 年 5 月，戴辞去钱币司司长一职。不久，以行政院长翁文灏、财政部长王云五为首的一些人开始筹划新一轮的货币改革——用金圆券取代法币。1947 年 4 月，法币发行额已增至 16 万亿元以上。1948 年，法币发行额更是达到了 660 万亿元以上（等于是抗战前的 47 万倍）。而当时的物价竟也上涨了 3492 万倍，恶性通货膨胀，并最终导致法币的彻底崩溃。

"中央银行"发行的面额为五百万元的金圆券

同年 7 月，淮海战役即将打响。国民党大势已去，经济也面临全面崩溃。8 月 19 日，国民政府正式宣布实施币制改革。按照蒋介石的旨意，以中央银行所存黄金和证券作为保证金发行金圆券。这其实是以政治力量强行收兑存于民间的所有黄金、白银和外币，实行经济管制。虽然有不少人对王云五的改革方案心存疑虑，但因为有蒋介石的支持而无人公开反对。当天，行政院电约上海工商、金融界 20 余人到南京谈话。20 日晨，宋汉章、钱新之、赵棣华、李馥荪、徐寄庼、王志莘、傅汝霖、杜月笙、徐国懋、沈日新及戴立庵等一行人到达南京。会上，翁向大家说明发放金圆券的原委，希望大家拥护。会议将近结束时，徐柏园（政务次长）点名要戴发表意见。其时戴已受聘于联合银行董事会担任总经理。因其从事金融管理多年又颇有研究，故直言不讳地提出了一些想法。戴认为"实行币制改革的条件不够，不能轻易尝试，主要矛盾有三……"众人听后沉默不语。会后，一行人去励志社谒见蒋介石，老蒋亦希望大家拥护新币制。

由于戴的发言指出了金圆券的弱点，直接触及了最高统治者的痛处。那次谈话结束后，戴回到上海，但其行动开始受到了监视。

之前，蒋经国已来上海"打老虎"多时，在打击经济不法分子的同时也借此名义威吓金融界人士。后小蒋又担任了经济管制督导员。于是有人告诫戴小心从事。这使戴不免有些吃惊。9 月 8 日《大众夜报》头条爆出了"戴立庵联合上海商业银行逃避大量金银外汇，并在财政部钱币司工作期间大量贪污，家产达 2 亿美元以上"的新闻。消息一出，轰动上海。戴为此愤怒至极，忍无可忍之下，他直奔中央银行找蒋经国论理（蒋当时正在开会而未果）。次日，《申报》第四版刊登了与戴的谈话内容，帮其呼吁彻查。但此事终究让戴在大众眼里背负了难以洗刷的罪名，因而对他打击很大。

其实，就在媒体爆料前两天，已有报载蒋介石在国民党中央党部扩大纪念会上的讲话。老蒋十分严厉地批评了上海银行界对币制改革的消极态度，指责那些银行"只爱金钱、不爱国家，只知自私、不知民生"，破坏了政府的"戡乱建国"，"彼等既不爱国家，国家对彼等自亦无所姑息，故政府已责成上海负责当局，限其于本星期三以前令各大商业银行将所有外汇自动向中央银行存放，届时如其再虚与委蛇，观望延宕，或捏造假账，不据实存放，那政府只有依法处理，不得不采取进一步的措置予以严厉的制裁。"随后蒋又电令查封浙江第一银行。在这样的高压震慑下，9月10日前后，上海各商业银行即将所存金银外汇悉数上报央行。

据戴回忆，9月11日，蒋经国邀约其到梵皇渡路（现万航渡路）乐义饭店见面。戴虽觉不妙，但还是按时赴约，见面后彼此寒暄了几句便转入正题。小蒋要求戴承认联合逃汇一事，戴不肯，进而要求蒋拿出证据来。小蒋考虑片刻后表示要将戴送上法庭，问心无愧的戴即起身告退。此后一连数日，戴又遭到大小报章的不实攻击。蒋经国的"打虎队"甚至在四川路汉口路联合银行门口，扯起了横跨马路的大横幅对其进行攻击。再后来，一司法官员找上门来，要戴在一份"切节书"上签名盖章，还要正当行号作保人。所谓"切节书"，就是写有"某某非经核准，不得私自离沪"的文件。

直到金圆券崩溃，蒋经国离沪后，戴从时任联合银行董事长钱新之那里得知：钱在南京见到蒋介石，谈到之前上海发生的这些事情，老蒋便说了一句"小孩子胡闹"。其实这幕丑剧，老蒋是主要的幕后操纵者。通过勒逼、胁迫等手段，蒋氏父子仅在上海一地就从百姓手中搜刮110余万两黄金、3400余万元美钞，还有大量的港币和银圆。之后，这些金银财宝全部被运往台湾。

那么在"金圆券事件"中，戴立庵为何会被"开刀"呢？这里面的原因很复杂。据戴自己分析，很可能是因为其在财政部钱币司供职多达12年，算得上是位资深人士，故打击戴可以起到以儆效尤的作用。同时，戴因工作关系还得罪过特务等人。此外，他还曾为查处投机倒把事件与小蒋有过不愉快的经历，因而也难免招致一些人的打击报复……此后，戴对国民党当权者彻底绝望。1949年5月，他去了香港，同年11月与荣尔仁、孙越崎、刘丕基、傅汝霖等同船回到青岛。之后辗转北京回到上海，期间在中南海受到周恩来总理的接见。

全国政协文史委编纂的《回忆法币、金圆券与黄金风潮》一书中，收录了戴立庵的《金圆券发行后蒋介石在上海勒逼金银外汇的回忆》

20世纪50年代初，由60家银行、钱庄、信托公司合并为统一的公私合营银行，戴立庵出任常务董事。后来合营银行在上海成立了金融研究委员会，戴担任主任，直至1972年退休。

1956年戴立庵加入民革，先后任民革第七届中央团结委员会委员，民革上海市委第四、五届委员，第六、七届常委，民革中国人民银行上海市分行支部主任委员，民革上海市第八届委员会顾问，上海市政协和平解放台湾委员会委员，静安区政协委员等。在认真参政议政的同时，戴立庵还长期投入到对台的宣传工作中，为祖国统一大业作出了积极的贡献。

（作者系民革上海市委会机关干部）

陈光甫（1881—1976），字光甫，江苏镇江人，中国银行家、中国近代旅游业创始人。曾任江苏银行总经理（清），上海银行公会会长，国民政府财政委员会主任委员，江苏省政府委员、中央银行理事、中国银行常务董事和交通银行董事等职，历任国民参政会参政员，国立复兴贸易公司董事长，中、美、英平准基金委员会主席，国民政府委员，主管中央银行外汇平衡基金委员会，立法委员。定居台湾后，任上海商业储蓄银行董事长。

李济深邀陈光甫归来

王昌范

李济深是中国国民党革命委员会主要创始人之一，民革中央第一任主席，新中国成立后任中央人民政府副主席。陈光甫是上海商业储蓄银行创始人，上海银行公会发起人，也是中华职业教育社48位发起人之一。他为近代商业银行建设，银行同业组织创建作出了贡献，尤其是抗战期间，他以私人银行家身份代表中国几度赴美谈判，与美国政府达成了桐油贷款、滇锡贷款等重要美援协定，为二战远东战场的最终胜利，作出不可磨灭的功绩，被誉为"民国时期最成功的银行家之一"，被外国媒体称为"中国的摩根"。

李济深邀陈光甫归来参加新政协及祖国建设，曾有零星文字记录，在此谨以档案、资料和前辈亲人的回忆略述一二。

毛泽东致函李济深与李济深北上

1948年4月30日，中共中央决定发布"五一口号"。5月1日，毛泽东致信在香港的李济深与沈钧儒。信中说："在目前形势下，召集人民代表大会，成

1933 年的李济深

立民主联合政府，加强各民主党派、各人民团体的相互合作，并拟定民主政府的施政纲领，业已成为必要，时机亦已成熟。国内广大民主人士已有了此种要求，想二兄必有同感。但要实现这一步骤，必须先邀集各民主党派、各人民团体的代表开一个会议。此项会议似宜定名为政治协商会议。"5月2日，李济深、沈钧儒等在港的民主党派代表讨论中共中央"五一口号"，认为这是我国"政治上的必经途径""民主人士自应起来响应"。5月3日，李济深召集在港的各民主党派负责人开会，传达毛泽东来信的内容，并推举马叙伦起草复电。5月5日，李济深等12名民主人士代表各自的党派，通电海内外，响应"五一口号"。8月1日，毛泽东电复在港的李济深等民主党派人士，电文说，因交通阻隔，5月5日的通电"今始奉悉"，对李济深等人的主张极为钦佩。

同年9月13日，第一批北上解放区的香港民主人士启程，有沈钧儒等4人，29日到达哈尔滨。第二批北上解放区的香港民主人士有马叙伦、郭沫若等人，12月初到达哈尔滨。李济深等20余人是第三批北上解放区的，为了隐蔽，搭乘的是一艘苏联的货船，在海上行驶了10多天，于1949年1月7日到达大连。中共中央派李富春、张闻天专程到大连，还有大连市委的欧阳钦、韩光、李一氓等迎接，然后乘专列经沈阳到哈尔滨。李济深在日记中这样记载："早八时，船泊大连，而中共已有代表多人在码头迎接。朱学范同志亦由沈阳来接船。登陆后，即入大连最大苏联人所开之酒店。进点心后即请午宴，地点在关东酒楼，席为燕席，极其丰盛也。"1月10日，李济深等人由哈尔滨到达沈阳，同样受到高规格的接待。12日，李济深致电毛泽东、周恩来，除表示感谢外，称赞中国共产党"领导中国革命，路线正确、措施允当，洽符全国人民大众之需要"。14日，毛泽东、朱德、周恩来致电李济深："闻公抵沈，敬表欢迎。"2月2日，中央统战部秘书长齐燕铭及申伯纯、金城、周子健等负责干部前往北平，为接待民主人士作各项准备工作。25日，李济深、沈钧儒、马叙伦、郭沫若等35位民主人士乘"天津解放号"专列由沈阳抵达北平。3月5日，中国共产党七届二中全会在西柏坡召开。会议批准了由中国共产党发起，并协同各民主党派、人民团体及民主人士，召开没有反动分子参加的新的政治协商会议及成立民主联合政府等建议。

李济深邀陈光甫归来的原委

李济深到北平的同时，陈光甫于1949年3月20日从上海飞往香港，3月29日又从香港飞往泰国曼谷参加联合国亚洲及远东经济委员会会议。4月6日，陈光甫于会议结束后回到香港，4月19日由香港飞沪，4月25日又离沪飞港。陈光甫飞往香港的信息很快传到北平。5月15日，在北平的香港阳春贸易公司经理寿墨卿与黄炎培谈起在香港的金融界人士的情况。6月15日，周恩来与黄炎培谈话时专门谈到邀请陈光甫、钱新之参加新政权财经委员会一事，周恩来请黄炎培回到上海后发电报给香港的钱新之与陈光甫。黄炎培是6月25日回到上海的，7月1日他托上海商业储蓄银行的伍克家发电报给陈光甫"述周恩来促归"。次日，得香港复电，陈光甫称"因病缓归"。

周恩来同时也委托赴港的章士钊、黄绍竑联系新中国成立前由沪赴港的一些工商界知名人士，动员他们回大陆参加新中国建设。章、黄在香港召开了几次小型座谈会，转达了周恩来的期望，参加座谈会的有刘鸿生、吴蕴初等人。"企业大王"刘鸿生后来由其二子刘念义接送回沪，"味精大王"吴蕴初在香港安顿好天厨味精公司业务也回沪。金城银行经理徐国懋于1949年秋乘坐英国"太古"号轮船，由香港至塘沽，转道天津，直上北平。周恩来闻讯，在怀仁堂接待了徐国懋，也向徐了解陈光甫、钱新之、张公权、周作民、李铭等金融界人士在香港生活与事业的一些情况。

抵达北平的李济深，多次应毛泽东、周恩来邀，商议筹备新政协会议和新中国经济建设问题。李济深也得知陈光甫在香港，而他也正积极想办法，联系上陈光甫，邀请他回来参加新中国建设。李济深与江浙银行界很早就有交往，1928年，蒋介石、冯玉祥、李济深、谭延闿、张静江、蔡元培等人在南京发起成立国货银行筹备委员会时，李济深与陈光甫就认识。1939年11月，在重庆发起成立战时社会事业人才调剂协会时，李济深与江浙银行界又有联系。1947年李济深在香港时，他与浙江银行界的联系更加密切。1949年9月12日，李济深派军官李绍程携亲笔信赴港，面见陈光甫，邀请陈光甫归来"商讨成立人民民主联合政府，并规划中国政治、经济、文化建设方案"，并阐述了"新中国经济建设根本方针"，称"凡有利于国计民生之私营经济事业，均坚决保护，

李济深

鼓励积极经营及扶助其发展，对于产业金融界诸耆宿及以往有经验的企业经营专家，尤能望推诚合作，共策进行"。李济深诚挚而朴实的言语，陈光甫不可能是无衷于动的。

陈光甫接待李绍程并派朱如堂回大陆打探

李绍程带着李济深的亲笔信去见陈光甫。陈光甫恰巧碰到一场不大不小的"电汇风波"。事情是这样的：人民解放军占领上海后，把外汇业务委托给了上海商业储蓄银行、浙江兴业银行和国家商业银行。1949 年 9 月 15 日，上海中国银行要上海商业储蓄银行将一笔 950 万港币的款项从上海汇至香港。通常一笔电汇业务只要两个半小时就能到达，但因为港行要查补第二密码，延迟了，这笔汇兑业务未能在当日完成。过后又恰逢周末，按银行惯例停办汇兑业务。然而，9 月 18 日英国政府宣布英镑贬值。二战后的布雷顿森林体系确定美元与黄金挂钩、其他货币盯住美元的模式，但战后英国对美国的沉重债务使英镑面临着巨大压力。于是，英国政府决定将英镑对美元汇率从 1∶4.03 调整至 1∶2.8，大幅贬值 30.5%。英镑贬值影响到了这笔外汇业务。上海中国银行遂要求上海商业储蓄银行赔偿损失 95 万港币，并要求迅速解决，甚至暗示如不照办，有可能吊销其执照或没收外汇。考虑到上海中国银行隶属于上海人民政府，上海商业储蓄银行的许多人都主张赔款了事，免得节外生枝。但陈光甫则认为："不在痛惜财款，而在是非应予剖白，如屈就则将后寸步难行。"

陈光甫知道李济深派李绍程来港任务是"为邀约在港金融界宋汉章、钱新之、周作民、李馥荪与余五人北上"。新中国成立，李济深任中央人民政府副主席，陈光甫觉得或许李济深能帮忙解决问题。11 月 16 日，陈光甫约李绍程在寓所午餐，一是请李绍程转告李济深，婉转表示"一俟健康稍复，即行北上聆教"；另一是"希望其能电北京，转告主管部门作公允解决"。李绍程当然愿意转达陈光甫的意思。

同时陈光甫也发电报给李济深的秘书。此事经书信和电报往复，辗转斡旋，最终上海商业储蓄银行以交付6万港币赔偿金而告终。

经过"电汇风波"后的陈光甫，对李济深还是感恩的，1950年，他派朱如堂和徐谢康两人到北京，表示愿意在北京投资筹备一个较具规模的招待所。派来的朱如堂是上海商业储蓄银行的高管，他是实业家朱子谦之子。朱子谦与我外祖父戚廷铨是好友，同是浙江人，他与我外祖父有许多合作，其中一例，他介绍我外祖父买的康悌路（今建国东路）康益里房子引出文学史一段佳话：1925年巴金初到上海，住在永年路149弄。1926年下半年巴金从永年路149弄搬到康益里4号的亭子间，在那里，巴金翻译了克鲁泡特金的《面包略取》。这康益里4号整栋石库门房子就是我外祖父名下的。我母亲曾回忆，有一位中等个子、戴眼镜的书生住亭子间，白天也拉起窗帘。这位"眼镜书生"经专家考证就是巴金。后来我工作以后，为了离单位近，在这个亭子间一住就是6年，朋友戏谑我得了巴金的"仙气"。

我外祖父起先开设"信余记"军装厂，后来投资林笙军装厂，"林""笙"分别取自张啸林、杜月笙名字中的一字。中汇银行是杜月笙投资开设的，我外

陈光甫

祖父是中汇银行襄理，他与银行界有过一段缘分。朱如堂是后一辈，与我外祖父应是忘年之交。

话说两头，陈光甫派朱如堂、徐谢康两人到北京筹备投资一个较具规模的招待所，但是回港后就不见下文了。1950年6月，上海商业储蓄银行宣布实行公私合营，仍推陈光甫为董事长。陈光甫感到十分意外，他要求上海银行总经理资耀华立即来香港见他，但资耀华未去。陈光甫感慨地说，他从前不听庄得之（盛宣怀庄夫人之弟，上海商业储蓄银行大股东、董事长）的话，现在轮着他自己当"庄得之"了。弦外之音，就是从此起，大陆上的上海银行，他再也不能遥控了。

20世纪20年代，陈光甫曾在香港注册成立上海银行香港分行，当时他以港币100万元向港英当局注册。1950年，大陆的上海商业储蓄银行掌控不了，陈光甫遂改组上海银行香港分行，重新以"上海商业银行"名义向港英当局注册，注册资金港币1000万元，并于1951年1月1日正式对外营业，自任董事长。1954年，陈光甫在左右和后妻的劝说下，迁居台北。在台北，他设立上海商业储蓄银行总管理处，仍任董事长。1965年6月，上海商业储蓄银行在台复业，陈光甫连任董事长。从此，他定居台湾，直至1976年7月1日在台北病逝，享年95岁。

（作者系民建会员，上海市工商业联合会原调研员）

李立侠（1910—1993），湖北宜城人，民革党员。曾任中央银行稽核处处长、中央银行副总裁。新中国成立后，任中国人民银行上海分行会计处副处长，上海市政协常委，民革上海市委顾问，上海市金融学会副会长。

回望解放前后上海的两场金融战争
——金圆券发行前的一段旧事和那场"银圆之战"

金 鑫

1948年，随着战场上的节节败退，穷途末路的蒋介石确定了迁往台湾的战略决策。比起精锐主力在三大战役中几乎丧失殆尽，经济上的溃败更是给了国民党政权致命一击。长期的战争和国民党政府的腐败，使国统区经济陷入总崩溃，物价飞涨，工商凋敝，财政枯竭……金融战场上，国民党同样一败涂地。

民革上海市委原顾问李立侠在新中国成立前历任中央银行金融处长、稽核处长、上海金融管理局长，是一位富有学养的财经专家。上海解放前，他在临时成立的中央银行行务委员会任召集人，主持全行行务，亲身经历了金圆券发行前后，国民党政权以失败告终的垂死挣扎；上海解放后，作为上海市民，他目睹了中国共产党接管上海后通过建立新中国货币体系，依靠政治和军事力量打赢了与投机商人的"银圆之战"，控制了通货膨胀，稳定了上海金融市场，使人民群众相信中国共产党有能力保障他们的生活。

金圆券发行前的一段旧事

1948年是国民党经济的崩溃之年，也是蒋介石独裁政府对国民经济的大掠夺之年。李立侠作为当事人，见证了"金圆券"这个特殊时代的产物产生的前前后后以及国民党高层是如何虎头蛇尾"打老虎"的。

1948年6月，李立侠被中央银行总裁俞鸿钧指定为召集人，专门研究币制改革方案。他和林崇墉、方善桂、吴大业一起组成专家组在外滩汇中饭店研究国内外形势，最终认为：法币不作根本性改革，还可以拖延一个时期，如果骤然一改就会垮得更快。因此，李立侠及其他专家就联想到，可以在不改变法币本位的基础上，另由中央银行发行一种称为"金圆"的货币，作为买卖外汇及缴纳税收之用，不在市面上流通。李立侠向俞鸿钧汇报了这个看法，俞考虑到此方案可以使收入提高到相当于支出的40%甚至50%，因此完全赞同，要求李立侠等根据这些原则拟出具体方案。

方案分两部分，李立侠负责中央银行发行金圆条例，南开大学经济系教授吴大业负责发行金圆实施办法。方案写好后送交俞鸿钧，他表示满意，认为这是没有办法的办法。俞鸿钧为这个方案做了说明，叫亲信秘书送交蒋介石。可是，事情和预想的完全不一样，蒋介石最终采用的是财政部的方案，即1948年8月20日公布的所谓实行金圆券命令。不管怎样，办法虽然一大堆，但归纳起来实质内容只有两条：一条是限价，限定一切物品不得超过8月19日价格；另一条是限期用金圆券收兑民间所有黄金、白银、银币、外汇及外国货币。

据李立侠回忆，当时财政部的金圆券办法和中央银行拟定而未实行的计划相比较，即可发现两者的本质是一样的，只是手法有些不同。财政部的手法完全是用政治压力，所以李立侠和其他3位专家都觉得这是非常愚蠢的，当时却都没看出蒋介石别有用心的一面。

1948年8月，蒋经国以上海经济督导员办公处副督导员（*督导员是当时中央银行总裁俞鸿钧，但他有名无实*）的名义来到上海，发行金圆券，进行所谓"币制改革"时，扬子、嘉陵两公司以及孔令侃都是蒋经国"打老虎"的对象。他对负责改革币制的中央银行总裁俞鸿钧说："我要两个得力人手，帮助我接掌中央银行业务。"

俞鸿钧道:"好,我给你金融管理局前任局长李立侠,现任局长林崇镛。"

蒋经国说:"你先叫李立侠来。"

李立侠走进来,开口就问:"蒋先生,我可否冒昧地问一句,你这次亲来上海的具体目的究竟是什么?"

蒋经国一字一句:"打!老!虎!"

李立侠道:"哪一只?"

蒋经国说:"你懂的。"

李立侠道:"懂是懂,不过……"

蒋经国说:"没有什么不过,国家的经济都让他们给破坏了!现在,上海的资本家掌握着大部分的金融,在国家危难、急需财政援助的时候,他们却投机倒把、囤积居奇,我一定要让他们都亮亮相。"

当时的"打虎队"是由蒋经国直接领导的"大上海青年服务总队"等特务组织组成。总队长是王升,副总队长是陈志兢(后加入民革)。打虎总要有人当炮灰,政府执行起新政法令来雷厉风行:

北四川路星记理发店涉嫌哄抬理发价格,警车疾驶而来,当场将正在理发的老板如捉小鸡般扭上警车,留下满脸抹了肥皂沫的客人仰躺在店里目瞪口呆。

陆记文具店老板卖给小朋友的作业本,比市政规定的价格高了一点。小朋友愤然投诉,警车驶来,将文具店老板当场逮捕。

南市大兴字号百货店被两名女士投诉鞋子价格过高,店主栾仁荣以故意抬高物价罪被送上法庭。他在法庭上说:"不要得罪女人,真的,就因为那两个女人砍价没砍过我,我竟然因此要下大狱……"

蒋经国浏览着当日呈报上来的经济案件,越看越窝火:理发店、文具店,还有砍价水平过高的老板,这些严重违反新经济法令的案犯,怎么看都不像"老虎",连"老鼠"都算不上。

最后的结果历史已经见证了,真正的"大老虎"却安然无恙。关于"打老虎"过程中的种种闹剧,本文不再赘述。这里仅据亲历者"打虎队"副总队长陈志竞的回忆一窥管豹：一天深夜，"打虎队"奉命在上海各交通要道检查车辆、乘客和运载物资情况。在静安区的一条马路上，拦截了一辆轿车，车上坐的正是孔令侃和他的保镖以及一只箱子。陈志竞立刻电话请示蒋经国怎么办，蒋在电话中指示，不要检查，立即放行，于是孔令侃一行扬长而去。这就是当时那幕"打老虎"滑稽剧的内幕。

那些罚没物资最后流向哪里了呢？李立侠当时担任中央银行物资委员会主任委员，负责物资调配，并兼任督导员办公处物资委员会副主任委员。原计划是把经济督导员办公处查封囤积的物资由物资委员会重新分配给有关部门配售，但直到1948年11月上海经济督导员办公处结束其"历史使命"，都没有收到任何一件没收的物资。其间，也曾听到过查封扬子公司和嘉陵公司仓库的消息，但也从没有看到过两公司囤积的物资，至于那些物资究竟到哪里去了，完全没有下文。只是隐约听到传言，在宋美龄的住处，孔令侃和蒋经国曾经见过面，据说宋美龄居中调停，没收扬子公司的物资一事就这样糊里糊涂地结束了。

据记载，通过金圆券命令，蒋介石在上海一个地方就收兑了黄金110多万两、美钞3400多万元，还有大量港币、白银及银圆，总计在全国搜刮的数目约有2亿美元之巨。到了11月，金圆券崩溃了，行政院只好又颁布"修正人民所有金银外汇处理办法"，准许人民持有金银外币并开放限价。李立侠和他的同事最终也明白了，蒋介石发行金圆券和蒋经国来上海"打老虎"的目的并不是所谓"戡乱"、稳定金融市场，而是把人民的财富搜刮一空。图穷匕见，蒋介石在下野逃亡的前夕把搜刮的黄金、白银、外币悉数运往台湾。

"银圆之战"，人民币在上海站住了脚

"上海今天已成为人民的城市，屹立于世界上，帝国主义者说什么共产党不能治理上海的谰言，一定要破产。"1949年5月28日，上海市人民政府正式成立；陈毅市长在会见旧市府所属各局长和军管会接管市府各局领导同志的讲话中掷地有声地宣告。

上海人民争相兑换黄金的场景

接管上海之后,陈毅面临一个巨大的问题:共产党如何养活上海500万人民?国民党所谓"币制改革"留下的烂摊子该如何收拾?

上海解放第二天,军管会主任陈毅颁发了《关于使用人民币及限期禁用金圆券的规定》,布告规定:自即日起,以人民币为计算单位,为照顾人民困难,在6月15日以前,暂准"金圆券"在市面流通。暂准流通期间,人民有权自动拒用"金圆券"。要不要收兑市民手中的"金圆券"?经过党内民主讨论,上海财政委主任曾山拍板:国民党搞币制改革,连普通女工的银耳环都收兑了,但这责任不能让老百姓承担。军管委规定:人民币1元,折金圆券10万元,为本市第一次比价。这样做,中国共产党是在为蒋介石"背锅":

国民党的金圆券,害苦了上海人民。解放前的上海,全是一派民不聊生的场面:"金圆券"每小时都在贬值,餐馆卖酒按碗计算酒钱,第二碗的价钱比第一碗高;坐火车的人发现餐车不断换价目表,一杯茶去时8万元,回时就要10万元;买1斤米,钞票的重量都超过了1斤,银行收款不数多少张,只数多少捆;以前是邮票贴在信封上,现在是信封贴在邮票上……"金圆券"就是个连环骗局,"聪明人"在"金圆券"出炉的当天就立刻换了银圆,买了黄金,把金银埋在地下以备不时之需。可是那些效忠政府、信任政府的人，纷纷把美元、黄金送到银行兑换新钞，政府骗了最支持他的人，骗得很无情。

为了建立新中国的货币体系，1949年2月，北平刚刚和平解放，中共中央就派薛暮桥、南汉宸等负责金融财政的干部进入北平，接管国民党的银行和造币厂，开始设计印制人民币。目的就是渡江后在南京、上海等大城市取代旧币，建立新中国金融货币体系。

但是，国民党治下的通货膨胀给人民造成了恐慌心理，老百姓不相信纸币而相信黄金和银圆这些硬通货。南京路上四大私营公司依然用银圆标价，其他商店闻风效仿，这就为之后商人投机提供了空间：

当时，上海市中心的主要马路，特别是西藏路、南京路和外滩一带，到处都有"黄牛"站在人行道或十字路口，手里拿着银圆，嘴里不停念叨"大头要吗"，行人有的就站了下来，经讨价还价，用一定数量的人民币换取若干银圆而去。这就使人民币的信用受到严重威胁。

"黄牛"还只是"散户"，可怕的是那些掌握了大量银圆的投机商，他们还是用新中国成立前的那一套操控黑市价格，翻云覆雨，企图迫使人民币不断贬值。银圆与人民币比价从人民银行规定的一块银圆换100元人民币一路上涨。至6月4日，一块银圆竟然可以兑换1100元人民币。银圆暴涨造成人民币急跌，物价随之大幅波动。各大商场开始拒收人民币，上海老百姓开始惴惴不安，担心人民币也会重蹈金圆券的覆辙。

这场"银圆之战"关系到人民币在上海是否站住脚，直接影响到共产党能否控制上海全局。人民币如果不能战胜银圆，首先会影响物价，但更深远的影响是市场会混乱，工业不能顺利恢复生产，商业不能正常流通……上海的经济命脉就要重新回到投机奸商的手里。

中共上海市委态度坚决：一定要严厉打击银圆投机，站稳金融市场！五项措施随即出台：

（一）通过报纸及座谈会方式宣告市委对银圆的态度；

（二）抛出银圆，在最短时间内把银圆价格压低到600元上下。京沪杭地区同时宣布禁用银圆，选择一两个最大的银圆投机商，给予最严厉的处分；

（三）人民银行所管辖和领导的各银行一面收兑银圆，一面举办折实存款，以便解除小市民对纸币的顾虑；

（四）贸易处出售米、煤、盐、油，并抛出人民币吸收工业用品，解决工厂资金困难并使工业品价格缓步上涨；

（五）对失业工人及贫民进行必要的救济工作。

但是奸商们对此置若罔闻，"打老虎"失败的往事就在眼前，他们不相信共产党能有更好的办法。政府抛出的10万银圆，马上就引起了挤兑狂潮。据《大公报》记者实地观察，中央银行还没开门，门口排的长队已经有几百米长，工作人员都进不了银行的门。这其中固然有部分黄牛混迹其中，但恐慌的市民是大多数，把人民币换成银圆，他们才能安心。10万银圆被一扫而空，如同石沉大海，甚至都没有起一丝涟漪。

6月7日，银圆价格涨到一块银圆换1800元人民币新高。与之对应的就是大米、面粉、食油的价格随之猛涨2到3倍。全市街头巷尾倒卖银圆的"银牛"由2万人猛增到4万人。人民币的信用再次被损害。

银圆牢牢占领着市场，人民币快被挤出来了。上海的"银圆之战"如不能取胜，之后长沙、广州等地的不法奸商就要依样画葫芦，情况会变得很严重。

当天晚上，中共中央华东局由邓小平主持会议，上海市财经委主任曾山报告了银圆投机的严重情况，他指出再不采取断然手段，不出一个月人民币就将面临被挤出上海的局面，会议决定要惩办一批为首的违法犯罪分子。

6月10日，上海市公安局长李士英率领200余名便衣警察分5个组控制了证券大楼的活动场所和进出通道。上午10时，分布在证券大楼各个场所的公安人员同时亮出身份，命令所有人员停止活动，就地接受检查。这一突然袭击，让投机分子瞬间无所适从，遍布街头的4万名"银牛"望风而逃，没了踪影。公安部门对抓获的8名重大投机分子进行了拘捕，对小额贩卖者在集中训话后，不予查处。

在共产党的铁腕钢拳面前，大大小小的投机奸商被吓破了胆，银圆价格应声下跌了七八百元，"银圆之战"初战告捷。不少商店都主动在橱窗上贴出了"只收受人民币，银圆恕不作价"的字条。

但是，斗争远没有结束。之后，一些不法分子开始伪造人民币，扰乱金融市场；私人钱庄依靠高利息吸引百姓手里的游资，放高利贷给投机商人快进快出谋取利益。但政府同样应对有方：对伪造假币的行为，公安机关发现一起，抓捕一起，绝不姑息；对地下钱庄问题，公布《华东区管理私营银钱业暂行办法》，宣布严格控制私营银钱业，经过一次大规模取缔，地下钱庄及私营拆放活动受到了沉重打击。

从"银圆之战"到打击地下钱庄，共产党在上海稳定了金融市场，打击了投机势力，使人民币在上海站稳了脚，人民群众相信共产党有能力保障他们的生活，不再恐惧通货膨胀，不再为纸币贬值而人心惶惶。有了这样的信誉，共产党才能领导上海人民建立新的经济秩序，恢复各行各业的生产和经济活动。

1948年的中国国民党和1950年的中国共产党在上海、在金融战场上面对的几乎是同一批对手，但结果却大相径庭。两相对比，在行政权力和军事管制力量上两党的区别并不大，共产党在"银圆之战"的初期也同样遭遇过挫折。国民党的"打老虎"草草收场，因为他们的真实目的是搜刮民脂民膏，那一船船运往台湾的黄金就是最好的证明。反观中国共产党，他们用实际行动克服困难，将经济手段与法律制裁相结合，执行政策的党员干部毫无私心，坚决贯彻上级组织的决定。就此而言，中国共产党在经济领域与国家治理方面的理解能力和执行力显然也超过了中国国民党。这是两个性质完全不同的政党，一个是为人民服务的无产阶级政党，一个是专门搜刮民脂民膏的资产阶级政党，它们成败的症结就在于此。

（作者系民革上海市委会机关干部）

顾毓瑔（1905—1998），江苏无锡人，顾毓琇的弟弟，民革党员，中国纺织机械制造专家。曾任中央大学教授、中央工业实验所所长、国民革命军德国军事顾问团工程师，国民政府实业部副部长；新中国成立后任上海纺织工业局高级工程师、上海纺织器材公司总工程师，全国政协委员、民革中央监察委副主席。

在中纺公司迎接上海解放和接管

顾毓瑔

一

中国纺织建设公司（简称中纺公司）是抗日战争胜利后，由国民党政府接收日本人在中国经营的各种纺织印染工厂组织而成的。日本人经营时期，分内外棉、同兴、裕丰、日华、丰田、大康、上海、公大等株式会社八大系统。工厂共85个，分布在上海、天津、青岛、东北四地区。其中上海最多，有厂38个；其次为青岛，有厂13个；第三为天津，有厂10个；东北有厂24个，分布在辽阳、沈阳、营口、锦州、安东、复州、熊岳等地。

全公司拥有棉纺锭170万枚，占当时全中国棉纺锭总数的34%，线锭33万枚，号称纱锭线锭共200万枚，在当时也是世界上较大的纺织企业。公司还拥有毛麻绢锭47000枚。织机方面，全公司拥有棉织机35322台，毛织机356台，麻织机1252台，绢织机363台。全公司有7个印染厂，其中6个在上海，1个在青岛，还有好几个工厂附设印染部，上海第一印染厂的规模是远东首屈一指的。公司还拥有2个针织厂，1个制带厂，4个纺织机械厂，1个化工厂，1个梭管厂。

中纺公司所属各厂每年生产纺织品，1941年共生产棉纱745689件，占全国棉纱总产量的36%；棉布1600万匹，占全国棉布总产量的70%。还有麻织品、毛织品等共1000多万码，漂白布80万匹，各种色布700万匹，花布100万匹。同一年，公司还负担国民党政府军用布350万匹，军用棉纱8400件，絮棉17万担。

公司还负担国民党政府所属公教人员、机关技杂工的配售布匹，每年春季衣料16万匹，冬季衣料20万匹。军用纱布及公教人员配售布匹，规定由国民党中央银行付款，但由于货币不断贬值，国民党中央银行付款时，物价已涨很多，不够购买纺纱所需的棉花。在中纺公司成立两年中，共损失棉花80万担。上海解放前夕，国民党中央银行共拖欠中纺公司军布军纱款两万亿金圆券。

中纺公司每年有巨额盈余上缴国民党财政部，以弥补巨额财政赤字。1946年上缴盈余法币391亿元，1947年为5880亿元，1948年上半年即达29100亿元，还不包括年终所存的原棉108万担、羊毛250万磅、尚未出售的成品棉纱4200件、棉布322万匹，以及绢麻原料、染料、针织品、呢绒等在内。这许多物资均按成本列账，若按市价计算，则全部利润较上列数字高出很多。

中纺公司的纺织制品外销数字亦很大。1947年初到1948年8月底，中纺公司输出的棉纱计51036件，棉布1946689匹，共换取外汇3791万美元。外销市场均由香港转口至南非、西非、近东、印度、菲律宾和新加坡等地。

从以上所述可以说明，中纺公司不但在中国纺织工业中处于举足轻重的地位，而且对于支持国民党的反共战争，弥补财政赤字，维持反动统治，起着重要的作用。由于国民党政府滥发纸币，物价如脱缰之马不可收拾，中纺公司奉原上海市政府之命每天抛售大量棉纱棉布，但扬汤止沸毫无裨益。因此中纺公司作为官僚资本主义企业是恰如其分，名实相符的。

二

1948年5月，国民党政府开始所谓"行宪内阁"，翁文灏被任命为国民党行政院院长。翁任经济部长期间，我在他领导下任中央工业试验所所长14年，1947年兼任行政院全国经济委员会秘书长。翁文灏是我多年的老上司，他任行政院长后，我去见他，他说，全国经济委员会要取消，他以行政院长身份兼美援物资委员会主任委员，下设两个委员会，一个是美棉委员会，一个是美援粮食委员会，命我为美棉委员会主席。这年，中纺公司总经理束云章当选为国民党立法委员，照规定不能兼行政职务，中纺公司董事长（工商部部长陈启天兼）批准他辞职，并呈准翁文灏要我以美棉委员会主席身份担任中纺公司总经理（那时我被选为工程界"国大代表"，可以兼行政职务）。

同年，国共和谈破裂后，孙越崎任经济部长兼中纺公司董事长，任命经济部次长简贯三为中纺公司常务董事，孙越崎不在上海时代行董事长职务。任命我为中纺公司常务董事兼总经理，重大事件由我同简贯三两人做出决定，这样我可以放心大胆执行各项措施。孙越崎在离开上海去广州时，当面嘱我设法完整保全企业，以便新中国成立后转交给人民政权。在此时期，中国共产党的新华广播电台发出半夜广播指名道姓要我坚守岗位，迎接解放。接着，中共上海地下党吴克坚同志通过金城银行的陈百流找我妹夫王兼士同我联系，动员我在中纺公司起义护产。人民电台和中共地下党的动员，使我在这重大转折关头，引起思想斗争。回想在上海交大读书时，多次听过恽代英、邵力子先生的报告，经常阅读邵力子先生主编的《觉悟》周刊和中国共产党出版的《向导》周报，对于俄国十月革命和马克思主义稍稍有所了解。在这种影响下，1925年我在上海交大加入了奉行三大政策的国民党，并参加"五卅运动"。1927年毕业后，去美国康乃尔大学学习机械工程4年，后去欧洲各国参观并赴苏联参观考察。作为一名工程技术人员，我对于苏联的社会主义建设无限向往。因此对人民电台的号召和中共地下党的动员，觉得正可实现自己多年来"科技救国""工程救国"的愿望，故毅然从命，在中纺公司坚守岗位，迎接解放。从此每天晚上八点半同中共地下党同志通电话，报告请示。

三

中纺公司是一块"肥肉",上海的国民党军政头目汤恩伯、谷正纲、陈良等都想染指,不能拆迁机器,也得掠夺物资。当时金圆券已等同废纸,谁拿到物资就是拿到钞票,拿到外汇。我们在中共地下党的领导下,同国民党头目们进行斗争。首先,中纺各厂组织护厂队,要原材料进厂,才能成品出厂;其次,中纺公司决定职工工资按龙头细布和四君子哔叽两种实物市价折发,使中纺的33000名职工没有因为物价不断上涨而影响生活。同时又将中纺的纱布产品划作职工工资的储备,我以此为理由抵制国民党头目掠夺纱布。

汤恩伯要中纺疏运纱布去台湾,我们没有照办。为此汤恩伯以京沪杭警备总司令名义下令:"中纺公司、中央信托局疏运物资阳奉阴违,应即申斥。"谷正纲在一次国民党党政军联席会议上说,汤恩伯要坚守上海6个月,要中纺提供25万匹布去外地换取粮食和煤炭。我当场说明由于中央银行欠中纺两万亿金圆券军布款,致使中纺周转不灵,故已将布匹折发工资,无法提供。隔一天,陈良到我办公室咆哮如雷,一定要布匹,否则以军法从事。我说纱布都在各厂,各厂有护厂队,要原料进厂,才让成品出厂。陈良说,他可派兵去各厂提布。我想他们果真这样做,可能造成流血事件,于是要业务处查查仓库中有无废次品可以抵充,结果查出有日本人经营期间留下来的很多"海力司"滞销次品,即以此充数,由旧上海市政府派车来运。当时轮船运输紧张,国民党军队逃命要紧,这批货物虽上了船,结果因载重超过规定,又把货物卸下,堆在吴淞口沙滩上。公司发现后,把这批织物全部收回,没有损失。蒋纬国当时是国民党装甲兵总司令,他给我电话说汤恩伯对我疏运物资不力很不满意,他有两万吨级登陆艇去台湾,可以帮中纺运物资。第二天他派一位交通处长来找我,我知道他已飞台湾,不会再回来,给了他若干次劣纱布了事。

吴克坚同志几次要我注意保存外汇。中纺外销纱布收入各种外汇汇单约200万美元,我们以业务手续不完备为托词,没有按照国民党中央银行的规定在收到汇票后一星期内解缴中央银行，直至上海解放，才呈缴人民银行。另外有 200 万美元存在中央银行。1949 年 4 月中央银行迁广州，总裁霍亚民和我很熟，我电请中纺公司驻香港办事处主任张训恭去广州见霍，告诉他中纺订购大批外国染料及机物等即将抵达香港，请中央银行将中纺所存 200 万美元转到香港中国银行，以便支付到埠货款。我还同霍通长途电话，请他照办。由于张训恭带去的订货单据确实，霍亚民信以为真，同意转存香港中国银行。新中国成立后，这笔外汇转入人民银行在中国银行的存款账户。这样，共保存了外汇 400 万美元。新中国成立后华东人民银行行长陈穆同志曾告诉我，上海解放时各银行保存的外汇共 200 万美元，而中纺一家就保存了 400 万美元，对人民银行的外汇储备贡献甚大。

国共和谈破裂，解放军百万雄师过大江，前哨已逼近上海。汤恩伯派联络员驻在中纺沪西各厂，我通过亲戚打听他派联络员的企图，得知许多联络员的任务是预备在最后时刻破坏工厂。我召集沪西各厂厂长开会，要他们暗中监视这些联络员的行动，并给他们上等伙食，派干员同他们交朋友，动之以感情，晓之以大义。结果这些联络员脱下军服，换上各厂给他们的便装，不别而行，挫败了反动头目企图破坏工厂的阴谋。

1949 年 5 月 25 日，上海沪西地区解放，中纺公司所属沪西各厂纷纷欢迎人民解放军，沪东杨树浦一带尚有国民党残余军队 4000 多人盘踞在中纺的几个纺织工厂和杨树浦电力厂、煤气厂等处。他们用中纺各厂的棉纱包作堡垒，企图负隅顽抗。此时外白渡桥交通断绝，电话还畅通，中纺十厂工务科科长陈宗鼎代理厂长职务，给我来电话，说国民党驻军中的团长谢新吾与陈是湖南小同乡，拟劝陈迁出工厂，因他们准备进行巷战，最后破坏工厂。这事非同小可，我立即电话报告吴克坚同志，他说要立即报告人民解放军。随即，人民解放军的陈京同志给我来电，要我尽一切办法阻止国民党军队破坏工厂，并对国民党军队晓以大义，除投降外别无他路，我请陈宗鼎把这话转达给谢新吾。

在此之前，1949 年 3 月，我曾接到中纺青岛分公司经理范澄川急电说，国民党军队刘安琪部已在青岛分公司所属各厂安放雷管接通电线，准备破坏工厂。我立即去南京见国防部长徐永昌，请他下令刘安琪停止破坏工厂。徐下了命令，刘安琪才放弃其破坏计划。这时，中国工程师学会正举行理事会，我在会上提出，希望学会以超然地位向政府呼吁，不准以任何军事理由破坏工厂。永利化学公司总经理侯德榜也是学会理事，他说永利公司亦有同样遭遇，国民党军队驻在该公司，因此公司水塔遭到炮击。学会会长赵祖康和到会理事一致赞成以学会名义向李宗仁"代总统"呼吁，并决定推选赵祖康、侯德榜、茅以升、恽震和我5人去南京向李宗仁呼吁。我们各发了一封给李宗仁的呼吁信和给毛泽东主席的报告。李宗仁接见了我们，立即批示行政院发给各部队，不得以任何军事理由破坏工厂、矿场和交通设备。学会给毛主席的报告，请邵力子带到北平面陈。邵力子住在南京孙越崎家中，他二人对学会此举十分赞成，孙越崎还介绍我去访问上海《大公报》主笔王芸生，请《大公报》支持，结果上海《大公报》发表一篇社论，呼吁保护生产建设事业。

1949年5月25日夜间，中纺十厂陈宗鼎和我电话联系多次，我请陈约国民党军队谢新吾团长同我直接通电话。我告诉他，李宗仁"代总统"曾有命令不准军队以任何军事理由破坏工厂，他的命令你们应该服从。谢说，他不知道有此命令，我说可问他的师长，如是又来往电话多次。人民解放军陈京同志在电话中对我说，国民党残部若放下武器，放弃其破坏工厂的阴谋，人民解放军可以保证他们的生命安全。我把这话传达给谢新吾，这一整夜电话交谈不停，快到天明时，谢新吾同意放下武器投降，但要我保证他们的生命安全。经陈京同志同意，5月26日上午10时，在中纺十二厂广场上，由谢新吾召集杨树浦一带的国民党残部4000多人向解放军投降缴械，我派中纺十二棉纺厂郑彦之厂长从市区直去杨树浦监视。一场破坏工厂和反破坏的斗争终于结束。

1949年10月1日开国典礼，中纺公司军代表办公处为产品展览会编写一份《上海中国纺织建设公司概况》，其中说明："在今年5月间，当人民解放军百万雄师下江南的时候，中纺公司全体职工以坚决勇敢的精神进行护厂斗争。

在反动政府严厉的申斥与不断压迫之下,还是能做到反对迁运机器,反对破坏工厂,反对疏散物资。在解放军进入上海市区最紧张的阶段中,中纺公司职工,又运用他们的勇敢与智慧,不但保全了沪东区各纺织染厂,并且还保全了临近的上海电力公司与煤气公司。如此,中纺公司的职工将官僚资本主义的企业完整地献给人民,在人民政府军管会接管及指导之下改造成为人民的事业。"以上这段叙述概括了中纺公司职工的护厂斗争。吴克坚同志把上述情况报告了周恩来总理,周总理报告了毛主席,毛主席深为嘉许,请周总理传令嘉奖中纺公司的职工们。中纺公司的军管总代表刘少文同志向我传达了毛主席的嘉奖令。

由于我站在爱国立场,响应中共号召参加了这场斗争,1949年冬,台湾国民党政府对我下令通缉,使我进一步认清了他们的本质,深为自己在国家民族兴衰存亡的关键时刻没有误入歧途而感到安慰。

顾毓琇公馆位于南京市鼓楼区珞珈路44号,始建于1935年,占地面积945平方米,原产权人为顾毓琇

四

1949年5月27日，上海全部解放，军管会于5月29日来中纺公司接管。军管总代表为刘少文同志、副总代表陈易同志、公司各处的军代表，在公司会议室举行接管仪式。从接管之日起，即开始清点财产，整编组织，精简人员，改变生产方向，开展增产节约和劳动竞赛，为发展生产和企业改造创造了有利条件。

清点工作至1949年9月结束，我代表旧中纺公司向军管总代表刘少文同志办了移交手续。我被留任为中纺公司总经理，吴味经、顾葆常任副总经理，原各处处长继续留用。

新生的中纺公司在中国共产党和人民政府领导下，迅速改变了面貌。上海解放前中纺公司的棉纱产量，每月在25000至32000件之间，上海解放后，除七八两个月受台风袭击影响外，其余月份产量都不断增加，12月份达到34300件的高峰，超过1至5月中的任何一个月。坯布产量12月份达到75万匹，超过上海解放前的任何一个月。印染厂的加工布达到40万匹，也创造了新高。1949年全年总产量，纱为298389件，布为630多万匹。上海解放的7个月，产纱164295件，织布350多万匹。以上数字说明，上海的解放带来了生产力的解放，人的精神面貌大不同，表现在生产上有新的突破。

上海解放前中纺公司的生产，一直带有很大的盲目性。上海解放后有了很大改变。首先，做到有计划地生产。同时改变方向，配合农村的需要和季节性需要，在8、9、10这3个月增产畅销的中支纱，减产销路呆滞的细支纱。中支纱产量所占比重从6月份的68.8%增加到10月份的82.4%，细支纱从6月份的30.3%下降到10月份的17.1%。色布和花布所占比重也分别从以前的73.9%和10.7%增加到75%和13.4%；漂白布产量由以前的15.4%减至11.6%。与此同时，生产效率逐月提高，每一纺锭的产量5月份为0.883磅，6月份提高到0.89磅，10、11、12月分别达到0.9磅、0.923磅、0.955磅。每台织机的产量，5月份为 58.9 码，6 月份提高到 64.4 码，7 月份为 70.7 码，9 月份为 73.8 码，10 月份为 86.1 码，12 月份竟达到 88.7 码。原料和煤电消耗量不断下降。每件棉纱用棉量比上海解放前省棉 5.6 斤，每件 20 支棉纱用煤量相当于上海解放前的 1/3，每匹布用煤量比上海解放前减少 30%，次布率比上海解放前减少一半。

自 1949 年上海解放后 7 个月来，中纺公司在军管会总代表和各位军代表领导下，逐步把官僚资本企业改造为人民的企业，成果显著。

1950 年 1 月，华东区纺织工业部成立，刘少文同志任部长，陈易同志任副部长。同一天上海中国纺织建设公司的组织规程公布，我被任命为公司总经理，吴昧经、顾葆常被任命为副总经理。接着公司的秘书处、工务处、业务处、机料处、财务处、统计室的处长、副处长、主任、副主任亦分别任命。1 月 4 日华东区纺织工业部召开联席扩大会议，刘少文部长作重要讲话，指出由于军事时期尚未过去，农村破坏尚未恢复，棉花来源尚有困难，凡此种种应引起格外注意。最近中央要求中纺公司在本年内每一纱锭为国家生产出大米 230 斤的价值。为了完成任务，一定要开展增产节约运动，继续提高生产效率，增加生产，改善质量，节省机物料，加强机器保全，并逐步做到工厂管理民主化，建立经济核算制度。陈易副部长在讲话中指出，1949 年我们做了许多工作，取得了很多成绩，但也有不少缺点，在成绩方面首先是将这一个规模庞大的官僚资本企业顺利地接收为人民的企业，不但未受到大的损失，而且在两三天内全部复工，沪西各厂甚至一直没有停工，这是过江以前接收许多城市中所没有的。

上海中国纺织建设公司到 1950 年 6 月底结束，我被任为华东纺织管理局顾问，同时被任命为中国纺织机器制造公司总经理。

风雨同歌

方秋苇（1910—2001），四川成都人，民革党员。曾任《时事月报·抗战半月刊》副主编、国民党兵役署设计委员、《贵阳日报》社长、《申报》特约主笔、《亚洲世纪》月刊主编等，并在大学任教。上海民革临时分会成立后，起草爱国宣言；新中国成立后，担任上海法政学院、上海财经大学教授。

披肝沥胆　以文报国
——方秋苇在迎接上海解放的日子里

杜海云

方秋苇，四川成都人，1910年（清宣统二年）生于清末秀才家庭。大学毕业后参加"四川青年作家联盟"，任常委兼《司拓墓》编辑，曾任中共川西组织办的《成都新闻》报记者、《世界日报》经济编辑、《新京日报》主笔，并参加《经济学辞典》编写工作。"七七事变"后，方秋苇满怀以文报国之心，应邀任《时事月报·抗战半月刊》副主编。1939年，国民党兵役署成立，受川军程泽润邀请任设计委员，起草兵役法令，就此成为国民党军队里的一名文官（少将衔）。1944年，他辞职去贵阳，任《贵阳日报》社长。1946年冬，到上海任《申报》特约主笔、《亚洲世纪》月刊主编，并在大学任教，从事民主活动。

声援学生爱国运动

1945年，日本战败投降后不久，美国积极扶植日本军国主义复活。1948年4月30日，中共中央发布"五一口号"，明确提出：全国工人阶级和全国人民团结起来，反对美帝国主义者干涉中国内政，侵犯中国主权，反对美帝国主义者扶植日本侵略势力的复活！5月4日，全市120所学校1.5万余名学生参加上海学联在交通大学举行的"反美扶日五四营火晚会"，并发起10万人反美扶日签名运动。"五四"营火晚会后，国民党上海市市长吴国桢在记者招待会上大骂交大学生"假爱国之名"，提出"七质八询"，声言要传讯学生，"彻底查究幕后操纵者"。为了彻底击败吴国桢的"神经战"，交大学生自治会决定举行一次反美扶日"公断会"，发出400张请帖，邀请社会各界名流、教授、学者、民主人士、工商业界参加，同时也向吴国桢等发出了请帖。

6月26日，反美扶日公断会在交大体育馆举行。各界著名人士40余人和各大、中学学生代表约1500人应邀参加。大批特务、警察如临大敌，双方一触即发。方秋苇和姜豪相约早早来到现场，方秋苇在会场内支持学生，姜豪在外面听候消息，观察特务、警察动向，如有事故发生，立即组织社会声援。公断会上，陈叔通、许广平、方秋苇、马寅初、史良等知名人士相继发言支持学生。方秋苇在讲话中对交大学生进行慰问，严正抗议吴国桢对学生所施的"神经战"，并揭露吴国桢任重庆市市长时造成的大惨案，斥责吴国桢言论的虚伪性。方秋苇说："学生'反美扶日'是爱国行为，只有拿国家的领土主权去换取美钞的才是卖国。"第二天，《正言报》发表了"交大公断会，吴市长被缺席判决"的消息。《大公报》对公断会的情况以及会上17位知名人士、专家教授发言的内容，作了生动报道。

筹组民革上海临时分会

吴惟平、叶尚文追随李济深多年，也是方秋苇早年在北平时的好友，方秋苇在贵阳期间曾多次到重庆考察。一次，经他俩介绍会晤了李济深先生，相约于1946年回上海从事爱国反蒋的民主活动。

1948年初，叶尚文两次约方秋苇和邓本殷等人在西藏中路"一品香"旅行社集会，商议筹组上海市民革组织，团结反蒋人士、国民党军队中有实力的人士和上海工商界人士。经商量，由叶尚文赴香港向李济深请示具体做法，叶尚文几次去香港，民革中央决定组织"民革上海临时分会"，李济深写了手谕："派叶尚文、廖尚果、邓本殷、方秋苇为民革上海分会筹备委员"，并指定由民革京沪杭区特派员吴惟平就近领导。手谕是写在小小的黄绢上的，以便携带。叶尚文把手谕和几张空白的派令缝在棉袄里，由香港带回上海，开始筹备工作，叶尚文召集方秋苇、秦光焯到他家中开会。根据民革中央指示，任叶尚文为主任委员，邓本殷为行动委员，方秋苇为宣传委员，秦光焯（中共地下党员）为联络委员。

方秋苇向叶尚文建议发展一些年轻人，特别是吸收爱国大学生加入民革。1948年秋，成立了"民革青年小组"，复旦大学2名学生、华师大1名学生、"东亚协会"2名年轻职工在方秋苇的推荐下，参加了民革青年小组工作。青年小组的工作热情很高、很机智，他们冒着风险印刷并散发宣传品，每月在虹口公园聚会。

民革上海临分会的"成立宣言"是由方秋苇起草的，宣言表示响应中共召开新的政治协商会议的号召，要求上海各界爱国人士，特别是国民党内反蒋人士，脱离反动派的影响，团结到民革这边来。方秋苇还写了许多宣传品，请青年小组油印出来，待夜深人静之时登上南京路先施公司屋顶花园，从高处撒下，有部分宣传品通过邮局，寄到各机关、报社和市参议会。

叶尚文在香港时，李济深曾指示要他在上海工商界中物色一位进步人士前往香港，准备将来作为上海中小企业代表，参加中国共产党召开的新政治协商会议。方秋苇向叶尚文介绍了邵永生和姜豪两人，他们都是国民党上海市参议员，在中小工商业者中均较有影响。经协商决定派邵永生前往。叶尚文从陆路先到香港，12月中旬，邵永生搭飞机赴港，因气候发生变化，飞机在九龙失事坠落，不幸殒命。叶尚文在港未归，方秋苇等在上海的民革临分会即与香港的民革中央一时中断了联系。

青年时的方秋苇

迎接上海解放

　　正在方秋苇为与民革中央失去联系苦恼之际，1948 年 12 月底的一天清晨，秦光焯来找方秋苇，约他去山阴路民社党革新派所在地，在那里，他见到中共华东局城工部派来上海的交通员徐立女士。徐立小组是从山东解放区进入上海搞策反工作的中共组织，这个组织的组长原名丁正，化名高汉，是徐立的丈夫，长期住在医院，一般不露面；但他的活动范围相当广泛，在旧警察局里也有基础。丁正在苏州时，秦光焯是联络员。徐立见到方秋苇很高兴，向方秋苇介绍了小组工作的内容，她告诫方秋苇"社会关系要简单化，非工作对象不接触"。方秋苇向徐立介绍了上海工商界人士的一些情况，并先后介绍姜豪、钟志刚、陈梦渔、刘念义、刘念智等工商界人士，又通过姜豪的关系，介绍徐立联系部分同业公会负责人，如张中原、李立杰、姚开甲、葛家珍、庄智焕等人，方秋苇还通过姜豪和葛家珍的叔叔介绍全国商联会理事长王晓籁与徐立建立联系。

　　为安全起见，徐立搬到徐汇区，住在市政府职员田芥平家，着手筹组"上海市安全委员会"。方秋苇等人秘密来到田芥平家，商量成立安全委员会工作。徐立分析了上海的形势，她说："上海快要解放了，当国民党军警撤退，人民解放军的队伍还未挺进市区时，上海市区可能有一段真空时期需要有人维持地方安全，以作过渡，要防止和打击反革命分子和特务的破坏活动。现在我们小组在旧警察中做了大量工作，中小学校和郊区农民也有布置，最重要的是要发挥旧社会中上层人士和工商界人士的作用，我们要通过工商界人士，把人员和财产留下来，请他们出来组织一个上海市安全委员会，迎接解放军进城。"方秋苇是安全委员会的负责人之一，根据《中国人民解放军宣言》的精神负责起草上海安全委员会的公告和宣传文件，同时负责联系马荫良、姜豪、张中原等人，积极联系工商界人士开展筹备工作。

1949年夏初，在静安区的"金城银行俱乐部"举行"安全委员会"筹备会兼成立大会，方秋苇等20多人参加。会议主席徐进是上海煤气公司秘书，30岁左右，他先讲了成立上海安全委员会的重要性和必要性，然后布置具体任务：一是要保护工商业，保证解放时不停水电，公用事业单位不能停工，要坚持继续工作；二是解放军进城后要召开慰劳大会。会后，大家分头行动。几天后，正当一切向纵深发展时，不料却出现了意外。

刘鸿生、王晓籁原定留在上海，准备参加安全委员会，却被国民党政府察觉，南京派参议会副秘书长雷震来上海，胁迫他俩去广州。与此同时，徐进、田芥平等16人突然被捕，田芥平被抄家。出事那天，徐立正好外出，得以逃脱，而方秋苇尚不知情，次日照常去田芥平家，被化装等候在附近的秦光焯堵在弄堂外并速用车护送离开，才幸免于难。5月19日，徐进、田芥平等18人在闸北区宋公园惨遭国民党军警杀害。

国民党政府的血腥镇压，使安全委员会损失惨重，为保存力量，安全委员会不得不暂停活动。方秋苇找到徐立，把她安置在肖作森家和马荫良家隐蔽。随着人民解放军南下渡江，南京、苏州相继解放，两地先后出现了"地方治安维持会"和"安全委员会"等过渡组织。徐立、秦光焯等人决定，恢复安全委员会的工作。5月23日至24日，在林森路（现淮海路）葛家珍会计事务所和静安别墅姜守棠家，徐立、秦光焯召集方秋苇等人商量行动方案并秘密进行准备。5月25日上午，"上海市安全委员会"大批人员从南京路永安公司大楼开始，公告贴满了全市大街小巷，私营的广播电台不断播送安全委员会的新动态。26日，《申报》刊登"安全委员会即日办公 颜惠庆被推为主委 首次会议决设九组分别推进工作 盼各界各安本位维护现状"。安全委员会办公场地设在市体育馆，馆外挂着两块牌子，一块是"上海市安全委员会"，一块是"宋公园死难烈士善后会"。各界人士送来慰问品、花篮和现金，徐立与入城的解放军取得联系。那几天，市体育馆挤满了人，姚开甲、葛家珍等人调动汽车为解放军服务，方秋苇等安全委员会的人则安排他们的生活。筹来的现金为田芥平、陆新民等18名宋公园死难烈士买棺木、衣着并安葬，多余的钱用于抚慰死难者的家属。

上海解放后，方秋苇在安全委员会紧张工作了一段时间，依照市军管会的指示，6月初，徐立召集最后一次会议，向安全委员会所有工作人员解释并慰问，同时宣布安全委员会结束。

结束安全委员会工作后，方秋苇到华北革大政治研究院学习，毕业后回上海，先后担任上海法政学院、上海财经大学教授。他恢复了民革党员的身份，曾任民革财经大学支部主委，他的文章和著作涉及政治、经济、军事各领域，实现了他以文报国的夙愿。

（作者系民革上海市虹口区委秘书长）

黄启汉（1912—2004），广西德保人，民革党员。曾任国民党军第四集团军总政训处处员、少校秘书，国民党政府军事委员会中校、上校秘书。后任国民党广西省政府顾问兼驻香港对外贸易专员，国民党政府立法院立法委员。新中国成立后，历任上海对外贸易管理局调研处副处长、上海海关出口处副主任、上海纺织品出口公司副经理，民革广西区委副主委、秘书长、主委等，全国政协第七届委员。

共产党给了我新生

黄启汉

我同共产党的接触，开始于北伐战争时期。那时候，我才15岁，在南宁广西省立第一中学读书，跟同学中的几位共产党员和共青团员一起在学生会工作，宣传孙中山的三大政策，反对国家主义派，热血沸腾。不久，蒋介石发动"四一二"反革命政变，破坏了第一次国共合作，白色恐怖弥漫全国。我们的同学会被解散了，有的同学被杀害，有的被关押（如莫文骅就是其中之一），我也被迫辍学。

抗日战争时期，我在国民政府军事委员会及其桂林行辕当秘书，行营主任是白崇禧。我当时26岁，曾先后在武汉、桂林、重庆多次拜会过周恩来和叶剑英，深感幸运。周恩来给我的第一个印象是生活朴素，工作勤奋，平易近人，和蔼可亲。他每次接见我的时候，不是分析抗战形势，就是讲解毛泽东主席《论持久战》和《新民主主义论》的内容和意义，循循善诱，显示他对青年的爱护和对抗战宣教工作的不遗余力。

可全面抗战开始不到两年，蒋介石就"忘记"了周恩来代表中共中央在

"西安事变"中不计十年深仇大恨、力劝张学良和杨虎城释放他的大义，背信弃义，炮制了《限制异党活动办法》，通令全国，又一次掀起反共高潮，直到制造"皖南事变"，彻底暴露了他"积极反共、消极抗日"的嘴脸。此后，国民党桂系跟蒋亦步亦趋。我内心感到懊恼、苦闷，于是请求辞职，赴美留学。

我于1942年3月下旬，从重庆乘飞机绕道西非，经尼日利亚横渡大西洋到巴西再转到美国，先在俄亥俄州安提亚大学读了一年书，后到明尼苏达大学再读一年，1944年起在纽约哥伦比亚大学研究院作研究生。出国前的一个下午，我曾到曾家岩向周恩来副主席辞行。我说正当全国军民艰苦奋斗的重要时刻，我却逍遥国外，深感内疚。他笑容可掬地对我说："只要你不忘记抗日，到国外去也可以利用一些机会，宣传团结抗战，宣传民主进步，激发侨胞爱国热情，为祖国人民多作贡献，这也是一种工作嘛。"又说："西方也有一些可学的东西，为了将来国家建设的需要，能出去见识一番也是好的。重要的是不论在哪里，自己都要有一个正确的世界观、人生观。"他特别叮嘱我"要读进步书籍，多接近进步人士"。这些临别言教，语重心长。最后，他还留我共进晚餐，席间有叶剑英、董必武、邓颖超。餐桌上四菜一汤，恩来同志很客气地频频叫我起筷，我感动得连话都说不出来，只连声"谢谢，谢谢"！这是我一生最珍贵的一餐，终生难忘。

我辜负了周恩来副主席对我的厚待和期望，在美国将近6年，除了随身带去的一本《新民主主义论》外，没有读过别的进步书籍。幸而同几位师友如陈其瑗、唐明照、赖亚力、吴茂荪、谢和庚等时常来往，思想上得到他们很好的帮助。1944年到1946年间，我一方面在哥伦比亚大学研究院做研究生，一方面在中文《纽约新报》当主笔，围绕团结抗战和民主进步这一中心内容写社论。就算是遵循当年周副主席的教导，做了一点工作吧，当然那是微不足道的。

1945年4月，董必武作为中国的代表之一到旧金山出席联合国成立大会。之后，他偕章汉夫、陈家康到纽约访问，我闻讯立即到他们住的旅馆拜访，并多次同陈其瑗一道看望董老和章、陈两位同志。董老神采奕奕，有仁者之风。

他对我在美国的学习、生活和工作，关怀备至，诸多勉励。离开纽约前，还要章汉夫专为我介绍一位美国朋友认识，叫我和他保持联系，遇有什么问题，可以请他帮忙。

谈至国内外形势，董老说，德国法西斯在欧洲战场上败局已定，我国抗战也胜利在望。现在需要考虑的是怎样保持人民的胜利果实的问题。看来蒋介石还要打内战，我们是坚决反对的。我们要的是团结、和平、民主、统一，建立一个新中国，这也是全国人民所渴望的。但蒋介石不会这样想。

不出董老所料，他回国不久，8月15日，日本宣布无条件投降，我们胜利了。这一伟大的胜利，是中华民族有史以来反击外来侵略者最大的一次胜利。同样不出他所料的是，抗战胜利后，蒋介石不顾全国人民要求和平、民主、统一的愿望，悍然撕毁了毛主席亲自到重庆谈判达成的《双十协定》和后来政治协商会议通过的国共两党的《停战协议》，丧心病狂挑起反共内战。陈其瑗和我激于义愤，在纽约联名致电杜鲁门总统，呼吁停止对蒋介石为首的国民政府的军援，以免助长中国内战。因为我们在纽约从各种媒体得知，美国对华军事援助约60亿美元，因战时交通运输不便，大部分是在日本投降后才源源不断输送给国民党的。

1947年夏，我从纽约经三藩市乘船回国，白崇禧（时任国防部部长）初时想要我到国防部当副司长，我不干，并劝他也不要干；李宗仁要竞选副总统，我也劝过他不要干。他俩一向既反蒋又反共，幻想搞中间路线，即所谓第三条路线。后来他们安排我当立法委员（选举是假的），但我长期滞留在香港为广西省政府做对外贸易。

在香港，我多次听过李济深畅谈时局动态，最后一次是在1948年12月22日。这时候，解放军在不到3年的时间里，经辽沈、平津、淮海三大战役，打垮了蒋家几百万美式装备的主力，俘虏了一大批总司令、军长、师长、旅长、参谋长，南京政权摇摇欲坠。李济深要我携带他在小条白绫上写的亲笔信，去武汉见白崇禧，策动他起义。李函原文如下：

> 健生吾兄勋鉴：革命进展至此，似不应再有所徘徊观望之余地，放下屠刀，立地成佛，至所望于故人耳。革命原是一家，革命者不怕革命者，望站在国民党革命委员会立场，依反帝、反封建、反官僚资本主义、反独裁、反战乱主张，赞成开新政治协商会议，组织联合政府，立即行动，号召全国化干戈为玉帛，其功不在先哲蔡松坡之下也。详情托黄启汉兄面陈。专此即颂筹祺
>
> 弟李济深上
十二月二十二日

李济深还要我对白崇禧讲许多道理。白崇禧看了李济深的信，表面上点首认同，实际上他是想拉拢李济深到武汉去树起反蒋的旗帜。因为他早先曾致电蒋介石，建议"停止作战，和平解决国共问题"。蒋介石把这一建议，看成是桂系逼他下野；更重要的是，蒋军在三大战役中惨败，他便假装求和，作为缓兵之计，于1949年元旦发表声明要求和谈。毛主席针锋相对，提出了八项条件作为和谈基础。白崇禧原先想要我同一位民主人士到信阳前线找共产党联系，如交通许可，就北上找周恩来和叶剑英，这是1月20日晚的话。次日，白接到李宗仁的电话说，蒋介石已决定"引退"，要他当"代总统"。白就改变了主意，要我即日飞往南京见李宗仁。当时，北平和平解放局面已定。23日，李即派我和刘仲华乘专机去北平，任务是向中共表示愿意以毛主席提出的八项条件为基础，停战和谈。李并要我带封信给傅作义，肯定他在北平接受和平解放做得好。

我们坐的飞机于当天下午到达北平。傅作义派车来接并于当晚设宴招待。26日，原北平市长何思源在市府设宴欢迎我和刘仲华，同席有北大教授钱端升等，介绍北平接受和平解放经过。我们都为历代皇宫、珍贵历史文物和这座古城不为战争所破坏，同时又为和平解放事业作出榜样，感到十分高兴。

27日，北平军管会副主任徐冰会见我和刘仲华，座谈一会儿，他便邀我俩乘车到颐和园拜见叶剑英。叶剑英容光焕发，和颜悦色地同我亲切握手，我感到十分荣幸。我先向叶剑英表明态度，此虽然是受李宗仁之命，但我还是要站

在人民的立场说话。接着把武汉和南京有关国民党内幕情况向叶剑英反映。叶剑英很耐心地听着,并说他是经中央同意接见我和刘仲华,欢迎我俩来,希望以后加强联系。当晚,我们留宿颐和园。入夜万籁俱寂,我心潮澎湃,浮想联翩:革命风云至此,我能为人民做些什么呢?

翌日中午,叶剑英设宴招待我和刘仲华。席间还有徐冰和莫文骅两人。酒席筵前,我略为向叶剑英叙述阔别8年后的离情。饭后,叶剑英单独同我和刘仲华谈话。他义正词严地指出:自从日本投降以来,共产党和毛主席尽了一切努力,防止内战,要求在团结、和平、民主的基础上实现全国统一,建立一个独立、自由、民主和富强的新中国。为此,1945年8月28日,毛主席在周恩来副主席陪同下,亲自到重庆和蒋介石谈判,签订了国共两党的《会谈纪要》(即《双十协定》);1946年1月,又在国共两党和其他民主党派参加的政治协商会议上,通过一系列有利于和平民主的决议,签订了国共两党的《停战协定》,发布了停战令。可是这些协议和停战令墨迹未干,就一件件被蒋介石撕毁了。蒋介石以为有美帝做靠山,美援无穷无尽,以为他有数百万美式装备的军队,就可以横行全国;他还以为中国人民解放军只有小米加步枪,不堪一击,还狂妄地认为可以在3至6个月的时间内,消灭全部解放军。于是蒋介石就以1946年6月大举围攻中原解放区为起点,发动对解放区的全面进攻。中国共产党为了保卫中国人民抗日战争胜利果实,保卫人民的生存和民主权利,不得不坚决地给蒋军狠狠反击。现在人民解放军经过两年多的战斗,特别是经过辽沈、平津、淮海三大战役,已经把蒋军的主力部队歼灭,剩下残余不多了。这就迫使蒋介石装出要和谈的样子,退居幕后,让李宗仁出来在台前周旋。人民的眼睛是雪亮的,中国共产党在毛主席领导下,和蒋介石及帝国主义进行了长期的斗争,积累了丰富的斗争经验,对于蒋介石玩弄的一切花招,都看得一清二楚,绝对不会上他的当。今天我们已有足够的力量,可以完全、彻底粉碎蒋介石国民党的残余势力,解放全国,指日可待。这也是历史发展的必然结果。但为了迅速结束战争,减少人民的痛苦,毛主席已发表声明,在八项条件的基础上,愿意同国民党中央和其他任何地方组织或军事集团进行和平谈判，我们要的是真和谈不是假和谈，我们要的是真和平，维护民族利益、人民利益的和平。我们共产党人除了民族利益、人民利益之外，别无其他。正因为如此，我们深得人民的拥护，不可战胜。在这伟大的历史转折关头，谁能认清形势，顺应潮流，向人民靠拢，前途就是光明的；继续跟帝国主义和蒋介石走，便是死路一条，这两者之间，没有第三条路线。最后，叶剑英说：我们欢迎你们两位到我们这边来。我听了深为感动，感谢叶剑英对我的接见和关怀。我当即表示：无论如何，这次我一定投靠人民。

次日，我乘飞机回到南京，立即向李宗仁汇报拜见了叶剑英的经过和他的详细讲话内容，李喜形于色，高兴地说："总算很快就搭上了关系。"

在我去北平期间，甘介侯出谋献策，组织一个所谓上海和平代表团，以颜惠庆、章士钊、江庸、邵力子4位老人为代表，北上呼吁和谈。他想陪同前往，捞政治资本。想不到就在"代表团"将要起程的前几天，新华社从北平播出一条电讯，声明人民的北平，绝不允许美帝国主义走狗甘介侯插足（大意如此），这无异于给甘当头一棒。李宗仁无奈，只好要我陪4位老人再去北平，并要我留在那里，作为联络代表。他叫他的机要科编一本专用的电报密码，并把他官邸秘密电台呼号抄给我，要我设法建立一个电台作为和他通讯之用。上海"代表团"于2月24日飞到北平，27日回南京。我按照李宗仁的指示留下来了，在共产党旗帜飘扬下的故都住了两个月。我把带来的专用密码本和李宗仁"官邸"电台呼号，全部上交给叶剑英，由他指定工作人员收发我和李宗仁的来往电报，我对李则谎报自己设了一个电台。这期间，我经常和叶剑英及徐冰接触，徐冰送了几本"干部必读"的介绍马列主义和毛泽东著作的书给我，我想起当年周副主席叫我多读进步书籍的教导，现在应该是补课的时候了。我有时也到王府井大街、天安门广场、故宫等地方游览。看到市面安定，各行各业照常营业，物价平稳，不时传来锣鼓声、歌声，一片欢乐的气象，同死气沉沉的南京比起来，真是两个世界。

4月1日，南京正式派出以张治中为首的和谈代表团到达北平，代表中有邵力子、章士钊、黄绍竑、李蒸和刘斐共6人。中共方面以周恩来为首席代表，叶剑英、林伯渠、李维汉、聂荣臻、林彪为代表。当天，双方代表分头个别接触，交换意见。晚上，周恩来设宴招待全体代表及同来人员，我也受邀参加。第二天，双方继续以个别对话形式交换意见。晚上，周恩来百忙中接见我，在座的还有徐冰、齐燕铭和王炳南。离别8年，能在此时此地见到周恩来，我是多么地激动和高兴。他英姿勃勃不减当年。他先问我对南京代表团来和谈有什么看法，我说：他们既同意在毛主席提出八项条件基础上来谈判，照理，谈起来不应该有什么大的困难，困难是在谈成之后，实行起来会受到很大的阻力。周恩来很气愤地说：现在就是他们并没有完全接受八项条件为基础，根据两天来他们和6位代表个别商谈的情况看，除邵力子外，都不同意"惩治战犯"这一条。李宗仁不是公开宣布承认毛主席提出的八项条件为谈判基础的吗？怎么代表团来了，又变了卦呢？还有南京代表团到北平来之前，张治中还到溪口去向蒋介石请示，这就产生另一个问题，你们代表团究竟是代表南京还是代表溪口呢？这两个问题不解决，和谈怎么能进行？周恩来同意我回南京把这两个问题向李宗仁问个明白，并决定我第二天就乘代表团来的飞机回去。

4月3日上午，在我动身之前，周恩来又单独接见我，严正地指出蒋介石不顾全国人民要求和平、民主、统一的愿望，不顾中共为防止内战长期所作的真诚努力，悍然发动全面反共战争，给人民带来了损失和痛苦，经过辽沈、平津、淮海三大战役的较量，蒋军主力部队已被歼灭殆尽，可以说，内战基本结束，剩下的不过是打扫战场而已。但为了尽快地收拾残局，早日开始经济建设，改善人民生活，在毛主席提出的八项条件基础上进行和谈，我们还是欢迎的。接着他要我告诉李宗仁、白崇禧，中国人民解放军完全有足够力量在全国范围扫除和平的一切障碍。李、白不应再对帝国主义抱有幻想，不应该再对蒋介石有留恋或恐惧，应该团结一切可以团结的力量，坚决向人民靠拢。只有这样，才是他们唯一光明的出路。他还说，你回去转告他们，在和谈期间，人民解放军暂不渡过长江，但和谈后，谈成，解放军要渡江；谈不成，也要渡江。希望李宗仁在任何情况下都不要离开南京，能够争取更多的国民党军政人员同留在南京更好。他提出建议：考虑到李的安全，他可以调广西部队一个师进驻南京保护。万一受蒋军攻击，只要能守住一天，解放军就可以赶来支援。武汉方面，建议白崇禧在湖北把部队退到花园一线以南，在安徽让出安庆。最后，周恩来紧紧地握着我的手说：欢迎你到我们这边来。我对他的热情关怀和对我的信任，感激涕零。当即表明决心，不管李、白走什么道路，我自己一定跟共产党、跟毛主席走。

4月3日下午，我回到南京，5日从南京去武汉，力劝李宗仁、白崇禧接受周恩来的意见，都未得到采纳。实际上，李、白同蒋介石一样，只要解放军不渡江，以长江为界、南北分治，其他问题，在他们看来都是次要的。他们以为长江天险，加上有海陆空军联防，解放军没有海军、空军，要想渡江谈何容易；特别是长江水涨之后，困难更大。这期间，甘介侯代表李宗仁，傅泾波代表美国驻华大使司徒雷登，频频接触，有时李宗仁和司徒雷登还亲自出马，面商对策，司徒雷登认为最严重的问题是解放军要渡江，他要李宗仁务必令国防部坚守长江。

在北平，双方的代表团经过10天的交换意见，于4月23日，由周恩来向南京政府代表团正式提交《国内和平协定草案》，举行正式会议。《草案》是在毛主席提出的经南京政府同意的八项条件基础上拟定的。这八项条件是：一、惩治战争罪犯；二、废除伪宪法；三、废除伪法统；四、依照民主原则改编一切反动军队；五、没收官僚资本；六、改革土地制度；七、废除卖国条约；八、召开没有反动分子参加的政治协商会议，成立联合政府，接收南京国民党政府及其所属的一切权力。

《草案》根据这八项条件具体列二十四款，其中南京代表团提出的修改意见有40多条，中共采纳了一半以上。其中，对惩治战犯问题，是分清是非，明确内战一直是国民党挑起的，不可推卸罪责。但规定"凡能认清是非，幡然悔悟，出于真心实意，确有事实表现，因而有利于中国人民解放事业之推进，有利于和平方法解决国内问题者，可以取消战犯罪名，给以宽大待遇"。关于改编一切反动军队，这是属于持久和平的需要，成立整编委员会，双方合作以和平方式分区、分阶段改编成中国人民解收军正规军，其中有老弱残废或自愿退伍的官兵，分别予以安置或回家乡的便利；对于接收国民政府和它所属的一切权力，这是和平谈判要和平解决问题的目的。在民主联合政府成立之前，南京政府还要暂时维持下去，尤其是它的首脑部分——府、院、部、会等机构，应当保留到联合政府成立之后。这个《草案》就这样经过双方代表反复讨论修改成为定案即《国内和平协定》（以下简称《协定》）。《协定》既有原则性，也有相当的灵活性，合情合理，对国民党还是很宽容的。《协定》的主旨，归根到底是要推翻代表帝国主义、封建主义和官僚资本主义的旧法统，建立一个独立自主的、自由民主的新中国，振兴中华民族。国民党南京政府只要稍有一点点悔悟和一点点民族感、正义感，就应当在《协定》上签字，乐见其成。可是蒋介石一伙（包括桂系）一再错误估计形势，依靠美帝坚持以长江为界，妄图保住西北、西南半壁江山，待机反扑。当黄绍竑和屈武带着《协定》去南京、张群去溪口时，白崇禧狠狠地责备黄绍竑，蒋介石则拍桌大骂张治中无能，"丧权辱国"。

4月21日晚，南京政府正式宣布拒绝接受《国内和平协定》。翌日，毛泽东、朱德发布向全国进军的命令。在邓小平担任书记的总前委统一指挥下，解放军"百万雄师过大江"，一举摧毁国民党长江防线，于23日占领南京。国民党残余部队望风披靡，蒋介石本人率残兵败将逃亡台湾，湖南程潜、云南龙云、四川刘湘纷纷起义，不少国民党军队阵前投降。在一年多后，祖国大陆（包括海南岛）全部解放，其中西藏也和平解放。我是留在上海迎接解放的，从此开始我的新生。

六百将官哭陵纪实

崔恒敏

抗日战争胜利后,全国人民都认为从此可以过上安稳日子。岂料蒋介石悍然发动内战,又把中国人民推向水深火热之中,激起人民强烈不满。国民党军队内部不少人厌战反战,加之蒋介石对抗战阵亡官兵家属没有很好抚恤,对残废军人未妥善处理,对编余军官也没加以安置,因此导致"六百将官哭陵"事件的发生。

被编余的军官除了打仗外,一无所长,流离失所,生活困苦。当时有个病残军官,把受伤证书挂在身上,在南京太平路国府路一带行乞。宪兵警察认为有碍市容,予以驱逐。第二天这个军官就不见了,几天后在秦淮河中发现了他的尸体。这一事件给社会造成极大震动,有些军官看清南京政府面目,率部起义投奔解放区。当时,在编余军官中流传一首歌谣:"此路走不通,去找毛泽东;此处无人要,延安去报到。"从这个侧面也反映了国民党军队内部动荡不安、人心思变的情况。

1947年3月又发生了一件事情:编余军官张清泉在受训结业后几个月没安排工作,吃尽当光,连回乡探母的路费也分文没有。他的妻子见他无法生活,含泪对他说:"还是把我卖掉做路费,回家乡赡养老母去吧!"夫妻俩感情本来很好,但出于无奈,张清泉只得把妻子卖给一个小商贩。分手时两人抱头痛哭,其状至惨。此事在将官学习班里亦震动强烈。

接着,将官班里又接连发生两起悲剧。一是班里有个将官名叫奚泽,原是归国华侨,青年时追随孙中山参加同盟会,曾变卖家产折合白银百余万两捐作革命活动经费,孙中山对此义举极为赞赏。以后他参加北伐和抗日,官至某集团军中将参谋长。因他拥护孙中山三大政策，深为蒋介石所不满，最后列名编余。这时，他在南京家贫如洗生活无着，妻子在4月间留下遗书后，去燕子矶投江自杀。二是将官班学员陈天民，他是原陆军一九〇师少将副师长，抗战时在长沙抗日有功。他家人口多，5个孩子最大的才10岁，因编余失业，生活无着，又患晚期肺病，贫病交加，遂服安眠药自杀。陈天民死后，尸体4天无钱入葬，后由将官班、警政班学员凑款资助才草草料理后事。此事使各班学员受到极大刺激，个个气愤难忍，斗争一触即发。

此时警校同学刘海亭（是我知友，我与他同时参加民联地下组织）写了两首打油诗，一是"军官转业学警察，剩闲教育好肉麻，所学非驴又非马，满嘴胡说骗阿爸"；二是"军官转业半年多，剩闲教育又如何，毕业仍是无工作，逼得学员卖老婆"。中央警校教育长李士珍自诩为"李圣贤"，学员对李极为不满，把"圣贤教育"贬为"剩闲教育"，意即学员找不到出路，无事可做，大家只是"剩闲"而已。

4月间，刘海亭接到一封落款为内政部的信，拆开一看，是一份宣传品，题为《凭吊战场死亡将士幽魂》，道出了编余军官的心声。其中有些词句如今仍记得：

"战场上惨死的健儿，荒野中漂泊的幽魂，慈母为你哭断了肝肠，娇妻为你断送了青春。你的碧血换来了草头军（指蒋介石）的王冠，你的白骨垒成了豪门家族的万贯家产……

看哪！每逢夕阳西下，大官们挽着娇妻美妾参加酒宴盛会，个个眉飞色舞；瞧哪！每当华灯初上，贪官污吏西装革履在大街上川流不息；听哪！每当夜深，舞厅里笑声响个不停。可你那白发苍苍骨瘦如柴的老母，你那泣涕嚎哭的妻儿，又有谁来过问？只有让凄风苦雨来凭吊你的幽魂吧！"

见到这份传单，我立即复写多份转寄给将官班学员。编余将官们看了反响极大，无不伤心痛哭。有位黄埔一期生陆军中将黄鹤，看后大声说："我们追随中山先生奋斗半生，而今报国无门生计无望，在此哭有何用，要哭大家去中山陵痛痛快快地哭一场，向总理哭告苦衷，同时也向政府公开示威！"一场"哭陵事件"就这样爆发了。

1947年7月6日上午9时前后，将官班的学员们从宿舍和家里出发，陆续秘密集中到中山陵。中山陵卫队持枪荷弹在值勤，事前并未接到有团体谒陵的通知，蓦地看到身着将官服的人成群结队到来，大吃一惊，又不敢盘问阻拦，弄得不知所措，连忙电话请示，得到上边急令："不准谒陵！"

　　人陆续到齐了，数量约有600多人。黄鹤总指挥带领大家到"博爱坊"排成队伍，默然肃立，现场鸦雀无声。

　　哭陵仪式开始，黄鹤慷慨激昂地发表简短演说，大意谓："今天我们到中山陵来，不是谒陵而是哭陵。为了我们国家，为了我们民族，也为了我们全家老小，我们要大哭，一哭，再哭，三哭。我们这些编余将官曾经追随总理，东征北伐出生入死，没有功劳也有苦劳。如今政府却把我们一脚踢开，大家被抛弃失业，断绝了生路。我们没有别的奢望，活着只求有碗饭吃，死后有口棺木落葬。我们也是人，我们要生活，要生活！"话毕，黄鹤带领大家到中山灵堂，向孙中山雕像献花，灵堂里里外外被哭陵将官挤满了。很多游客也围拢过来看热闹，群众见此情景深表同情。

　　站在前排的是陈天民的太太，带着5个孩子，最小的孩子背在身上，还不满周岁。他们来不及向孙中山雕像鞠躬致敬就哭开了，哭得起不了身。黄鹤介绍说："这位是陈天民的太太，陈天民被迫自杀了，家属没饭吃，将来我们的家属也要落到她这样的地步。"大家见此惨状不禁心酸，顿时号啕大哭，哭声震天，游客中的妇女也都纷纷掉下眼泪。

　　接着黄鹤读《檄文》，这篇《檄文》是谁写的并不清楚，第二天各报虽然都发表了消息，但《檄文》内容大都未刊出。大概因措辞过于激烈不敢刊登吧！记得龚德伯所办南京《救国日报》曾经登过全文，但已找不到这张报纸。当时这篇《檄文》在编余军官中流传很广，内容大意如下："我们这些军官，过去曾经追随总理参加东征北伐，终于取得了国民革命的胜利。现在国家已经有了宪法，国民党也应还政于民了。但国民的民主权利我们却没有见到。我们所看到的只是一群贪官污吏横行霸道为非作歹。先烈之血未干，革命之质已变。"《檄文》又说："不但革命军人的遗属得不到抚恤，没有人管，就连我们自己也被抛弃了。正是'飞鸟尽兮良弓藏'，成仁的已经死了，成功的也濒临死境。"读到这里，黄鹤已泣不成声，全场又痛哭起来。这时奚泽将军联想起被迫跳江自杀的妻子，当场晕倒。大家群情激愤，高呼"打倒贪官污吏！""打倒卖国贼！"

散会时，大家听到外面一阵嘈杂声，顷刻间一帮人涌进来，闻讯赶来采访的新闻记者问："今天的事情是谁带的头？"大家都答不知道。有个将官插嘴说："我们是到这里来谒陵的，看见一个女人在陵前哭得很惨，大家同情她也就难过得哭了。"特务们问不出所以然，只得悻悻而去。

当天上午我和刘海亭、马广运穿便衣随游人进入中山陵，在一旁观看了将官哭陵的全过程，以便向南京中共地下组织田绥祥同志汇报。为了保密，我们未与黄鹤接触。

"哭陵事件"的消息传出后，在全国产生强烈反响，蒋介石对此事件极为恼怒，原本要以"戡乱"手段严惩，后听从了国民党元老们劝告：以温顺手段教育改正，使大事化小，以免激起众怒。

次日陈诚到中央训练团将官班作"精神训话"，他气呼呼地劈头就批评指责，众将官立刻紧张起来。陈开口就说："什么哭陵？这是犯上作乱！这是反对中央、反对总裁，是对党国大逆不道！你们这样做只会对共产党有利，你们太愚蠢了！使亲者痛仇者快啊！"全场鸦雀无声，气氛十分紧张。

稍后，陈诚长叹一声，放缓了声调："我们大家都是从广东出发的，恨铁不成钢啊！当然我也有责任。近来由于公务繁忙，没来得及关心大家，不过大家的想法我是知道的，总裁也晓得，希望大家体谅政府的难处，今后尽量帮助你们解决困难……"

众将官掌声四起，人人都松了口气。陈诚面带微笑走下讲台离去。蒋介石知道众怒难犯，不敢追究下去，就这样不了了之。然此事震惊中外，轰动一时，给蒋政权一个沉重的打击。

（本文原载于《民革党员与新中国》，略有删节）

曹立瀛（1906—2007），安徽庐江人，民革党员。曾任国民政府资源委员会业务委员会主管兼经济研究所所长，上海解放时起义迎新。新中国成立后，任上海财经大学资深教授、民革上海市委顾问。

曹立瀛在国民政府资源委员会的日子

任 晋

民国时期正是中国新旧社会嬗替的时期，在这一时期，涌现了一大批先进知识分子，他们受西方民主进步思想影响，毅然投身革命。民革老前辈曹立瀛就是这样一位知识分子，他的一生起起伏伏、蜿蜒曲折，正是那个时期中华民族步履艰难的缩影。

曹立瀛是上海财经大学资深教授。1926年他从东南大学商学院毕业，1935获美国哥伦比亚大学经济学博士学位。曾任国民政府资源委员会经研所所长等职。他曾写诗评价自己的一生"曾上青云，曾下地狱，欢乐时少，悲苦时多"，但无论遭遇何种困难，始终不忘报效祖国，并用自己的一生为中国培养了无数人才。

曹立瀛祖籍安徽庐江，1906年生于江苏南通一个手艺工人和店员的家庭里，母亲以针线、手工贴补家用。曹立瀛从小就展现出极高的文学天赋，6岁入私塾，对诗歌产生了浓厚兴趣，9岁便能写诗。

1922年，16岁的他便考入坐落于上海的国立东南大学商学院，在校前三年，曹立瀛埋头读书、不问政治，生活较为困苦，靠卖文投稿维持食宿。1926年，他以优良的成绩毕业，获得商学院学士学位。

1925年，"五卅运动"爆发。革命洪潮让曹立瀛的人生发生了第一次转折，他从一个埋首书斋的书生，成为一名反帝战士。

5月30日，上海2000多名工人、学生分组在公共租界各马路散发反帝传单，进行讲演，揭露帝国主义枪杀顾正红、抓捕学生的罪行，租界当局大肆拘捕爱国学生。当曹立瀛目睹工人和学生被帝国主义者枪杀，衣服上溅满了烈士们的鲜血，义愤填膺，立即参与群众斗争。第二天，上海学生联合会成立，曹立瀛随即代表学校学生会出席，常驻学联工作，后来又代表学联参加上海工商联合会工作。

1926年夏，在老师杨杏佛和《民国日报》社长叶楚伧的介绍下，曹立瀛正式加入中国国民党。1927年初，参加北伐。先后在国民党中央组织部、秘书处任职，曾任南京特别市委常委。1929年，曹立瀛考取国民政府公费留学资格，远赴芝加哥大学求学，后转入哥伦比亚大学，先后获得社会学硕士、哲学博士学位。凭借潜心治学的态度与学术的天赋，曹立瀛得到了导师A.A.Tenney教授的赏识。1937年抗日战争爆发，曹立瀛弃家从公，随前行政院西迁武汉。

1939年，曹立瀛终于安定下来。这一年，他到国民政府资源委员会任职，迎来自己人生的又一转折点。

1939年到1949年，曹立瀛任前资源委员会简任技正兼经济研究所副所长、所长。在这10年间，他全心投入在工作上，成果颇丰。一方面，他撰述了一系列关于资源地理和重工业经济的论著；另一方面，他牵头编制业务统计，编拟建设与生产计划，编审业务和工作报告，制定物资分配方案，出版了《资源委员会月刊》和《资源委员会季刊》。在重庆期间，曹立瀛同时身兼数职，当时他一方面任"中央设计局设计委员"及"国家总动员会议专门委员"，同时还作为国民党党员，担任重庆市第一次代表大会出席代表及重庆市第78区党部委员。另外，在1943年他还临时性担任了"经济建设计划会议"秘书长。

1945年，抗日战争胜利后，他与10位资源委员会高级职员一起，组成台湾矿工考察团，作接收准备工作，直到1946年春才回到南京。当时前资源委员会决定组成8个台湾工矿组织，曹立瀛作为主要成员之一兼任台湾纸业公司董事及台湾电力公司监事职务。

从1946到1948年，前资源委员会在东北开设事业单位，数量有23所之多，员工人数有10万余人。曹立瀛任东北办事处副处长、处长，主要任务是对内联系各单位业务，对外代表资源委员会与地方当局交涉。

1948年10月底，沈阳解放，各单位部分人员和档案需撤至平津，当时他恰巧在南京联系工作，不能再回东北。看到国民党当局腐朽无能，而与此同时共产党朝气蓬勃，所以在12月10日，曹立瀛最后一次去北平结束东北办事处时，便将档案文件交付秘书韩嘉椹、组长关楚森、徐作霖、待季杨等人，并叮嘱他们："如果共产党来了，韩嘉椹、关楚森、徐作霖你们3人负责把这些档案文件和账册完整地移交，不要丢掉一张纸。"自认光明磊落，曹立瀛对秘书韩嘉椹坦言："今年年初，我就听说你的儿子是共产党员，但是我没有把这事当作一个问题，你还是机要秘书，因此现在你更不必害怕。我所做的事，无论是功是过，就是这些（指档案），光明磊落，没有什么不可告人的事情。所以你替我完整地移交。"两天以后，曹立瀛便回到上海，不久之后，北平得到解放，档案文件也被完整移交到了军管会。回到会本部后，曹立瀛继续任原职经济研究所所长。

1949年1月底，国民政府资源委员会由宁迁沪。当时孙越崎、吴兆洪分别任正副委员长，李彭龄任主任秘书，而曹立瀛就职业务委员会主管综合组，国民政府正准备迁台，曹立瀛也陷入彷徨：一方面他不想跟着腐朽无能的国民党政府去台湾，不如等共产党来了以后，可以发挥自己的真才实学；但是另一方面，又担心共产党来了会对自己不利。后来在友人吴兆洪帮助下，他决心留在大陆。

在新政权建立之际，作为国民政府资源委员会业务委员会主管兼经济研究所所长，曹立瀛与资源委员会部分同事决定起义迎新。他与同事一起借故拖延不迁移，并采取一系列措施保护工厂物资：调集人员，恢复办公将一批加拿大物资和若干美援物资全部分配至上海各厂，将档案文件进行开箱、整理、编目、造册，加紧编制 1948 年工作及业务报告，整抄 1949 年生产计划，将财务、会计两处账册赶抄副本，接回已去台湾的会本部高级人员家属等。

前景是十分美好的，但是路途还有些艰难。在临近解放的日子里，为了躲避白色恐怖，曹立瀛不敢住在家里，只能在地下党安排下四处隐藏行踪。5 月 25 日苏州河南解放当天，他还在苏州河北。直到 5 月 27 日，他见到了军管会的同志。

1949 年 5 月 29 日，对于曹立瀛来说是一个欢欣鼓舞的日子，陈毅同志亲临主持接管资源委员会仪式，和大家亲切握手，并且作了重要讲话。从此，曹立瀛走上了光明道路。

上海解放后，曹立瀛继续在上海市军管会任职，不久之后调任华东财政经济委员会计划局统计组（处）副主任。在这 3 年中，曹立瀛除协助领导度过了敌机轰炸造成的电力难关之外，还布置了中央统一报表制度，训练了华东区的统计人员，奠立了华东各级机关统计组织的基础。同时，经组织派遣，曹立瀛兼任上海财政经济学院及复旦大学教授。在这段日子中，他日夜辛勤，每天工作长达 16 小时，欲为新中国的社会主义建设尽一份绵薄力量。

作为起义有功人员，曹立瀛本想全身心投入新社会的工作，未料，1952 年被作为反动分子逮捕监禁，1954 年判刑，服刑于苏北一劳改农场，直至 1957 年刑满释放。

复出后，曹立瀛先后任教于补习学校、民办中学，教授会计学、统计学、英语，后来在淮海中学任代课教师，教数学、英语、化学和语文。在他看来，教学一样是革命工作，无条件服从党的选择与调配。从 1957 年到 1980 年，教学工作一做就是 23 年。

1980 年，曹立瀛调回上海财经学院任教。这一年，他已经是 74 岁高龄了。人生七十古来稀，年纪虽高，但他对自己的人生看得更清晰，也没有放弃对自我的要求，坚持"一天争做两件事"。重返财经学院之后，他挑起了外国财政专业教学的重任,并给自己今后的人生立下了三大目标:培养建设人才、写著作、编辑诗稿。他要用"只争朝夕"的精神,为财经高等教育尽力。

曹立瀛一生致力于设计工业、资源、财政、金融等领域,著有《西方财政理论与政策》《发展中国家财政》等80多部约300万字书稿,总纂《资本主义国家财政》获得财政部优秀教材一等奖。

2007年7月20日,曹立瀛在上海去世,享年102岁。

(作者系民革党员,财联社华东区总经理)

薛笃弼（1890—1973），山西运城人，民革党员。曾任国民党政府民政部、内政部、卫生部部长，水利委员会委员长、水利部部长。新中国成立后，历任上海法学会理事，上海律师协会副主任，上海市政协常委、民革中央委员，全国政协委员。

光明与黑暗搏杀中的抉择

——薛笃弼在上海解放的日子里

缪新亚

薛笃弼是一位历经中国近代多个历史时期的传奇人物：

清朝末年，他在游历日本时，有幸当面聆听了孙中山先生的教诲，加入同盟会，参加了推翻清政府、结束中国两千多年封建帝制的辛亥革命。

北洋军阀统治时期，他曾是冯玉祥手下得力干将，西北军的重要一员。先后担任北京政府司法部次长、国务院代秘书长、内务部次长、京兆尹（相当于北京市长）、甘肃省省长。

1927 年南京国民政府时期，他曾先后担任民政部、内政部、卫生部部长，水利委员会委员长、水利部部长。

新中国成立后，他历任上海市政协常委、全国政协委员、民革中央委员等。《毛泽东文集》第六卷中提到过他，毛泽东讲他是国民政府里难得的清官廉吏，"野有遗贤"的人物。

因缘巧合，我与薛笃弼的后人有过交集。薛笃弼的外孙严淼泰，时任民革上海市委组织处处长，作为当时卢湾区委主委的我，他是我的上级，我在从事组织发展工作上得到他的许多指导与帮助。薛笃弼的外孙女严圭容,是卢湾区台联会理事,我是会长,在台胞台属联谊、统战等工作方面我们有较多接触,使我有能近距离全面了解民革前辈在解放上海关键时刻发挥独特作用的机会。

总统就职演闹剧　布衣廉吏作决断

　　1948年春,国共对决形势日渐分明。国民党在军事上节节败退,国统区经济崩盘,形势危如累卵,民众对国民党的信心不断丧失,蒋介石的个人威望一落千丈。国民党其他派系蠢蠢欲动,随时准备取而代之。为了扭转危局,妄图让国民党独裁统治合法化,搞了一场所谓的"行宪国大"的总统选举,通过台前幕后的运作,蒋介石成功地登上了所谓"中华民国行宪后第一任总统"的宝座。

　　1948年5月20日,位于南京市林森路(今长江路)上的国民大会堂(今南京人民大会堂)热闹非凡,蒋介石、李宗仁的"总统""副总统"就职仪式将在这里举行。

　　这是一场十足的闹剧:在礼乐声中,身穿蓝袍马褂礼服的蒋介石,步入礼台,全场响起热烈掌声,李宗仁着一身戎装,随行于后。蒋夫人、李夫人两人缓缓步入礼堂时,尤为引人注目。两位夫人面含微笑,款款而至。观礼来宾衣着鲜亮,神态各异:于右任身穿蓝袍黑马褂,佩绿绶带、勋章二枚,银髯飘然。孙科身穿黑色西装,默坐若有所思。居正身穿长袍黑褂,口含长旱烟管,悠然地抽着,青烟缭绕。戴季陶佩戴勋章五枚。孙科、居正两位院长均没佩戴勋章。作为五院之首的行政院院长张群却迟迟没有露面。各部正副领导,悉数到场,有人恭敬笔立,有人黯然端坐;有人悝悝作态,有人踌躇满志;文官长袍黑褂,武将戎装,把能佩戴的勋章全挂到了胸前。唯有民政部长薛笃弼一身白色布质夏季中山装,"标准公务员"模样,显得非常不"入流"。

　　蒋介石的就职誓词只有寥寥53个字,整个仪式不到半小时,一场由蒋亲自导演的"闹剧"就这样草草收场。

薛笃弼不仅仅在衣着上与国民党高官显得很不"入流"。早年,冯玉祥军事上反蒋失败后,南京国民政府曾下令通缉并开除薛笃弼的国民党党籍。他逃往日本,后秘密去天津转回山西老家避难。到"九一八"事变,日军铁蹄侵占东北三省,南京国民政府撤销了通缉令,后增选他为国民政府委员。他于1933年辞职,到上海来做律师。

在官场,他绝不与贪腐"合流",虽身居高位,但为官清正,洁身自好。他有自己的专车,但是中午回家吃饭都是步行,也从不允许夫人和女儿乘坐公车,家人出行都是步行或乘坐人力车。平日里,与身边工作人员吃饭,都一视同仁,没有特殊待遇。甚至吃完西瓜,还会将瓜皮留下切丝,腌渍后当菜。他以"勤朴忠诚"作为自己的为官之道和做人原则。他以此严以律己,也以此劝导属下。这在国民党腐败的官场中,十分难能可贵。

在日寇强权面前,薛笃弼也保持高尚的民族气节,"七七"事变后,上海沦为孤岛,薛笃弼不愿附逆当汉奸,于是改名换姓,装扮成商人秘密离开上海。

薛笃弼在"总统"就职典礼上,看到的"国民政府"上上下下丑态百出,感觉到自己追随的政府气数已尽,他看不到一点希望。当年他追随"三民主义"

年轻时的薛笃弼

的初心是追求国家富强、人民幸福，经过几十年的"折腾"，一个好端端的国家被弄得如此乌烟瘴气，四分五裂，贪腐横行，百姓遭难！他对蒋家"朝廷"彻底失望，决心与这个腐败黑暗政府决裂，遂毅然决然辞去高官——这是他第二次辞职。

他回归上海马斯南路（今思南路）上梧桐婆娑的私宅，过起野鹤闲云的生活。平日里，闭门谢客，深居简出，洒扫庭院，含饴弄孙倒也悠闲。

"行宪总统"果然短命，不到一年蒋介石黯然隐退，不久整个政权败退台湾。

李宗仁亲临薛府　薛笃弼婉拒诚邀

1949年3月是一个特殊的月份，注定会在中国近代史上留下一笔：中共在河北一个叫西柏坡的村庄召开七届二中全会，向世人宣告：中共已处在推翻国民党政权的关键时刻，为夺取全国胜利作出了全面部署。

徐蚌会战（*淮海战役*），国民党一败涂地，李宗仁、白崇禧联手逼蒋介石下野，取而代之。3月，这场"逼宫"的闹剧已成定局。李宗仁面对危局，想隔江而治，苟延残喘。

1949年3月19日，人民解放军饮马长江，金陵危在旦夕，攻取上海也只在须臾之间。

初春的南京，天空阴沉，乍暖还寒。明故宫机场，新晋"代总统"李宗仁，偕总统府秘书长翁文灏、程思远登上"追云号"专机。跑道上卷起一片尘土，飞机腾空而起，直指近在咫尺的上海。三人的心情和阴沉的天空一样，灰蒙蒙，虚渺渺，前面是什么，一概看不清，更想不明会遇到什么。

此次，他们3人的上海之行只为找一个人：薛笃弼。新"代总统"亲自出马，专程登门，此行的重要性不言而喻，也实在是万不得已。

李宗仁虽如愿以偿登上了"代总统"的宝座，但在组阁问题上遇到了麻烦，首先是被选为行政院长的孙科，长期滞留广州，借病拒绝到南京主政。一气之下，李宗仁"废"了孙科，好不容易说动赋闲在上海的何应钦取而代之。但独木不成林，定要有副手相辅佐。李宗仁想到了薛笃弼，薛是"冯（玉祥）系"的人物，与蒋介石不亲不疏，在北洋和民国政府历任要职，且为官清廉，颇得朝野口碑。

冷寂阒静的马斯南路，61号门口，薛笃弼早早在门口相迎。一阵寒暄，翁文灏挑明来意，诚意相邀，情真意切，程思远从旁帮言，严丝合缝。

薛笃弼连连摇手，婉谢不从："不敢从命，不敢从命！"李宗仁不得不开"圣口"："子良兄才干过人，为官清廉，有口皆碑，此番出山，定有作为！"薛笃弼不觉收颜敛色，言辞决然："在下混迹政界二十余载，目睹官场之黑幕，深谙政治之凶险，对政治实在是厌倦之极！还望另请高明！"一场新"代总统"不以属下卑鄙，猥自枉屈，顾于"草庐"的劝说诚邀，由于薛笃弼的婉拒，不欢而散，3人只得悻悻而去。

一个多月以后，百万雄师过大江，虎踞龙盘的南京回到人民手中，上海也处于风雨飘摇之中，国民政府官员纷纷撤离，南下广州。

位于思南路61号的薛笃弼旧居

在上海马斯南路（现思南路）薛笃弼的宅邸又演出了一场死磨硬缠的活剧，被劝说的对象还是薛笃弼，但劝说者换了人，有"土木之魂、黄埔教父"之称的陈诚在退居台湾之前，亲自登门拜访，百般游说，执意缠磨，要薛笃弼同去台湾，共谋"大业"。薛笃弼还是坚决不从，借口"奉养年迈体弱的双亲"婉言拒绝，毅然决然留在大陆，选择光明！

开国领袖作推荐　闲居隐士逢知己

自从婉拒李宗仁的邀请和陈诚的纠缠以后，薛笃弼真的过起避世绝俗、怀质抱真的隐士生活来，每天在自家庭院里洒扫庭院，侍弄花草，闲看花开花落，静观时局变化。他家的院子里种植的树种不多，只是广玉兰、棕榈和桂花而已。

1949年春天，马斯南路薛笃弼寓所的院子里，棕榈树叶飒爽，利剑般欲刺破青天，树干傲然挺立，桀骜独立，这似乎是他辞官后心境的写照。当广玉兰吐露芬芳、白花满树之时，雄师渡江，上海解放；当丹桂飘香之时，北京又传来"中华人民共和国成立"的讯息。"落花无意，流水有情"啊！自家庭院里的花开花落，演绎并诠释着时局的潮起潮落、天翻地覆，这些，不免也会在薛笃弼心里泛起一阵阵涟漪。

上海解放的最初几年，从表面上看，他远离政治，但作为一个资深的政治家，他一刻也没有放弃对政治的观察与思考。目睹了上海的变化，他看到了一个新生政权的勃勃生机，看到了中国的希望，不免心生跃跃欲试的念头。

由于上海解放后薛笃弼闭门居家的缘故，第一届全国政协委员的名单上，一开始没有他的名字。

1954年12月19日，毛泽东召集党内外几十人进行座谈，就今后政协的性质和任务作了重要讲话："现在政协全国委员会的名单是否完全？完全的事情世界上是没有的。这次就把薛笃弼给忘了，将来可以补上。是党派不叫党派，叫社会贤达。"

在毛泽东的亲自关心下，薛笃弼的名字进入了全国政协委员名单，还成了上海市政协常委。同年，薛笃弼加入民革，并当选为民革中央委员、民革上海市委会副主委。

1956年1月，全国政协第二届二次全体会议时，薛笃弼作为特邀界别委员参加。开幕式后聚餐时，与毛泽东同席。同桌的还有周恩来、张治中、卫立煌和著名中医施今墨。言谈中，薛谈及他在国民政府中历任要职，不胜愧疚。毛泽东亲切地说："你是冯玉祥将军郑重推荐给蒋介石的，是国民党政府里难得的清官廉吏，真是野有遗贤啊！"薛激动得连声感谢知遇之恩，表示愿为国事竭尽绵薄。

毛泽东亲自举荐薛笃弼的故事，一时被传为佳话，还写进了《毛泽东文集》第六卷《关于政协的性质和任务》一文。

薛笃弼在上海解放前夕，在"光明"与"黑暗"搏杀的关键时刻，选择了"光明"！面对李宗仁的邀请和陈诚的纠缠，他都以"厌倦政治"为托词予以拒绝，他绝不是真正的"厌倦政治"，而是"道不同，不相谋"也！

成为政协委员和民革党员的薛笃弼，积极参加各项政治活动，每会必到，到会必言，坦陈己见。他还积极参加促进祖国统一大业，无论是拍摄影视，还是录音广播，他都认真准备，一丝不苟。他经常写文章，通过对台广播寄语迁台军政界故旧，介绍祖国大陆建设成就，宣传爱国一家，爱国不分先后。

薛笃弼的外孙女严圭容回忆说："外公晚年的生活很充实，他积极关心里弄及街道的工作，曾将思南路私人住宅的二楼客厅、饭厅、书房让给所在里弄，开办幼儿园。"

从薛笃弼对政治的"厌倦"和"积极"两种截然不同的态度，我们看到了这位"政治老人"的政治选择！

（作者系民革党员，上海震旦职业学院原招生办副主任、新闻与传媒学院副教授）

江庸（1878—1960），字翊云，晚号澹翁，重庆市璧山人，中国近代法学家、法律教育奠基人之一。曾任清政府大理院推事、北洋政府京师高等审判厅厅长、司法总长及政法大学校长、朝阳大学校长等职。新中国成立后，任全国政协委员。历任政务院政法委委员、华东军政委员会人民监察委员会委员、上海市文史研究馆副馆长、馆长。

先父江庸新中国成立前后二三事

江　靖

开国时政协诸老

1949年8月19日，毛主席亲笔致函先父江庸，有云："时局发展甚快，新政协有迅速召开之必要，拟请先生及颜骏人先生[①]参加，不识可以成行否？"骏老为第一次国共和谈代表，曾于平山面谒毛主席。嗣后骏老因病请假，先父乃于九月中旬赴京。会中出席代表年逾七十者24人，按年龄为序，录其姓名如下，可作政协史料：

司徒美堂　八十三岁	张元济　八十三岁	李步青　七十岁
李锡九　七十七岁	陈嘉庚　七十六岁	吴玉章　七十二岁
沈钧儒　七十六岁	黄炎培　七十二岁	何燏时　七十二岁
简玉阶　七十四岁	何香凝　七十一岁	符定一　七十一岁
徐特立　七十三岁	张　澜　七十八岁	王葆真　七十岁

[①] 颜惠庆，别号骏人。

江　庸　七十二岁	张难先　七十六岁	沙彦楷　七十五岁
房文礼　七十二岁	陈叔通　七十四岁	周善培　七十四岁
高镇五　七十岁	安文钦　七十四岁	彭泽民　七十三岁

毛主席手书原件已于1977年献诸中央文史馆。

陈毅同志的关怀鼓励

1958年春，先父大病初愈，选刊旧作为《澹荡阁诗集》一册，因精力就衰，自序中有"不复作"之语。寄之陈毅同志，旋接五月八日陈毅手书云："尊集收到，病中读之有清新趣味，古人云诗可以疗疾，信然。大作早岁以情韵胜，晚岁以健劲胜，黄晦闻①评早岁作有中者有不中者，即可信又不可全信。黄之《蒹葭楼集》弟亦读过，艰涩之态显然。彼论词独推尊美成、白石、吴文英等，而抑苏、辛，其趣旨可以概见也。先生诗留集太少，又宣言不复作诗，弟以为过矣。可否采纳弟之两项建议，将千篇诗之大部或全部刊行，宜破戒多作诗以反映人民新时代。大集中如'不辞攘臂为冯妇，只恐将头赠马童'，此等奇句何可以不作耶？先生年已八旬而食眠均佳，问政多年以余事为诗，真诗人也，何可以放弃本行耶？弟病可六个月，现有好转，仍需调养。病中握笔，草率之至，祈谅之。"

先父接函后，对陈毅同志所望第二点，曾有续作，惜不多耳。而1960年2月即逝世，集外诸什未及整理，十年内乱后所余百不及一，颇负厚望。

从信中可以看到陈毅同志对老年知识分子的深切关怀，鼓励他们发挥所长，为建设社会主义作出力所能及的贡献。对先父"不复作"以建议形式提出批评，体现了"肝胆相照"的精神，并以深厚的文学修养评议诗词，使人心折。尤其

---

① 黄晦闻即黄节，南社诗人。

病中握笔作此长函，当时先父即深感厚意。

陈毅同志手书已捐献上海档案馆。

与陈叔通先生论"五四"宪法草案

1954年五六月间，先父在学习宪法草案中，有质疑，有建议，去函陈叔通老人，得复详告。当时两老均年近八旬，学习认真，关心国家大事的精神至足效法，而两函探讨新中国第一部宪法的订立与人民政协的性质等问题，亦有史料价值，抄录如次：

（一）先父去函：

"日前上海市政协全会讨论普选后协商会工作，对今后政协如何产生，即无解决善法。弟日来有一不成熟意见，不知可供参考否？政协之应存在并加强，已详公报告。在新民主主义时期为巩固统一战线政权，自需协商机构，然普选后，执行国家权力是人民代表大会，政协虽是建议机构，似亦应由全国人民代表大会产生，方足以昭郑重。故鄙见共同纲领及政协章程修改草案，宜由全委会起草送交全国人民代表大会议决。是否有当，先请裁酌，如中央已有成算，可秘而勿宣。"

（二）陈叔通先生复函：

"政治协商会议行使政权只限于第一届全体会议，自选出中央人民政府委员会以后，政权已付与中央人民政府委员会，故全国委员会已是协商机关而不是政权机关，各地协商委员会亦同。第二届政治协商会议，由第一届全国委员会常务委员会筹备，如何产生仍如第一届以协商（各党派、无党派、各团体、少数民族、华侨）方式来产生。至于组织法或仍是通过第二届政治协商会议全体会议，而不通过全国人民代表大会。政治协商会议宪法上提不提是一个问题，共同纲领与以前不同，以前包括宪法性质在内，共同纲领是奋斗的目标（由各党派、共产党在内以及各团体、各民族领导全国人民，在统一战线上共同奋斗，与人民代表大会是政权机构是两事）。宪法是死的，共同纲领是活的，故可能亦是通过政协全体会议，而不必通过全国人民代表大会。宪法要共同遵守是法律性，共同纲领要共同奋斗是政治性，死活之分即在此。各地协商委员会原是各级代表会选出的，以后须改地方委员会（也可能加协商两字），产生方式亦是以协商而不是代表大会。就是必须改组，职权可能以建议为主，包括反映情况。反映就是现在人民意见，研究就是现在所设各种专门委员会。此外，参加各种活动却在建议之外。以上仅供参考，不能作为正式解答。"

（作者系江庸之子，民革党员，民革上海市徐汇区委原主委）

上海解放前夕的"市长"嬗替

马铭德

上海临近解放前的 5 个月中,市长曾经历了几度嬗递:先由吴国桢到陈良,再由陈良到赵祖康。在这段短暂的历史嬗递中,诸多细节为很多史籍所忽略。

1949 年初,对于南京国民政府来说,各地败战消息如雪片飞来:平津被围、太原受困、淮海战役已成败局,长江以北的军事防线全面溃散。迫于朝野各方压力,蒋介石于 1 月下旬被迫"引退",由"代总统"李宗仁与中共和谈。然蒋嗜权,仍以国民党总裁身份,幕后以党领政。就在"引退"前夕,蒋介石特意将亲信布置在上海。以刘攻芸为中央银行总裁、俞鸿钧为中央银行常务理事,暗中负责上海国库中的金银转运,同时以汤恩伯为京沪杭警备总司令,统领 45 万军队,负责由马当到吴淞口 500 多公里的长江沿岸防御。[1]而汤恩伯又根据蒋介石的秘密指示,布置重兵于江阴到吴淞口一线,自己则坐镇上海,"以上海为决战及掩护军队物资转移要区"[2],确保将金银以及其他重要物资抢运到台湾。

一

近代上海是全国的经济金融中心、工业重镇。当时上海的国民收入占全国国民收入的 57%,上海市市长一职的重要性,仅次于行政院长。[3]当蒋介石引退后,调派重兵于上海,以确保重要物资转运。而当上海成为"掩护军队物资转

---

[1] 吕芳上主编:《蒋中正先生年谱长编》第九册第 231 页,台湾"国史馆"2015 年版。
[2] 林桶法:《1949 大撤退》第 29 页,九州出版社 2011 年版。
[3] 吴国桢:《从上海市长到"台湾省主席"》第 30 页,上海人民出版社 1999 年版。

移要区",城市的功能定位发生变化,握有重兵的京沪杭警备总司令自然权倾一时,上海市市长也要与其配合。

1949年初,上海市市长为吴国桢。吴国桢是历任上海市市长中学位最高的一位。清华大学毕业后,他赴美留学获普林斯顿大学博士学位。归国后,历任南京政府汉口市市长、外交部政务次长、中央宣传部部长等重要职务。抗战胜利后,吴国桢出任上海市市长。他从政经历丰富,头脑灵活、思维敏捷、才智过人、手段高明,当时百废待兴,本该有所作为,无奈受时局和环境的限制,币值低落,物价飞涨。为稳定市场,他为公教人员加薪,冀以稳住政局。根据《1946年大上海都市计划》,工务局长赵祖康曾领衔提出发展浦东,修建黄浦江越江隧道的计划,① 作为市长的吴国桢也表示支持,并试图寻求外资落实此项目。一家英国公司对此颇感兴趣,甚至拟出了具体方案,但由于政治形势恶化,最终搁浅。② 到1948年底,局势急转直下,国共和谈破裂,上海学潮高涨,工潮澎湃,应付愈加困难。

吴国桢

---

① 张姚俊:《国民政府上海越江工程》,《世纪》杂志2009年第1期。
② 吴国桢:《从上海市长到"台湾省主席"》第32页,上海人民出版社1999年版。

国家政治窳败到了极点，军事是政治的延续。1949年初，在"以上海为决战及掩护军队物资转移要区"的决策下，汤恩伯在上海驻扎了大量军队。军中的腐败，将领的贪黩，汤恩伯的弄权和跋扈，引起了吴国桢极大的不满。吴国桢回忆说："我看到一箱箱运往东北，给部队发饷的中央银行钞票。但一两周后，同样的箱子又从东北运回来了。显然指挥官们并未给部队发饷，而是将其运回以购买商品进行囤积，此后将其在黑市抛出，获得巨利。我将这一情况报告给蒋介石，但他未做任何处理。"① 东北的部队是如此，汤恩伯在上海也是如此，汤恩伯对吴国桢说："士兵薪饷很差，你必须改善他们的状况，否则他们很难保卫上海。"吴国桢在上海商界人士的支持下，捐出了一笔令汤满意的款项。吴国桢对汤恩伯提出，为避免军中贪腐，不能直接用现金发饷，要有一个独立的委员会，对士兵点名核实。几天后，吴国桢得知上海一个很大的寺庙里，300多名和尚均被安排穿上军服，到指定地点参加点名。显然，他拨交的军饷被冒领了！稍后汤恩伯又找到吴国桢，说部队缺少汽油，吴国桢又从商家筹集经费，购买一定数量的汽油。不料，数日后警察局长俞叔平向吴国桢报告："汤将军的司令部正在黑市上抛售汽油！"这一系列勒索、敲诈的滑稽剧，使得吴国桢既震惊又沮丧。他强忍怒火，致函汤恩伯。一周后，汤找到吴国桢，非但没有解释抛售汽油之事，反而对他说："警察局长与我的办公室合作不力，建议最好换人！"（毛森即在此情况下由汤恩伯提拔出任上海警察局长）此时，吴国桢怒不可遏，深感与汤恩伯无法合作，遂径直向蒋介石提出辞职。②

1949年4月2日，蒋介石接见吴国桢，说："我想现在应当让你辞职了……先给你一个月的病假。"然后，蒋问上海能守多久？吴国桢答道："最多一个月！"蒋介石吃惊地问道："你为什么这么说？汤恩伯向我报告至少可以守6个月。"吴国桢进一步告诉蒋介石关于汤恩伯的真相；"汤恩伯守卫上海的工事，建在市区边缘……如果战斗打到这么近，不仅人民会惊慌失措，市区也易受攻击，

---

① 吴国桢：《从上海市长到"台湾省主席"》第50页，上海人民出版社1999年版。
② 吴国桢：《从上海市长到"台湾省主席"》第52页，上海人民出版社1999年版。

上海600万人口，其食品和燃料均得依靠周围郊区，我尽了最大努力贮存的那些供应品最多只能维持1个月。"对于吴国桢的抱怨，蒋介石心知肚明，这也是他的决策。

陈良

二

吴国桢于4月初借病告假，17日即赴台。上海市市长一职由汤恩伯推荐，由市政府秘书长陈良代理，5月1日真除。① 陈良早年曾在黄埔军校任经理科长，北伐后，积功升任军需署副署长、署长。抗战胜利后任联勤副总司令、财政部次长等职。也许因为陈良性格较为随和，在掌管部队钱粮军需方面与汤恩伯合作不错，早在3月底就出任市政府秘书长。②

陈良由上海市政府秘书长代行市长职时，南京已在风雨飘摇中。随着百万雄师渡长江，上海即宣布进入战时状态。汤恩伯宣布成立京沪杭警备总部政务

① 吕芳上主编：《蒋中正先生年谱长编》第九册第271页，台湾"国史馆"2015年版。
② 《陈良传》，台湾《传记文学》，第56卷第6期第134页。

委员会，自任主任委员，潘公展、方治、陈大庆、陈良等为委员。上海的市政、军政大权实际上由他一手总揽。陈良在短暂的市长任上，就像拿错了剧本的演员，面对四郊战火延绵，始终为全市的煤、米、副食品的匮乏坐困愁城。在被围困的最后时刻，因农村蔬菜无法进城，陈良号召全市老百姓"将私人花园及市内空地，悉予开辟种菜；甚至私人屋顶，亦可设法利用"，这一利用家中花园、阳台、屋顶种菜以作补偿的措施，出于市长的皇皇布告，成为一时笑话，陈良也被谑称为"种菜市长"。

5月16日，陈良在天蟾舞台召开大上海保卫战动员大会，"民政局长陶一珊、警察局长毛森、社会局长陈保泰、工务局长赵祖康等及各单位官员三千余人出席。会上，陈良勖勉僚属坚贞为国效命。"可惜这已是残山梦绝、舆图换稿的时候了。陈良在市长任上仅一月，无所建树，民间对他也欠了解，有人回忆陈良为官没有架子，某日因会客误餐后，自己竟去大饭堂，以剩菜剩汤吃了五大碗饭。①

三

5月23日，解放军逼近市区，"鼙鼓旌旗随处忙，市中百姓阅沧桑"。这天深夜，市长陈良忽然召见工务局长赵祖康，向他出示行政院长何应钦的一封信。信中说：南京溃退时秩序很乱，希望"上海必要时要维持秩序"。陈良解释说，何应钦的意思是可以停止抵抗，向中共办理移交，接着，就直接提出了要赵代理市长职务。此前赵祖康已经与中共地下人员有了联系，后者也希望他能在关键时刻利用职务，尽可能减少国民党军队溃逃时的破坏。陈良则认为赵祖康只是一名普通国民党员、工程技术人员，党内没有任何政治派系，在同仁中更无恩怨，易于被大家接受。就这样，赵祖康接受了"代理市长"职务。5

---

① 李复康：《从张群之死谈到历任上海市长》，台湾《传记文学》，第58卷第5期。

月24日上午,陈良召开局长会议,正式宣布由赵祖康代理市长。①

赵祖康代理上海市市长只有短暂的7天,已有文章介绍,此处不再赘述。这里笔者只谈他在代理市长期间两次拜访颜惠庆。

赵祖康在5月24日的日记中写道:"两访颜大使,请维持上海,颜表示支持余代理市长职务。"②这里的颜大使即颜惠庆,赵的日记很简洁,并没有说明为什么要两次访问颜惠庆?希望如何"维持上海"?颜又怎样支持赵?

颜惠庆是民初著名外交家,北洋时期曾任外交部长、内阁总理;民国时期又任驻美公使、驻苏大使。1949年,年届73岁的颜惠庆早已退出政界,当时只有一个市救济委员会主席的闲职,赵祖康为何于代理市长当日"两访颜大使"呢?

1949年1月底,甫上任的"代总统"李宗仁,为叩开与中共的和谈之门,采取先走"民间外交"方式,迂回推进,请颜惠庆、章士钊、江庸等上海名流,以民间身份前往北平商谈南北通邮、通航事宜,以此作为国共正式和谈的"敲门砖"。2月13日,以颜惠庆为团长的上海和平代表团受邀赴北平,进行为时14天的访问。访问期间,颜等一行不但与时任北平市长叶剑英及其他中共华北局领导人就全国和平问题交换看法,还受邀请赴西柏坡与周恩来、毛泽东两次见面长谈,为此后的国共和谈打下了基础。

鉴于颜惠庆三个月前与中共最高层有过良好的沟通,赵祖康希望他能在新旧政权转移之际,与中共高层沟通中发挥桥梁作用。另外,由于颜是外交家出身,有广泛的国际人脉,上海是世界著名的国际口岸。"维持上海"就是需要维持一个国际性的上海。颜惠庆在同日的日记中表述:"赵来访,他将接替市长,他要外国方面帮助。"③所谓"外国方面帮助",就是说,上海在政权转移之

---

① 陈伯强:《赵祖康与上海解放》,《武汉大学学报(社会科学版)》1986年第1期第105页。
② 上海档案馆译,《颜惠庆日记》第3卷第107页,中国档案出版社1996年版。
③ 上海档案馆译:《颜惠庆日记》第三卷第1065页,中国档案出版社1996年版。

赵祖康

际，仍应有一个稳定的国际性商业文化环境，需要在沪外人相配合。

颜惠庆是怎样支持赵祖康的呢？他在 5 月 25 日的日记中写道："共军进入上海，国军撤离。赵祖康成了代理市长。早晨 6 时他打来电话。早晨 6 时半打电话给凯瑟克。"① 这条日记虽没有进一步的注释，但不妨可以做些推测。赵在 25 日一早致电颜惠庆，话题必然涉及昨日讲的内容——一个稳定的上海。而半小时后颜惠庆打电话给凯瑟克，很可能也是转达或劝说凯瑟克这一话题。凯瑟克是谁？应该是指上海英商公会主席、怡和洋行大班约翰·凯瑟克。解放军进入上海，对当时最为著名的外国企业怡和而言，中国市场实在太重要，只要中国大陆还存在某种做生意的可能性，怡和不会轻易放弃。颜惠庆的电话就是要向凯瑟克转达一个稳定、继续贸易往来的信号，使得凯瑟克认识到"在共产党政权下，无论如何会比眼前的混乱局面强。因此，在中国大陆大量的资产和业务需要继续"。② 颜氏的外交家形象有利于维持上海的稳定；此外，当时上海

---

① 刘诗平，《怡和与它的商业帝国》，中信出版社 2010 年版。
② 刘诗平：《怡和与它的商业帝国》第 245 页，中信出版社 2010 年版。

还有许多外侨、外资企业，也需要像凯瑟克这样的外商协助维持。上海新政府成立后，也继续了这一政策，1949年8月30日，上海市长陈毅会见了约翰·凯瑟克，郑重表示"外国人对上海的未来应有乐观的期望"。此时滞留香港的上海商业储蓄银行董事长陈光甫也提到："怡和之 John Keswick（凯瑟克）不惟不欲撤退，且再招收人员往沪。"①虽然，一年后朝鲜战争爆发，整个局势发生了变化，但回看历史，代市长赵祖康确实做到了这一点，他是一位具有世界眼光的人。

综上所述，1949年上海解放前5个月，几任市长都为时局所困，为骄兵悍将所扰，诚可谓有文臣帷幄难谋，豢武夫疆场不猛，到如今山残水剩，满官场怨声叹声。到了5月下旬，《申报》上有一段社论："今日上海已在动荡之中，到处一片混乱，法令乱，金融乱，社会秩序乱，正是千头万绪，有待提纲挈领，以简驭繁……当前市民仅仰望社会安定、经济稳定、人心镇定，借以维持生活、保障生存而已。"这是上海百姓辗转于沟壑，挣扎于兵燹的痛苦呼声。幸而上海解放，从此迎来了一个崭新的时代，政权回到了人民手中；纪律严明，秋毫无犯的解放军赢得了上海人民的热烈欢迎。近百万上海各界市民代表与解放军一起举行联合大游行欢庆解放的情景，②充分说明人民积极拥护新政府。民革前辈赵祖康也汇入新时代洪流，获得了新生。

主要参考文献：

1. 《蒋中正先生年谱长编》第九册，吕芳上主编，台湾"国史馆"2015年版。

2. 《1949大撤退》，林桶法，九州出版社2011年版。

3. 《从上海市长到"台湾省主席"》，吴国桢，上海人民出版社1999年版。

4. 《国民政府上海越江工程》，张姚俊，《世纪》杂志2009年第1期。

5. 《怡和与它的商业帝国》，刘诗平，中信出版社2010年版。

---

① 上海市档案馆编，《陈光甫日记》第233页，上海书店出版社2002年版。
② 唐振常：《上海史》第962页，上海人民出版社1989年版。

6. 台湾《传记文学》,《陈良传》,第 56 卷第 6 期。

7. 《上海史》,唐振常,上海人民出版社 1989 年版。

8. 《从张群之死谈到历任上海市长》,李复康,台湾《传记文学》第 58 卷第 5 期。

9. 《赵祖康与上海解放》,陈伯强,《武汉大学学报(社会科学版)》1986 年第 1 期。

10. 《颜惠庆日记》第三卷,上海档案馆译,中国档案出版社 1996 年版。

11. 《陈光甫日记》,上海市档案馆编,上海书店出版社 2002 年版。

(作者系民革上海市委会联络部原部长)

柳亚子（1887—1958），江苏吴江人，民革创始人之一，创办南社。曾任孙中山总统府秘书、国民党中央监察委员、上海通志馆馆长；民革中央常委兼监察委主席、三民主义同志联合会中央常务理事、中国民主同盟中央执行委员。出席中国人民政协第一届全体会议。新中国成立后，曾历任中央人民政府委员、全国人大常委会委员。

柳亚子在上海解放初的两件小事

张　杰

柳亚子与上海关系密切，1903年自他第一次来上海后，还曾多次来过上海。上海解放前后，柳亚子与上海留下了不少故事。

捐献藏书给上海图书馆

柳无忌先生在《柳亚子年谱》中说：（柳亚子）在沪时，以黎里家中旧藏明清以来之古籍图书、故乡文献与南社时期所编印之各种书刊数千册，全部捐献国家，现收藏在上海图书馆。

柳亚子作为南社盟主，著名的文化名人，其收藏的书籍相当可观。特别是1920年前后，柳亚子在南社组织工作中受挫，遂转而致力于南社文献和吴江地方文献的收集工作，成果颇丰。抗战中，柳亚子先生致力于南明史料的收集和研究，也收藏了相当部分的南明史料。在其他时间，柳亚子也致力于各类书籍的收集。

新中国成立后，柳亚子长期居住在北京，如何处理在黎里的旧书就成为重要的课题。柳亚子向陈毅市长提出："要将自己在上海及吴江乡下的藏书全部捐献给政府，由国家来保存。"陈毅同志对此极为赞赏，欣然同意，当时组成了一个小组负责此项捐献工作。

根据张明观先生研究，此类藏书现在分三处保藏：图书由上海图书馆收藏，其中报刊类在徐家汇藏书楼；字画划归上海博物馆；而革命文献则转交上海中共一大会址纪念馆。1984年，上海图书馆以馆藏书信编选了《柳亚子文集·书信辑录》，1997年，又编选了《柳亚子家书》。但仍有很多资料未对外公开。以上海图书馆馆藏书信为例，虽然编选了《柳亚子文集·书信辑录》，但是收入的书信只不过是上海图书馆所藏柳亚子书信的一部分。除了这批文献在上海图书馆，如上所提到的徐家汇藏书楼、上海博物馆和中共一大会址纪念馆所收藏的柳亚子文献，目前多数还未对外公开，其史料价值不言而喻。

1950年立遗嘱安葬上海

柳亚子1950年曾前去上海，在这次旅行中，有人告知他，可能有匪徒对其下手，故柳亚子写下了其人生中的第三份遗嘱。柳亚子说：

我此次自宁返沪，据华东局高署长报告，途中有人窥伺。自问衰朽，蒋匪帮不应重视；或者彼为反噬之计，图破坏民主党派合作，且将血口喷人，混淆

1948年元旦，中国国民党革命委员会在香港成立，前左二为柳亚子

海内外视听耳！为此声明，柳亚子不论在何时何地，有何意外，决为蒋匪帮毒手。我死以后，立刻将此遗嘱在报纸上公开宣布为要！！！

我死后裸体火葬，一切迷信浪费，绝对禁止；于公墓买一穴地，埋葬骨灰，立碑曰"诗人柳亚子之墓"足矣！（地点能在鲁迅先生附近，最佳，我生平极服膺鲁迅先生也。）如不遵照，以非我血裔论！！！

一九五零年十月二十四日晨四时柳亚子遗嘱

柳亚子早年长期在上海生活。1903年，在上海自治学社；1906年，在上海理化速成科学和健行公学；1927年后，住拉斐德路（复兴中路）。自16周岁起，一直居住在上海，直到解放战争期间离开上海到香港。1950年，又在上海短暂停留，前后长达47年。

在这数十年中，柳亚子和上海的诸多友人，如鲁迅、许广平夫妇、毛啸岑等多有交往。他还参与营救廖承志、陈赓、牛兰夫妇的活动。对上海，他怀有深厚的感情。

（作者系农工党员，柳亚子纪念馆文史研究员）

葛敬恩（1889—1979），字湛侯，浙江嘉兴人，民革党员。曾任国民党军事委员会第一厅副厅长、航空署署长兼中央航空学校代理校长；台湾省行政长官公署秘书长兼台湾警备总司令部前进指挥所主任。1949年，作为国民党立法委员之一，参与50余人联名通电宣告起义。新中国成立后，当选为全国人大代表、全国政协委员。

1949年葛敬恩亲历的三个事件

戚涵钧

一次绝密聚会

1949年5月中旬的一个下午，上海市苏州河以南安福路275弄12号，辛亥革命元老、历任国民党多项军政要职、时任国民党立法院立法委员葛敬恩家中，十来位脸色庄重的中年男子，正在低声而热烈地讨论。

这时，坐在主位的一位60岁左右、瘦高个、神情坚毅的男子——本文的主人公葛敬恩站了起来，大家都将目光投向了他。葛敬恩沉稳有力地说："刚才，卢郁文先生和李蒸先生两位介绍，毛泽东主席4月11日在北平香山用3个小时接见了他们，共商国家大计，我们都很振奋。我之前也听说，毛泽东主席在接见刘斐先生时，明确表态打麻将喜欢平和、不喜欢清一色。大家现在都是立法委员，经历丰富，共产党是真心要搞联合的。我们决定跟共产党走，跟毛泽东走，与国民党决裂，与蒋介石决裂，不是拍脑袋的想法，是深思熟虑的结果！"

葛敬恩顿了一顿，接着严肃地说："现在时局紧张，上海还没有解放，国民党很疯狂，什么事情都做得出来。就在昨天，国民党保密局准备将民盟中央主席张澜、民盟中央常委罗隆基秘密处决，幸亏共产党地下组织第一时间得到消息，通过上海警备司令部司令杨虎，将张澜、罗隆基两人保护起来了。卢郁文、李蒸你们两位，都是刚在北平受到毛泽东主席接见，从北平转道刚解放的南京、冒险来到上海，难保不被人注意。我们今天讨论的话题，无论是策划说服李宗仁和白崇禧继续为和平努力，还是策划在上海的立法委员通电起义，都是惊天大事，都是绝密，稍微露出一点点风声，在座的都没有活路！虽然我们不怕牺牲，但是我们也不做无谓的牺牲。虽然我有些资历，我的家还是比较安全的，现在我又让子女在周围高度警戒，我们还是要抓紧讨论，以防万一。"

与会人员纷纷表示赞同，马上又投入紧张的讨论之中。

这是1949年，葛敬恩在上海的一个片段。

葛敬恩其人

葛敬恩，1889年7月30日出生于浙江嘉兴柴场湾一个布商家庭，从小受到良好的教育，青年时期分别加入光复会、同盟会，投身辛亥革命，向有救中华之志。葛敬恩是一位奇人，能文、能武、能农、能商，既是革命者，也是性情中人。

（一）曾与蒋介石齐名，特别有资历

在辛亥革命中，葛敬恩与蒋介石齐名。葛敬恩是1911年11月5日杭州起义领导人之一，在杭州初识前来助战的上海敢死队队长蒋介石；接着葛敬恩又马不停蹄参加浙二军，协助支队长朱瑞攻克南京天堡城。从此，葛敬恩长于军事尤其是长于军事参谋的天赋，给蒋介石留下了极其深刻的印象。

之后，无论葛敬恩的政治立场（光复会派系）与蒋介石多么格格不入，蒋介石仍然千方百计对他委以重用，任命葛敬恩一系列重要职务，包括：1927年任国民革命军总司令部参谋处长，1930年任国民政府参谋本部次长，1932年任军事委员会第一厅厅长，1932年起任国民政府航空署署长以及中央航空学校校长，成为中国航空事业的开创者之一。

（二）多次见证历史大场面，与台湾光复有特别大因缘

过硬的资历，也确保葛敬恩亲身参与见证了诸多历史重大事件，如1912年

1928年，南京国民政府在形式上完成了统一。1931年1月，南京政府举行元旦阅兵典礼，司令台上站着的国民党军政要员，从左至右依次为：葛敬恩、何应钦、张学良、刘文岛、宋子文、陈调元、何成濬

南北议和，葛敬恩作为军界代表赴北京；1931年1月，葛敬恩与何应钦、张学良等国民党军政要员出席南京政府元旦阅兵典礼；1945年9月9日，葛敬恩出席在南京举行的中国战区最高统帅部接受日本投降的受降典礼。

尤其是1945年9—10月，据国民政府8月30日的任命、9月1日《台湾行政长官公署组织大纲》之规定和台湾省行政长官兼警备总司令陈仪命令，葛敬恩受命担任台湾行政长官公署秘书长暨前进指挥所主任，成为台湾光复仪式的直接组织者和现场指挥者。9月9日出席在南京举行的受降典礼后，葛敬恩立即在南京约见了代表台湾日军投降的日军驻台第十方面军参谋长谏山春树，令其做好中方对台湾接收的有关准备工作。

10月5日，葛敬恩率前进指挥所副主任、台湾省警备总司令部副参谋长范诵尧，以及严家淦、包可永、沈镇南、刘晋钰、华寿嵩、费骅等前进指挥所其他人员和新闻记者，分乘5架美国军用运输机，早晨自重庆白市驿机场起飞，中午约1时许抵达上海江湾机场，降落加油后又起飞，下午5时许抵达台北松山机场。当天，葛敬恩正发着40度高烧，肩负历史重任，再现硬汉本色，毅然按原计划前往。数年后,葛敬恩这样回忆:"当时我正发烧达40度,无奈行期早已确定,只好带病前去……大多数人都手执中国国旗,高呼万岁。台湾同胞更是十分欢欣,欢迎的人群个个泪流纵横。"

次日,由于高烧加剧无法亲自前往,葛敬恩委托范诵尧在台北市公会堂(今中山纪念堂,原计划在原日本总督府,但实际日本总督府已被炸毁),主持正式升国旗仪式;前进指挥所发表《告台湾同胞书》,宣布国民政府开始接收被日本占据了50年的台湾。

10月10日,根据葛敬恩的命令,《台湾新报》等报刊的纪年法由"昭和"改为"民国";撤除所有新闻报纸杂志之日文版;台湾中小学禁止使用日语,50年来第一次废止了日语作为官方语言。

10月25日上午,中国战区台湾省对日受降典礼在台北市公会堂隆重举行。公会堂大门口,高大牌楼上方"庆祝台湾光复"6个大字光彩夺目,下挂"中国战区台湾省受降典礼会场"的宽大横幅。上午9时整,葛敬恩宣布:"中国战区台湾省接受日军投降典礼开始!"日方代表原日本台湾总督兼第十方面军总司令安藤利吉颤抖着在降书上签名盖章,随后日军参谋长谏山春树拿着降书走到台湾省行政长官兼警备总司令陈仪面前,鞠躬呈上。陈仪审阅无误后,令日方代表退出。葛敬恩再次宣布:受降礼成!场内场外掌声大作,欢声雷动!仪式结束后,陈仪发表广播讲话,向中外庄严宣告台湾现已光复。由葛敬恩主持的台湾光复受降典礼仅短短5分钟,却结束了日本对台湾长达50年的霸占,国民政府决定将10月25日定为"台湾光复节"。

(三)常有归隐农耕之志

看了前面葛敬恩铮铮硬汉、累累军功的形象,你根本想不到葛敬恩还有着特别有情趣的一面。

葛敬恩能文能武,文学功底颇佳,新中国成立后撰写的《接收台湾纪略》《陈仪生平及被害内幕》《中央航空学校和航空署见闻》《自传》等等,都兼具很强的可读性和很高的史料价值。葛敬恩与郁达夫等文人有着较为密切的交

1945年10月25日,葛敬恩主持仪式,国民党政府在台北公会堂(今中山堂)接受日本投降的外景

1945年10月25日出席对日受降典礼的陈仪(右五)及葛敬恩(右四)、柯远芬(左四)、李世甲(左三)等合影

往。1936年初，寓居杭州的郁达夫经济困顿、债台高筑，葛敬恩及时伸出援手，专门写了介绍信，向陈仪（时任福建省政府主席）推荐郁达夫赴福州任福建省政府参议，有效改善了郁达夫的处境。

葛敬恩还有着特殊的农耕情结，他自己说："我除任军政业务外，一向喜爱农业……素惭不耕而食、不织而衣的生活。"1922年葛敬恩厌于军阀混战，在杭州江边找了一块荒山坡，创办了一家五云农场，三年渐见成效（五云农场居然成了浙江大学农科教授和学生们的实践基地）。期间，蒋介石担任黄埔军校校长，曾托朋友力邀葛敬恩出任黄埔军校教官。当时葛敬恩正忙于五云农场的大事，哪顾得过来？于是干脆利落地拒绝了蒋介石的邀请。从此，在农场鼓捣农业畜牧园艺成了葛敬恩的精神寄托。上海解放后，1950年10月起，葛敬恩还在上海饲养了10头乳牛，一方面继续醉心志趣，一方面也是贴补家用。葛敬恩悠然自得，时有归隐之心，也是其历经风云、活到90高龄安然而逝（1979年10月11日逝世）的一个重要原因。

葛敬恩出生于商业之家，其商智也很好。新中国成立以后，葛敬恩曾赴香港负责中国大陆对美贸易工作。

1949年葛敬恩三大事件

1949年，无论是对于全体中国人民，对于大上海，还是对于葛敬恩本人，都是具有特殊意义的一年。1949这一年，葛敬恩在中国共产党的感召下，牢牢坚守、咬定上海，至少组织和参与了三件大事件。

（一）坚守上海迎解放

1949年2月，与葛敬恩亦师亦友的陈仪（两人均曾留学日本陆军大学，陈仪为中国留学日本陆军大学第一期，葛敬恩为第二期；1924年，葛敬恩应陈仪邀请任浙军第一师参谋长，陈仪为师长；1945年，葛敬恩应陈仪邀请任台湾行政长官公署秘书长暨前进指挥所主任，陈仪为台湾行政长官兼警备总司令），因响应共产党号召组织起义、策反汤恩伯，结果为汤所出卖，被免去浙江省主席,2月22日在江苏省金山县(今上海市金山区)境内遭秘密逮捕(后被押送台湾,1950年6月18日在台北惨遭蒋介石杀害)。葛敬恩被陈仪英勇无畏的政治抉择和突如其来的不幸遭遇深深震撼了,既为无力营救陈仪而痛心疾首,因此也更加认清了蒋介石的反动真面目,更加坚定了坚守上海迎解放的决心。

4月21日,毛泽东主席和朱德总司令发布《向全国进军的命令》,国民党一方面紧急动员立法委员及家属去台湾或广州,种种利诱;一方面大肆进行白色恐怖,大批中共党员和爱国民主人士在上海等地英勇牺牲。连民盟中央主席张澜、民盟中央常委罗隆基也在上海险遭国民党保密局秘密处决,幸被中共地下组织和杨虎(啸天)及时营救。蒋介石闻此消息,气得暴跳如雷,指着时任上海警察局局长毛森大骂:"尽是一堆饭桶!"

白色恐怖中,葛敬恩志坚如钢,如同20多年前干脆利落拒绝蒋介石出任黄埔军校教官的邀请一样,再次干脆利落地拒绝了国民党迅速前往台湾或广州的邀请。1949年为了国家、民族,葛敬恩与陈建晨、武和轩、张汇文、洪瑞钊、范予遂、周伯敏、秦荣甲、萧觉天等一批志同道合的立法委员一起,冒着生命

1945年,中国收回台湾后担任台湾行政公署秘书长的葛敬恩

危险相约坚守上海迎解放！

（二）秘密说服李宗仁和白崇禧继续为和平努力

1949年5月上海解放前，在葛敬恩家，葛敬恩与卢郁文、李蒸、欧元怀、孟云桥、李峯、郑家俊、秦荣甲、郑若谷等秘密聚会，讨论如何说服李宗仁和白崇禧继续为和平努力！葛敬恩凭借其丰富的军政经验和对李宗仁、白崇禧的长期了解，提出了中肯的深入分析。最后大家认为：李宗仁原本主张和平，"徒以格于南京环境，未克贯彻初衷"；而白崇禧则"对中共了解不够，未能予李德公以应有之支持"，故可进一步争取以减少战争牺牲。

葛敬恩等人在上海秘密谋划的意见，通过中共地下组织、通过卢郁文转告在北平的张治中，又迅速上报到周恩来等中共领导人那里。这一秘密谋划，由于解放军的快速南下、并未起太大的实际作用，却也为中共决策进一步做好对李宗仁的争取工作，提供了一定的参考佐证。

（三）在上海组织53位立法委员通电起义

1949年9月20日，北平《人民日报》刊登了新华社9月19日电讯：《原国民党立法委员脱离国民党反动派宣言》，53位留在已经解放的上海等城市的国民党立法院立法委员，宣布与国民党反动派断绝关系，诚心诚意接受中国共产党的领导。这一通电起义，既是对9月21日中国人民政治协商会议第一届全体会议隆重开幕的献礼，也是对国民党反动派的一次沉重打击。

在通电起义中，葛敬恩始终发挥着重要作用。作为主要组织者之一，葛敬恩的家成为多次讨论的重要地点之一。围绕起义行动，在上海解放前，在葛敬恩家开展讨论至少有3次；上海解放后至少也有3次。其中，5月26日上午，在葛敬恩家的一次讨论中，秦荣甲主张立即表态、发表起义宣言，葛敬恩表示反对，最终商定请示中共地下组织。原因是，当时还有一条暗线（*秘密谋划、说服李宗仁和白崇禧继续为和平努力*）在同时进行，一旦马上发布起义宣言，这条暗线势必受到影响。

后来，随着解放战争的快速推进和时局的快速发展，葛敬恩就坚定地支持通电起义。

1949年6月，在上海的立法委员在《起义宣言》上以姓氏笔画为序签名后，寄给北平邵力子，请邵力子嘱咐在北平的立法委员也签上姓名，并请邵力子全权处理。邵力子遵嘱办妥后，即送请周恩来审阅。9月19日，新华社以电讯方式发出了《原国民党立法委员脱离国民党反动派宣言》，第二天，国内外各报纷纷予以刊载。

（作者系民革党员，上海市金山区人大法制委副主任委员）

姜豪（1908—2008），字季超，上海人，民革党员。曾任国民党上海市党部监察委员，上海市各界抗敌后援会战时服务团团长。抗战胜利后，投身爱国民主运动，为中共地下组织开展工作。新中国成立后，曾任上海市文史研究馆馆员。

在迎接上海解放的日子里

刘文林

姜豪，字季超，上海宝山人，1908年出生在宝山县罗店镇南乡一个旧知识分子家庭，早年就读于上海交通大学。大革命时期加入国民党，历任国民党上海市党部监委、执委，中统局专员，上海市参议员，上海《市民日报》总经理等职，因不满国民党反动统治下的种种腐败现象，毅然靠拢革命，利用各种"合法"形式，从事有益于人民的活动，迎接解放，走向光明。

上书蒋介石

抗战期间，中央训练团（简称中训团）在重庆开办，1939年3月1日成立，蒋介石亲任团长，凡国民党机关科长级以上人员都须轮流受训，姜豪曾参加中训团党政班第一期。抗战胜利后，上海各机关参加中训团受训人员达近千人，有中训团上海同学会组织，设常务理事数人负责会务，姜豪和宣铁吾都是常务理事。当时姜豪是上海市参议员，宣铁吾是淞沪警备司令，两人积极参与会务活动。每年3月1日为中训团开办纪念日，上海同学会都会集会。1948年3月1日纪念大会前，姜豪在同学会理事会上提议上书团长蒋介石，要求革新政治，得到宣铁吾的支持，并推请方秋苇（时任《亚洲世纪》

杂志主编）起草，内容是批评国民党当权者贪污腐化、政府昏庸无能，要求革新政治、起用新人等等。这份《上团长书》在纪念大会上通过后，在上海各大报发表，随即由宣铁吾亲自带到南京面陈蒋介石。结果蒋介石大为恼火，严厉呵斥，说是目无法纪，破坏政府信誉，故意捣乱云云。从这件事上，姜豪认识到在国民党内部要求革新是不可能的，为促使革新政治，必须进一步采取行动，经与宣铁吾洽商，决定先举行座谈会，商讨办法。座谈会采用聚餐会形式举行过两次，由姜豪约来方秋苇、陈其英（《旅行杂志》编辑）、余鹏（原第三战区经济委员）和姚开甲（太平洋保险公司副经理）；宣铁吾约来李剑华（上海社会局副局长）、余宗范（复旦大学教授）等，但两次座谈会都没有结论，故不再继续。

由于宣铁吾等人虽有革新政治的要求，但在行动上还有所顾虑，不易达成共识，因此姜豪与方秋苇计议，另辟蹊径，重新搞了个10人座谈会，参加者除姜豪、方秋苇外，还有陈其英、姚开甲、余鹏、庄智焕、邵永生（市参议员）、曾直夫（《国防新报》杂志社社长）、葛家珍（会计师）、谢天沙（造纸厂厂长），意图组织新的政治团体。与此同时，方秋苇和周一志（时任立法委员）、鲁莽（《正言报》副刊主编）、吕克难（中学教师）、程仲文（中学教师）等六人也有个座谈会，邀请姜豪参加，合作进行。以后发展到五六十人的大型座谈会，通过了一份对时局意见书，主要是反对内战，呼吁和平，在报纸上发表和报道。但因参加者政治关系复杂，意见分歧，未能形成一个组织。

1948年6月26日，交通大学学生自治会举行反美扶日运动公断会，出席学生1500人左右。陈叔通、马寅初、史良、许广平等民主人士在会上发表意见，方秋苇等6人也到会发言。当时姜豪与方秋苇约定，留在会外听候会场消息，万一发生事故，即可组织社会力量声援，所幸当日未发生事故。这次集会的前两天，黄炎培先生在新园林素菜馆招待姜豪及方秋苇等6人，听取大家对时局的意见和争取和平民主的活动情况，黄先生鼓励大家坚持斗争，并希望支持学生的爱国运动。

参加民革　靠拢革命

　　1948年1月1日，中国国民党革命委员会（简称民革）在香港成立，推选李济深为民革中央主席，宋庆龄为名誉主席。同年8月，李济深主席派其秘书叶尚文来沪筹组成立民革上海临时分会，叶尚文任主任委员，方秋苇、秦光焯等为委员，并经方、叶介绍，发展姜豪参加了民革组织，扩大了民革的活动面。以原有座谈会人员为基础，由姜豪、方秋苇、邵永生等联合文教界及其他社会人士百余人，成立了"进步中国协会"，以中国之进步富强与和平民主为宗旨。另由姜豪和邵永生、葛家珍、张中原（市参议员、木器业同业公会理事长）、李玉书（电器业同业公会理事长）、姜守棠（电器业同业公会理事）等联合工商界人士百余人，成立"工商研究会"，以团结工商界人士共同研究工商问题为宗旨。以上两个团体，作为民革地下组织的外围，继续以聚餐会形式开展活动，交换对时局的意见，宣传中共团结知识分子和保护民族工商业的政策。

　　鉴于上述两个团体的成立及活动开展情况，叶尚文特地返港汇报，李济深主席非常重视，当即指示叶尚文转知姜豪及推派一名工商界人士，一同赴港面商上海的工作。当时姜豪因上海工作正在积极开展，不便脱身，未能成行，乃推邵永生先行赴港。邵因飞机失事，不幸罹难。

　　同年12月，通过秦光焯和方秋苇的关系，姜豪与中共中央华东局城工部地下工作人员高汉、徐立两位同志建立了联系，进一步靠拢革命，仍以进步中国协会和工商研究会为基础，共同从事策反和迎接上海解放的活动。遵照中共地下组织的指示，姜豪的任务以联系工商界为重点，因此他首先联系了全国工商联合会理事长王晓籁、上海市商会理事长徐寄庼以及其他一些工商业者，向他们宣传中共保护民族工商业和城市政策，劝阻向外迁厂迁店，鼓励他们安心留沪经营企业，并对国民党胁迫工商界支持其打内战的各种措施，采取消极抵制态度。

春节聚会迎接解放

为了迎接上海解放,在中共地下组织的领导和布置下,姜豪等利用春节聚会的形式,举行了一次迎接上海解放的预备会议,参加会议的有徐立、姜豪、方秋苇、秦光焯、马荫良以及工人和学生代表。会议决定组织一个名为"上海安全委员会"的临时团体,发动市参议会、工商界、慈善团体和红十字会各方面知名人士共同参加,以便在解放上海战争中可能出现的过渡时期,协助维持地方治安,安定民心,开展救护伤员和救济难民等工作。

上海安全委员会的组织,以当时大家已有联系的各方面知名人士60多人为委员组成,推颜惠庆为主任委员,姜豪、方秋苇、刘鸿生、王晓籁、徐寄顾为副主任委员,马荫良主持秘书工作。由于上述各界人士素为社会所熟知,名单一经公布,对社会各方面产生积极影响,得到广大市民的关注和信任,纷纷来访或来电联系。

1949年1月起,要求和平的呼声此起彼应,蒋介石不得不作出赞成和平的姿态,通过国民党政府行政院决议,表示愿与中共立即无条件停战,并各指定代表进行和平商谈。蒋介石迫于形势,于1月21日宣告引退,由"副总统"李宗仁代理"总统"。此时姜豪积极从事拥护国共和谈的活动,1月23日,与张中原联名发起邀请文艺界、工商界人士百余人举行座谈会,一致通过致电李宗仁呼吁和平,提出:(一)为促成和谈之实现,政府五代表应即与中共接触,进行商谈;(二)政府为表示争取和平之诚意,应即取消戡乱令及有关戡乱法规与措施;(三)政府为扫除和平之障碍,应即无条件开放言论,释放政治犯,撤销特刑庭等。电文于次日在上海各大报发表。4月1日前,国民党和谈代表迟迟不行,姜豪与张中原、赵仰雄以市参议员名义,一同访晤国民党和谈代表之一邵力子先生,促其以民意为重从速北上和谈。邵先生表示和谈前途未可乐观,当尽力为之。

三年办了两件实事

上海解放前，姜豪在担任上海市参议员及市参议会公用事业委员会召集人的3年中，办了两件实事。

其一是坚决反对公用事业费用自由涨价。由于物价波动，公用事业费用随之逐月上涨，致使广大市民和生产单位不堪重负，成为涉及市民生活和生产事业的严重社会问题。当时各大公用事业大多由外商经营，如上海电力公司、煤气公司、电话公司、电车公司、自来水公司、法商水电公司等，都由美、英、法三国商人经营。国民党上海市长吴国桢无视人民生活疾苦，一味迁就讨好洋人，1948年间，让公用事业经营单位每月自行调价，提出一个依据物价指数计算公用事业费用的"计算公式"，未交参议会审定，直接上报行政院，批准后就登报公告，定期施行。"计算公式"一经公布，各方面纷纷反对，如按此"公式"收费，必将大幅度加剧物价上涨。关键时刻，姜豪以市民不胜负担为由，在参议会紧急动议，反对这种收费方式，要求市政府取消，吴国桢以已获行政院批准为借口，坚持执行。于是姜豪在参议会大会上，提出向行政院请愿的提议，并经大会通过推派参议员邵永生、黄炳权、李文杰、马君硕等10人组成代表团，由姜豪领队，赴南京向行政院请愿。结果，撤销了那个"计算公式"，改为议价。

其二是坚持反对房租自由涨价。上海居民绝大多数都是租赁别人房屋居住的，房租问题成为一个主要问题。当时上海房地产业主也多为洋商，如哈同洋行、沙逊洋行等，市长吴国桢听任他们自由提租，以致房租纠纷不断。姜豪在市参议会提出限制房东任意增租的提案，得到大多数参议员的赞成而通过，使业主的要求没有得逞，许多里弄都改为房东房客双方协商议价，一般的租金都很低，房租问题基本得到解决。姜豪还发起组织了上海市房客总联合会，在上海形势紧张时，运用这个组织发动全市里弄修建铁门木栅，情况紧急时封锁里弄，防止国民党军队败退时散兵游勇和地痞流氓抢劫居民。事实证明，后来在苏州河以北对峙的时间内，此项措施起到一定作用，产生了较好的效果。

　　淮海战役结束后，上海形势日趋紧张，国民党密谋于逃跑前破坏公用事业及其他重要工厂设施。公用事业涉及千家万户，直接影响社会治安，不可一日中断，当时中共地下组织发动工厂职工开展护厂运动。姜豪作为市参议会公用事业委员会召集人，代表参议会经常参加市政府的议价会议，因与公用事业各单位负责人接触较多，遵照中共地下组织布置的精神，联系各公用事业单位负责人，鼓励他们配合职工护厂，保全器材设备，并在困难时维持公用事业的供应。经他联系的有上海电力公司华员中首席负责人汪经镕、上海电信局长郁秉坚、闸北水电公司经理王兼士、公交公司总经理俞志澄及其他数个单位的负责人，因而在解放上海整个过程中，各项公用事业全部正常维持，从未中断。在各公用事业公司高级人员中，交大同学颇多，应姜豪邀请一起从事联系活动的，还有昔日交大同学庄智焕。

冲破黎明前的黑暗

　　1949年5月24日，解放军解放徐家汇地区，突入市内。次日上午，国民党军队向苏州河以北撤走。姜豪等人在中共地下工作人员领导下，集中一部分人员借用永安公司十楼粤商俱乐部，开展迎接上海解放的活动。深夜，解放军到达老闸区（今黄浦区南京路一带）；翌日清晨，姜豪等在广播电台播放苏州河以南市区已经解放和宣告安全委员会成立的消息，并公布办公地址和电话号码，呼吁市民安心工作，热情欢迎解放军，共同协助维持地方治安。当时解放军虽已进入市区，而当地警察局尚未投降，安全委员会即派委员李玉书、张中原等分别与警察总局，老闸、新成、江宁等分局以及国际饭店内的警察部队联系，宣传解放军政策，劝说他们自动解除武装，听候解放军接收。5月26日，老闸区内国民党残部被肃清，安全委员会在中共地下工作人员领导下，发动南京路上各大公司、商店开门营业，其他各条马路商店也随之开门营业。

　　安全委员会宣告办公地址和电话后，各方面纷纷来电联系，当时国民党残部仍占据苏州河以北地区，其中一个非常重要的电话，来自地处虹口区塘沽路的民政局主任秘书王微君。听说姜豪主持安全委员会工作，他非常高兴，特来电告知，民政局长陶一珊临逃时布置他紧急时刻把全市户口总册及重要档案全部烧毁，搭乘最后一班轮船去台湾，问姜怎样处理。姜豪向他说明解放军的宽大政策，务必保全全部户口册和档案，办好移交，一定会得到解放军的欢迎和优待，王诚恳表示接受意见。随着虹口的解放，王微君妥善办好了移交工作，受到接收人员的表扬，并被留用为人民政府民政局专员。

5月26日，解放军上海警备区司令部首先进驻市区，在与徐立同志取得联系后，安全委员会提供了一批接管单位的名称、地址等资料，并帮助他们安排好办公房屋，又借用一些小轿车和大客车供司令部应用。同时，联系原国民党市政府的几个局，要他们保全档案，准备办理移交。

5月27日，解放军第三野战军解放全上海。由于解放军进军迅速，上海市军管会和上海市人民政府同时成立，上海安全委员会活动十多天后，所负任务已告完成，报经领导同意，自动结束，所有参加工作的人员，回归各自原来岗位工作。

1980年3月，根据中国共产党对原国民党起义投诚人员政策，姜豪同志获准享受省军级待遇，同年受聘为上海市文史研究馆馆员，并担任民革上海市委顾问。

（本文原载于《民革党员与新中国》，略作修改）

杨小佛（1915年至今），江西玉山人，民革党员。父亲是中国民权保障同盟的执委和总干事杨杏佛，曾在国民政府交通部上海航政局工作。新中国成立后，历任上海社会科学院特约研究员，上海市人民政府参事。

解放嵊泗列岛亲历记

杨小佛

嵊泗列岛位于离吴淞口约70海里的沿海洋面，其中包括陈钱山、黄龙山、泗礁、大洋山和小洋山诸岛。陈钱山曾是国民党海军一部分舰艇的基地，海匪张阿六部驻在该岛。大洋山和小洋山一度为黄八妹所盘踞。当时各岛居民备受压迫，来往船舶不断受到骚扰。

1950年，我在上海航务局船舶科工作。我们科除以船舶登记、检查、丈量为日常工作外，还积极开展本港船舶渡海能力的调查和统计，为解放台湾作准备。对解放嵊泗列岛的事情，事前我们一无所知。

7月初的一天，陈廷俊科长忽然问我"怕不怕打仗"，我说："不怕！"他接着说："现在有一项随军渡海的支前任务，地点不远，为期约一个月，你愿不愿参加？"我当即回答："非常愿意参加。"原来陈科长已兼任警备部船舶科科长，并负责解放嵊泗列岛的船舶征用和海员调配工作。那时海运不畅，休闲船舶很多，选择征用并不困难。只是有的休闲船已将船员解雇，有的船员配备不全。根据与海员工会约定的分工，他们负责动员待业船员上船，我们则为船员办理上船手续和发放工资，并派技术员检查征用的船舶和监督修理及改装。

几天后，我局随军支前人员陈廷俊、章志诚、马家骥、宋金麟、孙亮和我等奉命随带背包去招商局其昌栈码头报到。此后十余天，大家日间忙于赶任务，

1950年地图上的嵊泗列岛（1950年杨小佛摄）　　杨小佛在嵊泗列岛支前

晚上在停靠码头边的澳大利亚进口渔轮里休息。我的一项工作是在码头大厅中接待船员报到和发放各船船员半月工资。

出发前的一天，警备部送来一箱原封旧人民币2亿元（折合现在人民币2万元）。这箱钞票开箱后放在大厅里，我一人无法点数，又不能上锁，只想尽快将它发完。其间还不时有电话要我去接听，我眼望钞票真有难以分身之苦。工资发放手续倒还简单，每一艘船均由船长或正驾驶写一张便条，开列每位船员姓名及半月工资金额、该船需领工资总数，最后签收即可。不过前来报到的船多人也多，一个接着一个，各船都要经过核算、点钞、登账、答问等程序，使我连续十几个小时应接不暇。夜来轧账，发现差错极小，反而感到意外了。

7月15日晚，陈科长、章志诚和我奉命移驻民生实业公司的"沅江"轮，马家骥移驻"大贤轮"，宋金麟和孙亮分别派驻其他两轮。这时我们每人都拿到一张警备政治部发出的动员令，号召指战员坚决剿灭盘踞嵊泗列岛的海匪，要求做到"军政全胜"。

7月16日上午9时，"大贤""沅江"两轮先后起锚开航。为熟悉本船情况，章志诚和我上下四处跑了一下，只见甲板上战士云集，或坐或躺，拥挤不堪。走遍全船却未找到陈科长，我们正在纳闷，船已驶抵浚浦局修造厂码头，紧靠两艘海军 F.S 炮艇停下。这时看到参谋长鲁突和陈科长从码头上走来，方知他们预定在此上船。"沅江"是这次战役的总指挥艇，鲁参谋长即在此指挥进攻，大舱中设有电台与登陆部队联系。

我船停泊时，两艘 F.S 炮艇在做准备工作。水手们有的在装弹入夹，有的在检验枪炮，另有人将土豆等蔬菜运上船，上上下下，忙忙碌碌。约一小时后，"沅江"先行，两炮艇随即掉头跟上，满载战士的渔轮也一一随行。在这个浩浩荡荡的船队中，只有"沅江"和"大贤"是 800 多吨的中开门（L.S.M.）改装的，F.S 炮艇约 500 吨，其他都是 100 吨左右的澳制渔轮，各载战士四五十名，此外还拖带了一些空的袖珍登陆艇（LSVP），这些 20 吨的小艇在敌前登陆时很起作用。

钟鸣 11 下以后，我们到食堂与船员共进午餐。"沅江"是四川民生公司的船，所备火腿、榨菜等副食品菜香汤鲜，令人开胃，胃口大增。战士们此时只吃随带的干粮，他们要等登陆后才做饭吃。

饭后，小章和我借引水员的铺位午休，醒来发现两艘炮艇搁浅，我船曾数次试着去拖救均无效，只得一起留下。直到入夜潮涨，炮艇自行浮起，各船才一同前进。

我童年曾随双亲乘海轮去青岛、大连，有过出海经验，不怕晕船，还喜欢到甲板上去吹海风，看着海鸥随船飞翔。但这次在海轮上待了十余天，我的两腿在海风和阳光下暴露得太久，返沪后腿肿异常，不得不休息几天。

"沅江"属二战中服役的登陆艇，船员铺位均在水线以下，此船不论开航或停泊都要开动发电机送空气，所以我第一晚不习惯船身的震动和噪声，久久难以入眠，之后就习惯了。

这次战役我军分兵几路进攻，一部分船去解放大、小洋山，一部分船去解放黄龙、泗礁诸岛。"沅江"一队配备最好，为了擒贼先擒王，先会同海军两艘炮艇直取陈钱山，因为它曾是国民党海军舰艇的基地，又是海匪张阿六盘踞之处。

在"沅江轮"甲板上集合待命准备登陆陈钱山的解放军战士（杨小佛1950年摄）

当"沅江"驶近陈钱山时，已是7月17日的午前，我们发现港口箱子奥的地形恰如其名，环山抱一凹缺，地势非常险要。船刚要进港，山上数炮齐发，甲板上一战士当即中弹牺牲。这表明预先派去劝降的人没有成功，张匪有意顽抗到底。鲁参谋长见此情形立即命令大副，掉头驶离敌炮射程后抛锚。

为了击毁敌人的工事，两艘炮艇不停地绕岛航行，每次驶到箱子奥港口，便向山头发炮。周而复始，整日不息，这是因为炮艇必须在航行中发炮。我在"沅江"上看得清楚，每发一炮，山里就冒起一丛白烟。回头向外档海域看时，发现远处有一黑点，我们怀疑是敌舰前来救援，鲁参谋长随即用望远镜探视，才知道是一艘我国的商轮。

天色刚暗，战士们就换乘袖珍登陆艇，由上海同来的当地领港引领，驶向箱子奥准备强行登陆。另有部分战士乘艇绕到陈钱山背后包抄夹攻。"沅江"仍在原地待发，鲁参谋长在桥上发令指挥，并连连接读通讯员送来的战报。我们遥望箱子奥，只见黑暗中火花飞舞，登陆部队迎着敌人的机枪火力奋勇挺进，心情非常紧张。

晚 7 时 10 分，电讯传来捷报，我军已登陆正在搜索前进。船长请示要不要立刻起锚驶入港内，鲁参谋长说：今夜泊此，明晨前进。

7 月 18 日清晨，天还没有亮，全船人员已起身待命。陈科长取出准备好的军管会袖章和"安民告示"发给每一个人以便上山时用。不一会儿"沅江"徐徐驶入箱子奥，抛锚后放下渡船，大家以万分兴奋的心情跳上渡船，划到浅滩。一踏上陈钱山，我们首先看到的是乌贼鱼遍地，几乎没有插足之处。我要留住这历史性的时刻，便在登陆前后拍了好几张照片。

上山后，沿途所见较大的房屋有一所戏院和两家店铺，均被我艇炮火击中。街上的乡民向我们投以疑问的目光，似乎想知道我们是些什么人，来这里干什么。

走到半山腰，从远处奔来一人，身穿蓝布短衫裤，对我们说他要缴枪投降。问他是谁，他说是张阿六的部下，激战时换了便衣，准备与同伴逃出岛外，结果没有成功，现带上枪支子弹来投降。我们便将他押送到设在伪警局的军管会。

听路旁乡民说，张阿六已逃离此岛。我军炮击时，张阿六和把兄弟们正在大摆宴席，庆贺他纳妾之喜。开战后他曾电告台湾求援，但无下文。我军登陆后，他和几个死党想从后山乘帆船逃跑，不料后路早被另一批登陆部队切断，他走投无路成了瓮中之鳖。张匪被捕后，曾用石块猛击自己头部企图自杀，结果仅受了点轻伤。

"沅江"等船停泊箱子奥共计 14 天。我们每天清晨起床，早餐后乘渡船上山，下午回船休息。有时中午也回"沅江"吃饭。期间，在他岛执行任务的孙亮曾来陈钱山汇报工作。我们一起溜达，走遍全岛，还在半山一茅屋前小坐并摄影留念。

解放嵊泗列岛的任务于 7 月 18 日宣告完成。为了将驻岛部队的军需品卸岸和做一些其他工作，"沅江"在港内抛锚 14 天。

决定回上海的那天，一艘袖珍登陆艇载来被捕的张匪及其部下等人。他们从我船船首直接被押进大舱。"沅江"到达上海汇山码头时,两辆红色警备车已等在马路边了。我们等到这批海匪被押上车后,才背起背包下船回家。

几天以后,警备部和海员工会在四川北路融光大戏院(今国际电影院)召开庆功大会,会后放映《攻克柏林》影片。8月1日,我们6名支前人员分别领受了"支前渡海解放嵊泗列岛纪念证"和"海员支前解放嵊泗列岛"铜质纪念章各一枚。

解放嵊泗列岛纪念证和铜质纪念章(杨小佛1950年摄)

李华英(1885—1974),字小川,云南大关人,早年参加同盟会,国民党党员。参加过辛亥革命、护国运动、护法战争。历任云南讲武堂总教官、黄兴副官参议、蔡锷副官长、云南省政府军事顾问等职。新中国成立后,曾任上海文史研究馆馆员、上海市人委参事。

忆解放战争后期父祖辈在沪地下活动片断

李仁地

祖父李华英将军,字小川,老同盟会会员、国民党员,爱国民主人士。父亲李自端,黄埔十二期毕业,原军校集体入党国民党员,后为民革党员、中共党员,离休干部。

抗战胜利后,祖父率中国首届军事代表团赴日,于1946年初回国。当时内战已起,一贯主张"民主共和,国共合作"的祖父,无力阻止,愤然引退。

回沪后,祖父居住在恩师蒋百里夫人左梅所引荐的公寓房(昆山路104、106号二楼二套房),表面上过起不闻政局的平静生活,暗地里联络各方人士反对蒋介石内战独裁和国民党执政腐败。从此,生活在蒋派来的特务软禁监视阴影下,但内心却更加坚定和坦然。

1948年6月初的一天,留日陆军老同学陈仪由台湾辞去行政长官来沪拜访祖父。见面时,祖父问他有何打算?陈仪说:"蒋要他任最高国防委员会顾问、陆大代校长,未就。因台湾'二二八事件'后做老蒋'替罪羊',心有不甘,决意休息。"随后又问:"老同学意下如何,对当前时局有何高见?"祖父回答说:"自抗战胜利后,老蒋的做法越来越离谱,老百姓已认清他,不会再要他们。你能否与社会上进步人士多接近,向各方面多听多看。我们都是六十开外的人了，过去走的路多不对，你得多劝劝蒋……"祖父还因陈曾是任京沪杭警备总司令汤恩伯的恩师，正准备说服他策动汤。不料，一个多星期后，报载陈仪任浙江省主席告示，此后再无联系。

祖父四女儿——我的四姑李自昆，1944年入复旦大学中文系学习，其后参加了当时的"反饥饿、反内战、反迫害"学潮运动，表现积极，由同学、抗日名将张自忠女儿张廉云（后任民革北京市委领导）秘密介绍加入了中共地下党。尽管出于安全考虑，家人并不知道她的真实身份，但她的进步言行如同祖父一样给家人带来很大影响。当时，中共军队在战场上节节胜利，国统区白色恐怖却步步加深，已是"学潮"领导的四姑和张廉云都上了特务"黑名单"。在这种情形下，祖父坚决支持她们在地下党帮助下冲破封锁线，奔赴即将解放的北平。

三姑李自勉自西南联大经济系毕业后，因祖父关系介绍到中央银行工作。与三姑相恋多年的准女婿戚荣普，同济大学机械工程系毕业后，赴英国牛津大学深造。回国后，在上海的美国通用公司当工程师，1948年春与三姑完婚。三姑夫家庭背景颇深，人脉关系较广，其祖父戚岵瞻是湖北著名富绅，其父戚运机是青岛高等法院院长，其弟戚荣春是蒋介石夫妇"美龄号"专机副驾驶员、后任国民党空军上校大队长（到台湾后任过空军中将副总司令，退役后任华航公司总经理）。

一日，三姑父给祖父特别引见了他的"秘密学友"戴德。在昆山路家中深谈后，方知其真实身份是中共"三野"专责策反工作的南下统战团级干部，不久又介绍父亲李自端认识。在沪国民党工兵部队上层中祖父有些学生故旧，而父亲当时在徐州国民党装甲兵学校战术组任中校教官。祖父当年在讲武堂任教的学生郭玉鸾（佩之）侄子郭东旸任南京装甲兵团副团长，通过这层关系，祖父将父亲调至南京装甲兵司令部任参谋处中校教育参谋，以便与郭就近联系。至此，我们一家就一直住在106号二楼，与小门连通的104室二楼祖父朝夕相处。

1948年初，时局吃紧，装甲兵司令部迁来上海，郭东旸升任装甲兵驻沪指挥所指挥官,父亲任国民党装甲司令部上校参谋长蒋纬国属下的作战兼教育中校参谋。父亲与郭是同乡又是同事,又有长辈师生情谊,本来就多了一层亲密关系,他如今见郭既很喜欢我,就把我过继给郭做了义子,这样自然亲上加亲,更是投机,过从甚密,无话不谈,为今后开展策反工作又加深了一个基础。

不久,祖父请郭同三女婿全家吃饭。谈到时局及今后前景问题时,郭似乎心有触动。以后某夜郭自动来访,祖父正与三女婿和戴德面谈,当即一起乘坐郭的吉普车回其驻地,路上介绍与戴认识。寒暄一番后,问起部队情况,郭说自己掌握的部队只有部分留沪,其余并非嫡系,掌握可能困难。祖父和戴德要他平时与部属搞好关系,到紧急关头先征求他们意见,伺机拿出自己看法,观察他们的心志,然后见机行事。此后,父亲就成了双方的联络员。与地下党建立联系后,郭就经常来昆山路祖父家,与父亲、戴德等人密谈策

李华英地下党牵线人:三女李自勉、三婿戚荣甫夫妇新婚照,摄于1948年

反起义准备工作。

1948年夏，随着形势发展，局势越来越明朗。一天，祖父从方鼎英（留日习武老同学，国民革命军中将）次子口中得知，蒋经国欲指使他的忠义救国军"假共产党之名，四处纵火毁上海，以引起美军借保护侨民之口实、实行登陆干涉内政之阴谋"时，赶紧通过老友章士钊（著名爱国民主人士）等做上海闻人杜月笙的工作，在争取制止蒋火烧大上海计划的努力中尽了份力。

西南即将解放时，祖父写信给时任云南主席、讲武堂学生卢汉先生等故旧好友，促其起义，劝其保护好昆明城市古迹与建筑，争取留下装备……

1949年初，解放军炮声离上海越来越近。国民党政权撤离大陆前，要求国民党旧军政人员及家属特别是上层人物也要跟去台湾共患难。祖父自然决意留下迎接解放。

为了避开监视特务的注意，祖父装疯卖傻，请人开了张医学证明，当局

1946年10月，在江苏徐州国民党机械化学校任教官的李自端全家。（照片左起：夫人郭兴纨、次子李明地、长子李仁地）

派装甲司令部三处处长明世绩、副处长沈文陪同郭东旸来昆山路家"核实"后,才获准连同家人一同留下。这时,蒋纬国在指挥所成立了所谓的"顾问室",里面尽是一些来历不明的政工人员,监视各级军官。蒋扣留了郭东旸已赴广州准备转往云南老家的家属,并强行用飞机送往台湾。郭情绪动摇了,偷偷对父亲说:"现在的事,最好两边都不要管。"看到郭意志消沉了,祖父要父亲告诉郭,万一不能按原计划实行,也要千方百计保护好装备给解放军,紧急时可来家中暗室一避。("义父"郭东旸是一个颇有才华的人,不久被蒋挟持至台湾。后因与台陆军总司令孙立人、原旧上海市长吴国桢等同为"留美系"的干系遭排挤,冷落后就任过台驻美"军械采购组"中将组长等闲职,以后再无大用。)

4月间,父亲暗中将国民党淞沪警备司令部发给指挥所的市区防御要图交给祖父,并说另外放在桌面上的郊区防御部署详图也要瞅机会带出来。祖父听后,批评他幼稚糊涂,现在特务密布,小心中了圈套。果然不出祖父所料,就在5月中旬,民革地下系的装甲车第一团军官彭优邹、登陆战车营两个军士进行策反工作时,事不机密被人告发,被军法处宪兵绑赴水电路司令部后面靶子场;当着全体司令部指挥所人员面,蒋纬国下令枪决,三义士血溅满地。第一次见到这种惨景,父亲无比愤慨。多年后,父亲回忆这段往事时对我说,当看到烈士们被布封口就义前宁死不屈、大义凛然的样子,感动不已,心想自己万一出事,绝不出卖同志,绝不下跪求饶!"人生自古谁无死,为事业牺牲虽死犹生"。当时,父亲回去后告诉家人,祖父冷笑道:"这只会吓倒胆小鬼,越是残暴越是反抗,这个政权兔子尾巴长不了……"

1949年5月22日,形势越来越紧急,国民党装甲兵指挥部迁至张家浜码头,准备转乘吴淞口外美军运输舰,退至台湾。23日,解放军"三野"九、十兵团发起总攻,"国军"兵溃如山倒,残兵败将潮水般往一个方向撤退。这时,趁没人注意,父亲朝反方向带着一些机密文件、军官用的勃朗宁手枪及57发子弹,潜回昆山路隔壁104号祖父家中,躲在密室里。隔日,在祖父坚决支持下,

1948年10月，时任国民党装甲司令部中校参谋的李自端及内人堂哥全家在沪留影。后左为李妻

父亲由中共地下联络员戴德秘密介绍送至解放区，由解放军"三野"政治部联络处胡虹江、李大达推荐给特种兵纵队陈锐霆司令，在叶超参谋长手下任高参兼技术教导员，从此开始了新的生活。

这时，家里由装甲兵司令部派驻的勤务兵也早走了，家中只剩我母亲带着3个孩子，隔壁就住着老祖父（祖母已于1947年病逝）。我家靠近苏州河上海大厦，解放较晚，斜对面法国天主教"景林堂"住满了国民党青年军溃兵，楼顶上地下散满纸制国民党党徽及文件，制高点上架满机枪，他们准备最后一搏。

一天，有人重重敲门。门一开，原来是一个邋里邋遢的国民党上尉连长带着个勤务兵，气势汹汹的强行征房。我母亲冷静地用手指指客厅一角一排国民党校级军官美式军服，暂时唬住了这个色厉内荏的家伙。正当这位"长官"找借口不甘罢休之际，穿着一身将官旧呢制服、剃着大光头的老祖父闻声赶来，好一顿厉声训斥，摇座机要与警备司令部联系，这个欺软怕硬、狐假虎威的"软

着便装的李华英将军，摄于
1945年抗战胜利时的陪都重庆山陵

脚蟹"终于纸老虎原形毕露，面如土灰，连声道歉误会，一溜烟跑了。

没过几天，大上海全部解放。晚上，路两旁睡满了穿粗布黄军装的解放军战士……这一对比，觉得世道变了，老祖父感慨地说："不扰民之铁军岂有不胜之理，否则天理难容矣！"多年后，祖父的这一席话一直让人难以忘怀。

主要参考文献：

1.《李华英（小川）自传简历》，李华英著，上海市参事室档案室内部资料，1963年10月20日。

2.《反戈相向，戴罪图功》，李自端著，上海市红光中学档案室内部资料，1965年7月。

3.《我过去与郭东旸的一般关系》，李华英著，上海市参事室档案室内部资料，1965年8月。

4.《关于我历史经历中的补充说明》，李华英著，上海市参事室档案室内部资料，1968年2月15日。

5.《1944—1949年六年经历概况》，李华英著，上海市参事室档案室内部资料，1968年夏。

6.《在近代政坛中拼搏与周旋—记我的父亲爱国人士李华英》，李自端著，《传记文学》1999年9月期。

7.《中国国民党革命委员会50年》，民革中央党史编辑委员会编，团结出版社，1999年版。

8.《忆我的父亲，黄埔12期生李自端》，李仁地著，摘自《我记忆中的黄埔前辈——上海市黄埔军校同学会文史资料选辑（四）》（内部资料）。

（作者系李华英长孙，民革党员，上海市政府参事）

王孝和（1924—1948），浙江鄞县人，中共党员。在"上电"工人"九日八夜"罢工斗争中表现出色，当选为厂工会干事、工会常务理事。1948年4月被捕后受重刑，威武不屈，以监狱与法庭为战场揭露国民党的罪恶，同年9月30日，于上海提篮桥监狱被杀。

忆王孝和烈士的三封遗书

吕振德

1948年初春的一个傍晚，父亲下班回家时，突然带了一个和母亲年龄相仿的阿姨来家。我和弟妹都带着疑惑眼光对视着他们，父亲避开我们，拉着那位阿姨到正在炒菜煮饭的母亲身旁，同母亲低声私语。我好奇地凝视着那位阿姨。在父亲催促下，我帮忙摆方桌、凳椅。我弟妹6人，母亲怀抱刚出生不久的仁德小弟，和那位阿姨及父亲9人围坐一桌。只见那位阿姨眼眶红红的，有些勉强忍着问我们几岁了？在什么学校？读几年级？有事无事和我们套近乎。在说话中，听出阿姨和我们都是宁波人。晚饭后，父亲对我们晚上睡觉进行了安排，把我和大弟兴德合睡的4尺棕绷床安排给那位"宁波阿姨"和大妹佩珍合睡，我和大弟挤大妹的小床。有时我们夜间睡梦中能听到"宁波阿姨"反反复复悲哀叹息声。在以后日子里，逢父亲休息日，他总是一次一次陪"宁波阿姨"出去。我问母亲后，才知"宁波阿姨"是父亲同乡同事，她丈夫是外面传说地下党组织的头头，遭叛徒出卖，被捕关在监牢里，她家中被警察查抄、封掉，不能回去。阿姨工作单位怕受连累，将她无故辞退。她现在是有家不能回。父亲同情阿姨处境，暂时收留她住下。现在他们每次去牢监探望她的丈夫，那位地下共产党员。

之后有一次,父亲陪阿姨探监回来神色有些紧张,叫我们弟妹都从客堂阁楼下来,父亲手里拿着榔头、旋凿等工具和阿姨两个人上阁楼,我们在下面听到有榔头敲锤木头声,不一会儿父亲和阿姨下阁楼,后我上去,啥也没发现,不知父亲他们在做什么。不多久从新闻媒体及家中无线电传来上海杨树浦发电厂工人王孝和被诬陷破坏厂发电机,被特刑庭判处死刑,在执行时,挺着胸膛口中高呼"特刑庭不讲理,特刑庭乱杀人"的报道。只见阿姨坐立不安,眼眶里流着泪,父亲上前劝说着什么,两个人都深感愤怒。过不久,父亲手里拿着一张纸,和阿姨在一起看,事后知道是"法院判决书",内容是宣判阿姨丈夫孙曼艺"死刑,立刻执行"的文本,刑场设在宋公园(现闸北公园)。阿姨得到这消息,号啕大哭,泣不成声。母亲也一起劝说,阿姨啼啼哭哭,直至很晚……翌日见阿姨眼眶哭得血红血红,她曾产生与她丈夫共生死的想法,要去投黄浦江自尽,说:"同孙曼艺从甬江乘轮船来黄浦江,现曼艺走了,我要从黄浦江汆(漂浮)回甬江,与他相会。"不停哭哭啼啼,甚至要撞墙,我父亲劝阿姨,对她说:"有好多事要你做,曼艺尸体要你去认领安葬,你和曼艺生养二男一女,现在宁波阿娘(祖母)带着,日后啥人护养?"劝阿姨坚强起来,"现听说淮海战役已近尾声,待共产党来了要你为曼艺报仇雪恨。"经父亲这番说,阿姨有些转意。站在一侧旁的母亲也对阿姨说:"现战事纷乱,若不厌我家贫苦,我只有一个兄长无弟妹,你年岁比我小,叫我一声阿姐好吗?我认你作妹妹,暂留我家帮我一起照管好孩子,是否好?"阿姨听后有些破涕为安说:"现没有办法,麻烦阿姐了。"母亲接口叫了一声"素珍妹妹",并叫我们子女上前向阿姨行礼。叮嘱以后就这样,叫阿姨,不准再叫宁波阿姨,要我们记牢。从此,共产党"重犯"遗孀楼素珍阿姨成为我家亲戚,留在我家和我们孩子过着清贫寡欲的生活,有时阿姨思念姨夫和她宁波几个年幼孩子,经常偷偷用手帕抹着泪水,压制胸中怒火,期盼报仇,讨还血债。

那时我年岁尚小,只有14周岁,不太懂事,在上海震旦大学附属中学读书。一天早晨上学,学校操场上人声嘈杂,大学部师生都集结在那里,正组织游行,多幅红布横幅两头各用竹竿固定,站在游行队伍中的几位大学生用手紧握支撑。红布上书写着"坚决支持菜市场罢市，反压迫反饥饿"等字样，其余大学师生都手执细竹竿上粘贴着红、蓝、黄、白多色彩纸，纸上书写各类"反压迫反饥饿"标语，这天也特例，上课铃声迟迟不响，当游行队伍出发，我好奇，懵懵懂懂跟了游行队伍浩浩荡荡从现在的重庆路大学部校门出发，当队伍走到现淮海中路原上海社会局（相当于现在民政局）附近，那时路上已很乱，前面游行队伍被警察拦阻停下来，多时不动。我顾及怕旷课，没多张望去问，赶紧返回学校。班级里，只有几个同学坐立着议论，上去一问才知刚才学校老师已来通知，今日学校停课放假。我回家将刚发生事情告诉阿姨，见她面容冷漠，严肃对我说："以后当心，不要随随便便跟人乱跑，当心闯祸。"

　　第二天去上学，语文课老师钟达（字竹友），说一口浦东川沙上海话，他极度愤慨，对同学们说："老师是中国民主同盟会成员。国民党一党独裁，搜括民脂民膏，搞假民主，挑动内战，特务用无声手枪刺杀民主人士闻一多教授，我不怕，昨日参加'反压迫反饥饿'游行的大学部几名老师、同学被当局逮捕，这是国民党最后的垂死挣扎，兔子尾巴长不了。山东省已全部解放，王耀武被生擒活捉，一批流亡学生来上海，蹲在自忠路齐鲁中学内，正缺医少药，受冻挨饿，请告诉你们家长，伸出同情手，大家募捐些，帮帮这些苦难学生，我谢谢大家。现在徐蚌会战（淮海战役）已接近尾声，浦东川沙游击队目前相当活跃，最近连续端掉了国民党几个老窝，大快人心，老百姓要苦出头了。每星期天在法国公园'荷花池'旁茶室，我们有几个人在那里演讲，请你们大人来听听。"钟老师的话我听得有些新鲜，回家告诉了父亲和阿姨，他们同情这些流亡学生，父亲先掏钱向同仁普育堂买了10套施衣棉袄棉裤，后又出面向居住在同弄的姑母和同乡募捐。由于这弄居民的亲属1945年曾身遭日本战斗机坠落死亡61人，伤无数；这些居民也曾蹲过难民所，都有一本苦难史，因此户户慷慨，人人解囊，募得一笔可观钱款。我联系后，父亲和我会同钟达老师用前后两辆人力三轮车把施衣棉袄棉裤钱款送往齐鲁中学流亡学生手中，回校后钟达老师报请校方授予我"记功奖"。

日日期盼共产党来，这一天终于来到。5月，上海解放了，去找军管会、政府，优抚嘱我们耐心等待，阿姨以泪洗面，含辛茹苦度日，直熬到1950年，一天突然传来天大喜讯，孙曼艺姨丈没死，当时经地下党营救奔赴苏北，经集训随军渡江南下，直到解放浙江宁波，现留任宁波人民银行鄞县分行行长，以后升任中共宁波工商银行党委书记兼行长。一时全家欢天喜地，由于轮船、火车交通尚未恢复，按要求约定日期，先到杭州，换乘汽车赴宁波。父亲从家中隔板中取出探监时孙曼艺姨丈交给他保管的一包东西，交还阿姨带回。父亲买好火车票陪同阿姨到宁波。从牢监带回的这包东西，是姨丈被捕时，与王孝和关在同一个牢房内，趁监管不注意，将王孝和烈士3封遗书交前来探监的楼素珍阿姨带出牢监保管。现在，物归原主，交给王孝和夫人忻玉英女士。

后来才知道，王孝和是上海电力公司工会常务理事、党团书记。在王孝和的带领下，上海电力公司工人在同国民党上海反动当局的斗争中发挥了重要作用。1948年4月，由于叛徒的出卖，王孝和被国民党军警逮捕。敌人从王孝和那里什么也没有得到，便将他判处死刑。在牢里，王孝和曾坚定地说："死无所惧，只要我活一天，就要同敌人斗争。"牺牲前，王孝和先后写下了3封遗书，

王孝和

他号召战友们"为正义而继续斗争下去！前途是光明！"9月，王孝和在提篮桥监狱刑场英勇就义，牺牲时年仅24岁。

以后楼素珍阿姨来上海，常去探望被安排在南市发电厂工作的忻玉英阿姨。此时阿姨也被安排在宁波银行鄞县分行储蓄所任办事员，参加了共产党，后享受离休干部待遇。1962年曾来上海，我陪她去上海工人文化宫二楼参观"上海工人运动史展览"，阿姨到王孝和烈士专栏，她指着平放在平面玻璃柜里"王孝和烈士三封遗书"（信）说："这！这！是我那时探监时，孙曼艺交给我迅速藏进贴身内衣里，冒着生命危险带出牢房，藏在你家……现苦难日子终于过去了。"①

（作者系民革党员，上海市电器工业公司职工住宅建设原项目经理）

---

① 附注：现楼素珍阿姨孙女孙红波任宁波农业银行总监、孙子孙红俞任宁波工商银行分行经理。

杨今（1921—2012），安徽安庆人，民革党员。抗战爆发后进黄埔军校十八期炮兵科，毕业后参加远征军。上海解放前夕参加贾亦斌组织的在中共领导下的预干总队嘉兴起义。解放初参加接管上海市公安局工作，后历任北京新华社摄影部编辑、民革上海市委联络处处长。

我的父亲参加了嘉兴起义

杨　寅

1999年初的一天，我父亲杨今告诉我：为了纪念上海解放50周年，上海电视台要到我们家来采访。我有点惊讶，问是为何事？父亲说因为自己在上海解放前夕参加中共地下党组织策动的国民党国防部下属预干总队嘉兴起义的事，电视台要请他讲述战斗的经历。由此，这段尘封的历史渐渐出现在我的眼前，也让我开始关注有关此事的回忆录及介绍。

后来，上海电视台在刘家祯主持的档案节目《纪录片编辑室》里播映了这个纪录片。

这个节目中，对上海解放前后地下党和早期公安局反特的工作，都有比较详细的介绍，有关嘉兴起义的部分，提到了起义领导人贾亦斌将军和我父亲，将起义的前后过程及其意义讲述得比较清楚。特别是在节目里，第一次看到父亲年轻时着戎装的照片。以前听妈妈讲过有这张照片，后来"文革"时被抄走了，想不到还能看到。嘉兴起义时父亲27岁，是风华正茂的年纪。

这个节目播出后，曾经参加起义的老同志反响强烈，父亲此后也参加了不少有关的纪念活动，并且陆续写了回忆录。这些回忆录与其他战友们的回忆录合在一起，出了好几本书。我把这些回忆录对照照片看，也对起义的细节有了

1950年,杨今在新华社任编辑工作

1950年北京新华社同事合影

更加深入的了解。

这次起义,与那个年代许多国民党军队的起义根本不同的地方在于,它是在国民党统治区的核心地带里发生的,而不是在兵临城下围困时才要起义的;

是中共地下组织酝酿策划已久，并配合渡江战役进行的步骤之一。

首先，看几个时间节点：4月7日嘉兴起义开始行动，4月20日夜渡江战役打响，4月23日南京解放，5月27日上海解放。另外，嘉兴起义的意义并不在于其军事行动本身，而在于在当时的环境下，解放军渡江准备期间国民党军队隔江据守，在重兵部署的江南核心地区爆发的一声惊雷，打乱了国民党的军事部署。那时，为了镇压起义调动了大量军队警察，甚至需要把防守长江的部队调来"围剿"起义部队。同时，预干总队本来是蒋经国用来培养连排级军官为扩充军队作准备的，起义让扩军的计划化为泡影，"太子军"起义对国民党方面在心理上造成很大震动。所以在起义后，中共华东局派人接贾亦斌到丹阳的三野司令部见陈毅时，陈毅对起义给予高度评价。

起义的细节，通过父亲的讲述和有关回忆文章，让我能够真切地感受到做出一个决定的不易。勇气和决心是关键，信念的力量让人无怨无悔，甘愿赴汤蹈火也在所不辞。我曾经问过父亲，当时要做起事准备物色人选，贾老是如何选上他，而没有选坐在办公桌对桌的一位李先生。父亲说，还是看平时接触言谈中对形势的看法吧。那位李先生后来定居香港而没有去台湾，90年代父亲曾经去看望过他。参加起义的第一大队长李恺寅先生在回忆文章里提到，在起义队伍撤往山区的路上，杨今端了冲锋枪带人据守在一个桥头掩护大家撤退。看到这里我感到有点讶异，父亲平时温文尔雅，根本看不出勇往直前的样子，连我们亲戚也都这么讲。我特地问父亲，当时是什么感受，用的是什么冲锋枪？父亲说那时候就是跟着队伍走，枪是加拿大的，不怎么好。实际上当时因为起事仓促，武器没有配备到位，有些人连枪也没有，手里只有手榴弹。

惊险充满在整个起义过程之中。原计划4月15日起义，因发觉有人探听起义时间等内容，不得不提前到4月7日，由此在行动中遭遇到重重包围，付出了重大的牺牲。而且，当时的通信联络极不方便，有一位中共地下党组织派来的同志到达延误，错过接头，队伍向莫干山靠拢与那里的中共游击队汇合的计划没能如期完成，最后队伍被打散，只有小部分人冲出包围圈进山。父亲幸运

20世纪80年代，贾亦斌夫妇在北京与杨今（右）合影

地得到一位农妇的帮助，换了衣服，才逃过国民党军队的追捕。现在想想，从这件小事可以看出那时候的民心所向，国民党大势已去。

父亲的战友我见过好几位，他们大多数人在一起时那种相互信任、生死与共的兄弟情谊深深令我感动，至今历历在目。他们的言谈举止和回忆文章里流露出的是豪迈、坚强和正直。正是这样的性格和担当，让他们当年勇敢地举起义旗奔向光明。这些老战友的子女有几位也经常与我们保持联系，且曾经一起在起义纪念日重访嘉兴。2009年9月，新中国成立60周年前夕，我有幸在北京拜见嘉兴起义的领导人、民革中央名誉副主席贾亦斌先生，转达了父亲对他的节日问候。贾老饶有兴趣地讲述许多过往的事，临别还当场把他的诗集签好名赠送给我。

整整70年，当时生龙活虎的年轻人现在绝大多数已离开人世。不管怎么说，他们在年轻时所做的绝不是一件普普通通的事，这段经历影响了他们整整一生。新中国的建立，有他们的参与、辛劳和牺牲。对我们生活在和平年代的人来讲，缅怀与尊敬不仅仅是为他们，也是为我们、为我们的下一代。

（作者系杨今之子，民革党员，上海方向建筑工程管理有限公司总经理）

上海民革大事记（1948—2022）

1948 年

4月，民革上海分会筹备委员会成立，以林森中路（今淮海中路）542号益民企业公司为联络点，该会的前身为中国国民党民主促进会（简称"民促"）华中支部。

6月，民革上海临时工作委员会成立，兼管民革南京分会。

12月，叶尚文等奉李济深手谕，在上海建立民革上海临时分会，会址设在赫德路（今常德路）60号叶尚文家。

1949 年

1月，翟林椿等奉命组建民革上海特别小组。

5月28日，新成立的上海市人民政府市长陈毅等在原市府大楼进行接管，与旧上海市政府代理市长赵祖康办理移交并接见李穆生、汪维恒等旧上海市政府各局局长。

7月，民革中央派朱蕴山为特派员，来沪着手整建上海民革各地下组织，通知成立民革沪宁区临时工作委员会，陈铭枢为主任委员兼民革南京办事处主任。

9月1日，民革沪宁区临时工作委员会正式成立，办理民革党员重新登记审查工作，解放前各地下组织宣布结束。

1950 年

3月27日，民革中央通知撤销沪宁临时工作委员会，成立民革上海市分部筹备委员会。

9月18日，民革上海市分部筹备委员会武和轩、民盟上海市临时工作委员会陈仁炳、民建上海市临时工作委员会郝玲星、农工党上海市工作委员会申葆文等分别致电纽约成功湖联合国安理会，抗议美帝轰炸朝鲜平民。

1951 年

1月6日，中国人民解放军上海军事管制委员会公布《对于反动党团、特务人员实施登记办法》，民革上海市筹委会立即开始协助政府做好登记工作。

2月19日，民革上海市筹委会发动党员参加土改运动，赴皖北参加土改工作的党员有44人，在上海市郊区参加土改工作的党员有27人。

3月，民革武和轩，民盟彭文应，民建陈巳生、高事恒、王懋德、陈俊明，台盟周明等，参加中国人民第一届赴朝慰问团，慰问中国人民志愿军。

4月27日，全市大张旗鼓地开展镇反运动，上海民革党员30多人受邀参加各有关里弄的肃反委员会工作。吴艺五、干叔涵等分别参加了市、区两级的反革命案件审查工作。

1952 年

2月1日，上海市各民主党派成立市增产节约委员会民主党派总分会，主任沈志远，副主任陈巳生、赵祖康。各民主党派分别成立增产节约委员会，领导开展"三反""五反"运动。

9月，第二届中国人民赴朝慰问团赴朝慰问，民建胡厥文、刘念义、吴中一、汤蒂因，民盟陈仁炳，民革武和轩，农工党申葆文等参加。申葆文任第三分团团长，胡厥文任第四分团团长。

10月15日，各民主党派上海组织负责人沈志远、赵祖康、周谷城、卢于道等31人应邀出席华东局统战部和市委统战部联合召开的座谈会。华东局第三书记谭震林就人才培养问题作讲话，指出大建设即将来临，各类人才均感缺乏，亟需加紧培养。陈望道、卢于道、朱物华、廖世承、周谷城、赵祖康、吴学周、周煦良、顾执中等在会上提出意见和建议。

1953 年

5月8日，各民主党派和无党派民主人士盛丕华、赵祖康、沈志远、卢于道、申葆文、金仲华、彭文应、盛康年等20余人应邀参加市委统战部举行的座谈会。中共中央统战部部长李维汉在会上说明在全国人民代表大会召开会，人民政协的性质将有改变。希望大家对今后的组织机构，与各方面的关系以及如何改进工作等提出建议。

10月，第三届中国人民赴朝慰问团赴慰问，民革周旧邦、梁佐华，民建蔡叔厚、刘念义、吴逸生、魏如、罗伯昭、韩志明等，民盟傅于琛、熊佛西、陆治、徐铸成，民进冯少山、戚逸影、江芷千、周之芹，九三学社卢于道等参加。熊佛西任第四总分团副团长。

1954 年

1月5日，中共市委统战部组织讨论《上海市协商委员会暨委员会关于组织本市各界人士学习总路线、总任务的计划（草案）》。各民主党派、工商、文教、宗教界主要代表性人士50余人参加学习。

7月1日，上海市协商委员会学委会举行报告会，邀请陈毅作有关《宪法草案（初稿）》的报告，上海市各民主党派和各界人士应邀参加。

8月22日，各民主党派和人民团体联合发表《解放台湾联合宣言》。

1955 年

3月27日，民革上海市分部筹委会假上海市卫生学校大礼堂召开第一次党员大会，民革上海市委会正式成立，选举产生第一届市委会。丁超五当选为主任委员。

6月19日，民革上海市委会假上海市卫生学校大礼堂举行第二次党员大会，选举出席民革第三届全国代表大会的代表，丁超五、赵祖康等13人当选。

截至年底，上海民革党员人数为449人。

1956 年

1月22日，民革上海市委会在市政协大礼堂举行社会联系人士大型茶话会，推动各有关基层组织开展社会联系工作，年内联系社会人士1500～2000人，在此基础上开展组织发展工作。

2月18日，民革上海市委会召开全体党员大会，传达民革第三届全国代表大会关于修改党章、开展社会联系以及发展组织等工作。

截至年底，上海民革党员人数为1440人。

1957 年

4月21日～28日，民革上海市委会在上海市人民委员会大礼堂举行第一次党员代表大会，选举产生第二届市委会。丁超五当选为主任委员。

4月，民革上海市委会传达毛泽东在最高国务会议扩大会议及中共中央全国宣传工作会议上的讲话精神，并布置学习。

6月11日，民革上海市委会开始反右派斗争。7月24日，成立整风领导小组，领导反右整风运动。

截至年底，上海民革党员人数为1856人。

1958 年

3月9日，民革上海市委会举行全体党员"自我改造大跃进誓师大会"。

8月29日～31日，民革上海市委会假南京西路新华电影院召开第二次党员代表大会,选举产生第三届市委会。赵祖康当选为主任委员。同时选出贾亦斌等19名代表出席民革第四届全国代表大会。

截至年底,上海民革党员人数为1441人。

1959年

1月19日,民革上海市委会举行座谈会,有关同志介绍参加中共上海市委"万人检查团",检查上海市工农业及财贸各条战线的情况与体会。

2月22日,上海市社会主义学院在嘉定外冈举行第一期开学典礼,民革市委部分委员参加学习。

截至年底,上海民革党员人数为1350人。

1960年

3月16日,民革上海市委会举行学习动员会,掀起学习毛泽东思想热潮,开展以学习社会主义建设总路线为中心的社会主义教育。

5月8日,民革上海市委会举行以技术革新、技术革命为中心的党员个人服务与改造经验交流会,号召党员积极投入技术革新、技术革命运动。

5月15日,民革上海市委会主委赵祖康在上海市各界人民支持日本人民反对美日军事同盟条约大会上,代表各民主党派上海地方组织作"坚持支持日本人民反美爱国正义斗争"的发言。

7月1日,《上海民革》总第168期出版后,进行内部整理与研究,决定自7月2日起暂停发行。

截至年底,上海民革党员人数为1307人。

1961年

5月25日~27日,民革上海市委会在中山东一路15号召开第三次党员代表大会,选举产生第四届市委会。赵祖康当选为主任委员。

10月10日，民革上海市委会举行纪念辛亥革命50周年系列活动，包括辛亥老人座谈会、组织参观上海中山故居及有关辛亥革命史料展览等。

截至年底，上海民革党员人数为1297人。

1962年

4月，民革上海市委会组织市委委员、在沪民革中央团结委员和较有代表性的党员51人，学习全国人大二届三次会议公报和政府工作报告，以及全国政协三届三次会议决议，为期20余天。

7月15日~21日，上海市人民代表大会四届一次会议召开，民革上海市委会主委赵祖康与胡厥文、荣毅仁一起当选为上海市副市长。

截至年底，上海民革党员人数为1295人。

1963年

1月28日，中共上海市委召开春节座谈会，各民主党派和各界民主人士200余人出席，周恩来、柯庆施在会上讲了话。周恩来在阐明当前国内外形势后，着重讲了八句话，即："百家争鸣，薄古厚今""百花齐放，推陈出新""各党各派，长期共存""同心同德，自力更生"，并号召大家要过好"五关"（思想关、政治关、生活关、家属关、社会关）。

2月15日，陈毅在沪召开各界民主人士座谈会，民革上海市委会主委赵祖康等参会。

1964年

10月，民革上海市委会举行为期一百多天的常委扩大会，进行"回顾检查"，市委委员和较有代表性的党员共52人参加。

12月8日，民革上海市委会在南京西路722号市政协礼堂召开第四次党员代表大会，选举产生第五届市委会。赵祖康当选为主任委员。

1965 年

7月18日，原南京国民党政府代总统李宗仁回国，途经上海，到机场迎送的有上海市政协和有关人士刘昌义、陈长捷、宋瑞珂等27人。

12月28日，市政协组织部分民主党派负责人去崇明县新河公社参加"四清"（清政治、清经济、清组织、清思想）工作队。刘侠仁、贾亦斌代表民革上海市委会参加，为期半年。

截至年底，上海民革党员人数为1253人。

1966 年 ~ 1976 年

上海民革各级组织停止活动。

截至1966年6月底，上海民革党员人数为1238人。

1977 年

10月，民革上海市委会各项工作开始恢复。

1978 年

11月2日，民革中央朱学范、聂轰、邵恒秋等来沪进行调查研究。民革上海市委会赵祖康、贾亦斌、周旧邦参加，并组成"民革中央和华东部分省市会务调查研究会"。

12月，民革上海市委会举行常委会议，学习、讨论中共十一届三中全会公报，热烈拥护中国共产党一系列英明决策。

截至6月底，上海民革党员人数为893人。

1979 年

1月1日，全国人大常委会发表《告台湾同胞书》，民革上海市委会分别组织学习、座谈活动。

1月9日~27日，民革上海市委会连续举行4次常委会，讨论修改民革章程，讨论对1957年被错划为右派的党员予以改正等问题。

9月25日，中共上海市委统战部举行庆祝建国30周年座谈会，赵祖康代表民革上海市委会发言。

1980年

1月12日~16日，民革上海市委会在南京西路1333号上海展览馆友谊电影院召开第五次党员代表大会，选举产生第六届市委会。赵祖康当选为主任委员。

10月17日，中共上海市委统战部召开民主协商座谈会，讨论如何贯彻全国政协五届三次会议有关决议，赵祖康代表民革上海市委会发言。

1981年

1月10日，民革上海市委会举行六届六次全体会议（扩大），传达民革中央1980年全国工作会议和中共中央统战部部长乌兰夫，副部长刘澜涛、平杰三讲话精神。

9月23日，民革上海市委会举行全体党员大会，纪念辛亥革命70周年。

截至年底，上海民革党员人数为1256人。

1982年

1月6日，民革上海市委会召开六届九次扩大会议，传达民革五届二次全会的情况。赵祖康在这次中央全会上当选为民革中央副主席。

5月4日，民革上海市委会召开各区委会、各直属支部基层干部会议，布置调查研究有关知识分子政策落实情况。

6月28日，民革上海市委会在市政协大礼堂举行纪念邵力子诞辰100周年座谈会。市政协副主席赵行志、张承宗和民革上海市委会主委赵祖康等参加。

8月25日，民革上海市委会举行全体党员和联系人士大会，民革中央副主席贾亦斌到会作报告，谈学习中共中央统战工作会议精神和廖承志致蒋经国公开信的体会。

截至年底，上海民革党员人数为1447人。

1983年

4月15日，抗日名将谢晋元新墓建成，民革上海市委会举行祭奠仪式，市委会常委以上领导参加。

11月4日，中共上海市委召开党外人士座谈会，传达中共十二届二中全会精神和中共中央领导同志在会上的讲话精神，决定全面整党，清除精神污染。9日，民革上海市委会主委赵祖康在会上发言。

截至年底，上海民革党员人数为1594人。

1984年

4月16日～22日，民革上海市委会在南京西路1333号上海展览馆召开第六次党员代表大会，选举产生第七届市委会。赵祖康当选为主任委员。

6月19日，民革中央副主席朱学范来沪，应民革上海市委会邀请，作"为开放与改革服务"的报告。

截至年底，上海民革党员人数为1648人。

1985年

6月24日，中共上海市委召开"双月座谈会"，新任中共上海市委书记芮杏文，副书记、市长江泽民会见各民主党派、有关团体的负责人和各界人士，民革上海市委会主委赵祖康出席。

12月7日，民革上海市委会举行欢迎民革中央主席朱学范大型座谈会，民革上海市委会副主委陆玉贻汇报上海民革近况，张兴国、干叔涵分别汇报民革虹口、徐汇两区办学情况。

截至年底，上海民革党员人数为1748人。

1986年

3月29日，民革上海市委会副主委李赣驹、常委江靖会见辛亥革命元老黄兴之孙黄仪恭及其夫人。

10月31日，民革上海市委会、民盟上海市委会在联谊俱乐部联合举行孙中山学术研讨会，100余人出席。

11月2日，民革上海市委会为赵祖康、徐以枋、徐国懋三老祝寿。中共上海市委书记芮杏文、市长江泽民，市人大常委会副主任王鉴，市政协副主席、市委统战部部长毛经权到赵祖康家祝贺。

12月8日，民革上海市委会举行纪念西安事变50周年座谈会。

截至年底，上海民革党员人数为1911人。

1987年

6月3日，"柳亚子在上海图片展览会"在上海图书馆开幕。民革中央主席屈武到会剪彩。

7月21日，民革上海市委会组织"八一三"抗战中原国民党军政人员赴浏河、罗店等地凭吊旧战场，纪念抗日战争爆发50周年。

10月12日，由民革上海市委会、民盟上海市委会共同发起成立上海中山学社，选举赵祖康为社长。中共上海市委副书记杨堤到会致词。

12月24日，民革上海市委会举行大型座谈会，纪念民革成立40周年。

截至年底，上海民革党员人数为2106人。

1988年

1月27日，为纪念宋庆龄诞辰95周年，民革上海市委会徐以枋等领导瞻仰位于淮海中路的宋庆龄故居，并敬献花篮。

5月20日~24日，民革上海市委会在南昌路47号科学会堂召开第七次党员代表大会，选举产生第八届市委会。徐以枋当选为主任委员。

6月28日，民革上海市委会召开八届二次会议，推举赵祖康继续担任第八届市委名誉主委，并聘请38位老党员为市委顾问。

截至年底，上海民革党员人数为2249人。

1989年

9月8日，台盟上海市委会与民革上海市委会、民进上海市委会举行"海峡情"中秋联欢晚会，浦江之声电台作现场录音，并进行对台广播。

12月18日，台盟上海市委会与民革上海市委会、民进上海市委、九三学社上海市委会假座上海远洋宾馆联合举行欢度新春广播文艺晚会，通过浦江之声电台向港澳台同胞祝贺新年。

截至年底，上海民革党员人数为2387人。

1990年

5月11日，民革、民盟、农工党市委负责人与复旦大学学生座谈，介绍了民主党派参政议政、民主监督等问题，并就学生提出的问题作了解答。

8月12日~14日，上海中山学社举办孙中山与中国现代化学术讨论会，近20名台湾学者和40名上海学者参加研讨，就孙中山的现代思想和实践及其对中国现代化的影响发表见解。

8月20日，台盟上海市委会与民革上海市委会、民进上海市委会、农工党上海市委会、致公党上海市委会、九三学社上海市委会假座上海远洋宾馆，联合举行"1990之夏"对台广播晚会。

截至年底，上海民革党员人数为2474人。

1991 年

1月3日,中共上海市委召开党外人士座谈会,征求对《上海市国民经济和社会发展十年规划和"八五"计划纲要(草案)》等文件的意见,朱镕基在会上讲话,吴邦国通报中共十三届七中全会精神。民革上海市委会负责人参加。

6月28日,上海中山学社举行"孙中山思想的二十世纪"学术讨论会。复旦大学、华东师大、上师大、上海大学、上海社会科学院等单位的教授、研究员、学者60余人参加。

截至年底,上海民革党员人数为2523人。

1992 年

6月10日～12日,民革上海市委会在肇嘉浜路55号中国科学院上海学术活动中心召开第八次党员代表大会,选举产生第九届市委会。徐以枋当选为主委。

6月20日,中共上海市委邀请各民主党派和市工商联主要负责人举行座谈,就进一步加快改革开放步伐,加速上海经济发展等问题听取意见,共商大计。

截至年底,上海民革党员人数为2574人。

1993 年

4月14日～16日,中共上海市委统战部召开"坚持和完善中国共产党领导的多党合作和政治协商制度"研讨会,各民主党派负责人及部分区、局民主党派负责人参加。

4月27日～7月30日,民盟、民建、民革、九三、农工党、致公党、民进、台盟等8个民主党派先后在浦东成立新区委员会或联络处。

截至年底,上海民革党员人数为2775人。

1994 年

5月20日~23日，上海中山学社在嘉定宾馆举行孙中山与海外华人学术研讨会。来自美国、新加坡、中国台湾和大陆各地科研机构、高等院校的专家学者40余人参加。

6月1日，全国人大常委会副委员长、民革中央主席李沛瑶带领民革中常委一行30余人参观浦东新区，详细了解外高桥保税区、外高桥港区的建设现状、发展规划和存在问题。次日，李沛瑶一行与民革上海市委会部分领导座谈。

7月11日，民革上海市委会、《团结报》社联合举办职业道德座谈会，就弘扬中华民族传统美德、建设社会主义精神文明主题进行座谈。

截至年底，上海民革党员人数为2976人。

1995 年

6月2日，《团结报》社与市政协艺术团、中国华艺广播公司联合在端阳节举行"两岸情"文艺晚会，《海峡之声》广播电台首次向台湾听众作异地直播。

10月27日，民革上海市委会祖国统一委员会举行纪念台湾光复50周年座谈会。

截至年底，上海民革党员人数为3083人。

1996 年

5月10日，《团结报》上海记者站、《上海经济》杂志社联合举行"外高桥保税区发展战略研讨会"，就外高桥保税区如何搞好功能开发、优化投资环境、完善法律法规等进行研讨，民革上海市委会主委厉无畏主持。

6月13日，民革上海市委会接待由民革中央秘书长朱培康等陪同来沪参观的美国华侨界知名人士祖炳民等一行。

11月11日，民革上海市委会、上海中山学社及民革各区委分别举行孙中山先生诞辰130周年座谈会、书画展及"孙中山思想发展"学术研讨会等系列纪念活动。

截至年底，上海民革党员人数为3227人。

1997年

7月21日~24日，民革上海市委会在南京西路1333号上海展览中心友谊会堂召开第九次党员代表大会，选举产生第十届市委会。厉无畏当选为主任委员，推举徐以枋为名誉主任委员。

8月12日，民革上海市委会、上海市黄埔军校同学会联合举行纪念"八一三"淞沪抗战60周年座谈会。

11月24日~30日，民革第九次全国代表大会在北京召开，厉无畏当选为民革中央副主席。

12月24日，民革上海市委会举行纪念民革成立50周年暨表彰大会，对在两个文明建设中作出突出贡献的先进集体、先进个人进行表彰。

截至年底，上海民革党员人数为3328人。

1998年

7月2日，为发挥民革经济工作者的整体优势，为经济建设建言献策，民革上海市委会成立经济咨询中心。

7月3日，上海中山学社举行社员大会，选举新一届领导，民革上海市委会主委厉无畏当选社长，副主委毛增滇、过传忠等当选为副社长。

11月26日~29日，民革中央常务副主席周铁农一行来沪调研社区建设工作。

12月9日，民革上海市委会举行"改革开放与民革工作"专题座谈会，纪念中共十一届三中全会召开20周年。

截至年底，上海民革党员人数为 3452 人。

1999 年

5月31，民革上海市委会、上海市黄埔军校同学会、上海孙中山故居纪念馆、上海中山学社、举行纪念孙中山先生奉安70周年座谈会。民革上海市委会主委厉无畏主持，上海黄埔军校同学会会长李赣驹、孙中山先生外孙王弘之等发言。

8月26日~9月1日，民革上海市委会主委厉无畏一行赴贵州印江参加堰塘新诚希望小学落成仪式，该校由民革党员陈宝镇出资25万元，以民革上海市委会名义兴建，民革上海市委会秘书长罗华荣陪同。

9月27日，民革上海市委会、市政协文史资料委员会共同编撰的《民革党员与新中国》一书举行首发式。

11月18日，民革上海市委会与中共上海市房地局党委联合举行"参政党的理论和实践"研讨会，纪念中共中央（89）14号文件颁发10周年。

12月17日，民革上海市委会举行"澳门的明天更美好"座谈会，庆祝澳门回归祖国。

截至年底，上海民革党员人数为 3552 人。

2000 年

2月22日，民革上海市委会举行座谈会，认真学习"一个中国的原则与台湾问题"白皮书，表示"反对分裂、维护统一"。

4月26日，民革上海市委会、上海市黄埔军校同学会与晋元高级中学联合举行纪念谢晋元将军诞辰95周年活动。同日，"丹心照汗青——《民革党员与新中国》"巡回宣讲活动首场宣讲会举行。

6月21日，民革上海市委会举行"西部开发与民革参政议政"专题论坛。

8月19日~24日，民革上海市委会主委厉无畏率队赴新疆，就上海市政府重大决策咨询课题——"关于上海在西部开发战略中的作用研究"进行调研。民革上海市委会副主委过传忠陪同。

9月1日,民革上海市委会举行"纪念赵祖康同志诞辰100周年"座谈会。

截至年底,上海民革党员人数为3680人。

2001年

4月24日,民革上海市委会、上海市黄埔军校同学会、上海市孙中山宋庆龄文物管理委员会联合举行纪念谢晋元将军殉国60周年座谈会。

6月23日,民革上海市委会举行"忆光辉历程,谱合作新篇"纪念中国共产党建党80周年座谈会。

6月24日,民革上海市委会与《海峡之声》广播电台举行"同舟两岸情——在沪台胞、台属端午浦江游"活动。《海峡之声》向两岸听众直播晚会实况。

12月25日,民革上海市委会举行"纪念中华民国临时政府成立90周年"座谈会。

截至年底,上海民革党员人数为3760人。

2002年

3月21日~28日,全国人大副委员长、民革中央主席何鲁丽率民革中央调研团一行12人到沪调研有关上海贯彻《公民道德建设实施纲要》的情况。民革中央副主席李赣驹、副主席兼秘书长刘民复等陪同。

7月2日~4日,民革上海市委会在南京西路1333号上海展览中心友谊会堂召开第十次党员代表大会,选举产生第十一届市委会。厉无畏当选为主任委员。

9月28日,民革上海市委会举行《民革党员在新中国》一书首发式,该书由民革上海市委会编撰,团结出版社出版。

12月2日~8日，民革第十次全国代表大会在北京举行。上海有12人当选中央委员，厉无畏再次当选民革中央副主席。

截至年底，上海民革党员人数为3884人。

2003年

4月22日，民革上海市委会与《联合时报》社联合在民主党派大厦举行"世博会与上海新一轮发展"专题论坛，民革上海市委会主委厉无畏、副主委王卓贤、董波及《联合时报》总编梁汉森等出席。

7月17日，民革上海市委会举行"抗非"先进事迹报告会。

9月25日~27日，民革全国组织办学工作会议在上海举行，来自各省级组织的80余位同志与会。民革中央副主席朱培康，民革上海市委会主委厉无畏、副主委王卓贤等出席。

10月29日，民革香山书画社与台湾中华海峡两岸文化资产交流促进会在上海图书馆联合举办台湾历史博物馆副馆长黄永川先生书画作品展开幕式，民革上海市委会主委厉无畏、中共上海市委统战部副部长周箴出席。

截至年底，上海民革党员人数为4013人。

2004年

2月14日~16日，民革上海市委会接待台湾高校杰出青年赴大陆参访团一行，民革上海市委会主委厉无畏，副主委刘豫阳、项斯文、王卓贤、李世耀、葛剑雄、董波等参加。

3月20日，民革上海市委会与长宁区仙霞街道联手创办的仙霞社区逸仙敬老院正式开业，成为民革市委服务社会的窗口。民革上海市委会主委厉无畏，中共长宁区委书记薛潮、区长陈超贤等出席。

3月26日，上海香山画院举行揭牌仪式，程十发任终身名誉院长，毛国伦任院长。民革中央副主席厉无畏、朱培康以及有关部门领导出席仪式。

5月18日，民革上海市委会、上海孙中山故居纪念馆、上海中山学社联合举行纪念光复会成立100周年学术研讨会，民革上海市委会副主委项斯文、王卓贤、董波等出席。

12月22日，民革上海市委会在市政协丽都厅举行《探索与实践——纪念中共中央（89）14号文件发表15周年》专辑首发仪式暨大型座谈会。民革上海市委会主委厉无畏、民革中央宣传部部长吴先宁和中共市委统战部副部长周箴出席。

截至年底，上海民革党员人数为4122人。

2005年

1月26日，上海香山画院首届年展暨向上海文化发展基金会捐赠仪式在上海图书馆举行。民革中央副主席朱培康、厉无畏，中共上海市委宣传部副部长陈东等出席。

3月25日，民革上海市委会在市政协文化俱乐部举行纪念民革上海市委会成立50周年大会。民革中央常务副主席周铁农，中共上海市委副书记罗世谦、统战部部长沈红光等出席。

5月24日～27日，民革全国宣传工作会议在上海兴华宾馆举行。民革中央副主席、上海市委会主委厉无畏，中共上海市委统战部部长沈红光出席开幕式，民革中央常务副主席周铁农、中共中央统战部一局副局长朱京光分别作报告。

9月20日，朱学范生平陈列馆揭牌仪式在上海金山区枫泾镇举行，民革上海市委会主委厉无畏，民革中央副主席朱培康出席揭幕仪式并讲话。

截至年底，上海民革党员人数为4255人。

2006年

1月7日，民革上海市委会举行"多党合作与和谐社会"研讨会，民革中央宣传部部长吴先宁、复旦大学教授张军分别作报告。

6月21日,由上海社科院长三角区域研究中心、民革上海市委经济委员会、民建市委企业委员会联合主办的"长三角旅游发展战略高层论坛"在上海万豪虹桥大酒店举行,民革上海市委会主委厉无畏、民建上海市委会主委黄关从及上海世博局、国际旅游局有关领导出席。

10月30日～11月10日,民革上海市委会举行纪念孙中山诞辰140周年系列活动,包括:与上海市政协、上海市文管会、上海市档案局等联合主办"孙中山与上海"文物文献档案展;与致公党上海市委会、上海五缘文化研究所等联合主办"孙中山文化思想与中华民族振兴"论坛;与上海市孙中山宋庆龄文管委、上海宋庆龄研究会、上海中山学社等联合举办"孙中山:历史、现实、未来"国际学术研讨会;与上海市黄埔军校同学会联合举行座谈会;与上海香山画院联合举办书画展等。

11月3日～5日,民革中央主席何鲁丽来沪视察上海八号桥创意产业园及长宁区仙霞社区逸仙敬老院,民革上海市委会主委厉无畏等陪同。

截至年底,上海民革党员人数为4355人。

2007

4月16日～18日,民革上海市委会在南京西路1333号上海展览中心友谊会堂召开第十一次党员代表大会,选举产生第十二届市委会。高小玫当选为主任委员。

8月13日,民革上海市委会、上海市文管会、上海黄埔军校同学会等单位,在嘉定区陆俨少艺术馆联合举行纪念"八一三"淞沪抗战70周年文物文献展。民革中央副主席厉无畏、中共上海市委统战部副部长丁志坚等出席。

9月11日,民革上海市委会与长宁区委在上海民主党派大厦联合主办"公共财政与民生"论坛,民革中央副主席厉无畏,民革上海市委会副主委王卓贤、李世耀、罗华荣等出席。

10月12日，庆祝上海中山学社成立20周年座谈会举行，民革上海市委会主委高小玫、民盟上海市委会主委郑惠强、上海市社联党组书记潘世伟、中共市委统战部副部长周箴等出席。

11月15日，民革上海市委会举行纪念徐以枋先生诞辰100周年座谈会。上海市政协副主席谢丽娟、民革上海市委会主委高小玫等出席并讲话。

12月27日，民革上海市委会举行纪念民革成立60周年大会。民革中央副主席厉无畏、中共上海市委统战部部长杨晓渡、上海市政协副主席王生洪、民革上海市委会主委高小玫出席大会并讲话。

12月28日，上海市台湾研究会、民革上海市委会、上海中山文化交流协会、上海台湾研究所四家单位联合主办"回顾与展望——两岸交流交往20周年"研讨会。

截至年底，上海民革党员人数为4447人。

2008年

4月24日，民革上海市委会、奉贤区人民政府、上海社科院创意产业研究中心联合主办"发展创意农业，推进社会主义新农村建设"论坛。民革中央常务副主席厉无畏作主题演讲，民革中央副主席钮小明、何丕洁，民革上海市委会主委高小玫等出席。

4月29日，民革上海市委会举行纪念中共中央"五一口号"60周年座谈会暨《上海文史资料选辑·上海民革专辑》首发式。民革上海市委会主委高小玫、市政协文史资料工作委员会主任孙颙出席。

5月12日四川汶川地震后，民革上海市委会各级组织和广大党员迅速行动起来，通过多种渠道捐款献爱心，以各种方式支援灾区人民。

11月28日，民革上海市委会举行纪念改革开放30周年座谈会，民革上海市委会主委高小玫、中共上海市委统战部副部长吴捷出席会议并讲话。

截至年底，上海民革党员人数为4585人。

2009 年

4月27日，民革上海市委会同上海社会科学院、台湾中华金融人员暨投资人协会等单位举办全球金融危机下的两岸金融合作与投资论坛。民革上海市委会主委高小玫、中共上海市委统战部副部长吴捷、上海社会科学院院长王荣华等出席。

5月22日，民革上海市委会举行纪念上海解放60周年座谈会，民革中央副主席何丕洁、中共上海市委统战部副部长吴捷等出席。当日还举行了恒源祥香山画院大型书画展开幕式及民革市委与闸北区委在闸北公园修缮并命名的"共和亭"揭牌仪式。

6月29日～8月10日，中共上海市委党史研究室、上海市文管会、上海市政府对外友协、中共一大会址纪念馆、民革上海市委会与荷兰国际社会历史研究所联合举办的《马林与中国》文献图片展在中共一大会址纪念馆展出。中共上海市委统战部部长杨晓渡、宣传部副部长陈东等出席开幕式。

10月15日下午，民革上海市委会与普陀区政协联合举办"迎世博苏州河休闲文化发展论坛"，上海市政协副主席钱景林、高小玫，中共普陀区委书记周国雄、区政协主席林爱娟等出席，民革中央常务副主席厉无畏作专题发言。

10月22日，民革上海市委会在民主党派大厦举行纪念多党合作和政治协商制度确立60周年暨贯彻上海市政协工作会议精神座谈会。民革中央副主席修福金、民革上海市委会主委高小玫、中共上海市委统战部副部长吴捷出席。

截至年底，上海民革党员人数为4750人。

2010 年

3月26日，民革上海市委会举行纪念上海民革成立55周年座谈会暨《民革与新中国的建立》读后交流会。民革上海市委会主委高小玫出席并讲话，副主委李世耀主持会议。

4月30日，民革上海市委会主委高小玫、副主委李世耀、原副主委王卓贤出席上海世博会开幕式，民革中央副主席何丕洁、秘书长李惠东应邀出席。

6月18日，上海中山学社举行第四次社员大会，高小玫当选社长。民盟上海市委会主委郑惠强、中共上海市委统战部副部长吴捷、上海市社联党组书记沈国明出席。

9月1日，民革上海市委会与上海历史博物馆联合举办赵祖康同志诞辰110周年纪念会暨赵祖康同志文物捐赠仪式，上海市政协副主席吴幼英、民革上海市委会副主委李世耀出席。

截至年底，上海民革党员人数为4838人。

2011年

4月22日，民革上海市委会在兰心大戏院举行"重温历史、同心同行"——纪念辛亥革命100周年文艺演出，中共上海市委统战部部长杨晓渡、民革上海市委会主委高小玫、中共上海市委宣传部副部长陈东出席。

6月29日，民革上海市委会举行纪念中国共产党成立90周年座谈会，民革上海市委会主委高小玫，副主委李世耀、董波、罗华荣等出席。

8月26日，由上海市政协、民革上海市委会联合主办的"辛亥革命与上海"国际研讨会开幕，全国政协副主席、民革中央常务副主席厉无畏发来贺词，中共上海市委副书记殷一璀会前会见台、港及海外与会代表。

10月4日，民革上海市委会、上海市作家协会和上海图书馆联合举行"潮声浩荡"诗文朗诵会，民革上海市委会主委高小玫出席。

10月26日，民革上海市委会、中国美术家协会《美术》杂志社联合主办的纪念辛亥革命100周年画展开幕，民革上海市委会秘书长李栋樑出席。

截至年底，上海民革党员人数为5024人。

2012年

1月30日，民革上海市委会与上海市黄埔军校同学会在上海民主党派大厦联合举办纪念"一·二八"淞沪抗战80周年座谈会；5月28日，民革上海市委会、上海淞沪抗战纪念馆和上海音像资料馆联合举办纪念"一·二八"淞沪抗战80周年珍贵历史影像播映会。

4月10日~12日，民革上海市委会在南京西路1333号上海展览中心友谊会堂召开第十二次党员代表大会，选举产生第十三届市委会。高小玫当选为主任委员。

11月3日，厉无畏学术研究30周年研讨会在上海社会科学院社科国际创新基地举行。

12月3日，民革上海市委会、上海台湾研究所、上海市台湾研究会、华东师范大学两岸交流与区域发展研究所在上海民主党派大厦联合举办纪念"九二共识"20周年研讨会。

截至年底，上海民革党员人数为5272人。

2013年

4月26日，民革上海市委会、华东师范大学两岸交流与区域发展研究所在上海民主党派大厦联合举办纪念"汪辜会谈"20周年学术座谈会。

9月17日，民革上海市委会与普陀区政协联合主办2013"苏州河论坛"，主题为"桃浦地区转型发展：目标与路径"。民革上海市委会主委高小玫、中共普陀区委书记张同洪等出席。

9月2日~5日，民革中央、民革上海市委会一行赴贵州纳雍，对民革上海市委会援建的若干扶贫项目进行现场调研，并为新落成的纳雍县新房乡以角村龙群卫生服务中心揭牌。

11月6日~9日，民革上海市委会主委高小玫一行11人赴贵州铜仁印江县中坝乡堰塘新诚希望小学，开展回访助学活动。

12月27日，民革上海市委会举行法律服务工作站授牌仪式，分布于四个民革区级组织的五家工作站率先启动法律援助工作。

截至年底，上海民革党员人数为 5595 人。

2014 年

6月12日，民革上海市委会与上海市律师协会联合举办"互联网金融与法律"专题研讨会，民革上海市委会副主委董波、李栋樑出席。

6月15日，民革上海市委会、上海市黄埔军校同学会主办，上海中山学社、上海音像资料馆协办的纪念黄埔军校建校暨第一次国共合作90周年座谈会在上海民主党派大厦举行。民革上海市委会主委高小玫，副主委董波、朱成钢出席。

10月25日，由民革上海市委会主办、上海水星家用纺织品股份有限公司冠名支持的"水星杯"两岸和平发展知识竞赛在上海民主党派大厦举行决赛。民革中央副主席郑建邦、民革上海市委会主委高小玫等出席。

11月19日，民革上海市委会、上海社科院法学研究所、上海市社会主义学院和上海市统一战线理论研究会联合举办"依法治国与统一战线——新时期统一战线功能发挥"学术研讨会。

截至年底，上海民革党员人数为 5847 人。

2015 年

3月26日，民革上海市委会成立60周年纪念大会在上海展览中心举行。全国政协副主席、民革中央常务副主席齐续春，民革中央原第一副主席厉无畏，中共上海市委统战部部长沙海林等出席。

6月26日，由民革上海市委会、上海市统一战线理论研究会等单位联合举办"纪念抗战胜利70周年学术研讨会"。民革上海市委会副主委董波出席。

8月23日，民革上海市委会主委高小玫一行13人赴湖南永州、邵阳开展捐助抗战老兵活动。

1月~10月，民革上海市委会通过举办纪念座谈会，复制"抗战胜利壶",举办"老兵不死影像展"、书画展以及捐赠义拍活动等,纪念抗战胜利70周年。

截至年底,上海民革党员人数为6067人。

2016 年

3月~11月,民革上海市委会通过举办"孙中山的理想与中国梦"国际学术研讨会、"孙中山的理想与奋斗"大型图片展、纪念孙中山先生诞辰150周年书画篆刻展、"小物大器——2016年沪台青年文化创意设计大赛"等系列活动,纪念孙中山诞辰150周年。

7月15日,上海中山学社第五次社员大会举行。高小玫当选社长,王慧敏当选常务副社长,葛剑雄、陈永亮等当选为副社长。

7月~8月,民革上海市委会首次与台湾贤德惜福文教基金会合作,邀请10位台湾大学生到5家民革党员企业进行为期2个月的暑期实习活动。

10月28日,民革上海市委会在四川省雅安市汉源县为"抗战乐西公路旧址"纪念碑举行揭幕仪式。

11月、12月,民革上海市委会开展对杨浦和宝山区的"五违四必"区域环境综合整治工作进行专项民主监督。

截至年底,上海民革党员人数为6180人。

2017 年

4月17日~19日,民革上海市委会在南京西路1333号上海展览中心友谊会堂召开第十三次党员代表大会,选举产生第十四届市委会。高小玫当选为主任委员。

6月~8月,民革上海市委会开展对杨浦和宝山区的食品安全专项民主监督工作。

7月7日,由民革上海市委会、金山区人民政府共同举办的"抗日烽火中的劳工领袖——朱学范文物文献展"在上海市工人文化宫开幕。民革上海市委会主委高小玫、中共金山区委书记赵卫星等出席。

8月12日，由民革上海市委会、上海市黄埔军校同学会、上海中山学社联合主办的纪念全民族抗战爆发80周年暨"八一三"淞沪抗战80周年座谈会在上海民主党派大厦举行。

9月3日，"不忘合作初心，继续携手前进——纪念民革成立70周年"上海知识竞赛在宝山区电视台800平米演播厅举行。

10月21日，"孙中山与国家统一"学术研讨会暨纪念上海中山学社成立30周年座谈会举行。民革上海市委会主委、上海中山学社社长高小玫等出席。

12月7日，民革上海市委会、民革云南省委会、上海市慈善基金会、协鑫阳光慈善基金会联合举办"不忘初心，博爱精神"总结座谈会。"博爱图书，十年百馆"活动自2011年启动，提前完成"十年百馆"任务，共向各省123所学校捐赠图书130260册，受益学生达15003名。

截至年底，上海民革党员人数为6442人。

2018年

4月28日，民革上海市委会举办纪念中共中央发布"五一口号"70周年暨民革成立70周年座谈会，民革上海市委会主委高小玫出席，副主委董波主持。

5月6日，民革上海市委会在上海图书馆举办先贤前辈诗词书法作品展和诗词诵读会，民革上海市委会主委高小玫，民革中央宣传部副部长刘良翠出席。

5月12日~14日，民革中央主席万鄂湘率民革中央、最高人民检察院联合调研组赴上海，就检察公益诉讼、环保公益诉讼及长江大保护等课题开展调研。

8月26日~27日，民革上海市委会副主委朱成钢带队赴台参加2018年两岸武术交流表演大会暨张之江武学思想研讨会，并与吴敦义、洪秀柱、林中森等进行交流。

1月~12月，为纪念改革开放40周年、民革成立70周年，民革上海市委会、上海市摄影家协会、上海艺术摄影协会和中国金融信息中心等单位联合主办"暖城"摄影大赛，并在静安、长宁、宝山、嘉定、闵行、金山、普陀、浦东、崇明等区进行巡展。

截至年底，上海民革党员人数为6750人。

2019年

3月25日~27日，全国政协副主席、民革中央常务副主席郑建邦率调研组来沪开展"完善法治建设、优化营商环境"专题调研。调研组在衡山宾馆召开调研座谈会，并赴上海知识产权法院开展调研座谈。民革中央副主席张伯军、冯巩，民革上海市委会主委高小玫，副主委朱成钢、王光贤参加调研。

5月24日，民革上海市委会举行纪念上海解放70周年座谈会，民革上海市委会主委高小玫出席会议并讲话。6月12日，由民革上海市委会主办，上海市档案馆、上海图书馆、上海市历史博物馆等单位大力支持的"民革前辈在1949年前后"图片史料展在上海四行仓库抗战纪念馆开幕，高小玫与中共静安区委常委、宣传部部长姜鸣共同为展览揭幕。11月8日，民革上海市委会召开《民革前辈与上海解放》新书首发式暨座谈会。

5月~7月，受中共市委委托，民革上海市委会就促进民营经济健康发展有关情况，对杨浦、宝山两区和市财政局进行专项民主监督。

7月17日，由民革中央、黄埔军校同学会共同主办，民革上海市委会协办的第九届"中山·黄埔·两岸情"论坛在上海展览中心举行。全国政协副主席、民革中央常务副主席郑建邦出席并讲话。民革上海市委会主委高小玫、副主委王光贤出席。

8月9日，民革上海市委会举办"庆祝新中国成立70周年演讲比赛"。次月，在民革中央举办的庆祝中华人民共和国成立70周年演讲比赛中，民革上海市委会荣获最佳组织奖。

9月26日，全国政协副主席、民革中央常务副主席郑建邦受邀来沪作"中国近现代政党制度发展之路"专题报告。

10月25日~30日，民革上海市委会领导带队赴澳门、香港参加"孙中山与革命同行者——辛亥先贤名人史料图片展"。11月11日~14日，在澳门回归祖国20周年之际，"暖城"摄影大赛获奖作品赴澳参加上海澳门双城摄影展。

12月4日，民革上海市委会举办"不忘合作初心，继续携手前进"国家宪法日法律服务活动。

截至年底，上海民革党员人数为7054人。

2020年

2月21日，民革上海市委会联合协鑫集团"向湖北省肿瘤医院捐赠负压救护车仪式"在上海民主党派大厦举行，民革上海市委会主委高小玫、协鑫集团副董事长孙玮、上海慈善基金会副理事长方国平等出席仪式。

5月~10月，民革上海市委会开展首届上海民革榜样人物评选工作，马鄂云等10人被评选为首届上海民革榜样人物。

5月~9月，受中共上海市委委托，民革上海市委会就"抓好政务服务'一网通办'城市运行'一网统管'提升超大城市治理的现代化水平"有关情况，对杨浦、宝山两区进行专项民主监督。

6月12日，民革上海市委会举行纪念市委会成立65周年座谈会，主委高小玫出席会议并讲话，副主委陈永亮、朱成钢、王慧敏、王光贤出席，百余位同志参加会议。同日，高小玫出席纪念朱学范诞辰115周年暨朱学范故居新展开幕仪式并宣布新展开放。

8月13日~9月13日，由民革上海市委会、上海市黄埔军校同学会共同主办的纪念抗战胜利75周年——"小文创 大历史"文物文创作品展在淞沪抗战纪念馆展出。市委会主委高小玫，上海市黄埔军校同学会会长朱纯，宝山区人大常委会主任、党组书记李萍出席开幕式。

10月13日～14日，全国政协副主席、民革中央常务副主席郑建邦率调研组一行以"打造长三角对外开放新高地，助力构建'双循环'新发展格局"为主题在沪考察调研。民革上海市委会主委高小玫，副主委王光贤参加调研座谈会。

10月19日，民革上海市委会举行"四史"及"民革党史"知识竞赛现场决赛。民革上海市委会主委高小玫、民革中央宣传部部长刘良翠观摩竞赛并出席颁奖大会。

11月18日，由民革上海市委会、第十届中国花博会筹备组联合举办的"海上花岛与美好生活"花博论坛在崇明开幕。中共崇明区委书记李政，中共上海市委统战部副部长黄国平，民革中央调研部二级巡视员周丽萍在开幕式上致辞；民革上海市委会主委高小玫，中共崇明区委副书记、区长缪京在开幕式上作主旨发言。

12月4日，民革上海市委会举办2020年"'博爱·牵手'——国家宪法日法律服务活动"。

12月31日，民革上海市委会、上海慈善基金会与上海新纪元教育集团联合举行2020年"博爱·新纪元"助学基金捐赠仪式。

截至年底，上海民革党员人数为7325人。

2021年

5月～7月，受中共上海市委委托，民革上海市委会就"集中力量解决'老小旧远'问题"推进落实情况，对杨浦区养老服务及宝山区乡村振兴工作进行专项民主监督。

6月17日，由上海中山学社、上海市政协文史资料委员会、上海中华文化学院、上海市社会主义学院新型政党制度研究中心、上海孙中山故居纪念馆联合主办的"孙中山与中国共产党"学术研讨会在上海市政协举行，民革上海市委会主委高小玫、上海市政协副主席吴信宝出席开幕式并致辞。

6月28日，民革上海市委会召开区级组织换届工作总结会暨作风建设年推进会。

6月29日，民革上海市委会主委班子集体参观红色工运场馆，高小玫、陈永亮、王慧敏、王光贤、施惠良出席活动。

7月7日，民革上海市委会举行庆祝中国共产党成立100周年座谈会，高小玫出席会议并讲话。

7月11日～14日，民革上海市委会领导带队赴贵州纳雍开展助力乡村振兴调研，为山区孩子捐赠童装，挂牌"民革上海市委会乡村振兴示范点"。

10月9日，民革上海市委会主委高小玫代表上海各民主党派、工商联在上海市各界人士纪念辛亥革命110周年大会上发言。

12月4日，民革上海市委会举办"民革博爱普法"国家宪法日系列活动。

截至年底，上海民革党员人数为7618人。

2022年

4月12日，高小玫主委以视频会议形式主持召开民革市委助力打赢疫情防控战工作会议。

6月30日，民革上海市委会召开2017年—2021年工作表彰会、履职能力建设年工作推进会暨参政议政工作会议，民革上海市委会主委高小玫出席会议并讲话，副主委陈永亮、朱成钢、王慧敏、王光贤、陈昶、徐毅松和秘书长翟骏出席。

7月14日，中国国民党革命委员会上海市第十四次代表大会在上海展览中心友谊会堂召开。大会选举产生了民革上海市第十五届委员会和上海市出席民革第十四次全国代表大会代表，徐毅松当选第十五届委员会主任委员。

9月1日～3日，民革上海市委委员理论研修班在上海市社会主义学院举行。民革上海市委会主委徐毅松出席开班式并讲话。

12月4日，民革上海市委会举办"民革博爱普法"国家宪法周法律服务活动。

12月14日，上海中山学社第六次社员大会召开，徐毅松当选为学社第六届理事会社长，于雪梅当选为常务副社长。同日，首个上海市政协民革界别委员博爱工作室在复旦软件园挂牌成立。

截至年底，上海民革党员人数为7899人。

后 记

在庆祝中华人民共和国成立70周年之际，为纪念上海解放70周年，我们组织编写本书，以此为这一重大节日献礼，并致敬为中华人民共和国成立、为上海解放作出贡献的民革先辈和革命先贤。

本书集中展示了1949年前后，部分前辈在历史抉择关头，坚定地奔向光明、走向人民，用自己的努力甚至鲜血，为上海解放所作出的贡献和努力，共收录文章52篇。书中部分文章来自《民革党员与新中国》《上海文史资料选辑·上海民革专辑》等书籍，并得到了部分民革前辈后裔、专家学者，以及热心历史研究的民革党员、党外人士和机关干部的大力支持。他们不辞辛苦，走访调研，查阅史料，撰写出高质量的纪念文章，还提供了大量珍贵的历史图片，丰富了本书的内容。在此，对来稿作者的支持和付出表示诚挚的感谢！

特别要感谢为本书编辑、审校工作作出重要贡献的华东师范大学历史系教授、博导谢俊美，上海大学人文学院特聘教授、博导廖大伟，中共上海市委统战部宣传处原处长殷之俊，民革上海市委会联络部原部长马铭德，联合时报原资深编辑顾定海等。民革上海市委宣传部金鑫、王侃也参与了部分校对工作。2023年，我们对部分内容进行了修订和完善。团结出版社有限公司为本书的出版作了大量的工作，在此一并表示感谢！

本书部分作品年代久远，所涉历史人物多已离世，甚至有些作者也已不在。受历史资料所限，加之我们学力有限，书稿难免有疏漏、欠妥之处。特别是若文章所述内容尚有存疑之处，只能由作者文责自负了，并随时欢迎广大读者批评指正，我们的电子邮箱是 xcb@shmg.org.cn。